本书为教育部规划项目"五四时期社会改造思潮与马克思主义'革命话语'在中国的建立研究"（21YJA710042）的最终成果

马克思主义"革命话语"在中国的建立

——基于五四时期社会改造思潮的研究

吴汉全　著

MAKESI ZHUYI
GEMING HUAYU
ZAI
ZHONGGUO DE JIANLI

人民出版社

自　序

　　这部《马克思主义"革命话语"在中国的建立——基于五四时期社会改造思潮的研究》著作，是笔者主持的教育规划项目"五四时期社会改造思潮与马克思主义'革命话语'在中国的建立研究"（21YJA710042）的最终成果。在这部著作出版的时候，有几句话需要交代一下。

　　学术界这几年比较重视研究现代中国的"革命话语"问题，借以进一步阐明现代中国思想的主要内容及其演进的特色，为揭示现代中国思想演进的规律打下基础。这是一个很好的选题。在笔者看来，研究现代中国马克思主义的"革命话语"，不仅需要就现代中国的思想予以梳理，而且需要追溯到五四时期思想界的状况，这对于探讨"革命话语"的源头有着重要的意义，因为正是在五四时期马克思主义传入中国的情况下，现代意义的"革命话语"得以萌生。那么，五四时期思想界的状况到底怎样呢？我以为，"社会改造"思想乃是五四时期思想界中的基本事实，并且也表征思想界总体性的演进态势。众所周知，1915 年新文化运动兴起，高举民主、科学的大旗，宣传资产阶级进化论，通过引进西方思想来摆脱各种旧思想的束缚，求得国民个性的解放和人格的完善，完成思想启蒙的任务，故而主要目标是在"个人解放"这个方面。这是与戊戌变法、辛亥革命的思想启蒙一脉相承的。而在新文化运动凯歌行进之中，俄国十月革命爆发并对中国思想界产生重大的影响，随后就是五四运动的发生和马克思主义在中国的广泛传播，再接着就是以马克思主义为指导的中国共产党的创立。研究这样一个具有重大意义的历史性转折，就要看到思想界由早期新文化运动"个人解放"到五四运动期间"社会改造"的思想转向。"社会改造"尽管从理论说可以有多种路径，不一定就必然地采取激烈的革命

1

方式,但在五四运动这种政治实践活动和思想解放运动的促进之下,不仅思想界的"个人解放"能够顺利地过渡到"社会改造"阶段,而且这个"社会改造"又在十月革命有力影响下出现了激进化的演进态势,最突出的表现就是马克思主义的"革命"观念被思想界所广泛接受,而五四运动中的"根本解决"思想在其中也起了巨大的助力作用,这是"五四"思想界的革命性变革。因此,探讨现代中国马克思主义的"革命话语",需要从源头上来解析五四时期由"个人解放"到"社会改造"的这个背景。这也是《马克思主义"革命话语"在中国的建立——基于五四时期社会改造思潮的研究》这部著作的出发点。

研究现代中国的"革命话语"问题,在方法上自然要有所讲究,同时也需要研究者有比较宽阔的视域。在笔者看来,研究现代中国的"革命话语"问题,其实,只要是研究近现代中国的重大现象和重大问题,在认识视域和研究方法上皆需要考虑这样几个方面:

一是要时刻立足于近代中国社会,在近代以来中国社会变迁中加以解说。我的导师张静如先生提出"以社会史为基础深化党史研究"的主张,为中共党史研究开辟了新道路,并建立中共党史研究的社会史研究范式。我认为,先生提出的"以社会史为基础"主张,不仅对于党史研究完全适用,而且对于研究近现代中国社会中的任何重大问题都是适用的。就是说,研究近现代中国社会中比较大的问题,皆应该考虑到近代中国社会这个大背景,这样的论述或叙述才有历史的底蕴、社会的内涵,历史逻辑也才能比较充分地展示出来。道理很简单,中国近现代史上的重大问题,皆以近现代中国社会为生存的土壤,都离不开近代中国社会所提供的各种条件,并且也是适应近代中国社会演进的需要而发生的。这才是历史主义的态度。可以说,在近现代中国,重大的历史现象或历史问题之所以会在此时此地出现,之所以能够以这种方式而不是其他方式出现,之所以是这样的形象而不是那种形象,这种具有独特性历史底蕴的历史现象或历史问题最终达致何种程度,所有这些皆是与近代中国社会的经济、政治、文化的变迁相联系的。这就需要在研究中,将研究对象与近代中国社会紧密地联系起来,不能使所研究的问题离开近代中国社会而孤立存在,更不能仅仅在思想层面进行梳理,而要看到近代中国社会这个根本性的基础。自然,这里说与近代社会紧密联系起来,是指研究比较大的历史问题、大的历史现象,小的问题也就不一定都这样处理。这里要注意的是,以近现代中国社会为基础开展研究工作,一定要注意研究近现代社会在历史演进中到底为研究对象提供了什么条件,这种条件达致何种程度,这种条件对研究对象构成了何种影响,等等问题;同时,也要探讨研究对象对近现代中国社会的运行产生了什么作用,能够发生这种作用的条件、环节、要素是什么,这种作用有着怎样的特征,等等。譬如,本书说明五四时期的社会改造思潮,就要考虑由早期新文化运动的"个人解放"进至五四运动后的"社会改造"并进而表现革命化的方式,此时的中国社会提供了什么条件、有着怎样的迫切需要,使得这种思想的转变不得不实现? 细致研究一下就会发现,新文化运动不仅积累了由"个人"转向"社会"的条件,而且新文化运动的发展也需要提升到新的层次;辛亥革命前后至"五四"期间造就了具有革命意识的留学生,而且国内新式学校的发展也造就了新的知识分子群体;十月革命对中国发生重大的影响,在中国输入马克思主义的革命意识,形成了"以俄为师"的社会心理,而十月革命的这种影响又是以中国社会的迫切需要为前提的,这就是当时的民族危机日益加深,已经容不得那种缓进的"社会改造"方式了;五四运动是爱国运动、民族复兴运动、思想启蒙运动,又进一步从实践的层面促进了革命理念的传播。正是在近代社会累积的条件和这种历史变革的巨大需要中,马克思主义顺利地入主中国,"革命话语"得以迅速地流行起来。这里只是举例,说明研究近现代中国社会中的问题,需要以近现代中国社会为基础,考虑到近现代中国社会变迁所造成的条件及其需要,不能有意无意地忘记近现代中国社会这个根本性的要素。实事求是说,以近现代中国社会为基础来研究近现代中国社会中的问题,这话说起来比较容易,做起来确实就有点难度了,但还是要坚持这个方向的。

二是要突出社会实践的根本性地位,充分考虑到社会实践在其中所起的基础性作用。没有社会实践,所谓的社会就会停滞不前,新的历史现象不可能出现。社会生产力进步、社会制度的变革、经济的发展、人们思想的重大变化、社会文化的转型与繁荣等等,一切都离不开社会实践的有力推进,故而研究中就需要重视社会实践的基础性地位。实践的观点是马克思主义的基本观点,研究任何有价值的问题都必须坚持实践的观点,否则就会走到斜路上去。事实也是,在研究中如果离开了实践的观点,就不可能将近现代中国社会上的问题讲清楚、说明白。以本书为例,书中的"革命话语"其实不是简单的思想问题,同时也是社会实践中的问题。马克思主义的革命理念传入中国,是先进知识分子主动选择的结果,是适应近代中国社会变革需要的。没有五四时期先进知识分子的主体性的实践活动,革命话语是不能成为思想界主流的。五四时期,有不少知识分子在国家命运的探索中处于彷徨之中,也有人出于对私有财产制度的痛恨而信仰无政府主义的,但经过不断的社会实践和反复的思考,最终选择了马克思主义、选择了社会主义道路,进而又在马克思主义与中国实际的结合中探索出新民主主义革命道路。在五四时期,毛泽东起初对研究问题也是很感兴趣的,但最终在选择中毅然决然地站到"主义"的一边,领导的新民学会有声有色、成就显著、影响巨大,在五四时期的社团中极具代表性。恽代英在少年中国学会中,起初属于"调和派",但在少年中国学会关于"主义"的斗争中,最终站在马克思主义一边,并进而阐发"社会革命"的极端重要性。笔者的看法是,马克思主义"革命话语"在五四时期的最终建立,乃是基于社会实践的正确选择,离开马克思主义的实践观点,不仅无法说明"革命话语"形成的历史必然性,而且也无法表征"革命话语"的内在逻辑进路,更不可能说明"革命话语"的逻辑谱系。坚持以马克思主义的实践观点来解读历史,既需要看到历史发展的整体性,同时也需要将历史现象置于社会之中而加以适当的分析,并在分析中看到实践的具体作用及作用的力度。我的看法,研究工作只有首先是立足于研究对象的整体,才能总体上看到实践的基础性地位,但如果仅仅是从整体上来研究而不落实到具体的层面,也会在研究中出现大而化之、复杂问题简单化的问题,甚至会陷入抽象说明的窠臼,历史发展中的具体性、独特性就不容易凸显出来。所以,如何建立以马克思主义实践观为底色的解释体系,在研究中坚持一般与个别的统一、整体与局部的统一,既彰显一般又突出个性,这对于坚持实践的观点来解读研究对象也是十分重要的。

三是要抓住研究对象的主要方面,也就是要抓住主要矛盾和矛盾的主要方面。研究者大多明白,研究对象涉及许多方面及多个层次,不可能事无巨细地全部呈现出来,这就得有所选择并有所侧重,并且也只有这样才能突出重点,将研究对象的整体形象展示出来,将研究者的主要思想表达出来。如果研究中不分主次和轻重,面面俱到、大而无边,最终的结果只能是"什么都有、但什么也说不清"的记事簿或流水账。这就要求研究者心中有所选择,抓大放小,有所为有所不为,也就是抓住主要矛盾和矛盾的主要方面。譬如,笔者研究五四时期的社团问题,那么多的社团的情况(如组织架构、加入形式、人数、活动情况、所办刊物等等),不可能一一都写出各自如何如何,而只能将这么多的社团作为一个整体,抽出其中的戒约、会议、日记等方面加以研究,从而抽绎出一个最具有典型性的结论,于是写成了《五四时期公共意识的兴起与私人空间的压缩:基于五四时期社团中戒约、会议、日记等的考察》①一文。又譬如,本书研究"革命话语"起源问题,只能抓住"社会改造"这个总体背景及马克思主义"革命话语"形成中的一些关键环节,如"主义"、"民众"、"社会主义"、"政党"等,从而形成本书的叙述系统。这样做的目的,不是说其他那些涉及不多的不重要,也不是说那些没有涉及的没有什么作用,而且基于研究目标的有限性考虑的,并且也是为了更好地阐明自己的观点,使重点陈述或论证的问题得到集中性的说明。历史始终是有选择的历史,研究历史其实也是有选择的、有某种目的的研究,这里的所谓"选择"皆体现人的主体性存在及作用,尽管这里的人在含义上还是有所不同的。这是研究者在研究中需要加以注意的,否则我们不仅写不出历史,而且也做不出有一定分量的研究成果。

　　四是要坚持民族生存和发展的理念,恪守马克思主义的人民本位的观点。尽管人类具有普遍性的共识,不同国家和不同民族的学者有着共性,但中国人研究问题自然应该有中国人的眼光、中国人的风格,同时也只有这样才能表现中国人的智慧,提出中国人的方案。身为中华民族的子孙,其实不只是研究近现代中国历史上的问题,就是研究任何人文社会科学中的问题,皆需要有中华民族生存和发展的理念,这一点在研究近现代中国历史上的问题时,显得尤为重要。譬如,本书研究马克思主义"革命话语"在中国的起源,就要考虑近代以来中华民族复兴的思想诉求,说明五四时期思想界由"个人解放"进至"社会改造"、由一般性的"社会改造"进至激进化的"社会改造"的革命方式,皆有

---

① 吴汉全:《五四时期公共意识的兴起与私人空间的压缩:基于五四时期社团中戒约、会议、日记等的考察》,《学术界》2021 年第 4 期。

民族生存、民族独立的内在需要。是的,十月革命对中国发生巨大的影响,这是不可否认的历史事实。而十月革命的这种革命性影响,也是以中华民族复兴的需要为前提的,否则就不会产生这么大的历史影响,更不会由此开启了中国"以俄为师"的道路。对此,研究者必须站在中华民族的地位上来研究,必须看到伟大的民族精神、不屈不挠的抗争意识在其中的作用,才能探寻历史的真谛及其深刻意蕴之所在。同样,我们研究马克思主义"革命话语"在中国的起源,还要看到人民群众的历史作用,看到思想界重心的下移所表现出的对下层人民群众的关注,这自然也有着马克思主义唯物史观对中国知识界影响。我们注意到,五四时期思想界关注下层人民的生存状态,人民的地位被发现及民众本位意识的确立,这是中国思想界的重大进步。为什么会有这样的重大进步呢?人民的巨大力量在历史中充分表现出来,人民的需求得到积极的表达,这是很重要的原因。故而,在五四时期的社会改造思潮中,思想界由"平民"话语向"群众"话语转变①,这其实乃是近代以来中国社会变动的思想反映,并为马克思主义"革命话语"在中国的建立创造了条件。既然历史发展的进程是这样,那我们在研究中就要更好地体现民族的观点、人民的观点,否则也就不能说是尊重了历史的客观实际。这是我们在研究历史中所必须始终不渝地加以坚持的,研究近现代中国历史中的相关问题也必须这样。

五是要运用联系的观点加以分析,在相互关系中架构体系并开启其叙述的进路。历史是在联系中展开,在相互关系中显示其存在状态、表征其发展的进路,故而研究历史也就需要在联系中予以理解和把握,并在联系中进而描述出来,展示其整体的演进图景。从学理上说,研究问题需要在联系中加以展开,这个道理其实不难理解。因为事物总是相互联系的,不仅有历史的联系、现实的联系,而且也有逻辑的联系,只是这种联系的大小及紧密程度不等而已。我们注意到,史学研究中常见的历史虚无主义,就是将研究对象与其本身的历史分割开来,把历史现象孤立起来,脱离其历史的情境与历史的语境,断章取义地评述某一历史人物、历史事件,从而得出否定一切的所谓"结论"。这实际上也是没有遵循联系的、发展的、整体的观点看问题,而且采取静止的、

---

① 吴汉全:《五四时期"社会改造"话语中平民化理念》,《安徽史学》2020年第3期。

孤立的、片面的态度看问题。在笔者看来,克服史学研究中的历史虚无主义毛病,就是要坚持马克思主义历史辩证法,在唯物史观指导下研究社会历史问题,将问题放在一定的历史条件之下,力求在多种联系中把握历史现象的各个方面及相关要素,这同时也是能够呈现历史图景的关键。就本书的研究来说,研究马克思主义"革命话语"在中国的建立,不是仅仅就革命理念在"五四"之后的历史沿革作简单梳理,而是要将与"革命"相关的各种因素联系起来,在相互联系中加以叙述,形成一个体系性的架构,从而展示以"革命"为中心的话语系统。譬如,就"革命"来说,革命是阶级斗争,但阶级斗争并不都是革命,只有变革社会制度的才是革命,故而就要与阶级及阶级斗争联系起来,这就需要在马克思主义唯物史观指导下建立叙述系统。进而言之,研究现代中国的"革命话语",首先要研究"主义"问题,因为我们所说的"革命话语"乃是马克思主义的"革命话语",马克思主义乃是"革命话语"的精髓所在;现代中国"革命话语"中的革命是阶级斗争,并且是变革社会制度的阶级斗争,那就离不开处于社会底层的广大人民群众,故而就要研究思想界的"人民本位"问题;现代中国"革命话语"的发展,离不开中国马克思主义政党的形成与发展,因为如果没有无产阶级政党领导也就成就不了具有现代意义的革命,故而就思想领域来说,就要研究"组织意识"和"政党思想",说明如何从组织意识的发展进至建立无产阶级政党的"政党思想";现代中国的"革命话语"所追求的乃是社会主义目标(当然是通过新民主主义革命而建立新民主主义社会的这个过程),这就要研究"社会主义"在五四时期建立话语权势的问题。本书就是在具体地联系"主义"、"人民"、"政党"、"社会主义"等因素中,建立关于"革命话语"的叙述系统。我们现在讲研究中要充分地表征历史逻辑、理论逻辑、实践逻辑,借以为研究历史规律打下基础,但如果在研究中不能将研究对象中的内在联系弄清楚,不能在多种联系中凸显研究对象的整体面貌及内在特质,则再好的所谓"逻辑"也是形成不了。这可见,运用联系的观点加以分析,这是极端重要的,并且是须臾不可缺少的,否则就不能在研究中架构其体系并开启其叙述的进路。

现代中国的"革命话语"是很重要的研究课题,在当前的学术背景中,具有很大的研究空间。在研究了"革命话语"在现代中国的起源之后,似乎还需要进一步对"革命话语"的话语结构、发展进路、逻辑谱系、基本维度、总体特征、历史作用等问题作相关的研究。这自然需要在话语体系理论研究上有所突破。笔者在 2020 年出版了《话语体系初论》①，一方面是就话语体系的性质、话语体系的类型、话语体系的结构、话语体系的功能、话语体系的特征及话语体系的转换进行研究，在微观和中观的层面上阐明话语体系所关涉的基础性问题；另一方面是就话语体系的社会属性、话语体系的逻辑架构、话语体系的基本维度、话语体系的运行机制及话语体系的建构原则予以探讨，试图建立了一个关于话语体系的学术系统。我想，结合这部《话语体系初论》中提出的思路和相关的观点，并具体地运用到马克思主义"革命话语"研究中，大致也是能形成比较新的研究成果的。

吴汉全

2021 年 11 月 1 日于杭州师范大学

---

① 参见吴汉全：《话语体系初论》，人民出版社 2020 年版。

目　　录

导　论

五四时代是思想大解放时代,不仅是近代以来中国社会演变中能量积聚的大释放时代,而且也是青年人走向社会舞台中央的时代,同时也是由早期新文化运动的"个人解放"到五四运动开启的"社会改造"的时代。五四时期青年人在当时只是20岁上下的年纪,但在"社会改造"话语下通过社团结集起来而展示其风貌、提出其诉求、表达其思想,事实上成为后五四时期中国思想界的重镇,并至少影响着20世纪中国的20年代、30年代及40年代。五四时期与一般时代有着很大不同的是,当时的青年人在"个人解放"转换为"社会改造"的话语体系中,基于其思想言说而跃居当时的思想文化舞台的中央,并且是通过社团组织来表达其思想诉求的,而且大多以"自从五四运动以来"这八个字作为作文章的"格调"①。这可见,五四运动对于中国思想界的重大影响。那么,就思想言说方面而言,后五四时期的社会改造思潮有着怎样的思想谱系呢? 其发展的方向又是如何呢? 对此,需要加以专门的研究。

在马克思主义的语境之中研究五四时期的"革命话语",不难看出"革命话语"本身乃是具有丰富思想内涵的范畴,并且是由与"革命"相关的诸多要素而形成的。推求原义,"革命话语"中的"革命"二字,在思想内涵及价值意蕴上,乃是指变革社会制度的阶级斗争这一政治现象。尽管历史上的阶级斗争并不一定就是"革命",其原因是历史上有些阶级斗争并不是具有变革社会制度的性质,但作为变革社会制度的革命乃是隶属于阶级斗争的范畴。故而,

---

① 《"自从五四运动以来"》(1924年4月),《恽代英文集》上卷,人民出版社1984年版,第493页。

研究"革命话语",自然就要研究社会上的阶级及阶级斗争;而要研究阶级及阶级斗争,就要依据马克思主义的唯物史观。以马克思主义唯物史观为指导来研究"革命话语",自然要研究作为"主义"的马克思主义,就要在马克思主义视域中具体地研究革命的动力、研究人民群众这一推动历史前进的决定性力量,同时也要研究领导革命的共产党这个根本性要素,研究革命所追寻的社会主义目标。这样看来,研究"革命话语",也就需要将"主义"(马克思主义)、"政党"(共产党)、"民众"、"社会主义"等关键性问题作为研究的重点,否则就不能理解"革命"的真实意义及构建关于"革命"的"革命话语"体系。

正是基于这样的思考,本书基于五四时期的"社会改造"思潮来研究马克思主义"革命话语"建立的内在逻辑,其基本的思路是:第一,从早期新文化运动进至五四运动,中国思想界存在着由"个性解放"到"社会改造"的重大思想转型,这是论及"五四"后思想变动的一个大背景。第二,五四时期的"社会改造"思潮本有激进与缓进之分,但激进化的"社会改造"思潮在五四时期始终处于思想界的主导地位,而缓进的"社会改造"则成为思想界的潜流,其主要原因乃是五四时期中国社会亟须解决严重的民族矛盾与阶级矛盾,加之俄国十月革命的"革命意识"对中国思想界的巨大影响、五四运动在政治实践层面的有力推动以及"五四"后马克思主义在中国的广泛传播、新一代知识分子群体的形成,等等。第三,"社会改造"不管是激进的"社会改造"还是缓进的"社会改造",从理论上说,都要有其"社会改造"的"主义"、领导者、基本力量及其所要达致的目标。而在五四时期,马克思主义在中国得到广泛传播以及"社会改造"处于激进化的态势之下,思想界必然形成"社会改造"的指导思想——马克思主义、"社会改造"的领导力量——中国共产党、"社会改造"的方式——革命方式、"社会改造"的依靠力量——人民大众、"社会改造"的目标——社会主义等范式。由此,现代中国以马克思主义为指导的"革命话语"得以建立。

本书研究五四时期社会改造思潮及其主流趋向,最终呈现马克思主义"革命话语"建立的内在逻辑,涉及的问题较多。为便于理解本书的主要内容及研究目标,以下试就几个重要问题交代一下:

第一,五四时期的"社会改造"这个范畴有着极为丰富的思想内涵。对于

"社会改造"这个命题,理论上可以从"社会"与"人"这两个最基本的方面,进行"可能性"的分析。

一是就"社会"本身而言,社会之所以需要并且能够进行"改造",则是因为社会本身是变动的、衍化的。倘若社会是不可改变的,则谈不上有"社会改造"的问题。就理论上说,社会之所以具有可变性的特点,这乃是因为社会是由人通过一定的组织或群体所组成的,故而社会之中也就有着人的意志、诉求、欲望、激情及历史性的活动。对此,瞿秋白后来就说得非常明白:"自然界里绝对无所谓愿望、目的。人类社会的历史里却大不同,这里的行动者是有意识的人,各自秉其愿欲或见解而行,各自有一定的目的。……历史的进程大致是:各人自求其目的而有所行动,于是无数人的行动互相牵掣推移而进展,便成历史。"①就近代中国思想变迁而言,西方进化论在近代中国的传播以及五四时期唯物史观的发展观在中国的传播,社会是变动的观点亦为中国进步思想界所普遍认同,故而"社会是否变迁"这已经不是问题,成为"问题"的乃是中国的"社会变迁"究竟应该取何种方式来进行变迁以及向着何种方向变迁的问题。也许因为这个缘故,陈独秀在 1920 年说他在社会改造问题上"向来有两种信念":"一是相信进化无穷期,古往今来只有在一时代是补偏救弊的贤哲,时间上没有'万世师表'的圣人,也没有'推诸万世而皆准'的制度;一是相信在复杂的人类社会,只有一方面的真理,对于社会各有一种救济的学说,空间上没有包医百病的良方。"②陈独秀所说的两种"信念",前者是关于社会进化的问题,后者则是关于社会中的思想学说的相对真理性问题,这亦可见社会乃是"变动"的观点,在当时的思想界中业已成为基本共识。

二是就"人"本身这方面来看,是因为人是社会的主宰,具有社会的基本属性,并且具有适应社会生存的能力及不断地改变社会的能力,于是才有"社会改造"事实的发生。倘若人在社会面前是无能为力的,只是消极地适应社会而不能对社会发生积极的作用,那也就谈不上"社会改造"问题。李大钊说

---

① 瞿秋白:《自由世界与必然世界》(1923 年),《新青年》(季刊)第 10 卷第 2 号,1923 年 12 月 20 日。

② 《马尔塞斯人口论与中国人口问题》(1920 年 3 月),《陈独秀著作选》第 2 卷,上海人民出版社 1993 年版,第 106 页。

得好:"演化是天然的公例,而进步却靠人去做的。我们是立足在演化论和进步论上,我们便会像马克思创造一种经济的历史观。我们知道,这种经济的历史观系进步的历史观,我们当沿着这种进步的历史观,快快乐乐地创造未来的黄金时代。黄金时代不是在那背后的,是在前面迎着我们的。"①陈独秀也说,"社会改造"中革命的办法就是"制度"的变革,亦即通过"革命"而造成"新旧制度交替"的局面,这都是需要发挥人的主观性努力的,其原因就在于"凡是一种制度,都有他所以成立的理由和成立经过在历史上的势力,非有一种新的制度经过人们努力建设,成了舆论,成了法律,在事实上有代替他的势力"②。由此,陈独秀认为对于现行的不良社会,不能只是在思想上"否定"了事,事实上即使"一切都否定了,自己的实际生活却不能否定"的;故而,个人皆要发挥变革社会的主观能动性,并将这种能动性转化为变革社会的实践活动。他指出:"我盼望笃行好学的青年,要觉悟到自己的实际生活既然不能否定,别的一切事物也都不能否定;对于社会上一切黑暗、罪恶,只有改造、奋斗,单单否定他是无济于事;因为单是否定他,仍不能取消他实际的存在。"③实在地说,依据社会进步的观念并进而发挥人的主体能动性,乃是"社会改造"的根本要则,因为人们唯有具有主体能动性,才能投入"社会改造"的实践活动之中,才能造就社会上"物质的改造"与"精神的改造"的局面,也才能有政治的改造、教育的改造、农村的改造等等具体的"社会改造"路径,并呈现"破坏"与"建设"交互作用的演进态势。

应该说,五四时期的进步思想界在"社会改造"问题上形成了基本的共识,"社会改造"乃是时代性的命题,当时的中国社会必须进行改造,借以创造一个不同于以往的"新社会"。这是没有疑义的。但在社会改造的具体方式及所要达致的目标上,五四时期的中国思想界亦存在着重大的分歧,这种分歧就在于,现行社会是一点一滴地改造,还是"根本改造"呢? 是在既有社会制

---

① 《演化与进步》(1923 年 4 月),《李大钊全集》第 4 卷,人民出版社 2013 年版,第 192 页。
② 《随感录(革命与制度)》(1921 年 7 月),《陈独秀著作选》第 2 卷,上海人民出版社 1993 年版,第 288 页。
③ 《虚无主义》(1920 年 9 月),《陈独秀著作选》第 2 卷,上海人民出版社 1993 年版,第 167 页。

度体系下进行社会改造,还是变革现行的社会制度? 社会改造最终所建立的
社会,是社会主义社会还是其他类型的社会? 故而,五四时期的所谓"社会改
造"问题,最终也就集中在现行制度与"社会改造"的关系上。陈独秀明确说,
"我们无论如何反对我们所生存的社会制度,在我们未曾用我们的力量把现
存的制度推翻以前,我们仍旧必然为现存的我们所反对的社会制度所支配",
故而"我们应该觉悟,我们唯一的使命只有改革社会制度,否则什么个人道
德、新村运动,都必然是无效果的"①。从五四时期思想分野情况来看,马克思
主义者认为社会改造就在于变革现行的社会制度,而各种改良主义者则主张
在既有制度不变的框架之内进行社会问题的逐步解决。

　　第二,五四时期"社会改造"思潮的激进化是以社会的阶级意识的增长为
前提的。社会改造在五四时期是思想界的重要话题,并且呈现出激进化的趋
势,这是客观存在的事实。故而,本书依据马克思主义的阶级及阶级斗争理
论,重点说明五四时期的思想界存在着思想"激进化"的态势,并将这种"激进
化"作为考察后五四时期思想衍化的重要视角。

　　五四时期思想上的"激进化"乃是建立在社会成员(尤其是青年知识分
子)阶级意识增长的基础上,阶级意识的增长乃是整个社会的问题,不然也就
不会有所谓的思想激进化的态势。就事实而论,一是俄国十月革命对中国社
会产生了多方面的影响,而其中一个很重要的方面,就是促成了阶级的观念、
革命的观念、群众运动的观点在中国思想的发展;二是五四运动作为政治实践
运动、思想启蒙运动,又有力地促进了社会中阶级意识的增长,这是一个显见
的事实。陈启修在五四运动一年之后的 1920 年 5 月就注意到,阶级意识在五
四运动前后有着显著的增长,过去"智识阶级底阶级意识,到底也不曾发生,
终久还是要受权力阶级底播弄和支配",并且"这种现象,到民国的时候,越发
利害了","不料近二年来,智识阶级,居然发生阶级意识,晓得要图生活底安
固,不是依赖他人可以做到的,是要联合同阶级的人,实行阶级争斗才行的;所
以渐渐地把从前排挤倾轧底恶习惯行为悔悟起来,改头换面,来办联合的

---

① 《讨论无政府主义》(1921 年 8 月),《陈独秀著作选》第 2 卷,上海人民出版社 1993 年
版,第 293—294 页。

事业。"①

五四时期社会上阶级意识的增长,在思想史上最突出的表现,就是对于"何谓劳动者"的认知和定位上。在当时的言说系统中,"劳动"对应着"生产",是否从事"生产"也就成为是不是"劳动者"的根本标准,故而不是从事生产的人,也就不是"劳动者"。《劳动周刊》上有篇文章说,"我们织的布,他们不生产的人抢去做衣穿。我们种的谷,他们不生产的人抢去煮饭吃。我们做的房子,他们不生产的人抢去居住"②。这里说出了一个基本事实,即不生产的人占有生产者的劳动成果,导致"生产"与"不生产"在社会中处于对立的地位。因而,这段言论也就体现出生产者的阶级觉悟。五四运动后,《晨报副刊》有篇文章注意以阶级的观点来看待"劳动问题",不仅分析了资产阶级统治的阶级本质,而且也揭示了工人在社会中处于被剥削地位的地位,指出"从表面观之,资本家与工人所订条件似是自由契约,实在此种自由契约即谓之束缚契约亦无不可";而从实际情况来看,"平等自由虽载在约法,然而少数资本家专以垄断平民之财产,以致阶级悬殊,出此不良之社会"。因此,"吾人认阶级战争不可逃,不得不有阶级战争,吾人认新社会必须组织,非推倒旧社会不可"③。

五四时期一些在思想上并不信奉马克思主义的知识分子,也进行过阶级意识的相关宣传,胡汉民就是一个突出的例证。胡汉民在 1919 年底发表《唯物史观批评之批评》文章,依据《共产党宣言》、《〈政治经济学批判〉序言》等马克思主义经典著作,阐释马克思的阶级斗争理论,并表明自己对于唯物史观和阶级斗争学说的欣赏态度:"阶级对立,阶级斗争,都是经济行程自然的变化。故此在一方可以说社会生产力为历史之原动力,在他一方可以说从来的历史,是阶级斗争的历史。阶级斗争,即由社会生产力变化而来。……马克思把一个经济行程,说得一丝不乱,凡事可以成为社会问题的,尚且要于其解决所必要的物质条件已经存在,才能发生。阶级斗争中所谓最后之胜利者,要靠作成于旧社会母胎内,使能解决敌对之必要条件。"④胡汉民是国民党的理论

① 陈启修:《文化运动底新生命》,《学艺》第 2 卷第 2 号,1920 年 5 月 30 日。
② 平:《到底谁是过激党》,《劳动周刊》第 14 号,1921 年 11 月 19 日。
③ 莫里斯著,竞人译:《劳动问题之研究》,《晨报副刊》1919 年 7 月 17 日—26 日。
④ 胡汉民:《唯物史观批评之批评》,《建设》第 1 卷第 5 号,1919 年 12 月。

家,他对于阶级及阶级斗争问题的看法,颇能说明国民党阵营中的思想状况。国民党人士朱执信,尽管并不信奉马克思主义阶级斗争学说,但在五四时期却特别强调阶级和阶级斗争,并对社会上否认阶级斗争的言论给予批评。当时,有人在《民铎》上发表《阶级斗争下现在环境的打破》文章,否认中国存在着阶级斗争的事实,甚至还说:"我国雄厚之资本家既不多见,而劳动阶级组合能力之薄弱,尤在零点以下。则震撼全球之劳动阶级战争,在吾国目前之极端时期,除野心家煽动不计外,决不至成吃紧之问题。"对此,朱执信在1920年发表的文章中认为,这种否认阶级斗争的言论乃是有着严重的"缺漏",因为"阶级斗争,不是可以专由煽动而起的",故而"以为没有雄厚的资本家,劳动阶级组织能力弱,就不成吃紧问题,这是错了"。朱执信的看法是,阶级斗争乃是世界范围内的客观事实,中国也不例外;社会中的"阶级斗争,成不成问题,是看资本家取得剩余价值多少,和劳动者生活工作条件如何。现在中国虽没有雄厚的资本家,这小资本家的取得剩余价值的手段,要比欧美的大资本家凶十倍。……我们如果是替资本家打算,当然觉得劳动者没有能力斗争,可以说不是吃紧问题。但是要从国民着想,从人类的进步着想,那一般劳动者还没有能力斗争,岂不是最吃紧的问题么。"①这可见,阶级斗争的观点在五四时期的国民党人中也是存在的,并且在当时的思想界有着很大的影响。

　　研究五四时期思想界阶级意识的增长问题,就不能不考察中国工人阶级的阶级意识,因为中国工人阶级是先进生产力的代表者,并且在五四运动中登上了历史舞台。就五四时期思想演进态势而言,工人阶级的阶级意识增长,固然有着早期马克思主义者的大力宣传与思想教育工作,但也是在工人运动的政治实践中得以提升的。陈独秀通过对香港海员罢工的分析,在当时就看到"劳动界阶级的觉悟"的事实,指出:"香港海员罢工,何以长辛店、武汉的铁路工人都起来援助,这是因为他们觉悟到无论是路工是海员,无论在广东在他省,都同属一个劳动阶级,都应该互相援助,这就叫做劳动界阶级的觉悟。"②中国工人阶级阶级意识的增长,不仅是使中国工人阶级成为社会变革领导者

---

① 朱执信:《野心家与劳动阶级》,《建设》第2卷第2号,1920年3月。
② 《"宁波水手"》(1922年2月),《陈独秀著选》第2卷,上海人民出版社1993年版,第328页。

的条件,而且也是五四时期整个中国社会思想走向激进化的思想基础,并且成为马克思主义"革命话语"在中国建立的前提。

值得注意的是,社会上有着强烈的"社会改造"意识的青年,尽管并不是马克思主义者,但在思想意识的深处亦受到马克思主义的阶级观念及阶级斗争理论的影响。譬如,朱谦之在五四时期是标准的"唯情主义者"青年,有着较为浓厚的无政府主义思想,但他对"革命"亦抱有十分欣赏的态度:"凡革命,都是自觉的,积极的,从下而上的;因许多不安于现实生活的人,心觉着社会政治的腐败,非根本推翻不可,于是因不满意的境地,定革命目的,因革命目的,定革命底进行。"①又譬如,在五四时期参与创办"北京大学社会主义研究会"、后来又撰写《阶级斗争》著作的费觉天,专门创办了一个名叫《评论之评论》的杂志来介绍关于"社会主义"讨论的各家观点,同时自己也不断地撰写文章,试图运用阶级观点及阶级斗争理论来分析社会变动。如他有篇文章以"阶级"观点来诠释社会变动,指出:"然则社会变动之真因果安在?曰阶级是矣。一切社会变动史都是阶级斗争史,一切社会制度之解放、改造都是皆所要求。远古姑不论矣,即就宗教革命而论,设使僧侣阶级未曾把持教堂,一般普通信徒未曾被若辈们压制,安有新教徒与旧教徒之争,安有宗教革命。其次,专就政治革命而论,设使君主贵胄未曾压制平民,安有人权之争,安有平民阶级与贵族阶级之争,又安有政治革命。即就今日社会革命而论,固明明为资本阶级与劳动阶级之斗争矣。"②阶级观点在五四时期被社会上的进步青年知识分子所普遍接受,甚至连一些在思想上并不信奉马克思主义的人也加入了宣传阶级观点的阵营,这可见阶级意识在五四时期的中国社会上有着不断增长的态势。认识这一点,不仅有助于理解五四时期"社会改造"思想走向激进化的事实,而且也有助于理解以马克思主义为指导的"革命话语"得以建立的必然性。

应该强调的是,早期马克思主义者为五四时期阶级意识的增长作出了重要的贡献。李大钊在1919年发表的《我的马克思主义观》中,对于马克思主

---

① 朱谦之:《革命哲学》(1921年),蔡尚思主编《中国现代思想史资料简编》第2卷,浙江人民出版社1982年版,第153页。

② 费觉天:《对于社会主义争论问题提出两大关键》,《改造》第3卷第6号,1921年2月。

义的阶级斗争学说作了比较全面的介绍,指出:"马克思则谓阶级竞争之所由起,全因为土地共有制崩坏以后,经济的构造都建在阶级对立之上。马氏所说的阶级,就是经济上利害相反的阶级,就是有土地或资本等生产手段的有产阶级,与没有土地或资本等生产手段的无产阶级的区别;一方是压服他人,掠夺他人的,一方是受人压服,被人掠夺的。这两种阶级,在种种时代,以种种形式表现出来。亚细亚的、古代的、封建的、现代资本家的,这些生产方法出现的次第,可作经济组织进化的阶段,而这资本家的生产方法,是社会的生产方法中采敌对形式的最后。"①1920 年,远在法国的蔡和森不仅接受马克思主义的阶级观念和无产阶级专政学说,而且以阶级观念来看待思想界的分野:"我以为现在世界显然为两个敌对的阶级世界,学说亦显然划了鸿沟。自柏拉图统御以来的哲学思想,(人生哲学,社会哲学)显然为有产阶级的思想。其特点重理想轻生活,重精神轻物质。马克思的唯物史观,显然为无产阶级的思想。以唯物史观为人生哲学社会哲学的出发点。结果适与有产阶级的唯理派相反,故我们今日研究学问,宜先把唯理观与唯物观分个清楚,才不至堕入迷阵。"②中国早期的马克思主义者,不仅在传播马克思主义过程中由激进的民主主义者转变为马克思主义者,而且为推进五四时期阶级意识的增长作出了历史性的贡献。

第三,五四时期思想界在阶级意识增长的情形下,不仅社会上存在着"惧怕革命"的心理,而且缓进者也力图对"社会改造"作出自己的诠释。思想史的研究不能存在着非此即彼的理念,这不仅因为在"此"和"彼"之间有着"中间地带",还因为在激流之中亦有时也存在着潜流的问题。就五四时期思想界的总体而言,确实存在着激进化、革命化的普遍趋势,但并不是说社会上所有人都主张革命,事实上,"惧怕革命"的心理在此时仍然是存在的,并成为五四时期思想演进中的潜流。

考察五四时期思想界的整体状况,不难发现,"社会改造"在五四时期总体上呈现"革命话语"的同时,亦存在着惧怕社会革命的心理。作为《解放与

---

①　《我的马克思主义观》(1919 年 9 月、11 月),《李大钊全集》第 3 卷,人民出版社 2013 年版,第 17 页。

②　《蔡林彬给毛泽东》(1920 年 9 月 16 日),《蔡和森文集》,人民出版社 1980 年版,第 63 页。

改造》杂志主编的俞颂华，虽然也在很大程度上承认革命现象的存在，但又极为害怕革命思想的发展，甚至认为"革命"是社会演进中反常的"病理"现象，"于社会前途很有许多危机"，因而希望"支配阶级"从防止"革命"的角度，能够依据反抗者要求适当地"修正其制度"，推进社会的"改革"以维护"社会常态"，否则反抗者如果"用暴力来推翻旧制度，往往是直接的，卤莽的，而不经反想的，表现低级文化的特质"，甚至会出现社会被"大权独裁者"控制的问题①。戴季陶也是惧怕俄国式革命的，他在《星期评论》上发表文章说，中国不能宣传俄国的布尔什维主义，其原因是中国的问题只是失业过多的问题，劳动人民与剥削者的矛盾并不大，如果此时宣传布尔什维主义，就会被"无业游民"和"兵匪阶级"所接受和利用，这样"一下爆发起来，挂上布尔什维克的假面，干他野蛮掠夺的勾当，那危险的境象恐怕比俄国还要加上几倍。到了那个时候，国里的'生产机能'破坏了，外国人的势力一定也乘势侵进来了。……中华民国的国运，恐怕也就从此告终呵！"②这里，戴季陶虽是说布尔什维主义被"无业游民"和"兵匪阶级"利用的情况，但所描绘出的景象也是十分惨烈的，并且也是十分恐怖的。他把"社会革命"思想在中国的输入说成是洪水猛兽，不仅因为这"主义"的输入而使"生产机能"破坏了，导致外国人入侵了，而且"民国的国运"也由此将会"告终"了，因而可谓"罪莫大焉"。可见，戴季陶尽管此时口头上承认马克思主义，并且也确实说过社会主义的一些好话，但事实上他是不赞同中国走社会革命道路的。

　　五四时期思想界在阶级意识日益增长的情形下，一些刊物因为惧怕革命的心理在起作用，有时也不得不举起"革命"的旗帜打掩护。《伙友》刊物尽管也曾发表过宣传阶级和阶级斗争的文章，但该刊的主流是惧怕革命的，或者说就是在"革命"的面具下宣传阶级调和思想。该刊在第 11 册进一步说明其办刊旨趣及其所经历的两个时期："第一时期，就是要在这不自然的社会制度之下，唤醒昏沉的同侪，共向资本家方面去讲公理，以期改轻牛马式的待遇，恢复一些做人的生趣。本时期，是为用柔和手段的时期。第二时期，是推翻社会一

---

　　① 颂华：《述爱尔和特氏论社会常态的与变态的改革之大意》，《解放与改造》第 2 卷第 5号，1920 年。

　　② 季陶：《对付"布尔色维克"的方法》，《星期评论》第 3 号，1919 年 6 月 22 日。

切不自然的制度,扫灭资本主义的流毒,产生和衷共济的社会。"①五四时期那些一贯主张社会改良的刊物,却在"革命"的名义下宣传其改良主张,这是一个比较有趣的现象。这说明什么?至少可说,"革命话语"此时在思想界业已建立其话语权势。

正是因为五四时期思想界存在着"惧怕革命"的心理,故而缓进者力图对"社会改造"作出自己的诠释。任何有一定社会影响的思想,皆是有着一定的社会心理作为支撑的,故而需要就"社会心理"与思想的关系有所认识。在思想史研究中,一般不将"改造"与"改革"作细致的分别,但"改造"与"改革"在语义上还是有所区别的。大致说来,前者("改造")侧重于根本性的社会变革,后者("改革")大多归之于点点滴滴的社会改良,但也不尽然。五四时期,尽管整个中国社会处于激进的话语体系之下,但亦有将"社会改造"诠释为"社会改革",并力图将"社会改造"引向所谓的"常态改革"的方向。《新民意报副刊》明确表示,将"社会改良"的目标定为该刊"今后惟一的使命"。该刊在"发刊词"中说:"社会改良的界说是什么?现在的社会,人人都觉得腐败、顽固、不进化,有改良的必要。可是改良的方法,意见上各有不同。有主张社会上事事物物,都应当逐件改良者;有主张根本总解决,先打破私有财产制度,其余一切问题,自然迎刃而解者。前者叫作社会改良派,后者叫作社会主义派。本部今后的前途,是本着前者——社会改良派——的步骤向前进。"②这里,所主张的"社会改良",就是点点滴滴地改造社会中的小问题,亦即是从社会中的具体问题入手,以求得一个问题一个问题的逐步解决,并不触及社会制度问题。故而,该刊列出了诸多问题,如家庭组织问题、婚姻问题、女权问题、遗产问题、学校教育问题、社会教育问题、纳妾问题、废娼问题、工厂问题、工作时间问题、女工问题、童工问题、女子职业问题、乞丐问题、贫民生计问题、教会问题等等。《工商之友》中有篇《中国劳动界的将来》文章,很是担心中国发生激烈的"社会改革",而是希望中国的"社会改革"走上"常态改革"的道路,故而对"社会改革"进行另一番的解读和诠释。该文说:"社会改革本有变态常

---

① 开先:《本会的两个时期》,《伙友》第 11 册,1921 年 1 月 16 日。
② 《五四时期期刊介绍》第三集(下册),生活·读书·新知三联书店 1959 年版,第 458 页。

态两种。欧洲的劳动问题可算是变态的社会改革,工人虽有最终之胜利,但是吃亏已经不少。我们既然知道中国劳动界将来生危险,决不可任其变迁,应该设法预防,创造一个最良的经济组织,使劳动界的生活,和社会生产能力同时并进而不背。社会的进化,因此就可以作有意识的常态改革。"①在五四时期的话语中,"社会改革"与"社会革命"这两个范畴是有着不同含义的,知识界中的一般人大致也比较明白。可是,这位作者还生怕人们不理解"社会改革"所具有的缓进特征,特地将"社会改革"细分为"变态改革"和"常态改革"两种,并旗帜鲜明地表示赞赏"常态改革",其所主张的改造社会的缓进态度再清楚不过了。

当然,五四时期的思想界也有人并不直接地将"社会改造"诠释为"社会改革",但在对"社会改造"的解读中却悄悄地输入缓进式的相关内容,这就间接地改变了"社会改造"中原有的革命意义的内容。譬如,《新群》月刊中有篇《怎样去研究社会改造问题》文章,认为"社会改造的事,是慢慢的做到的,不是一下子做到的,是零碎做到的,不是一举成功的",其最好的办法就是"按着一件一件的制度,去慢慢的求改革,才能达到改造社会之目的"②。这里,使用的"慢慢的做到的"、"零碎做到的"、"慢慢的求改革"等用语,就将"社会改造"纳入到其所主张的社会改良的轨道,而"社会改造"中原有的根本性变革的含义,也就不复存在了。又譬如,《学林》杂志在其《投稿简章》中,申明该刊将"社会改造之研究"作为宗旨之一,但其所谓的"社会改造"却是以庸俗进化论为理论基础的,因而对"社会改造"作出反对社会革命的诠释。该刊明确指出,"社会不是静止,是要进化的"③;而所谓"社会的进化,有一定的顺序,他的进化,不是激变的,是潜进的"④。这种态度,就再明白不过了:所谓"社会改造"也就是依照"进化"步骤来"潜进"地进行,而不是"社会革命"方式的"激变"。

---

① 梅祖芬:《中国劳动界的将来》,《工商之友》1920年5月10日。
② K.S.:《怎样去研究社会改造问题》,《新群》第1卷第1号,1919年11月。
③ 王恒:《社会进化与矛盾量》,《学林》第1卷第1期,1921年9月5日。
④ 许藻镕:《现行私有财产制度的基础观念和将来的趋势》,《学林》第1卷第1期,1921年9月5日。

　　本书重点研究"社会改造"的激进化态势,并揭示马克思主义"革命话语"在中国建立的内在逻辑。那么,为什么要研究五四时期社会上"惧怕革命"的心理,又为什么要认知缓进者力图对"社会改造"所作出的诠释?因为从学理上说,思想的演进乃是对立之中发展的,并且是在斗争中前进的,故而需要了解和掌握矛盾着的对立面及其状态,否则就很难在相互比较中、矛盾分析中呈现思想演进的全貌。

　　第四,五四时期的"社会改造"话语亦有着世界性视域。毫无疑问,五四时期的"社会改造"话语自然是面对中国社会变革的迫切需要,着力于解决中国社会中的问题和矛盾,亦即立足于中国、体现"中国本位"的落脚点。但是,五四时期的"社会改造"话语又是先进知识分子在世界性的视域中形成和发展起来的,故而其所谓的"社会改造"在表达中华民族谋求复兴这一根本要求的同时,亦有着以天下为己任的改造世界的诉求。在这个过程中,中国早期先进知识分子发挥了重大的作用。应该说,追寻世界潮流并具有世界性的认识视域,从世界大势来研究中国的社会变革,期待中华民族在复兴中走向世界舞台的中央,乃是五四时期先进知识分子的基本共识。这种共识亦渗透在先进知识分子关于中国的"社会改造"探索之中,并且也是近代以来中国人"开眼向世界"的接续发展。

　　世界性视域在五四时期是非常显著的。在五四时期中国思想界中,有人认为中国既然是"堂堂中华民国",则不能"废弃民国纪年",并认为这才是"爱国心的表示"。对此,钱玄同发表《论中国当用世界公历纪年》文章,认为"我们中国既然是民主国,国情不同,当然没有效法他们的理由",但是我们既然是"民主国"也要顺应世界大势,故而在纪年问题上"我们民主国的国民用世界公历纪年,更是当然,丝毫不用犹豫了",其原因就在于:不仅"纪元是要能够永久继续的",而且"纪元是宜求世界一致的","用世界通用的公历纪年,于考古、于现代应用,都是极便利的",所以"中国当用世界公历纪年"①。钱玄同是新文化运动中的重要人物,他的世界性视域所表达的正是"新文化人"的群体性共识。

---

　　①　钱玄同:《论中国当用世界公历纪年》,《新青年》第 6 卷 6 号,1919 年 11 月 1 日。

中国马克思主义先驱李大钊正是有着强烈的世界性视域,故而在介绍十月革命的过程中,提示出中国社会变革要关注世界历史的前进方向,为中国思想界"以俄为师"道路的形成作出了开拓性的贡献。李大钊欢呼十月革命,首先乃是基于世界视域呈现"法俄革命"之比较视域,继而又将俄国革命与在俄国革命影响下所发生的德国革命、奥国革命相联系,揭示了人民革命的"新纪元"的到来。1921年初,李大钊在谈到"中国的社会主义"问题时,鲜明地提出要看到"世界的资本主义"问题,认为"中国今日是否已具实行社会主义的经济条件,须先问世界今日是否已具实现社会主义的倾向的经济条件,因为中国的经济情形,实不能超出于世界经济势力之外"。李大钊指出,正是由于"现在世界的经济组织,既已经资本主义以至社会主义,中国虽未经自行如欧、美、日等国的资本主义的发展实业,而一般平民间接受资本主义经济组织的压迫,较各国直接受资本主义压迫的劳动阶级尤其苦痛。中国国内的劳资阶级间虽未发生重大问题,中国人民在世界经济上的地位,已立在这劳工运动日盛一日的风潮中,想行保护资本家的制度,无论理所不可,抑且势所不能。"①李大钊的论述说明,中国社会改造乃是与世界形势的发展紧密联系在一起的,中国是否走社会主义道路也是与世界经济发展的趋势与方向分不开的。

那么,五四时期的"社会改造"究竟应该取何种目标?当时,各个进步社团所说的"社会改造"也大多聚焦在"中国"社会上,这是最为鲜明的事实,但亦触及"改造世界"的问题,并强调中国的社会变革应该追寻世界潮流,因而也就比较显著地表现出世界性的视域。试举几例:

《北京大学学生周刊》发表的《我们的旨趣》发刊词,期待"中国随世界潮流以俱进",指出:"我们由历史、社会、学术的进化而观察,知道世界平和渐渐的接近,兵战渐渐的消灭。我们深信各国民众的要求和运动,必能渐渐达到他们的目的。中国是世界的单位,所以不能不和世界的潮流,同其步骤。"②所谓"中国是世界的单位",中国应该与"世界的潮流,同其步骤",正是表达的中国

① 《中国的社会主义与世界的资本主义》(1921年3月),《李大钊全集》第3卷,人民出版社2013年版,第359页。
② 《我们的旨趣》(1920年1月4日),《五四时期期刊介绍》第二辑(下册),生活·读书·新知三联书店1959年版,第560页。

应该高度关注世界的思想诉求。

　　1920 年 1 月创刊的《少年世界》月刊,是少年中国学会在《少年中国》之外的又一种刊物,由南京分会负责编辑。该刊在发刊词中,对于刊物为何命名为"少年世界"有这样的交代:"(一)这本月刊是一本注重记载事实的月刊。所记的事实,不是以中国为范围,是以世界为范围。要把中国人村落的眼光,改变方向直射到世界上去。(二)自从欧战的和约成立,我们不仅晓得中国的老年不可靠,同时证明世界的老年都不可靠。全世界的事业和一切待解决的问题,应由全世界的少年采'包办主义'。我们既是世界少年团体的一个,所以把他标出来,以表明中国青年要与各国青年共同负改造世界的责任。"①这亦可见《少年世界》有着比较开阔的世界视域和追求域外新知的强烈愿望。

　　1920 年 2 月出版的《湘潮特刊号》的"发刊词",固然主要是讨论如何改造湖南的问题,但亦提出"研究社会的解放与改造"的任务,并主张中国的"社会改造"应该置于世界潮流之中,指出:"现在世界的制度,一日一日的文明,人类的思想,也一天一天的彻底,现在什么'人道''意志自由''平等''互助''提倡劳工''打破私产''女子解放'的声浪,唱得高入青云,研究这些问题的思想文字,也如雨后春笋一般的发生了。这是文化进步一种大变革。我们既是人类的一部分,总应该设法去应付这种潮流,细心去研究适应环境的方法。……所以我们救湘救国以外,也还应注意到人类社会的问题——迎合世界潮流,应付环境的重要问题。"②这个"发刊词"颇能说明远在内地的湖南,有着"迎合世界潮流"的积极态度,正在追寻"现在世界的制度"的前进方向。

　　《新社会》上虽然改良的、革命的文章皆有,但在探讨中国的"社会改造"问题时,大体上也是汲取世界上改造运动的经验而具有世界眼光的。如郑振铎在该刊发表的《现代的社会改造运动》文章,认为各国的改造运动大体上分为两类,一类是"温和的新村运动",另一类是"直接的社会革命"。而所谓的"温和的新村运动"就是散布欧洲各国的社会民主党,"他们一方面信奉社会主义,认定现社会的罪恶、黑暗,他方面,却又不敢明白的去运动推翻他。他们

　　①　《为什么发行这本月刊?》,《少年世界》第 1 卷第 1 期,1920 年 1 月。

　　②　《我们发行"特刊号"的意思》(1920 年 2 月 24 日),《五四时期期刊介绍》第二辑(下册),生活·读书·新知三联书店 1959 年版,第 576 页。

是想从事于政治活动,取得政权以实施他们的主张的。他们,又是想以社会主义慢慢去浸润代替资本主义的。他们绝不采用革命的手段,去反抗资本家和政府。这种不彻底的、乡愿的、绅士的社会运动,在现在虽其势力还未可轻侮,然而不可谓为社会运动的正轨。"而所谓"直接的社会革命"又有许多派别,其中最为流行的则是"俄国的广义派,他们信奉马克思的国家主义的。他们以国家为操纵一切经济分配的单位。他们实行土地、银行、铁路的国有政策。一切房屋,则归市里。他们又极端的反对一切资本家,主张必须以劳农阶级为国家的执政者"①。当然,郑振铎尽管认为"俄国的广义派"所进行的社会改造"实在是社会改造的第一步",可又认为安那其(无政府主义)的社会改造是最为激烈、最为彻底的,因为"他们是想从根本上把现社会改造过的,无论宗教、道德、家庭、经济的一切组织,他们都想完全推翻他,实现一种'各尽其力,各取所需'的新社会"②。这里,郑振铎尽管在社会改造道路的选择上确实有着模糊的认识,并且也是比较崇拜无政府主义的激进方式,但他关于"社会改造"的具体样式乃是源自对世界上各种"社会运动"形式的考察和分析,并且对于十月革命也有较为正确的认识。又如,郑振铎在该刊发表的另一篇专门论述"劳动问题"的文章,也是在世界范围内和国际化视野中阐发其重要性:"现在世界上有两大问题:一个是妇女问题;一个是劳动问题。妇女问题在欧战以后,俄、德、意、荷兰各国相继承认女子参政权时,已告一部分的成功。现在虽未完全解决,而其势已稍缓。独劳动问题则波涛汹涌,日趋激烈,成为现在惟一难解决的问题。试看自欧战停止后,罢工之声,那一处没有,那一时有停止?连那个顽固的军国主义的日本,也接三连四的大罢起工来。其问题之重要,可以知道了!中国的劳动界虽然在现在仍是无声无臭的,然而已有觉悟的样子;劳动运动的曙光也已升在水平线上将要射将出来,照遍大地了!所以我们现在的劳动问题,虽没有到了极难解决的地位,却也有引起我们十二分的注意的地方,不可不讨论,不可不谋解决的方法。"③当时世界性的问题是否就是集中在"妇女问题"和"劳动问题"这两个方面,这是一回事;但阐发这个问

---

① 郑振铎:《现代的社会改造运动》,《新社会》第 11 号,1920 年 2 月 11 日。
② 郑振铎:《现代的社会改造运动》,《新社会》第 11 号,1920 年 2 月 11 日。
③ 郑振铎:《什么是劳动问题?》,《新社会》第 17 号,1920 年 4 月 11 日。

题并使之置于世界范围内,所具有的世界意识则是应该给予充分肯定的。

　　需要重点指出的是,新民学会所具有的世界性视域,在当时的进步社团中具有代表性。新民学会建立之后致力于"社会改造"事业,其会员在巴黎的讨论中也主张以"改造中国与世界"为共同目的。恽代英在 1920 年下半年研究如何创建"少年中国"问题时,提出中国的社会改造"应该是以适应于少年世界为目标,求少年中国的实现"①,因而要有追求世界"大改造事业"的视野,并从权利与义务相统一的角度给予了这样的说明:"今天全世界正开始了他的大改造事业,进步些的各民族,都在这旗帜的下面做功;我们亦不应该不努力担任我们应担任的一部分。所以无论奴隶或其相等阶级,不但是我们不甘忍受的,亦是不应忍受的,而且亦是不容忍受的。因为我们要站在人类水平线上,同时与各民族的觉悟者携手,努力前进。这不但是一个不应受剥夺的权利,亦是一个不容逃避的义务。"②1921 年 1 月国内的新民学会会员开会讨论时,有人认为"改造世界太宽泛"了,其原因就在于社会改造"无论怎样的力量大,总只能及于一部分",但如果"社会改造"仅仅局限在"中国",则"又嫌范围小了",故而"主张改造东亚"。毛泽东在发言中明确表示不同意"改造东亚"的主张,他指出:"至用'改造东亚',不如用'改造中国与世界',提出'世界'所以明吾侪的主张是国际的;提出'中国'所以明吾侪的下手处;'东亚'无所取义。中国问题本来是世界的问题;然从事中国改造不着眼及于世界改造,则所改造必为狭义,必妨碍世界。"③新民学会将"改造中国"置于"改造世界"系统之中,不仅反映出中国问题的世界性,而且也说明毛泽东等人具有宽阔而又开放的世界视域。在法国勤工俭学的新民学会会员蔡和森,在 1921 年 2 月致陈独秀的信中,不仅主张中国的"社会改造"必须依据马克思的思想而取"社会革命"手段,而且提出中国的"社会改造"要具有世界性的视域,指出:"劳动解放绝不是一个地方、一个国家、一个民族的问题,乃是一个世界的社会问题,马克思社会主义乃是国际的社会主义,我们绝不要带地域的民族的色彩。中国的阶级战争,就是国际的阶级战争。说中国没有大中产阶级,阶级战

---

① 《怎样创造少年中国?》,《恽代英文集》上卷,人民出版社 1984 年版,第 165 页。
② 《怎样创造少年中国?》,《恽代英文集》上卷,人民出版社 1984 年版,第 163 页。
③ 《五四时期的社团》(一),生活·读书·新知三联书店 1979 年版,第 587—588 页。

争用不著的,固然是忘记了中国在国际上的经济地位,忘记了外国资本家早已为了中国无产阶级的主人,而说中国的阶级战争就是最大多数的劳动者对于本国几个可怜的资本家的战争,也同是忘了中国在国际上的经济地位,也同是忘记了外国资本家早已为了中国无产阶级的主人。故我认定中国的阶级战争乃是国际的阶级战争。"①周恩来在欧洲勤工俭学时,认定共产主义不仅是"能够解决世界乱象"的"救时良方",而且也是中国社会改造的"良方",故而中国的社会变革必须面向世界。他指出:"我们虽是中国人,我们的眼光终须放到全世界上来。我们不必想取捷径,也不必畏难苟安,全世界无产阶级为创造新社会所共负的艰难责任,我们也应当分担起来。世界上只有一个共产主义能使这个责任无国界无种界地放在无产阶级的肩上,也只有他能使中国民族得列于人类中间彼此一视同仁。"②五四时期的先进知识分子追寻世界潮流,既放眼世界又立足中国,因而是在世界性视域中聚焦中国社会改造问题。

　　以上提出的四点,主要在于说明:研究五四时期的社会改造思潮及其演变,既要看到整体性的思想发展激进化态势及其占有主流地位的方面,同时也要看到其中的不占主流但亦起着很大作用的方面。就是说,既要看到五四时期思想激进化的主要方面,也要看到缓进的而处于思想界"潜流"地位的方面;既要看到"社会改造"中所突出地彰显出的中国本位意识,亦要看到"社会改造"中的世界视域;既要看到阶级观念输入促进思想激进化的态势,也要看到因为阶级观念的输入而使得思想界和社会中的一部分人产生"惧怕革命"的心理。说到底,就是研究工作必须辩证地看问题,力图能够在整体中看到局部,在主流中看到支流或潜流,在激进中看到缓进以及既不太"激进"又不太"缓进"的"中间地带",在"革命"中看到"改良"以及那些既有"改良"又有"革命"的内容;并且还需要善于运用联系的观点、发展的观点,具体地分析相互联系、相互影响、相互作用的方面及其表现。自然,研究五四时期的社会改造思潮必须坚持马克思主义的社会历史观,不仅要看到思想衍化的内在逻辑,而且还要将思想演变置于五四时期变动中的中国社会之中,更好地体现五四

---

① 《马克思学说与中国无产阶级》(1921年2月11日),《蔡和森文集》,人民出版社1980年版,第78页。
② 伍豪:《共产主义与中国》,《少年》第2号,1922年9月1日。

时期思想演变是社会变迁的要求和反映,亦即必须坚持马克思主义的社会存在决定社会意识的原理。

　　五四时期的社会改造思潮乃是五四思想界重要表征,并因这个社会改造思潮逻辑地呈现现代中国思想衍化的谱系。正是在五四时期"社会改造"语境之中,社会思想沿着革命化方向阔步前进,"五四"也在"革命话语"中真正地开启思想史上的新时代。现代中国的历史业已说明,马克思主义的"革命话语"在中国的建立,乃是五四时期中国思想演进中最突出的现象,并因此规定引领现代中国思想演进的方向。

第一章　五四时期社会改造思潮的兴起

【本章提要】社会改造思潮在五四时期的兴起有其缘由之所在,是反思民国、"一战"影响、文化运动行进、思想认知提升等多种因素交互作用的产物,体现了思想演进的内在逻辑及其与社会变迁的历史逻辑之间的关系。而五四时期思想界提出的社会改造方法及社会改造目标,则是社会改造思潮兴起的重要表征。五四时期社会改造思潮是中国近现代思想史上的重要现象,其兴起、衍化及其激进化态势塑造了现代中国思想的基本面貌。

社会思潮引领社会思想的走向并造就社会的话语系统,而社会思潮自身的演进亦有着内在的逻辑进路,但从根本上说乃是社会变迁的历史逻辑的反映。民国建立以后,思想多元的格局尚处于形成之中,社会思想总体上处于活跃阶段,新文化运动得以兴起即是重要的例证,这为社会改造思潮的酝酿和兴起创造了条件。社会改造思潮聚焦于现实中的社会现象,并以民国建立后社会生活的基本状况为评议的对象,力图发挥思想言说的批判性、建设性、参与性功能,借以为社会秩序的建构和社会的良性运行提出方案,促进社会向着理想而又完善的方向发展。就衍化轨迹来看,社会改造思潮是以"五四"为历史节点,并在五四运动的有力推动下而兴起,进而呈现出社会改造思潮的动态化图景。就思想地位而言,五四时期的社会改造思潮塑造了现代中国思想的面貌,并在后五四时期向着激进化方向发展,从而开启了中国现代思想发展的道路。故而,值得对五四时期社会改造思潮兴起的缘由及社会改造思潮中提出的社会改造的方法与目标等问题,加以学术上的研究和讨论。

一、社会改造思潮兴起的缘由

"五四"前后社会改造思潮的兴起,固然得益于十月革命和五四运动的有力推动。但从社会改造思潮的最初源头上看,乃是与民国建立之后社会运行和思想变迁的状况相联系的,并且正是有这样的基础和条件,故而能够在十月革命和五四运动的影响下成就其蓬勃发展的态势。在笔者看来,基于民国建立之后社会运行和思想变迁状况的考察,社会改造思潮在五四时期的兴起有其缘由之所在,大致说来有以下几个要素:

1.反思民国

社会思想的演进乃是对既有思想的某些否定,因而也就离不开对既有现状的"反思",因为只有批判性反思才能推进思想的创新与发展。据此可以说,反思乃是思想演进中的重要手段、思想演进的重要样态。具体到五四时期,反思民国乃是民国建立后思想界一直存在的现象,大致可以说业已成为常态,并且其反思的水平在五四时期达到相当的高度。

五四时期中国思想界出现的社会改造思潮,体现出由"个人改造"("个人解放")到"社会改造"的进路。但所提出的"社会改造"主张,在很大程度上则是以反思民国、检讨民国、考量民国为前提的,所面对的正是民国以来业已形成的中国社会。理论上说,中国经过辛亥革命所建立的"民国"本与"共和"制度是紧密联系在一起的,无"共和"制度则无所谓的"民国"。但在民国建立不久,思想界即有人对"民国"及其与"共和"的关系处于反思与检讨之中,其结果是发现现实中的民国与自己的理想相距较远,因而也就促成了不满情绪的增长。李大钊在民国初年就深刻地感到,这时的"民国"是"国基未固,百制抢攘",并出现了"党私"、"省私"、"匪氛"等严重问题,故而说此时的"民国"也犹如"敝舟深泛溟洋,上有风雨之摧淋,下有狂涛之荡激"①。由此,李大钊

---

① 《李大钊全集》第1卷,人民出版社2013年版,第1页。

发出了"共和自共和,幸福何有于吾民也"的感叹①。陈独秀则认为,"民国"分明只是"挂了共和招牌"而已,社会中的多数人"口里虽然不反对共和",但"脑子里实在装满了帝制时代的旧思想",至于"欧美社会国家的文明制度,连影儿也没有,所以口一张,手一伸,不知不觉都带君主专制臭味"②。高一涵在1918年也说,尽管当时的中国在形式上已经是"民国"了,但"民国"所发布的"总统命令",仍然具有帝王式样的"天地、君亲、师"的观念,这固然可以说是"缺乏历史进化的观念",但从根本上说,乃是因为辛亥革命只是"行制度革命而不行思想革命的坏处"③。

到了"五四"之后,思想界对于民国的反思还在继续,时人即有这样的观察:尽管"共和"仍为文明之美称,但在中国"初不料共和之结果,一变而为五代之割据。无端而有督军,无端而有巡阅,使国人恶之如蛇蝎,外人亦匿笑不置。"④陈独秀在"五四"之后就直接地说,"我们中国此时在名义上虽是一个独立的共和国,在实质上,比南洋马来群岛酋长割据的英、荷殖民地高明不多,那里算得是一个独立的国!"因而,中国"在这样殖民地状况之下,有何国会可言!有何法统可言!有何宪法可言!有何政治可言!所以我们以为中国还在'造国'时代,还在政治战争时代,什么恢复法统,什么速制宪法,什么地方分权,什么整理财政,什么澄清选举,对于时局真正的要求,不是文不对题,便是隔靴搔痒。时局真正的要求,是在用政治战争的手段创造一个真正独立的中华民国。"⑤正是因为思想界对"民国"存在着相当的反思,因而也就成为开启五四时期"社会改造"思想的社会心理基础。

应该指出的是,五四时期思想界对于民国的反思,其目的乃是借以寻求改造中国社会的道路。这种反思固然也存在着对于"民国"的失望情绪,但并没有因此就对中国的"社会改造"失去希望,亦即思想上并没有流于那种过于悲观的状态,而是在反思之中的进一步探索。这实际上也是一种积极的心态。

---

① 《李大钊全集》第 1 卷,人民出版社 2013 年版,第 7 页。
② 陈独秀:《旧思想与国体问题》,《新青年》第 3 卷第 3 号,1917 年 5 月 1 日。
③ 高一涵:《非"君师主义"》,《新青年》第 5 卷第 6 号,1918 年 12 月 15 日。
④ 《杨荫杭集》上卷,中华书局 2014 年版,第 143 页。
⑤ 《造国论》(1922 年 9 月),《陈独秀著作选》第 2 卷,上海人民出版社 1993 年版,第 388 页。

周作人在五四时期对于辛亥革命所建立的民国并没有什么赞誉的言论,甚至还认为中国没有能够实现其"维新",可能也是一件好事。他从中日近代历史的比较中,以"建筑"新房子作比喻而发出这样的言论:"日本因为五十年来德国式的帝国主义教育,国民精神上已经很受研丧。中国却除了历史的因袭以外,制度教育上几乎毫无建设,虽然得不到维新的利,也还没有种下什么障碍,要行改革,可望彻底。譬如建筑,日本是新造的假洋房,中国却还是一片废址,要造真正适于居住的房屋,比将假洋房修改,或者更能满足的结果。我们所希望的,便是不要在这时期在造假洋房,白把地基糟蹋。"①周作人这里的看法,尤其是就民国后"制度教育上几乎毫无建设"的论断是否正确、是否符合实际是一回事,但至少表明他对于"民国"还没有造出"假洋房",故而以后能够造出"真洋房"这一点,还是有着充分信心的。也许因为这个缘故,周作人作出了中国"要行改革,可望彻底"的思想判断。

民国建立后的中国社会的状况,乃是"五四"以后思想舆论上关注的一个重点。学生创办的刊物更是如此,而其所主张的"社会改造"思想,尽管是各各不同,有时甚至相差较大,但也是在基于民国的反思中开启其思想道路的。1919 年 6 月创刊的《新湖南》,是湖南湘雅医学专门学校学生为谋求"社会改造"而创办的刊物,其"发刊旨趣书"一开始就对民国进行深刻的反思:"中国改造共和于兹八载。此八载之中,内忧外患迭相乘除,人民所受之惨痛,政府所蒙之耻辱,几于书不胜书。时至今日,迨已不可问矣。"而"考求其所以致此之原",则"教育之不能普及、国人思想之陈旧、社会制度之不适合于今日、国民人格之堕落,俱为致此之大原因"。由此,该刊提出了"提倡新道德"、"改造家族制度"、"提倡男女平权,生活独立"、"提倡劳工"、"提倡平民教育"、"灌输卫生常识"等改造社会的六大宗旨②。1919 年 11 月创刊的《新生命》目的在除旧布新,借以给中国社会"创造一种新生命",这也是在反思民国中而开启其思想道路的,如该刊发表的《双十节日的感想》指出:"今民国成立已有八年了,政治是怎样呢? 人民的生活又怎样呢? ⋯⋯招牌虽然变换,那班握政权

---

① 周作人:《游日杂感》,《新青年》第 6 卷第 6 号,1919 年 11 月 1 日。
② 苏闰坡:《发刊旨趣书》,《新湖南》第 1 卷第 1 期,1919 年 6 月 15 日。

的人,大多数都是满清旧官僚,或新添人的绿林大盗。你想听吗为大众谋幸福吗? 恐怕想比地球诸星尽灭还难了。……所以中华民国虽成立了八年,不过政治舞台换了几个人,……我们为什么要庆祝他呢? 从今以后,我们都要想个办法改良人群的生活吧,政府是靠不住的。"①《解放画报》于 1920 年 5 月创刊,其发布的"宣言"提出"社会改造"的任务,并且也是以对民国的反思为前提的:"民国建国八年,招牌虽换,内容依然是陈陈相因;皇帝虽除,人民依然是奴隶根性;世界潮流虽急,中国人的思想依然没有改变;我们如有爱国,爱群,爱社会,爱世界的心,就应该想想法子,把种种束缚一律扯散,做一番解放的工夫,再做一番改造的工夫。"②正是因为当时的"改造社会"思潮是在反思民国中进行的,故而五四时期的"改造社会"思潮一开始大多是以完善资产阶级共和国为政治目标,但言说中对于现行政府不满的情绪,则显著地增长了。如广东出版的《新学生》半月刊所说:"要把从前的不'平等',不'自由',不'博爱',专'利己','黑暗麻木'的社会,改造为'平等','自由','博爱','互助','光明活泼'的社会,把国家弄成一个完全纯粹的民主国家,不要'悬羊头卖狗肉',年年都挂着一面假招牌来欺骗人,要努力去实行那美国大总统林肯氏所说的'为着人民,由人民自己组织人民的政府'。"③当然,也有刊物鉴于民国建立以后社会秩序严重混乱,尤其是军阀专横暴戾的严峻现实,思想日趋激进化、革命化,进而提出以"彻底的革命"方法来进行"社会改造"。譬如,1920 年创办的《北京大学学生周刊》,尽管声称"不鼓吹一种主义,不主张一种学说"④,但该刊也有文章非常激进,坚决主张以"革命"的"主义"来解决军阀问题,认为民国建立而"至到今日,那军人的势力已经巩固到铁桶一样,能够左右我中华民国的命运了。我们的国家,变成军人专有的国家;我国的政治,变成军人独擅的政治了。"故而,"想实行政治革命和社会革命,必先要革了现在军阀的命,方有着手的地方",这就需要人民觉醒,"如果人民真有彻底的觉

---

① 《双十节日的感想》,《新生命》第 1 号,1919 年 11 月 1 日。

② 周剑云:《解放画报宣言》(1920 年 5 月 4 日),《五四时期期刊介绍》第二辑(下册),生活·读书·新知三联书店 1959 年版,第 550 页。

③ 陈国运:《敬告新文化运动者》,《新学生》第 1 卷第 3 号,1920 年 2 月 15 日。

④ 《我们的旨趣》,《北京大学学生周刊》第 1 号,1920 年 1 月 4 日。

悟,那末人民就会有彻底的革命;人民真有自动的能力,那么人民就会有自动的革命"①。青年学生历来是社会中思想上的激进派,他们在反思民国中进而主张通过人民革命的办法来"改造社会",这大致也是可以理解的。

当"反思民国"业已成为五四时期思想界的重要现象后,这又进一步推进思想舆论界对于民国的认知和评价。后来成为上海共产主义小组成员的沈玄庐,在1919年10月发表的《中华民国的基础在那里》著名文章中,一方面是集中地反思中华民国的历史和现实,以便"把中华民国经营到更美备更良好的结果";另一方面则是鲜明地提出通过"社会改造"途径向着建设"新国家"的目标而努力,并认为这个"新国家"既是人民"共同创造的国家",同时又是能"适应世界的潮流新造的国家",而这个新国家中的人民是"只有幸福,没有灾难"的。该文指出:"中华民国不是已成的国家,是正在创造的国家。不是靠那一姓那一人创造的国家,是要我们总分子共同创造的国家。不是因袭中国的历史,也不是模仿欧美现成的形式,是适应世界的潮流新造的国家。这个国家的人民,应该只有幸福,没有灾难;这个国家在世界上,应该只有互助,没有战争。"②已经转变为马克思主义者的陈独秀,此时主张通过社会革命的途径,将资产阶级的共和国制度推进到"社会主义的政治"新阶段,这已经触及民国的社会制度这个根本问题,因而其对于民国的反思和认识则更进一步。他在1920年10月的文章中指出,"中华民国双十节是建设共和国底国庆纪念日",而"信仰共和、趋赴共和底人,也要确乎明白纪念这共和国庆日有什么价值";"我们对于共和价值底批评,固然不象反革命的帝制派及无政府党人把共和看得一文不值,也不象一班空想的政论家迷信共和真能够造成多数幸福。我们十分承认却只承认共和政治在人类进化史上有相当的价值,法兰西大革命以前的欧洲,俄罗斯大革命以前的亚洲,打倒封建主义不能说不是他的功劳;但是封建主义倒了,资本主义代之而兴,封建主义时代只最少数人得着幸福,资本主义时代也不过次少数人得着幸福,多数人仍然被压在少数人势力底下,得不着自由与幸福的。……全国底教育、舆论、选举,都操在少数的资本家

---

①　鸣谦:《军阀亡国论》,《北京大学学生周刊》第6号,1920年2月8日。
②　玄庐:《中华民国的基础在那里》,《星期评论》第21号,1919年10月26日。

手里,表现上是共和政治,实际上是金力政治,所以共和底自由幸福多数人是没有分的。主张实际的多数幸福,只有社会主义的政治。……社会主义要起来代替共和政治,也和当年共和政治起来代替封建制度一样,按诸新陈代谢底公例,都是不可逃的运命。"①这里,陈独秀对民国的认知重点是反思民国的"共和制度"本身,集中地反思资产阶级的政治统治是否能够得着"多数人幸福"问题,并提出以"社会主义"来代替既有的"共和政治"主张,这在当时的社会改造舆论中有着突出的引领性意义。

反思民国的思想进程在"五四"以后得以不断推进,即使是到 1923 年,年轻一代的知识分子仍然处于对民国的反思之中。何公敢、范寿康在 1923 年撰写的《建造新中国的唯一的路》文章,认为只有彻底地反思"民国"才能建设"真正的民主政治",才能真正地实现其"建造新中国"的目标。该文指出:"中华民国这块牌子,并不是大多数人民用民主式的政治奋斗堂堂地建树起来的,实在不过是少数的革命领袖和一般军人们的排满思想所副产出来的东西;那么,这一块'畸形儿'的招牌,现在代表着一个'畸形儿'的中华民国,也就不为无理了。翻民国以来的历史,国家的政权不过从皇帝的手中落到官僚和武人的掌上,实际上我们人民何尝有作主的余地? ……对这种官僚和武人,我们希望他们或是倚靠他们来建设一个真正的共和国,这岂不是一种梦想么?"②从话语的范畴来看,思想舆论将"共和"仅仅视为"牌子"或"一块招牌",此尤可见中华民国的"共和"声誉,在当时人们的认知中已经失去了往日的吸引力。陶孟和对此说得更明白,"现在中国的政治不是共和,仍然是专制",其原因就是"我们的政治,我们的社会,都是历史的产物,都是因袭固有的制度",也正是"因为因袭固有的制度,所以就是与民治主义相背驰",故而"现在革除那固有的制度"而"实践民治主义,就是解救我们人民的根本条件了"③。这说明,当时大多数进步知识分子致力于"社会改造",尽管所提出的"社会改造"方式有激进和缓进之分,但还是基于对民国以来社会现状的反思,并因这种反思而

---

① 《国庆纪念底价值》(1920 年 10 月),《陈独秀著作选》第 2 卷,上海人民出版社 1993 年版,第 178—179 页。
② 何公敢、范寿康:《建造新中国的唯一的路》,《孤军》第 1 卷第 7 期,1923 年 4 月。
③ 陶孟和:《孟和文存》,亚东图书馆 1925 年版,第 10—11 页。

表示出严重的不满情绪。进而言之,从上述引文中引以为重的"国民"、"我们"、"人民"等语词及具有价值判断的"招牌变换"、"政府靠不住的"、"军人独擅的政治"等语句来看,五四时期青年学生提出的"社会改造"主张,确实是建立在对民国进行反思的基础上,但这种反思也是有着鲜明的价值判断和目标性的意识指向,这就是将未来中国社会的希望聚焦于究竟是寄托在"国家"(民国)上还是寄托在"民众"上的问题,亦即未来社会的建构是以"国家"为中心还是以"民众"为中心的问题①。

上述思想界"反思"的对象,大致皆集中于"民国"本身,"民国"也就成为当时思想言说系统中的关键性范畴。实质上说,这既是关于中国道路、制度设计、发展方向的反思,同时又是思想层面上关于价值观的反思,因而也就成为开启五四时期"社会改造"道路的重要前提。不难看出,五四时期思想界这种关于"民国"的"反思",乃是批判性的"反思",即以批判的眼光来指出"民国"的问题所在,因而所谓的"反思"也就进至理性的层面,而不是仅仅停留在对于民国现状的不满情绪上。换言之,这种反思乃是以思想介入到"民国"这个国家形象的认知上,并进而发挥思想的批判性功能,从而呈现出关于现实的"民国"的话语体系。还要看到,五四时期对于"民国"的"反思",在彰显思想批判性功能的同时,也具有一定程度上的"建设性",并由此"建设性"而生发出关于"社会改造"的路径与目标,尽管此时所预示出的这种路径与目标,在后五四时期仍然是变动的、衍化的,甚至还存在着相当大的不确定性。明乎此,才能更确切地认知这种关于民国的"反思",对于后五四时期"社会改造"话语体系建构的意义与价值。

2."一战"影响

考察五四时期的社会改造思潮,阐明其兴起的历史缘由及衍化的进路,认识其基本特征及其在思想界的地位,必须重视"一战"所给予的重要影响。因

---

① 当时,不仅思想激进的学生所办的刊物将社会改造归结为是依靠"民众"还是依赖"政府"的问题,而且声名远扬的《申报》亦有这样的倾向。如作为《申报》主笔的杨荫杭在《申报》上发表文章,认为"国家柱石"(即是所谓"中心势力")在人民,"共和国家以大多数之民意为柱石","故中华民国而苟听其沦亡则已,苟不欲听其沦亡,当造成一种中心势力,以大多数之民意为基础,此之谓'国家柱石'。"(参见《杨荫杭集》上卷,中华书局2014年版,第119页。)这反映五四时期整体社会舆论场的意识指向及衍化趋向。

为五四时期社会改造思潮,形成于"一战"业已发生的背景之下,并且是在"一战"结束的前后,故而也就不能不受到"一战"的影响,尤其是"一战"在人们心理层面上的影响。

就"一战"的起因而言,资本主义在欧洲产生以来,尽管不时地遇到一些阻力,但这些阻力并不很大,因而资本主义总体上可以说是一路"凯歌行进"的。此时,整个的西方思想界尽管也有对资本主义给予猛烈批判的言论,并且社会主义思潮得以产生和发展,但就资本主义社会来看,占统治地位的思想界对资本主义还是充满着乐观的情绪。但第一次世界大战的发生,致使资本主义的严重危机得以总爆发,这就暴露了资本主义生产方式的严重矛盾,并预示着在世界范围内将有"新生活、新社会"的出现。于是,西方思想界在"一战"的阴云之中,出现了由乐观变为悲观的重大转向。而辛亥革命时候,中国思想界与西方思想界的关系更为密切,学习西方的历程还在继续着。就中国的社会变迁和社会变革的角度看,先进的中国人学习西方的过程中,也一直关注着"一战"衍化的局势,并据此对世界形势的变化给出自己的判断。

第一次世界大战爆发后,李大钊当时基于对"一战"的考察,认为"一战"是西方资本主义列强之间的较量,但"一战"结束之后将使人类迎来"新纪元",因为在"一战"中发生了俄国的十月革命。李大钊的看法是,"一九一四年以来世界大战的血、一九一七年俄国革命的血、一九一八年德、奥革命的血,好比作一场大洪水——诺阿以后最大的洪水——洗来洗去,洗出一个新纪元来。这个新纪元带来新生活、新文明、新世界,和一九一四年以前的生活、文明、世界,大不相同,仿佛隔几世纪一样。"①由此,李大钊说世界范围内的"生产制度"将随着"一战"的结束而有根本性的变革,"从今以后,生产制度起一种绝大的变动",那些"多少历史上遗留的偶像,如那皇帝、军阀、资本主义、军国主义,也都像枯叶经了秋风一样,飞落在地"②。李大钊又说:"这次的世界大战,是从前遗留下的一些不能适应现在新生活、新社会的旧物的总崩颓。由

---

① 《新纪元》(1919年1月),《李大钊全集》第2卷,人民出版社2013年版,第375—376页。
② 《新纪元》(1919年1月),《李大钊全集》第2卷,人民出版社2013年版,第377页。

今以后的新生活、新社会,应是一种内容扩大的生活和社会——就是人类一体的生活,世界一家的社会。"①李大钊是在"社会革命"和"新纪元"的认知中看待"一战"后世界格局的转换,并积极阐发列宁领导的十月革命的世界性意义;中国后起的马克思主义者亦继续这样的话语系统,进一步说明"一战"后所形成的"资本主义"与"社会主义"两大阵营,并将"社会革命"与"民族革命"结合起来,阐明由"旧世界"到"新世界"行进的历史性进程。

五四时期青年群体对"一战"有着自己的考察,并因此影响其思想的行进方向。天津著名的觉悟社就曾说其成员的"觉悟",很大一分部乃是源自第一次世界大战的刺激和影响,"我们中国自从去岁受欧战媾和的影响,一般稍具普通常识的人,也随着生了一种很深刻的'觉悟';凡是不合于现代进化的军国主义,资产阶级,党阀,官僚,男女不平等界限,顽固思想,旧道德,旧伦常……全认他为应该铲除应该改革的"②。蔡和森是年轻一代进步知识分子中的杰出代表,他对于"一战"的看法在青年群体中有着很大的影响力。在"五四"之后,蔡和森在"世界革命"的视域中将"民族革命"与"社会革命"统合起来,并进而诠释"一战"所带来的结果,指出:"全世界人民——尤其是工农阶级和被压迫民族,要从资本帝国主义战争的恐怖世界中解放出来,惟有促成西方的社会革命与东方的民族革命携手并进,实现世界革命的企图。自上次帝国主义世界大战后,占地球六分之一的那一部分版图——俄罗斯——已经不属资本帝国主义的范围了;而且苏维埃俄罗斯在这五年之中业已巩固了;同时东方的民族革命(如土耳其、印度、埃及、朝鲜、中国等)也渐渐的起来了,土耳其、印度等处的国民运动已一天一天向胜利和扩大的路上走了。这就是表现旧世界崩坏的历程中新世界一天一天诞生起来。"③故而,在考察五四时期进步青年思想转向时,不能不考察"一战"对于他们的影响。

可以说,"一战"作为世界性资本主义危机的总爆发,极大地改变了西方

---

① 《物质变动与道德变动》(1919 年 12 月),《李大钊全集》第 3 卷,人民出版社 2013 年版,第 146 页。

② 《觉悟的宣言》,《觉悟》第 1 期,1920 年 1 月 20 日。

③ 《赔偿问题与帝国主义》(1923 年 1 月),《蔡和森文集》,人民出版社 1980 年版,第 241—242 页。

世界自近代以来所形成的乐观情绪,加深了人们对于资本主义的怀疑,并且这种怀疑亦波及中国的思想界,而年轻一代的先进知识分子正是在这种思想语境中成长的。这种情况,当然也会对中国"五四"以后的"社会改造"产生这样和那样的影响,并且这种影响还会在思想界以不同的形式持续着。1919 年 9 月创刊的《解放与改造》杂志,尽管对社会主义并没有科学的认识,也并不信奉马克思的科学社会主义,但却在很大的程度上赢得了宣传社会主义的声誉。此刊关于中国社会改造的"社会主义"方向的判断,主要就是依据对"一战"的分析。该刊发表的《第三种文明》文章,将"资本主义"称为"第二种文明",而把"社会主义"称为"第三种文明",认为"这次大战把第二种文明的破罅一齐暴露了:就是国家主义与资本主义已到了末日,不可再维持下去。……除了一部分的政客还在那里讲什么非牛非马的国际联盟以外,恐怕觉悟的人已经是不少了";而代表社会主义的"第三种文明"的萌芽,已经经过了世界大战的春雨,并且也茁壮起来,因而"如果他们一有革命,世界必从风而靡。就好象一间破屋子止有两根柱子支着,两根柱子一倒,便都坍了"①。也有人在思想界站出来,说自己"一战"后到欧洲的观感是,欧洲"物价之昂,罢工之多,租税之重,财政朝不保夕",故而在思想上也"疑及欧洲政治社会制度之不能久存与物质文明之不适于今后"②。对照欧洲的破败景象而联系到中国的未来,中国以后如果"没有建设则已,如果有建设,必定要依着社会主义的原则"③。这可见,《解放与创造》的主办者尽管所主张的不是科学社会主义,但他们对于社会主义趋势的判断,也是源自对"一战"后形势的分析,思想上受到"一战"的影响乃是不争的事实。

五四时期的不少社团尽管宣传各式各样的"主义",但大多将"一战"作为评述的对象,借以表达其关于"社会改造"的思想诉求。《民钟》固然是五四时期无政府主义的重要刊物,恪守着无政府主义的基本理念,但其发刊宣言中不仅认识到社会改革的极端重要性,而且也看到"一战"终结后社会思想业已发

① 东苏:《第三种文明》,《解放与改造》第 1 卷第 1 期,1919 年 9 月 1 日。
② 君劢译《俄罗斯苏维埃联邦共和国宪法全文》(附录),《解放与改造》第 1 卷第 6 号,1919 年 11 月 15 日。
③ 东苏:《我们为什么要讲社会主义》,《解放与改造》第 1 卷第 7 号,1919 年 12 月 1 日。

生的显著变化,指出:"自从欧战告终以来,四面的思想都注重于平民方面,什么'民本主义'、什么'民权主义'、什么'德谟克拉西'、什么'苏维埃',都是想替平民谋幸福的产物。"该刊由此"不满意于这种似是而非的改革",而是希望社会改革能够基于平民本位,"把平民的大敌从根本推翻",建立一个"最美满、最愉快、最和平、最自由、最平等的'无政府共产'的社会"①。《新民意报副刊》在谈到该刊今后的"趋向和任务"时,注意到"一战"对于中国的"社会改造"话语的影响,指出:"世界各国的人们,从这次欧洲大战的结果,得到深刻的教训,觉悟到现代的政治、社会、宗教……都有彻底改造的可能,所以近年来各国民众的思潮,都有剧烈的进步。本刊很愿介绍各国民众的思潮到中国来,做我们改造途上的参考品。这便是本刊第一件的任务。"②这里,既表达了"一战"所造成的世界各国皆需要"社会改造"的教训,同时也说明了其他各国的"社会改造"对于中国的"社会改造"的借鉴意义,因而也就表现出认识视域中的世界性眼光。

因此,在考察五四时期社会改造思潮时,不能不注意"一战"这个重要的语境,不能不注意"一战"在思想、心理层面上对于知识分子的影响。

3. 文化运动的行进

五四时期的社会改造思潮得以兴起,乃是得益于早期新文化运动所倡导的"个人解放"潮流所形成的思想基础。思想界由"个人解放"进至"社会改造",也是有着内在的逻辑进路的,这源自历史演进中的内在联系性。新文化运动高举民主、科学的大旗,倡导"个人解放",但个人在得到思想解放、个性伸张之后,就会面向社会、服务社会。这是有着内在的衍化逻辑的,特别是在十月革命已经发生并在事实上影响中国思想界、作为变革社会的政治实践活动的五四运动业已发生的情况下。

所谓"社会改造"乃是先进知识分子在早期新文化运动"个人解放"的基础上,进而走向社会、从事社会变革的实践活动,从而实现了从"个人"到"社会"的重大转变,于是也就有了社会改造思潮的兴起。知识分子在这个从"个

---

① 《民钟宣言》(1922 年 7 月 1 日),《五四时期期刊介绍》第三集(下册),生活·读书·新知三联书店 1959 年版,第 495—496 页。

② 峻霄:《本刊今后的趋向和任务》,《新民意报副刊》第 8 册,1923 年 8 月 1 日。

人"到"社会"的转变中,实现中华民族的伟大复兴乃是内在的精神动力。新文化运动的领导者及在新文化运动影响下而成长的一批年轻人,都是当时的知识精英,他们并不是为自己而生存,而是为民族和国家而生存。探索中国的出路、解决民生疾苦,实现中华民族的伟大复兴乃是其内在的持久性动力,故而能从个性解放中走向社会,身体力行地从事社会改造事业。这亦可见,新文化运动的行进及其所形成的基础,对于五四时期社会改造思潮兴起,乃是极为重要而又不可或缺的基本要件。换言之,如果没有新文化运动所做的基础性工作,如果没有新文化运动在十月革命影响下关注政治的这个重大转变,也就难以有五四时期社会改造思潮的到来。

就新文化运动的演进轨迹而言,新青年同人于1918年12月创办《每周评论》,改变了过去"不谈政治"的态度,表示一方面要注重国际政治形势的发展,另一方面则是重点地关注国内政治格局的演变,这是倡导政治改革并正式地转向"社会改造"的关键一步。新青年同人在五四运动中奔走呼号,并且对于五四运动进行思想上指导和舆论的正确引领,而陈独秀、李大钊、高一涵等新文化运动的领导者皆发挥了积极的领导作用,这是在实际行动上进行的"社会改造"事业。"五四"以后,以陈独秀、李大钊等为代表的《新青年》同人,不仅积极投入社会改造之中,在事实上对社会改造进行思想引领和行动指导,而且也进一步推进新文化运动自身向着"社会改造"方向的转型。陈独秀在1919年底为《新青年》撰写的《本志宣言》中,鲜明地提出新文化运动必须担负着介入到社会的政治生活、进行政治活动的任务,申明"对于侵略主义、占有主义的军阀、财阀,不得不以敌意相待",并表达了与现行旧政党断绝关系的鲜明态度①。这篇《本志宣言》在"新时代新社会"的认知中阐明《新青年》致力于改造社会的努力方向,并通过发布"宣言"的形式表达了"全体社员的公同意见",从而也就改变了《新青年》"社员各人持论"在过去出现的"不能尽同"的现象,因而可以认为这篇《本志宣言》是新文化运动转向"社会改造"的政治实践活动的宣言书。

---

① 《〈新青年〉宣言》(1919年12月),《陈独秀著作选》第2卷,上海人民出版社1993年版,第41页。

这里需要重点指出的是,陈独秀于 1920 年 4 月发表的《新文化运动是什么?》文章,这也可以说是关于新文化运动转向社会改造的又一重要宣言书。该文不仅进一步申明民主和科学的精神,而且要求新文化运动在新的历史条件下关注"三件事"。其一是"新文化运动要注重团体的活动",其二是"新文化运动要注重创造的精神",其三是"新文化运动要影响到别的运动上面"①。这里,所谓"注重团体的活动",是要求新文化运动不能停留在纸面上,而是要面向社会变革进行"组织团体的活动",并高度注重社会的"组织力"的培养,通过"发挥公共心"的办法而使社会成员"造成新集合力",借以改变"政界、商界、工界、学界"存在着的内部冲突、团体"涣散"的现象。所谓"注重创造的精神",是要求新文化运动不断地强化"创造"的意识,知道"不满足才有创造的余地",并且要进一步明确"创造就是进化,世界上不断的进化只是不断的创造,离开创造便没有进化了"的道理。所谓"新文化运动要影响到别的上面",是说新文化运动在社会生活的层面扩大其影响,如"新文化运动影响到产业上,应该令劳动者觉悟他们自己的地位,令资本家要把劳动者当做同类的'人'看待,不要当做机器、牛马、奴隶看待";又如"新文化运动影响到政治上,是要创造新的政治理想,不要受现实政治底羁绊";等等。陈独秀所说的这"三件事"皆是以"社会改造"为基本目标,表明新文化运动的领导者在思想认识和办刊宗旨方面有一个重大的改变,即新文化运动不能局限在业已从事的思想舆论的宣传上,而要积极地关注和研究社会生活的实际状况,并且还要主动地参与改造社会的具体实践,从而促进新文化运动能够更深刻地影响社会的各个层面。

《新青年》在"五四"之后的一年之内连续发布致力于社会政治改造的宣言,充分地表达了新文化运动将致力于的"社会改造"的态度。这对于五四时期的"社会改造"话语的发展及其激进化走向,有着极为重要的行为指导和思想引领意义。

4. 思想认知的提升

任何社会思潮皆有其形成的思想逻辑与历史逻辑,并有其进一步衍化的

① 《新文化运动是什么?》(1920 年 4 月),《陈独秀著作选》第 2 卷,上海人民出版社 1993 年版,第 127—128 页。

逻辑进路。五四时期社会改造思潮的形成及其在思想界所获得的话语权势，自然是五四时期中国社会变革的思想反映，集中地表征社会变革的情形及其需要，但同时也是思想界在思想认知方面持续累积、不断提升的结果。当时的中国社会确实处于"社会改造"的话语中，但由于人们对"社会改造"这个时代有着不同的体悟和认知，故而就当时献身于"社会改造"的青年人来说，也就有关于"社会改造"的不同理念、不同方法，理想中的社会图景自然也就大不相同。

譬如，北京师范学校的学生作为师范生，基于对"近来改造社会的声浪一天高似一天"的认知，形成了以"工学主义"为导向的"从'教育'入手"的主张。他们于1920年初创办了"觉社"这个社团，并在同年4月出版《觉社新刊》，借以达到改造社会的目的。《觉社新刊》在《发刊的旨趣》中说："我们是师范生，研究教育本是我们的天职，况且又担着改造社会基础的责任，那么我们更不敢一时一刻把他丢下了。所以我们发表言论的范围，当然趋重在教育方面。"[1]这可见，从教育方面下手乃是觉社成员面对"改造社会"声浪而作出的选择。

又譬如，由北京中国大学、法文专修馆和俄文专修馆等高等学校学生创办的曙光杂志社，在其创刊的"宣言"中明确说："我们处在中国现在的社会里头，觉得四围的种种环境、层层空气，没有一样不是黑暗、恶浊、悲观、厌烦，如同掉在九幽十八地狱里似的。若果常常如此，不加改革，那么还成一种人类的社会吗？所以我们不安于现在的生活，想着另创一种新生活；不满于现在的社会，想着另创一种新社会。……所以我们发愿根据科学的研究、良心的主张，唤醒国人彻底的觉悟，鼓舞国人革新的运动。虽然能力有限，愿力却大。谨将宗旨列下：本科学的研究，以促进社会改革之动机。"[2]这里，曙光杂志社在创办时所持有的"另创一种新生活"及"另创一种新社会"理想，其目的就在于"促进社会改革之动机"，这正是为了积极地迎合并高度契合当时"社会改造"的需要，但也有着较为浓厚的学院气味。对此，该杂志社在第二卷第一期发布

---

① 《发刊的旨趣》，《五四时期的社团》(三)，生活·读书·新知三联书店1979年版，第115页。

② 《宣言》，《五四时期的社团》(三)，生活·读书·新知三联书店1979年版，第50页。

《本志改良启事》，亦承认"前此本志言论，理想的多，现实的少"的缺点，并决定"自二卷一号起，于卷首增添短评数篇"，"对于社会、政治、经济、学术，本直觉之观察，为严重之批评"①，这标志着该刊思想有了重大的变化，不仅致力于研究社会改造问题，而且也逐步地走向激进化的道路。此后，《曙光》大量刊载介绍苏联的文章以及列宁某些著作的译文，并发表了不少阐述劳动问题和阶级斗争理论，以及关于社会制度根本改造的文章，具有鲜明的社会主义倾向。

上述例子大致可以说明，五四时期的社团不仅是在"社会改造"的话语中产生的，而且也在"社会改造"时代的话语体系之下形成了关于"社会改造"方法的言说系统，并进而在这个言说系统中逐步地生发出关于社会改造的激进化认知。

思想乃是社会变迁的产物，同时也是社会变迁的反映，故而探求思想的变动需要立足于社会变迁的分析。这是马克思主义社会历史观的基本要求。以上，主要是从思想的角度来探讨五四时期社会改造思潮兴起的缘由，并且也只是挑出最为主要且作用比较显著的因素，因而也就不可能事无巨细、面面俱到、一应俱全。在把握主要因素中也就不难看出，社会改造思潮在五四时期孕育生成并成为思潮，既有外在的相关因素的积极影响，又有思想界自身的主观努力之所在，说到底乃是多种因素共同作用并交互影响的结果。这亦说明，五四时期社会改造思潮的兴起，不仅有其具体的原因而表征出其发生的必然性，而且也体现出五四时期思想演进逻辑和五四时期中国社会变迁的历史逻辑的交互作用。

二、社会改造方法的多样化态势

研究五四时期的社会改造问题，不得不研究社会改造的方法，研究五四时

---

① 《本志改良启事》，《五四时期的社团》（三），生活·读书·新知三联书店1979年版，第52页。

期的社会改造思潮也是这样。社会改造的方法取决于社会改造的目标,亦即什么样的社会改造目标,就会选择什么样的社会改造方法;而社会改造方法的提出,则显然又是社会改造思潮兴起的重要标志。五四时期社会改造思潮的兴起,其最初的目标还是期待在民国既有秩序下,用改革的办法而使社会趋于更加完善。故而,五四时期最初关于社会改造的方法尽管是重点不一,甚至可以说是五花八门、形形色色,但主要还是倾向于社会的改良,尽管关于社会改造的革命思想亦在孕育之中。在马克思主义传入中国之后,社会改造方法发生了历史性的变化,这就是"社会革命"的方法。就总体说来,"五四"思想界在社会改造方面,提出了以下几个主要的方法:

1.教育改造的方法

从教育方面入手进行社会改造,这一思想在"五四"前新文化运动中即已存在,而在五四运动之后也得到相当大的发展。在后五四时期,即使是已经转变为马克思主义者的先进知识分子,也不是无条件地反对教育改造的办法。

五四时期的早期马克思主义者,主张通过社会革命的途径进行社会改造,但也不是就完全忽视教育在社会改造中的作用。陈独秀认为,"教育虽然没有万能的作用,但总算是改造社会底重要工具之一",因而在社会改造之中也就需要重视教育和教育改革问题,因为如果"人们不受教育,好象是原料不是制品",这当然是"希望教育是平民的而非贵族的",尽管"在社会主义未实现的社会里希望教育是平民的,自然也是妄想"①。值得注意的是,此时已经向马克思主义者转变的恽代英撰写了《教育改造与社会改造》一文,明确表示不同意仅仅依靠教育或传播知识的手段来从事社会改造事业,指出:"有价值的教育,是因为他是改造社会的工具,不是因为他可以为这些劳工减轻生活的压迫。这些劳工固然可以同时兼营一点改造社会的事业,教育的工作固然可以多带一点改造社会的色彩。但除了这一部分努力以外,其余只等于与私家做奴隶。……我以为教育者真想除了奴隶工作以外,还做点人的事,或者想利用这种奴隶工作去做人的事,必然要注意教育的成绩。要使学生一个个为社会

---

① 《平民教育》(1922年3月),《陈独秀著作选》第2卷,上海人民出版社1993年版,第329页。

上有益的人。"①恽代英认为,在教育与社会改造的问题上,办教育只是完成"社会运动的一个手段",因而"最综括最切要的办法,便是教育家必须把改造教育与改造社会打成一片",由此"我们要改造教育,必须同时改造社会。要改造社会,必须同时改造教育。"②在五四时期主张教育改造社会的声浪中,恽代英起初也曾醉心于教育,但随着思想的发展及对中国社会状况的认识,其对于教育与"社会改造"关系的认识业已突破既有的认知。

就五四时期思想界的总体情形来看,坚持"教育救国"的理想,以"教育改革"作为"社会改造"的内容和手段,这在后五四时期还有很大的市场。试举几例:

《浙江省立第一师范学校校友会十日刊》突出教育在"社会改造"中重要地位,认为"教育是改良社会的,不是迎合旧社会的",故而"我们要想改造社会,转移人心,打破数千年来的偶像和权威,赶紧改革现行学制,使我们学校里学生的创造力都得充分自由发展,才有希望"③。

《新江西》杂志中的大多数撰稿者大多认为,"政治"是"不能为改造社会的手段"的,只有教育才是改造社会的根本方法,因而也只有教育才是"诱导人性的根本事业,人们赖这种事业底陶冶,才能趋于智慧,和善,快乐,强壮,高尚,优美,才能造成真正'德谟克拉西'的社会"④。

《光明》的创办者非常重视教育在社会改造中的地位,认为社会上之所以形成"劳力"与"劳心"的对立,以及"劳心者治人,劳力者治于人"谬论之所以能够在社会上流传,就是因为"劳力者"没有充分地受到应有的教育,故而"要把这种'劳心神圣'、'劳力轻贱'的观念完全打破……只要向着教育的一面去干……这就对了。至于教育的设施,可定二个方针:(1)谋普及教育,使一般劳动的国民有了普通常识,自己起来,提高生活的状态;(2)实行工读主义,使一般青年养成劳动的精神和工作的习惯,果能如此进行,一方面起了改革的要

---

① 《教育改造与社会改造》,《恽代英文集》上卷,人民出版社1984年版,第288页。
② 《教育改造与社会改造》,《恽代英文集》上卷,人民出版社1984年版,第293页。
③ 钱玄同:《施教育不可迎合旧社会》,《浙江省立第一师范学校校友会十日刊》第5号,1919年11月20日。
④ 石樵:《怎样改造社会?》,《新江西》第1卷第2号,1922年3月1日。

求,一方面供献改革的援助,那社会里面,劳力和劳心不平等的观念,自然消灭于无形,而实际上的等差,亦容易驱除干净了。"①

《觉悟新刊》的创办者也认为,教育是社会改造的最好手段,不能在社会改造中将教育改造的手段置之度外,指出:"近来改造社会的声浪一天高似一天,不过是'百总归一'全都说从'教育'入手。我们是师范生,研究教育本是我们的天职,况且又担着改造社会基础的责任,那么我们更不敢一时一刻把他丢下,所以我们发表言论的范围当然趋重在教育方面。"②那么,教育何以能成为改造社会的手段呢?该刊有成员认为,"改造社会的意义,就是破坏旧社会,建设新社会",这就需要广大民众觉悟的提高;而广大民众觉悟的提高又依赖于教育,亦即只有依靠教育手段,才能传输先进的知识和改造社会的理念。该刊的文章指出:"改造社会,应从打破威权(即统治阶级)入手;打破威权,应从……劳动者入手……只要我们去警觉他们,叫他们明白'人类本没有尊卑、主权、贫富、贵贱的分别'和'他们所受的痛苦,多是威权的赏赐',更使他们知道自由平等的社会如何的善美……这威权还不容易打破吗? 威权一去,新社会便容易产生了。"③依靠民众是该刊的基本主张之一,如该刊第2号刊载的"通信图书馆"的募捐启事也强调,"改造社会,是一件很重大的事,不是少数人可以包办的!"因为"改造的方法,不是英雄革命"的④。应该说,主张通过教育手段来改造社会,是当时"觉社"成员的共同点。总体来看,该刊有着强烈的民众本位意识,主张立足于民众力量来改造社会,并将提高民众的觉悟和知识水平作为主要抓手,因而也就格外重视教育在社会改造中的位置了。

五四时期创办的《曙光》尽管也主张"社会改造",甚至还把他们基于教育改革而提出的"社会改造"主张标示为"根本改造",但由于这种所谓"根本改造"乃是基于"教育万能"的理念,故而在实质上和内容上仍然是"教育改造"的性质,亦即借助于教育改革办法的"社会改造"范式。范煜璈在《曙光》上的

---

① 涵真:《劳力与劳心》,《光明》第 2 册,1919 年 11 月 15 日。
② 本社:《发刊的旨趣》,《觉悟新刊》第 1 号,1920 年 4 月 15 日。
③ 刘策勋:《改造社会》,《觉悟新刊》第 3 号,1920 年 5 月 15 日。
④ 《通信图书馆募捐启事》,《觉悟新刊》第 2 号,1920 年 4 月 30 日。

文章说："根本改造，根本解决，不是只说空话所能完事。改造从那里起？解决从那里起？这是根本的根本问题。这根本的根本问题就是教育。教育是作改造事业的工具，作解放运动的利器，离开教育便不能讲解放，讲改造，因为教育是万能的；个人的培养，社会的改进，非教育不能成功。"又说："我们理想中的世界，理想中的人类生活，所以不能早早实现的原因，都是这种资本主义教育的毛病。所以我们若想得到人类的真幸福，世界的真自由，真平等，非先改造这种资本主义的教育不可。"①这可见，范煜璈所说的"根本改造"不仅在范围上不是面向社会的全体，而且在方法上也是采用一点一滴的改良办法，因而只是假借"根本改造"之名的社会改良主义。

1920 年五一节创办的《平民》，在其"发刊词"中明确声明其社会改良的途径。该"发刊词"说，由于"社会的组织不良，使人类幸福有厚于此而薄于彼的趋势"，所以必须通过"改良社会"的办法来解除社会中"大多数人的痛苦"；但这里所谓的"改良社会"的办法，亦非"单独鼓动群众，推翻一派"，"最善的方法莫若介绍多少学识到平民脑子里头，使各个都明白人生的观念和互助的原理。到那个时候，那罪恶的社会自然破坏，而合理的组织才'应运而生'。"②这可见，《平民》所谓的社会改造乃是"社会改良"，其办法就是通过教育向平民传播知识，而其目标只是使"自由"、"平等"、"博爱"等理念能够"大放光明"。

就五四时期的教育改革思潮而言，大体上属于改良主义之一系，可以归类于缓进思想体系之中，但在某些情况下又具有某些激进化的态势，其情形有时也突破既有的思想预知。譬如，北京师范学校创办的《平民教育》，确实是以教育改造为基本特色，但对当下的制度体系却表示出根本否定的激进态度，如该刊有文章认为：现代社会的改造乃是彻底的改造，不能寄希望于现有当局来重视教育，"白旗子底下的生活将来恐怕危险了"③。该刊更有文章说，迷信统治阶级的国家机器、国家权力乃是"根本的大错误"，其原因就在于"不明白这

---

① 范煜璈：《教育的罪恶》，《曙光》1 卷 3 号，1920 年 1 月。
② 《平民发刊词》(1920 年 5 月 1 日)，《五四时期期刊介绍》第三集(下册)，生活·读书·新知三联书店 1959 年版，第 473 页。
③ 予同：《推翻绅士的架子》，《平民教育》第 15 号，1920 年 1 月 24 日。

种卑鄙恶劣的社会,都是'私有财产'和专讲'权'和'力'的'国家'所造成的。……法律明明是'阻碍改革'的东西,叫他怎样修改?譬如阻碍改革的'纲常大道',叫他怎样修改?要改革社会,除非把'纲常大道','法律'的生命送掉……"①。这里的言论比较激进,并且已经触及社会制度的问题,因而也是将制度变革视为"社会改造"的重要对象,这就在很大程度上超出了"教育改造"本身的范围。此种情形说明,五四时期的思想有着复杂的面相,即使是主张缓进"社会改造"而倡导教育改革的刊物,其思想上的激进程度有时也超过既有的预知。

五四时期社会改造思潮中的教育改造主张,在强调教育在"社会改造"中作用的同时,也强调教育本身首先要进行改革。有作者认为,教育不能依据有无财产而享受教育,而应该面向"那社会里面大多数的民众",故而"我们要谋改造现存的这种复杂、紊乱而黑暗的社会,最根本、彻底的办法,就是要废去那家庭的、狭隘的教育,建设广泛的、社会的教育;就是要用了正当的社会教育,教给社会上所有的各个人,救出在那不健全的、黑暗的环境里面的各个人。"②既强调发挥教育在"社会改造"中的作用,同时又主张进行教育方面的改革,这是"五四"思想界在教育问题上的代表性主张。

2. 社会科学运用的方法

在五四时期的学术研究和思想言说中,社会科学的地位得以不断地提升,并逐步地与当时的"社会改造"要求紧密地联系起来。

社会科学在五四时期引起人们的重视,这与陈独秀等的努力是分不开的。在陈独秀看来,科学可以分为自然科学与社会科学两类,而所谓社会科学则是用自然科学方法研究"社会人事的学问"。他指出:"社会科学是拿研究自然科学的方法,用在一切社会人事的学问上,象社会学、伦理学、历史学、法律学、经济学等,凡用自然科学方法来研究、说明的都算是科学"③。又说:"社会科学中最主要的是经济学、社会学、历史学、心理学、哲学"④。这里,陈独秀关于

---

① 馥泉、迟明:《批评〈新潮〉的"社会改制问题"》,《平民教育》第10号,1919年12月13日。
② 公宪:《社会的教育》,《责任》第5期,1922年12月25日。
③ 《新文化运动是什么?》(1920年4月),《陈独秀著作选》第2卷,第123页。
④ 《〈科学与人生观〉序》(1923年12月),《陈独秀著作选》第2卷,第548页。

学科的分类与现今的学科分类有所不同,如他将历史学和哲学亦归诸"社会科学",这也表明陈独秀在当时是将"人文学科"(文史哲艺术等)包括在"社会科学"之中,属于广义的"社会科学"观。陈独秀还强调马克思主义在社会科学中的地位,认为马克思作为经济学家、社会学家就是"应用自然科学归纳法研究社会科学"的,故而"马克思所说的经济学或社会学,都是以这种科学归纳法作根据,所以都可相信的,都有根据的"①。

　　恽代英也是十分重视社会科学对于社会改造的极端重要性,这在五四时期年轻一代的知识分子中具有代表性。恽代英将社会比喻为"工厂",同时又将"社会科学"视为"工厂管理法",举例说:"假定社会是一个工厂,社会科学是工厂管理法;有能管理社会的人,一切的人有一种技术,便得一种技术的用,没有管理工厂的人,只有机械,只有象机械样的工人、技术家,工厂永远做不出成绩来"。由此,恽代英的观点是,"我们觉得要救中国,社会科学比这些技术科学重要得多";"要破坏,需要社会科学;要建设,仍需要社会科学"②。恽代英将"改造社会"提高到"救国"的高度,进而凸显"社会科学"研究的突出作用,指出:"一切学术,都可以七弯八转的使他与救国发生关系,这是我承认的。但是没有救国的学术,而只有别的东西,终究永远不能收救国的成效。倘若我们为研究救国的切实方略,一切学术都可以供给我们一些基本的资料;但是这不是说,我们应去研究一切学术,这是说,我们应研究而接受他们所供给的那些资料,以供我们为社会科学的研究。倘若只有人供给这些资料,而没有研究接受他们,应用他们以解决社会问题的人,我看这与救国,终究是风马牛不相及呢!"③也正是因为社会科学对于改造社会的重要,恽代英号召青年人积极地从事社会科学的研究,借以为社会改造作知识上、学理上的准备。

　　其后,瞿秋白更强调作为社会科学的马克思主义,乃是社会改造的指导理论。他指出:"宇宙间的一切现象,既然是永久动的,互相联系着的;社会现象当然亦是如此。所以社会科学中的根本方法就是互辩的唯物主义。"④这就是

---

① 《马克思的两大精神》(1922年5月),《陈独秀著作选》第2卷,第364页。
② 《学术与救国》,《恽代英文集》上卷,人民出版社1984年版,第387—388页。
③ 《再论学术与救国》,《恽代英文集》上卷,人民出版社1984年版,第449页。
④ 《瞿秋白文集》(政治理论编)第2卷,人民出版社1988年版,第451—452页。

说,要将辩证唯物主义作为一种根本的方法应用到社会的研究之中,建立以辩证唯物主义为方法论的社会科学体系。对此,瞿秋白提出关于"社会科学"研究的三点具体要求:"第一,应当研究每一种形式的社会之个别的'自性'。就是,不可以一概的、笼统的推想一切时代,一切社会";"第二,应当研究每种社会的内部变动的历程";"第三,应当研究每一种社会的发生及其必然的消灭,——即研究其与别一种社会的联系"①。瞿秋白关于社会科学研究的要求,就在于确认马克思主义在社会科学研究中的指导地位,从而在中国建立以马克思主义指导的社会科学体系,推进以马克思主义唯物辩证法为指导的人文社会科学在中国的发展,进而对中国的社会变革起导向作用。

中国早期马克思主义者高度重视哲学社会科学在社会改造中的地位,并凸显马克思主义在社会科学体系中的指导作用。也因为如此,中国早期马克思主义者撰写了不少"社会科学概论"、"社会科学讲义"等著作,其目的也就是通过"社会科学"研究,借以为中国的社会改造提供理论指导和学理论证。

3. 团体联合的方法

团体作用的凸显及团体联合思想的出现,乃是与五四时期在社会改造需要中社团的广泛兴起紧密联系的。理论上说,社会中出现"团体联合"的现象,所体现出的乃是团结的精神和合作的精神,当然这是以团体的组织和社会的需要为前提的。

在"社会改造"成为"五四"思想言说中心之后,人们在思想上已经不满足于小组织的"社会改造"了,故而各社团也有着"联合"起来向大组织演进的趋势和要求。这样,在团体联合借以改造社会的问题上,个人自由及其与团体关系的问题也就凸显出来了。陈独秀主张"要绝对自由就不能联合,要联合就不能绝对自由",因为"联合无论大小,都要有一部分人牺牲自己的意见,才能够维持得比较的长久一点;若常常固执个人或小团体的绝对自由,自由退出,自由加入,东挪西变,仍是一堆散沙,这种散沙的现象,至少也不适宜于大规模的生产事业。"②正是在团体联合过程中出现如何处理个人自由的问题,陈独

---

① 《瞿秋白文集》(政治理论编)第2卷,人民出版社1988年版,第453—454页。
② 《讨论无政府主义》(1921年8月),《陈独秀著作选》第2卷,上海人民出版社1993年版,第294页。

秀主张"为大团结大联合的目的计,不得不承认有强制那不合理的不同意部分服从那合理的部分之必要"①。

在"五四"以后,"团体联合"的思想延伸到工人阶级之中,并成为组织和发展工人团体的重要理念。广东共产主义小组成员创办的《劳动与妇女》杂志,不仅积极地宣传马克思主义的阶级观点,而且站在无产阶级立场上努力倡导"团体联合"的思想,认为工人阶级"要打破现在种种的制度,必先从团结和组织入手"②,因为"有强大的团体,抵抗资本家的势力才能雄厚"③。也许是因为《劳动与妇女》杂志看到了工人阶级在"职业联合"方面所存在的问题,这就是"职业联合,不过就劳动的现状,借团结的力量,对于有产阶级要求相当的改良",特别是"职业组合不能推倒有产阶级"的问题,故而提出要"从职业联合,进为产业联合"④的主张。"产业联合"突破了既有的职业限制,并且有着以"产业"为基础的社会经济理念,因而也就在思想内涵上不同于"职业联合",这本身也是五四时期阶级观念的延伸和发展,故而可以说是团体思想和组织观念的重大突破。

"产业联合"理念的提出乃是工人阶级自觉性的表征,在此基础上又提出了"全体结合"主张。中国劳动组合书记部创办的机关报《劳动周刊》,为了更好地领导工人组织的发展,不仅宣布"我们只能帮助真正工人组织真正工人的团体,对假借工人招牌来活动他事的团体,皆为最猛烈的攻击"态度⑤,而且明确提出工会组织形式的发展目标:"用产业的结合到全体的结合。……就是一个产业底下的工人,不分男女地域都联合起来,结成一个大团体,再与别种产业的团体大大联合起来,成一个世界全体工人的大大结合。"⑥可以说,五四时期思想界强调在组织强大团体的基础上进行"团体联合",并进而提出由

①　《讨论无政府主义》(1921 年 8 月),《陈独秀著作选》第 2 卷,上海人民出版社 1993 年版,第 310 页。

②　黄璧魂:《我们对于劳动者的希望》,《劳动与妇女》第 1 期,1921 年 2 月 13 日。

③　鸿基:《工人要有救济自己的方法》,《劳动与妇女》地 3 期,1921 年 2 月 27 日。

④　黄璧魂:《我们对于劳动者的希望》,《劳动与妇女》第 1 期,1921 年 2 月 13 日。

⑤　《中国劳动组合书记部退出上海各工团联席会的宣言》,《劳动周刊》第 14 号,1921 年 11 月 19 日。

⑥　启汉:《工友们,我们为什么要分帮》,《劳动周刊》第 14 号,1921 年 11 月 19 日。

"职业联合"进至"产业联合"及"全体结合"的主张,这是"社会改造"话语中群体理念、组织观念在阶级意识提升基础上的重大发展。

4. 社会自治的方法

"自治"的理念起源于中央与地方关系的厘定,在民国初年的思想界即已盛极一时,在五四时期亦有很大的发展,并与社会改造的问题结合起来而成为社会改造的一个方法。

五四时期亦有刊物认为,"社会改造"不是能直接进行的,而是需要先行地做点准备,并将这个准备定位在个人的"自治"上。1920 年 6 月 1 日创刊的《自治半月刊》,主张青年学生在学校中首先是养成"互助博爱"的精神,"共同生活,共同服务","把一个学校做成一遍社会的缩影";然后,学生走上社会以后就将"自治"中养成的精神"拿出去做改造社会底事业,困难的情形也当然可以减少好多了"①。通过"自治"的办法实行其"社会改造"的理想,自然是典型的缓进派的态度,但提出"社会改造"需要有所准备,这大致反映当时一些人关于社会改造的想法。

由个人"自治"又衍化为"省自治主义"进而又倡导"联省自治",并以此作为社会改造的办法,这在后五四时期有着较大的市场。"五四"以后的 1922年至 1923 年,在当时的"社会改造"的潮流中,"省自治主义"曾兴盛一时。这种"省自治主义"倡导"省民自治"办法,首先是在各省制定"省宪法",进而谋求所谓的"联省自治",亦即所谓"地方自治"基础上的"联邦制",其路径就是以局部改造(亦即省的改造)为基础,从而达到中国社会的全面改造的目的。留学欧美归国知识分子所办《太平洋》杂志,是主张"省自治主义"的大本营,该刊在 1922 年发表的《分治与统一商榷书》②,集中地表达这种"地方自治"主张。其后,周鲠生在《太平洋》杂志上又发表《时局之根本解决》文章中,倡导以"省自治主义"来改造中国的主张,反对"中央本位"思想,认为:"现今纷乱自时局究当以何方法解决之? 吾以为根本的解决,仍当归于省自治之一途。

---

① 赖汝梅:《自治半月刊宣言》(1920 年 6 月 1 日),《五四时期期刊介绍》第三集(下册),生活·读书·新知三联书店 1959 年版,第 480 页。
② 参见丁燮林、王世杰、李四光、李煜瀛、李麟玉、谭熙鸿:《分治与统一商榷书》,《太平洋》第 3 卷第 7 期,1922 年 9 月。

大规模的,笼统的,从上发动的,中央本位的解决计划,已经是屡试而无结果,今后亦不见有成功之望。今日民国之问题,不是如一般人所想象,可以一举而简单解决的。与其徒慕统一之美名,采空洞的笼统的计划而不能实行有效,何如适应既存的事势,采定比较易于实行的局部的改造,以树立民治之基础。今国中权力之重心已不在中央,而在地方。从积极的方面言之,欲巩固民国国基实行民治,自非地方已树立自治之基础,各省人民能自行整顿本省政事不可;以中国之大,决不是可依中央集权政策,以一中央政府支配全国政治而能善其事的。而从消极的方面言之,对于割据之武人,欲摧破其势力,惟有依省民自决主义,以民众之势力抵抗之,较为有效。全部统一之理想,一时殊不能实现;局部的解决,究竟尚易于实行。欲达后项之目的,莫如推广省自治运动。"①

胡适等创办的《努力周报》,在 1922 年亦积极地倡导"省自治"主张,胡适也成为当时"联省自治"论的主要代表。胡适认为,各省督军、总司令的权大,各省议会无权过问,故而地方权小。何以督军、总司令的权力能够"上不着天,下不着地"呢? 胡适认为,原因是"中央有'权'可管他们,而无'力'管他们;地方有潜势力管他们,而无'权'管他们"。故而,需要增强地方的"权",并发展地方的"力"。所以,他解决的办法就是:"增加地方的实权,使地方能充分发展他的潜力,来和军阀作战,来推翻军阀。"胡适在 1922 年 9 月提出了总体性的意见:"总括起来,我们的意见是:(1)中国不适宜于单一的国家组织;军阀的割据是武力统一的迷梦的恶果。(2)今日只是督军总司令的权大,而地方的权极小。这两件事决不可混作一件事。(3)军阀的权限所以大到这个地步,是因为地方没权,又因为中央虽有权而无力裁制军阀。(4)今日决不能希望中央来裁制军阀,裁制军阀与倒军阀的一个重要武器在于增加地方权限,在于根据于省自治的联邦制。"②继而,与胡适采取同一主张的陈达材,在《努力周报》上发表《我国的联邦问题》文章,认为中国幅员辽阔,在政制上不适合"单一制",如"勉强施行,其结果只有遇着一个大军阀,依靠武力,采用专制手段,压服各省";因而只能采取各省"自治"的办法,"使政府的权力自相分

---

①　周鲠生:《时局之根本解决》,《太平洋》第 4 卷第 2 号,1923 年 7 月。
②　胡适:《联省自治与军阀割据》,《努力周报》第 19 期,1922 年 9 月 10 日。

离,中央分一部权力与各省,各省分一部权力与各县,各县分一部权力与各乡,而每级复采用行政立法等分立主义,使他们互相牵制、互相平衡",这样"我们国民自可从中监督",从而"使政治日与国民接近"①。"省自治主义"及其"联省自治"主张是当时知识分子中盛行的政治上的改良主义,这是在不触动现有政权的基础上的点滴改良,却把这种点滴改良视为中国问题的"根本解决"办法。这是一种天真的想法。

还在"联省自治"刚刚出笼之时,邵力子就著文批判,认为这种"联省自治"尽管"是一个很好的名目","然而真要实现联省自治,第一个要件,必须人人真能自治,不复为武人或官僚所操纵。否则,联省其名,割据其实,愈讲自治,而去自治远,人民的痛苦将日甚一日,国家的前途也更加危险"②。陈独秀也说:"现在有一派人主张联省自治为解决时局的办法,这种主张是未曾研究中国政治纠纷之根源在那里。中国政治纠纷之根源,是因为封建式的大小军阀各霸一方,把持兵权、财权、政权,法律舆论都归无效,实业、教育一概停顿,并不是因为中央权大地方权小的问题。"事实上,"联省论,完全建设在武人割据的欲望上面,决不是建设在人民实际生活的需要上面";所谓"联省自治"不过是"联省自治其名,联督割据其实,不啻明目张胆提倡武人割据,替武人割据的现状加上一层宪法保障";故而,"建设在武人割据的欲望上面之联省论,与其说是解决时局,不如说是增长乱源"③。在后五四时期进步思想界的声讨之中,作为社会改造方法的"联省自治"论不久就销声匿迹。

以上,只是就思想史研究的见地梳理出关于社会改造的主要方法,借以说明社会改造思潮即使在孕育和兴起阶段,也已经由思想谋划向着社会行动的方向推进,并在社会改造的方法上呈现出多样化的态势。大致可以说,五四时期提出的社会改造方法有着多样化的态势,这乃是社会改造在思想认识上多元化的体现,同时也是当时的思想界个性伸张、思想解放的重要反映,这同时也说明此时关于社会改造方法的探讨尚未形成其基本共识,社会改造思潮正

① 陈达材:《我国的联邦问题》,《努力周报》第18期,1922年9月3日。
② 《论联省自治》(1921年),傅学文编《邵力子文集》下册,中华书局1985年版,第557页。
③ 《对于现在中国政治问题的我见》(1922年8月),《陈独秀著作选》第2卷,上海人民出版社1993年版,第377—378页。

处于孕育和兴起之中。需要说明的是,就社会改造思潮而言,有关社会改造方法的提出是一回事,而社会改造方法的采行与具体运用又是一回事,尽管两者有着密不可分的联系。换言之,五四时期思想上的"社会改造"与行动上的"社会改造"有着界限,这在涉及"社会改造"的方法上也是如此。

三、社会改造目标的多元呈现

五四时期的思想界是否兴起社会改造思潮,一个重要的标准是看此时是否提出了社会改造的目标。就目标的提出而言,五四时期社会改造思潮的兴起,其目标就在于使既有的社会能够在改造之中走向完善,故而一开始并非要触及制度本身,亦并不是就要立即推翻民国社会的制度体系。至于后来革命的社会改造目标,直接地主张社会制度的根本变革,那是在后五四时期的思想激进化的语境中所出现的,是社会改造在衍化中的产物。就总体来看,社会改造思潮在五四时期的最初出现,主要还是基于对现行社会状况的不满,亦即社会上不满意识郁积的产物。故而,五四时期关于社会改造目标的最初提出,主要还是按部就班地进行社会的改良。大致来说,五四时期社会改造思潮在兴起之初,有以下不同的目标:

1.政治改造的目标

"五四"以前的中国思想界处于思想启蒙阶段,其主流是"个人改造",亦即侧重于个人的思想上革新与观念上的更新,因而在一定程度上表现出某种"反政治"的倾向,甚至对"政治改造"办法在总体上表现出排拒的态度。这在早期新文化运动时期是比较明显的。但在"五四"以后,随着"社会改造"话语的兴起,思想界亦表征出"政治改造"的声音,尽管这种立足于政治改造的声音起初还很微弱,但"政治改造"的期待却在不断地升温之中。

政治改革目标乃是早期马克思主义提出的。李大钊是五四时期"政治改造"主张的主要代表者,他在 1919 年 10 月的一篇文章说,社会改造要推进社会中阶级关系的变动:"社会上一切阶级都可变动,富者可变为贫,贫者亦可变为富,地主、资主客变为工人,工人可转为地主、资主,社会若经适当的改造,这等阶级都可归于消泯"①。谭平山、谭植棠等创办的《政衡》就是当时为数不多的政治类刊物,该刊认为"政治者为人民求福利之具",其原因就在于"政治和社会有不能分离的关系,故想改造社会,不能放弃政治,不能蔑视政治"②。应该说,当时有不少刊物确实是表示出厌谈政治的情绪,如《芜湖》半月刊就公开说对于政治"没有兴趣",并且声称"不相信用政治底手腕和方法,可以把社会根本改造的",因而表示"不愿侈谈政治"③。那么,为何《政衡》却这样热衷于谈论政治呢?该刊发表的《我们为甚么还谈政治》文章,有这样的回答:政治在社会中是客观存在的,尽管当前的政治是污浊的,但不能因为当前政治的污浊就不谈政治,相反,"就是为他污浊,才要想个法子去改善;若果污浊便不屑去谈,那么清明时候又何必我们去赞扬盛治呢?"④进一步追问,该刊到底要谈那些政治呢?应该注意的是,尽管该刊忽视了政治中的国家政权这个根本性问题,但其所叙述的政治范围还是比较广泛的:"我们所谓政治,断不止象政府提出一两个法律案,国会议一部死宪法,就算完事;地方自治权的扩张,普通选举的要求,阶级差别的废止,市政府的建设,以至劳动保护,社会保险,利益分配,劳动组织,贫乏救济,农村改造问题,都市改造问题,妇人问题,儿童问题,我们都是应研究、改革、实行。"⑤

也许正是"政治改造"手段在五四时期"社会改造"话语中地位的提升,使得一些原来并不主张"政治解决"的人被卷进"政治改造"的潮流中,因而也就表示不排拒"政治改造"手段,不害怕流血局面的出现,恽代英可以算是这方面的一个典型的例证。关于社会改造手段选择上的多样化态势及其最终的"政治改造"可能性的走向,恽代英在1920年下半年说:"至于论到创造少年中国,亦许在手段上发生不同的意见。有些人或者主张切实从根本做起,所以注意教育活动,实业活动;有些人或者主张要应急一点,要从大一点地方着手,

---

① 《妇女解放与Democracy》(1919年10月),《李大钊全集》第3卷,人民出版社2013年版,第90页。

② 谭鸣谦:《中国政党问题及今后组织政党的方针》,《政衡》第1卷第2号,1920年4月1日。

③ 本社同人:《宣言》,《芜湖》第1号,1921年5月15日。

④ 陈公博:《我们为甚么还谈政治?》,《政衡》第1卷第2号,1920年4月1日。

⑤ 陈公博:《我们为甚么还谈政治?》,《政衡》第1卷第2号,1920年4月1日。

所以注意救国活动、国际活动；有些人或者主张更要猛烈急进一点，所以注意革命运动。……我想只要平情达理的人，他或者不信政治活动或流血是必要的手段；然果遇着显见政治活动或流血，为简捷有力的改造手段的时候，甚至于显见其为改造的独一无二不可逃避的手段的时候，亦没有不赞成取用政治活动或流血的手段的道理。"①恽代英在"五四"以后的一段时期尽管在积极研究"社会改造"问题，但关于"个人改造"问题仍然是关注的重点，而且在改造的手段上基本上是持和平的办法，故而他在此时表示可以赞成"政治活动或流血的手段"，这在当时的思想界颇具思想"突变"的象征性意义。理论上说，"社会改造"话语下的"政治改造"的要义，在当时乃是直接地指向社会的"制度变革"，亦即在中国必须通过"政治革命"途径打破既有的社会秩序，而建立一种新的社会制度。

应该说，五四时期对于"政治改造"的热切期待及主张"制度变革"的思想，与当时急切的变革社会制度的社会心理是紧密联系的。关于制度变革的必然性，1920 年 1 月 1 日出版的《钱江评论》在发刊词中明白地说："无论那一种制度，都不是永久无弊的，都不能永远不变的。一定旧制度和时势不适了，他的自身，也渐渐的崩坏了；才经过了一番改造，变成了新制度。现在的社会制度，好象旧式的破房子一样，已经和现在的时势不适了；他的自身，实际上也已经崩坏了；正是应该改造的时候。"②正是社会上存在着变革现行社会制度的急切期待，故而在五四运动之后的几个月，《北京大学学生周刊》发表的《我们的旨趣》中说："我们的目的：是创造较新较美较善较合理性的社会制度，并且在这较善较新较美较合理性的希望中，实现出个最善最美最新最合理性的社会制度。"③五四时期社会心理激进化的状况，乃是认知五四时期"政治改造"目标的重要视点。

中国共产党成立后，把政治问题的解决作为"社会改造"的主要方面，进

---

① 《怎样创造少年中国？》，《恽代英文集》上卷，人民出版社 1984 年版，第 169 页。

② 《钱江评论发刊旨趣》（1920 年 1 月 1 日），《五四时期期刊介绍》第二集（下册），生活·读书·新知三联书店 1959 年版，第 591—592 页。

③ 《我们的旨趣》（1920 年 1 月 4 日），《五四时期期刊介绍》第二集（下册），生活·读书·新知三联书店 1959 年版，第 561 页。

一步扩大了"政治改造"方法在社会上的影响。作为中国共产党总书记的陈独秀明确表示:"我主张解决现在的中国政治问题,只有集中全国民主主义的分子组织强大的政党,对内倾覆封建的军阀,建设民主政治的全国统一政府,对外反抗国际帝国主义,使中国成为真正的独立国家,这才是目前扶危定乱的唯一方法。"[1]又指出:"我们主张救济中国,首在铲除这种割据的恶势力,断然不可怀苟且的心理,以为他是已成的势力,来承认他助长他。铲除这种恶势力的方法,是集中全国爱国家而不为私利私图的有力分子,统率新兴的大群众,用革命的手段,铲除各方面的恶势力,统一军权政权,建设一个民主政治的全国统一政府。"[2]

中国共产党关于政治解决的主张,在当时的思想界发生了重大的影响,引领着思想发展的方向。观诸当时的相关史料,后"五四"时期的中国思想界,对于"社会改造"的"政治改造"取向更为强烈了。如 1922 年 7 月在杭州召开少年中国学会的年会,未能出席年会的北京会员,由李大钊、邓中夏、黄日葵等 6 人联名提出"为革命的德莫克拉西"提案,将政治斗争作为改造社会的基本手段,其目标是铲除国内的督军制和国外资本主义这两重障碍。"提案"强调政治斗争的极端重要性,指出"惟有向保护督军制和国际资本主义的政治权力举行斗争了。我们唯一解除苦厄实行的方法,是只有引导被压迫民众为有目的的"政治斗争,其原因就在于"政治斗争是改造社会、挽救颓风的最好工具"。提案指出,以政治斗争的方法改造社会,必须开展群众运动,动员"人民为最切近的利益奋斗",并"在群众集会、示威运动、游行、煽动、宣传、抵制这些具体事实当中训练而团结自己,扫除与群众不相容的习惯和道德,吸收富于活气的实际的知识"。"提案"也指明了知识分子在"社会改造"中应走政治斗争的道路,认为知识分子不能"替治者阶级的丑行做知识上的盾牌,替治者阶级用深渊的学识解释、辩护他们的一切罪恶",也不能"不干涉政治,任军阀残暴而不敢抵御",而是要"引导少数觉悟的民众在各种事业中与军阀代表的黑

---

① 《对于现在中国政治问题的我见》(1922 年 8 月),《陈独秀著作选》第 2 卷,上海人民出版社 1993 年版,第 378 页。

② 《联省自治与中国政象》(1922 年 9 月),《陈独秀著作选》第 2 卷,上海人民出版社 1993 年版,第 384 页。

暗势力奋斗,唤醒国人的同情"。由此,进步知识分子都要行动起来,投入政治斗争的洪流之中,文学家既要"创造动人的文学以冀民众的觉醒",也要在行动上"加入革命的民主主义运动";科学家要重视人民大众的物质条件,努力将人民"从物质生活的羁勒中解放"出来;工程师和实业家要致力于中国工商业的发达,反抗"军阀和国际的帝国主义"的经济侵略。

总体看来,随着中国的"社会改造"话语的激进化,特别是中国共产党成立后对社会改造的引领,五四时期的"社会改造"也就现实地上升到"政治解决"的阶段,并成为后五四时期中国思想界的主流话语。

2.农村改造的目标

在五四时期"社会改造"的话语之下,思想界基于"劳工神圣"理念而关注劳动和劳工及农民,并进而将"社会改造"指向广大的农村,这是五四时期在思想上进一步深化的突出表征。早在"五四"前,李大钊发表了《青年与农村》等文章,就提出农村改造的极端重要性,认为"我们中国是一个农国,大多数的劳工阶级就是那些农民。他们若是不解放,就是我们国民全体不解放;他们的苦痛,就是我们国民全体的苦痛;他们的愚暗,就是我们国民全体的愚暗;他们生活的利病,就是我们政治全体的利病"。故而,李大钊主张"青年应该到农村里去,拿出当年俄罗斯青年在俄罗斯农村宣传运动的精神,来作些开发农村的事"①。

但李大钊当时提出的"到农村里去"的主张,似乎是"曲高和寡",在当时的社会上没有得到应有的呼应。"五四"以后,此种情形确实有点不同了。少年中国学会创始人王光祈尽管与李大钊持有不同的主张,但他亦把"工厂农村"视为"改革社会的起点",认为"现在青年应该加入劳动阶级运动——或是农村或是工厂",并且尤为倡导建设"新农村"的运动,鼓励知识分子到农村去"加入劳动阶级",成为劳动阶级的一分子。他说:"'新农村'的运动亦是我们很注意的。我们中国的劳动者,当以农人为最多,亦以农人为最纯洁。天真烂漫的农夫是我们青年唯一的良友,所以少年中国学会会员有一部分人自愿到

---

①　《青年与农村》(1919 年 2 月),《李大钊全集》第 2 卷,人民出版社 2013 年版,第 422—423 页。

农村活动。我们加入劳动阶级,有一件事要声明的:我们加入劳动阶级,并不是利用劳动者作我们的傀儡——如现在的政党、政客加入劳动运动一样,我们自身便是劳动者,便是劳动阶级的一份子。我们现在虽是学生,但是学生名词不能永久存在,我们将来出学校后从事工作,便是劳动者了。"①又说:"改造中国问题,最有希望的就是中国劳动家起来解决;中国是农业国,劳动家中自以农民为最多,故我们学会提倡'新农村运动',天真烂漫的农夫便是我们热血青年的伴侣。"②王光祈认为"工厂农村"是中国的"改革社会的起点",而农民是又是青年的伴侣,因而特别强调知识分子加入"劳动阶级"的必要性,主张中国需要有一个建设"新农村运动",并希望借此能够使知识分子成为"劳动阶级的一份子",这就比较正确地认识到"农村改造"在整个的中国"社会改造"中的地位。应该说,在改造社会需要"到农村去"的问题上,王光祈的主张与李大钊尽管还有很大的不同,但又有较大的一致性。

五四时期专门研究"农村改造"问题的谭平山,大致在李大钊发表《青年与农村》文章的一年后的 1920 年 4 月,即在《政衡》上发表《我之改造农村的主张》文章,声称"我国今日,不问那种制度,那种政策,那种计划和那种方法,都应该利用我们现在的农业国的种种事实,拿来作确实的根据地,拿来作固定的出发点,方不至落空,不至徒劳无功"。此时,谭平山也看到了中国是一个农民大国的现实,认为"全国农户……居全国人口百分之八十五,那么所谓实际上改造社会,所谓根本上改造社会,和所谓最大多数之最大幸福那方面着手改造社会,岂不应该先向那现在的农村着手吗?"故而,谭平山主张中国的"社会改造"事业应该从农村下手,认为"在今日我国的劳动问题中,与其提倡实行工人解放,不如提倡实行农民解放……与其鼓吹工人反对资本家,不若鼓吹农民反对地主……与其鼓吹工人力争工厂管理权,不若鼓吹农民力争耕地管理权"③。自然,谭平山关于"农村改造"的主张还有很大的缺陷,如他没有看

---

① 王光祈:《少年中国学会之精神及其进行计划》,《五四时期的社团》(一),生活·读书·新知三联书店 1979 年版,第 315 页。

② 王光祈:《少年中国学会之精神及其进行计划》,《五四时期的社团》(一),生活·读书·新知三联书店 1979 年版,第 312 页。

③ 谭鸣谦:《我之改造农村的主张》,《政衡》第 1 卷第 2 号,1920 年 4 月 1 日。

到领导"农村改造"的阶级力量问题,但将"社会改造"的方向具体地指向农村,这应该说是对"劳工神圣"理解的深化及其在"社会改造"思想上的重要突破。

也就是在 1920 年 4 月,《钱江评论》发表了《代农民呼吁》的文章,不仅看到了"我们吃的,着的,住的"都是"农民血汗"这样的事实,看到了农民受官吏、绅士、资本家的剥削而"日出而作,日入而息"的劳动方式,而且提出改造农村的必要性及关于农村改造的具体思路,这就是"提倡新思潮的,不要分了家! 农业是立国之本。农民,是中国最多数,我们应该去改善他们的生活",其途径就是开展"农村教育"和创建"农民团体"①。在马克思主义指导下,《青年周刊》主张通过"农民运动"的办法来进行农村改造,指出:"我们尤其注重的,是农民运动。……第一步使他们解决自身的利害;联结团体,和压在头上的地主反抗。并且使他们知道土地公有公耕之利益;联合一切无产阶级,举行猛烈的普遍的群众运动。"②当然,在如何进行"农村改造"的问题上,既有激进的主张也有缓急的主张,而缓进的主张在当时还有很大的影响。缓进派的主张的"农村改造"是农业资本主义的范式,一个重要的措施是举办"平民银行",认为农民银行的设立"可以解除农民经济上的压迫,给以向上发展的机会,养成互助协力的精神,树立平民教育的基础,使一般无知无识的农民可以渐渐懂得世界的新潮和人生的意义。一言以蔽之,平民银行的设立实在是农民解放的第一步,一定可以为中国的农民开一新纪元。中国一线的希望全在乎此。"③缓进派的这种"农民银行"的办法能否实现,以及在多大程度上能够有助于"农村改造"是一回事,但提出这个问题的本身也说明中国的农村问题已经处于非常严重的境地。

中国共产党对于"农村改造"主张给予理论上的引导。《共产党月刊》创刊后,从中国革命的高度来重视农民问题,反对"农村改造"中的改良办法,指出:"中国农民占全人口的大多数,无论在革命的预备时期和革命的实行时

---

① 《代农民呼吁》,《钱江评论》第 8 号,1920 年 5 月 2 日。
② 《青年周刊宣言》(1922 年),《五四时期期刊介绍》第二集(下册),生活・读书・新知三联书店 1959 年版,第 531 页。
③ 侣琴:《农民解放与平民银行》,《解放与改造》第 2 卷第 5 期,1920 年。

期,他们都是占重要位置的。设若他们有了阶级的觉悟,可以起来行阶级斗争,我们的社会革命,共产主义,就有了十分的可能性了。"①时任中共领导人的陈独秀亦注意到农民问题,并从"国民革命"的高度阐发了动员农民的极端重要,认为"农民占中国全人口之大多数,自然是国民革命之伟大的势力,中国之国民革命若不得农民之加入,终不能成功一个大的民众运动"②。

思想界对于农村改造问题,在后五四时期引起更多的重视。总体来看,思想界业已揭示了中国农村问题的严重性,并将"农村改造"作为"社会改造"的重要内容。浙江是五四时期农民运动兴起的重要区域,浙江的刊物《责任》高度重视农民在革命中的作用,有文章说:"如果把中国唯一的主人——负着维持中国这个重担的农民,完全弃了去谈革命,或者因为这个主人很不容易上场卖力气,而就独断独行的把诸事分配停当了,万一主人觉察或认为不满意而发起怒来,……这时决没有第二个人可以遏制得住,而过去的一番劳苦,不是白白的花费了吗?"③也有文章说,农民尽管在外观上好像一盘散沙,但"如果能加以团结的训练,非但不是没有团结力,而且也有很坚固而不肯胡乱涣散的团结力","农民如果有团结的时候,正堪和资产阶级及一切强盗阶级战斗,比什么工人还有力。农民实行罢工和不纳租的时候,可致资本家于死地,怎可说是没有战斗力呢?"故而在进行革命时"请别要把大多数的乡村劳动者忘记!农民运动应该十二分注意,十二分努力,不能疏忽的呀!"④这里,高度重视农民和农民运动是十分必要的,但把农民在革命中的作用说成是在工人之上,这显然就很不合适。正是在共产主义思想影响下,中国思想界对农民问题引起高度的重视,并把农民与农民运动及农村改造结合起来,这是很有思想见地的,契合了中国社会变革的需要。以后,"农村改造"也就成为中国社会改造中不断探索的重点内容,并成为中国革命新道路中不可忽视的关键环节。

五四时期知识分子倡导"农村改造"的主张,是思想界不断进步的表现。

---

① 《告中国的农民》,《共产党》第3号,1921年4月7日。
② 《中国国民革命与社会各阶级》(1923年12月),《陈独秀著作选》第2卷,上海人民出版社1993年版,第562—563页。
③ 中华:《农民和革命》,《责任》第2期,1922年12月4日。
④ 义璋:《劳动运动和农民运动》,《责任》第1期,1922年11月27日。

至于知识分子能否面向农村进行实际的"社会改造"活动，将其所主张"改造农村"的思想真正地贯彻下去，这还有待进一步的考察。譬如，《醒农》这个刊物尽管说是要"促农民之觉悟"、"谋农业之改进"，但其所谓"农村改造"并不是走"根本解决"的道路，而只是希望"把我国现在的'旧农村'所有的不好处改良改良，莫有的好处添加添加"，"目的是提倡农业，使中国农业发达，与外国农业竞争，以免劣败的淘汰①。正是其所谓的"农村改造"是落实在"改良"上，故而也就幻想通过阶级调和的办法来解决农村中的矛盾，其结果是把农民的解放寄托在财阀上，甚至说出这样的话："财阀！财阀！你们总须得自己觉悟！总得你们解放他们（指农民——引者），别等他们觉悟要求解放！免演了一出流血惨剧吧！"②这可见，《醒农》尽管倡导"促农民之觉悟"，喊着"解放农民"的口号，但实际上只是祈求乡村改良而表达其思想诉求而已，因而对于农村社会变革也就不能够产生什么实质性的影响。又譬如，《光明》的编辑宗铭积极主张"乡里改革"，并发表了《改革乡里谈》《再谈改革乡里》等文章，认为"乡里改革比都市改革为重要"，甚至还认为该刊讨论问题"以切近于现在乡村生活为主"。也许因为这个原因，有个读者就向《光明》杂志建议：《光明》既然"讨论乡村生活，最好要同多数乡村生活里的人讨论。换一句话，我们要讨论乡村生活，要和乡村里的小学教员、小学生、商人、农人、工人讨论。如此，讨论所得，应当提倡的事情就可以实行提倡，要改革的事情就可以实行改革。倘使他们讨论我们的，不与乡村里人共同讨论的机会，恐怕我们讨论所得，不知何年何月何日才能见之实行。所以我希望《光明》能使乡村里多数的人看了他得益愈多，乡村生活的改造就愈多，《光明》尽职也就愈大。"③以今日的观点来看，这位读者的建议不但没有什么不妥之处，而且正切合《光明》的办刊宗旨。可是，《光明》的编辑者否定了这位读者的建议，并在回信中这样写道："我们发刊这个杂志，本来是要和乡村的人讨论生活——讨论革新生活——的事情的。但是我们大多数的乡村人，因得从前没有读过书，并不认识多少字；而且有许多虽然认识几个字，看见了改革生活的说话，必定是不肯相

---

① 亚丁：《农村改造》，《醒农》第 1 期，1920 年 5 月 1 日。
② 云：《农民解放》，《醒农》第 1 期，1920 年 5 月 1 日。
③ 《陈观悟致宗铭》，《光明》第 4 册，1920 年 1 月 16 日。

信的;所以我们的意见,只能够对那些少数识字的而且要做点乡里改革的事业人说。我们认定使许多有生气的青年都有些改革乡里的志愿和计划,是改革乡里的第一步。至于大多数不识字的人和许多脑筋顽固的人,须要我们先做几个改革的实例给他们看,才能够有一点觉悟。所以我们的意思重在实行改革,但是我们并不希望一般人都能够实行。"①这可见,《光明》尽管在文章中倡导改革乡村的主张,但刊物还不是面向乡村的广大劳动者,而是面向在城市里的青年知识分子,亦即《光明》此时尚未认识到作为农村社会改造动力的广大农民这支基本力量,故而其社会改造的言论也就不可能在"农村改造"中发挥较大的影响。

应该看到,五四时期"农村改造"思想在马克思主义的引领之下开启了其革命化的历程。早期马克思主义者的"农村改造"主张,在马克思主义"社会革命"思想的引领下,发展成为组织农民并进而使农民现实地成为"革命动力"的思想。这就使得"农村改造"赋予其革命性内涵。陈独秀尽管对于农民力量的估计有着很大的不足,甚至认为"农民居处散漫势力不易集中,文化低生活欲望简单易于趋于保守,中国土地广大易于迁徙被难苟安,这三种环境是造成农民难以加入革命运动的原因",但陈独秀亦认为农民乃是"国民革命的一大动力","农民占中国全人口之大多数,自然是国民革命之伟大的势力,中国之国民革命若不得农民之加入,终不能成功一个大的民众革命",而且又因为"外货侵入破坏农业经济日益一日,兵匪扰乱,天灾流行,官绅鱼肉,这四种环境却有驱农民加入革命之可能",故而陈独秀主张在国民革命中要有"强大的无产阶级为主力军"对农民进行"组织"②。也正是基于这样的认识,陈独秀说:"这种农民的大群众,在目前已是国民革命之一种伟大的潜势力,所以在中国目前需要的而且是可能的国民运动(即排斥外力打倒军阀官僚)中,不可漠视农民问题。"③李大钊在国民革命行进过程中对于农民的认识有着显著

① 《宗铭复观悟》,《光明》第 4 册,1920 年 1 月 16 日。

② 《中国国民革命与社会各阶级》(1923 年 12 月),《陈独秀著作选》第 2 卷,上海人民出版社 1993 年版,第 562—563 页。

③ 《中国农民问题》(1923 年 12 月),《陈独秀著作选》第 2 卷,上海人民出版社 1993 年版,第 508 页。

的提升,看到了外资入侵和内战扩展而导致"农民破产的趋势",提出了"在经济落后沦为半殖民地的中国","估量革命动力时,不能不注意到农民是其重要的成分"的观点。李大钊认为,"改造农村"在于有力地动员和组织农民,"若想提高贫农的地位,非由贫农、佃农及雇工自己组织农民协会不可",故而"在乡村中作农民运动的人们,第一要紧的工作,是唤起贫农阶级组织农民协会";同时,"革命的青年同志"应该充分地认识农民有着"组织农民自卫军"的需要,"到乡村去帮助这一般农民改善他们的组织,反抗他们所受的压迫"①。李大钊非常重视对于农民的教育和宣传工作,认为"随着乡间的组织工作,当注意到乡间的文化提高问题",要求"农村中觉悟的青年们,乡下的小学教师们,知识分子们,以及到田间去的农民运动者"加入农村的"红枪会的群众"之中,"把现在中国农民困苦的原因和红枪会发生的必要,解释给他们听",使农民能够知道"农民阶级在国民革命运动中的地位和责任"②,并且还要"利用农闲时间,尤其是旧历新年一个月的时间,作种种普通常识及国民革命之教育的宣传"③。"农村改造"思想本来只是五四时期"社会改造"思想体系中一个重要部分,一开始并未具有"社会革命"的含义,但在"五四"后"社会改造"实践的推动下,围绕着"革命"主旋律而展开,从而在国民革命的潮流中赋予了"革命"的崭新意义,并汇入"中国革命"的历史洪流之中。

3. 妇女解放的目标

妇女解放乃是个性解放的主要内容之一,同时也是早期新文化运动的重要命题。这个命题在五四运动后亦得到进一步的深化,并进而与社会改造联系起来,而其最为突出之处乃是主张在社会演化的视域看待妇女问题,将塑造"新妇女"借以适应新社会作为努力的方向,同时亦确认"社会改造"必须以妇女解放为前提条件。

中国早期马克思主义者对妇女解放问题给予充分的重视,并依据唯物史

---

① 《土地与农民》(1925 年 12 月—1926 年 2 月),《李大钊全集》第 5 卷,人民出版社 2013 年版,第 107 页。

② 《鲁豫陕等省的红枪会》(1926 年 8 月),《李大钊全集》第 5 卷,人民出版社 2013 年版,第 168 页。

③ 《土地与农民》(1925 年 12 月—1926 年 2 月),《李大钊全集》第 5 卷,人民出版社 2013 年版,第 107 页。

观剖析了妇女问题的实质。李达在五四运动后不久就撰写了《女子解放论》文章，认为"女子的地位，常随经济的变化为转移"，故而"女子若想求得一个不卖力不卖淫可谋生活谋真正幸福，惟有发挥自己的经济能力，求经济的独立"[1]。李大钊特别强调要把妇女解放程度作为判断社会是"民主的社会"还是"专制的社会"的重要标准，指出："一个社会里如果只有男子活动的机会，把那一半的妇女关闭起来，不许他们在社会上活动，几于排出于社会生活以外，那个社会一定是个专制、刚愎、横暴、冷酷、干燥的社会，断没有 Democracy 的精神。"[2]李大钊还以唯物史观考察妇女问题，确认经济制度的变革乃是妇女解放的关键，认为现在的"妇女问题中的贞操问题、节烈问题、女子教育问题、女子职业问题、女子参政问题"等等，"都是从前大家族制下断断不许发生、现在断断不能不发生的问题"[3]。陈独秀也是依据唯物史观原理从经济方面分析妇女问题，认为"妇女的痛苦，十件总有九件经济问题"，并主张通过实行社会主义的办法来解决，其原因就在于"社会主义不止解决妇女的问题，且可以解决一切的问题"[4]。早期马克思主义者将妇女解放视为社会改造的重要目标，并以妇女解放程度作为衡量社会改造和社会进步的水平，引领着社会改造思潮沿着马克思主义的方向发展。

在马克思主义指引下，五四时期思想界更加重视研究妇女解放与社会改造的关系。而以唯物史观为指导研究妇女解放问题，也就成为中国近现代思想史上的突出现象。譬如，1920 年 1 月 1 日在上海创办的《新妇女》也是积极地迎合"社会改造"的需要，故而其发布的宣言中说："《新妇女》刊行的意思，就是要改进现社会，使妇女有彻底的觉悟，将来能够共同担负新社会上一切重大责任。"[5]又譬如，陈向涛在 1921 年发表的《提倡独立性的女子职业》文章

---

① 《女子解放论》(1919 年 10 月)，《李达文集》第 1 卷，人民出版社 1980 年版，第 20 页。

② 《妇女解放与 Democracy》(1919 年 10 月)，《李大钊全集》第 3 卷，人民出版社 2013 年版，第 89 页。

③ 《由经济上解释中国近代思想变动的原因》(1920 年 1 月)，《李大钊全集》第 3 卷，人民出版社 2013 年版，第 190 页。

④ 《妇女问题与社会主义》(1921 年 1 月)，《陈独秀著作选》第 2 卷，上海人民出版社 1993 年版，第 270 页。

⑤ 《新妇女宣言》，《新妇女》第 1 卷第 1 号，1920 年 1 月 1 日。

中,鲜明地提出:"妇女职业问题,要算是妇女问题的中心问题。照唯物史观,一切精神的变动,都是由于物质变动,——由精神发动的种种现象,都是由于受了经济变动的影响;所以妇女问题虽多,倘使不能把妇女经济问题解决,其他什么'社交公开'、'婚姻自由'等等,皆是空谈!"①再譬如,恽代英也在《妇女运动》文章中说:"不打破现在社会的经济制度,妇女永远是不能到独立自由的地位的。……只有打倒私有资本主义,一方面发达产业,使一切家事,无论是洗涤、烹饪、抚育、看护,都变成社会化的事业,使妇女脱离家事奴隶的运命;一方面又保证一切男女都可以有平等的工作生活的权利,使他们不至于陷为工钱奴隶,或甚至于为工钱奴隶而不可得。只有到那时候,才说得上真正的妇女解放运动。"②中国早期马克思主义认识到,"社会改造"必须积极地关注"妇女解放"问题,而"妇女解放"也是与社会制度的变革紧密联系在一起的。

值得注意的是,在马克思主义唯物史观的指导之下,五四时期的"社会改造"话语不仅将妇女解放问题鲜明地提出来,而且与社会上的阶级和阶级斗争紧密联系起来,并指明了通过制度变革来最终解决妇女问题的根本方略。譬如,田汉在《少年世界》上发表文章,不仅揭露了妇女受剥削的阶级根源,而且指明了妇女解放的道路,指出:"女子与劳动者自有历史以来便同受压制,同居奴境,同受一种的命运,两者之间,盖同病相怜久矣。且同有了觉悟,同心协力结合起来,以倒共通之敌,不是当然之事吗?所谓共通之敌是甚么?就是'经济的阶级'!……现在这种社会制度、政治制度,慢说女权未能发达,男权又何尝发达了",故而"女子问题之解决,不能求之于现在的法律舆论和经济组织,而不能不要求他那理想中新组织,新组织的方向便是社会主义的制度"③。又譬如,1921年初创刊的《劳动与妇女》杂志,其具有创刊宣言性质的《发刊大意》中认为,"劳动者"和"妇女"在阶级社会中有着共同的遭遇,因而必须将"劳动解放"与"妇女解放"统一起来,指出"在阶级制度下面受经济的压迫,劳动者和妇女是一样的。……阶级制度有一日存在,劳动者和妇女就活

---

① 陈向涛:《提倡独立性的女子职业》(1921年),《五四时期妇女问题文选》,生活·读书·新知三联书店1981年版,第309页。
② 《妇女运动》(1925年3月),《恽代英文集》下卷,人民出版社1984年版,第632—633页。
③ 田汉:《吃了"智果"以后的话》,《少年世界》第1卷第7期,1920年7月。

受一日的压迫";因此"劳动者要求解放,正当要求劳动者所结合的团体,不当要求资本家解放;妇女要求解放,正当要求妇女自身,不当向男子们乞怜"。这就不仅鲜明地表征出"自己解放自己"的主体性意识,而且具有着强烈的阶级意识,认识到"阶级制度有一日存在,劳动者和妇女就活受一日的压迫"的现实,故而主张"我们眼前要解决的,是压迫在劳动与妇女上面的阶级制度所产生的经济制度"①。可以说,该刊的不少文章主要是运用马克思主义的阶级斗争理论来研究妇女解放问题,因而是五四时期探索"社会改造"问题的一个突出成果。再譬如,五四时期在无锡创办的《双周评论》亦十分注重妇女问题的研究,该刊上发表的《妇女劳动问题漫谈》文章说:"我主张社会革命论,不主张社会改良论。我对于劳工为增加工资而罢工,我是居于反对的地位的。……就是因为罢工而得了胜利,稍微加了些工资,也是暂时几个月里的敷衍。决说不上'解决'二字,又何况加上彻底二字呢! 要彻底的解决,非推翻资本制度不可。'各尽所能,各取所需',工资二字,行见取消。……不要做时代的落伍者,要做革命的急先锋。阶级斗争是免不了的,但结果可决定是劳工扯开捷旗,唱得胜歌的。资本制度一定要废除,现社会的经济组织一定要破坏。"②这位作者主张"男女同工同酬",但又不主张仅仅是为了增加工资而去罢工,固然也就失去了提升阶级意识的一条路径,在思想认识上有着很大的不足,但作者强调阶级斗争的极端重要性及推翻资本主义制度的政治目标,因而还是应该给予肯定的。又再譬如,上海中华女界联合会创办的《妇女声》坚持以马克思主义的唯物史观来研究妇女问题,主张"破坏旧有社会的组织",指出:"现在的妇女问题,是要从经济组织上面去解决的问题,解决了经济组织的问题,妇女问题也可同时解决了。……照唯物史观解说起来:旧伦理,旧道德都是为拥着旧有的社会组织而有的。我们底问题既是从旧伦理,旧道德里面产生的;……我们若……破坏旧有社会的组织,当然破坏了旧伦理、旧道德;……我们现在的妇女问题,如果是成了现在已成问题的问题,那么就是现在社会组织陈腐了的时候来了。……现在社会的问题,我们已知道是经济

①　玄庐:《发刊大意》,《劳动与妇女》第1期,1921年2月13日。
②　枕薪:《妇女劳动问题漫谈》,《双周评论》第2期,1921年5月29日。

的——物质的——问题;不解决经济组织的问题,什么问题也解决不了! ……
我们底问题就是要破坏旧有经济的组织,组织新的经济组织。"①可见,"五
四"思想界在马克思主义唯物史观的指导下,中国的先进知识分子不仅更加
重视妇女解放与社会改造的关系,而且将妇女解放与社会上阶级斗争的实践
结合起来。

正是在马克思主义唯物史观和阶级斗争理论的指导下,五四时期思想界
更加重视革命的途径在妇女解放和社会改造中的独特性地位。《青年周刊》
在马克思主义指导下,积极主张取革命的途径进行"社会改造"和妇女解放的
事业,该刊在 1922 年发表的宣言认为,离开了妇女"那社会改造,可决其不行
了"的,因而要"赶快促进伊们的觉悟,把伊们最切近的事如教育、权利、职业、
结婚等问题都设法帮助伊解决适当"②。1923 年《新民意报》副刊《女星旬刊》
上有篇文章指出:"妇女解放的根本问题,并不仅在'参政'与'女权'运
动上。……要使妇女解放得到真处,第一步就要先求改革现代的经济组织。同
时与被压迫的男子携手,以革命的方式,打破一切旧制度,旧礼教,及有掠夺性
质的主义与不平等的组织,将社会立在一个使全人类——无论男女——都在
平等线上的基础上。这样,女子不解放自解放;并且不仅女子解放,被压迫的
男子亦同时解放! 女权运动的姊妹们啊! 不要专作那资产阶级的'女权'运
动吧!"③觉悟社成员在 1923 年也认识到,妇女解放运动不能满足于目前的
"男女平等"、男女具有同等教育机会上,这样的目标"在现在社会中,仅能为
少数小姐、太太谋作官的机会罢了,其结果只能在议会中添几个女子的议席,
无产阶级的女子与完全处在家庭奴婢地位的女子仍不能得丝毫权利",故而
"我们所希望的妇女运动,在求能解放一般在家庭做奴婢的女子,并促醒无产
阶级女子的觉悟,起来加入全民众的革命运动与阶级战争"④。这里,主张将
社会制度的根本变革作为妇女解放的根本,不仅认识到一般女权运动所具有

---

① 毓本:《我底妇女问题观》,《妇女声》第 10 期,1922 年 6 月 20 日。
② 《青年周刊宣言》(1922 年),《五四时期期刊介绍》第二集(下册),生活·读书·新知三
联书店 1959 年版,第 531 页。
③ 南义:《妇女解放的根本问题》,《新民意报》副刊《女星旬刊》第 2 期,1923 年 5 月 5 日。
④ 《我们的五一节》,载《五四时期的社团》(二),生活·读书·新知三联书店 1979 年版,
第 340 页。

的资产阶级性质,而且阐明了妇女解放与无产阶级解放的一致性,因而也就鲜明地表达了马克思主义的妇女解放思想的基本内容。

4. 个人改造的目标

五四运动使"个人解放"进至"社会改造",这是中国思想界在五四时期的一个根本性的趋势,但也不是说"五四"之后的中国思想界就不注重"个人改造"亦即"个人解放"的问题了。其原因就在于,当时所谓的"社会改造"尽管主要是面向社会,但因为社会与个人有着不可分割的联系,故而"社会改造"在事实上还是以"个性解放"为基础的。

五四时期思想界在面向社会讨论进行整体地"社会改造"时,在一定程度上也是十分重视"个人解放"问题的。王光祈在创建少年中国学会时,提出学会应做两部分的工作,其中的一部分是"关于人的方面",而另一部分则是"关于事的方面",并认为这两者中的轻重缓急是不同的,故而特别地强调"人的方面"具有优先的地位,其理由是"大凡做一件事,关于人的问题极为重要;得人则万事皆可推行,不得人则一事不能办理,故本会先从人的方面下手"①。当时,社会上还有人对社会改造思潮提出质疑,认为社会问题实际上乃是人的问题,而"个人改造"的问题则在"社会改造"的话语中被严重忽视了。有人这样说:"现在的人天天在那里说'改造国家、改造社会、改造家庭'的话,洋洋洒洒说了一大篇,很动人观听的。其实用不着这么费事。为什么呢,因为这些问题并不是国家的、社会的、家庭的问题,乃是诸君自身的问题。……若是我们要将这个范围放大,可以说世界上一切思想、一切道德、一切生活等等,都没有旁的问题,就是诸君自身的问题。"②这里的言说策略是,所谓社会问题其实就是个人问题,故而所谓社会问题也就只能从个人上找原因。这样,不仅从根本上丢开了社会制度本身,而且也转移了人们注意社会、关注整体的视线,从而达到否认"社会改造"意义的目的。因为,既然社会改造乃是个人问题,其逻辑上的延伸就是要高度重视个人的言行,根本解决方法"就是国民'彻底的觉悟',国民彻底的觉悟是什么呢? 就是在国民性质行为的改善,使全国的国民

① 王光祈:《少年中国学会之精神及其进行计划》,《五四时期的社团》(一),生活·读书·新知三联书店 1979 年版,第 314 页。
② 孙光策:《诸君自身的问题》,《平民教育》第 1 号,1919 年 10 月 4 日。

都成为笃行自好的人"①。这实际上乃是又回归到早期新文化运动兴起之初所提出的问题。

"五四"以后的所谓"个人改造",这里的"个人"大致还是青年人尤其是在校的学生,因为他们在当时还是最为觉醒的群体,并且是未来走向社会并在社会上发挥作用的新生力量。应该说,"五四"以后的"个人改造",这里的"个人"与社会的关联性也许更高一些。进而言之,"五四"以后的所谓"个人改造",也是在"社会改造"话语中的"个人改造",亦即置于整体的"社会改造"的话语体系之中,并且这样的"个人改造"也更具有群体性和组织性,与过去的早期新文化运动期间的内在反省式的"个人改造"不可同日而语。举例说,浙江一师在五四时期出版的几个重要刊物,差不多都用了相当的篇幅谈学生的自治问题,并融入了相关的教育原理,提示出新兴社会科学对于社会改造的意义;而且,这里的"自治"尽管表现出"个人改造"的意义,但其行进的方向及所要达致的目标则是"社会改造",因而在此的"个人"与"社会"的关联性也更为密切一些。《浙江第一师范十日刊》中有文章说,学生的自治有这样几点内容:"尊重个人人格;发展互助能力;养成自治习惯;练习共同生活;建设模范社会。"其原因就在于,"'学校是雏形的社会,并且是模范的社会',中国社会紊乱不堪,腐败不堪。要改造社会,先要给社会一个模范,要给社会一个模范,非从学校下手不可。"②由此,从社会改造的视域出发,"要改造共和政治,提倡地方自治,应该特别注意自治主义的训练,赶快实行学校自治……这是根本救国的方法,这是改造社会的张本。"③能够在言说系统中将宣传"自治主义"、训练自治能力等方面,与当时的"社会改造"大目标联系起来,正是因为此时的"个人改造"本身与"社会改造"之间确实有着内在的逻辑关联,故而"自治"主张的提出实际上也是当时"社会改造"要求的一种反映,尽管这种反映不是直接的、直观的并且还有很大的理想性成分。

更进一步扩大研究的视域来分析,则"五四"以后创办的不少刊物,尽管

---

① 昆公:《国民"彻底的觉悟"是什么》,《平民教育》第1号,1919年10月4日。
② 袁易:《自治主义的训练》,《浙江第一师范十日刊》第7号,1919年12月10日。
③ 袁易:《自治主义的训练(续)》,《浙江第一师范十日刊》第8号,1919年12月20日。

也是处于"社会改造"的话语体系中,但也常常关注"个人解放"问题,并在言说中不时地对个人作用予以更多地强化。譬如,《教育潮》在1919年4月"扩充其篇幅,变更其体例"的发刊词中,认为20世纪世界的新潮流是"人的潮流",亦即"基于以人为本位之思想,成为以人为本位之世界大势,排去一切不以人为本位之旧社会现状,而改造以人为本位之新社会现状之潮流也"①。这里的逻辑是,20世纪既然是"人的潮流",那就理所当然要注重"人"的问题并坚持"以人为本位"了。又譬如,1920年3月创刊的《浙人旬刊》,将"做人"作为社会改造的重要准备,提出了要不要做"人"、怎么样才算是"人",以及作为"人"应怎么样做等一系列以"人"为中心的问题,并宣称从思想衍化由"个人解放"到"社会改造"有着内在的逻辑进路,这就是"传播'人'的思想"、"提倡'人'的生活"、"建设'人'的社会",同时亦必须"打破非'人'思想"、"反对非'人'的生活"、"改革非'人'的社会"②。再譬如,1921年5月创刊的《芜湖半月刊》提出了"社会改造"的目标,但同时也表示:"我们认定改造社会,先要改造青年底思想,要想改造他们的思想,先要养成他们思辨的能力,研究的兴趣,和慎重的态度。"③又再譬如,1920年10月创刊的《伙友》尽管发表了一些宣传阶级和阶级斗争的问题,但在"社会改造"的问题上也强调"个人改造"的重要性,甚至认为"人格"的培养和教育的普及乃是处于优先的地位,如该刊发表的《新商人怎样做起》的文章说:"现在新潮流时代,呼声极高的,就是'解放'和'改造'。不过……要实行'解放'和'改造',非先普及教育不可。"这是因为"不良社会,由不良教育所产生的;改良社会,首先要改造人格"④。以上例证大致可以说明,在"个人改造"进至"社会改造"的过程中,处于"唯社会"的、整体性的思维范式之下,也不可能全然丢开"个人改造"的必要性,亦即"个人改造"还是很重要的内容,只不过此时不处于思想界的主流地位罢了。进而言之,"个人改造"问题在五四运动之后一再被提示出来,固然表征出"个

---

① 《五四时期期刊介绍》第二集(下册),生活·读书·新知三联书店1959年版,第584—585页。

② 《宣言》,《浙人》(创刊号),1920年3月15日。

③ 本社同人:《宣言》(1921年5月15日),《芜湖》第1号,1921年5月15日。

④ 王剑豪:《新商人怎样做起》,《伙友》第1册,1920年10月10日。

人解放"在业已形成"社会改造"话语状况之中仍然具有不可忽视的意义,但同时也说明在"社会改造"话语中确实存在着对"个人改造"问题不够重视的情况。在社会改造的整体语境中,"个人解放"目标一再提示亦反衬出这样一个事实,即早期新文化运动在"个人改造"问题上因为其特殊的演进历程,而尚未能完成其既定的使命,因而即使"五四"后是处于"社会改造"的话语之中,也就有着一个如何继续推进"个人改造"的问题。

五四时期的社会改造思潮不仅有着社会的基础,而且也是在孕育的过程中而逐渐兴起的,故而其本身有着孕育、兴起及不断衍化的轨迹,并在衍化中表现激进化的态势及其演进的内在逻辑进路。尽管"五四"前思想界是以"个人解放"为主流,但"社会改造"的萌芽亦在孕育、生成状态之中。将五四时期的"社会改造"作为一个整体,从社会改造思潮孕育中的缘由、社会改造方法的多样化态势、社会改造目标的多元呈现等方面加以分析,亦可见社会改造思潮在五四时期思想界不仅有其源头之所在,而且也有着整体的运行态势及衍化的逻辑进路。这样看,思想史关于社会改造思潮兴起问题的研究,对于系统地呈现五四时期社会改造话语的演进轨迹及其整体面貌还是极为必要的。

第二章 五四时期社会改造思潮的
衍化及其激进化态势

【本章提要】五四时期的社会改造思潮是在十月革命影响、新文化运动历史性转向、五四运动的有力促进等多种因素作用下兴起的,并使"五四"时代成为"社会改造"时代。五四时期思想界关于"社会改造"问题的探讨,主要集中在"社会改造"的类型("物质改造"与"精神改造")、步骤("破坏"与"建设")、目标("新社会")这三个大的方面,这成为五四时期"社会改造"话语体系中的基本要素和关键性环节。在马克思主义传入中国的情况下,五四时期社会改造思潮出现了分化和激进化的态势,其最终结果是形成"社会改造"的"革命话语"。

五四时期所出现的社会改造思潮,是在五四运动促进下兴起的。由此,思想界集中地以社会为研究对象并日益聚焦于中国社会的变革问题,从而具体地研究如何通过"改造社会"的办法来追寻"新社会"的目标。随着五四时期社团的兴起及大批刊物的创办,社会改造思潮在后五四时期得以衍化和行进,并表征出激进化的态势。以下,试就五四时期社会改造思潮的衍化及其激进化态势作初步的梳理。

一、社会改造思潮的兴起与"社会改造"时代的到来

研究五四时期的思想衍化及现代中国思想变迁的轨迹,不能不注意研究

五四时期的社会改造思潮。"社会改造"不仅是五四时期思潮演进中的"主体态势"和基本表征,而且也深刻地反映了五四时代思想的整体面貌,并由此奠定了中国现代思想体系的衍化进路。因而,需要就五四时期社会改造思潮兴起的情形及所呈现的内在逻辑,加以分析和说明:

第一,十月革命对于社会改造思潮的促进作用。对于五四时期的中国思想界来说,自身的衍化有着中国社会变迁的主因,但十月革命的发生乃是极其重要的国际背景,它使五四时期的社会改造思潮发生历史性的转向。

中国思想界是在不断地关注"一战"的过程中、进而关注十月革命的,并从十月革命中获得包括"革命"、"阶级斗争"、"民众运动"等在内的多种思想元素。孙中山后来说,尽管"欧洲数年大战的结果,还是不能消灭帝国主义","但是由这一次战争,无意中发生了一个人类中的大希望。这个希望就是俄国革命。"①十月革命后的第三天即 1917 年 11 月 10 日,中国报刊就刊登了十月革命的消息,上海《民国日报》在"突如其来之俄国大政变"的标题下报道:"彼得格勒戍军与劳动社会党已推翻克伦斯基政府"。该报道援引路透社 11 月 8 日的消息,作了如下的报道:"军工代表会革命军务委员会发表宣言书谓:俄京已入其掌握。并谓赖戍军之协助,因得不流血而告成。专断政略,实可感慰。新政府即将提出公正之和议,并分土地与农民及召集民选国会。昨日下午,军工代表会开特别会议。会长特罗兹基氏,宣称临时政府不复存在,大员数人已被逮捕,临时国会业经解散。里林氏演说提出俄国民治三大问题:(一)即行结束战局,新政府必须向交战国提议休战。(二)以土地给还农民。(三)解决经济困难。听者为之欢呼。全会继乃通过决议案,主张从速解决此数问题。"②1918 年《民国日报》发表的由孙洪伊撰写的元旦社论中,对俄国革命表示出高度赞赏的态度,说:"俄国为吾之近邻,自今兹大战以来,外则受强敌之压迫,失地千里,其国民感受内外之忧患,乃奋起为大破坏大创造之事业,三百年君临俄国之罗马诺夫皇家,一朝为人民所颠覆。吾人对于此近邻之大改革,不胜其希望也"。该社论还将俄国革命与辛亥革命进行比较,提出了中

---

① 《三民主义》(1924 年),《孙中山选集》,人民出版社 1981 年版,第 659 页。
② 《突如其来之俄国大政变》,《民国日报》1917 年 11 月 10 日。

国政治进一步努力的方向:"俄国革命之要求惟何? 曰人权,曰民权。惟争人权也,故非达农民工民生活之改善不可;惟争民权也,故非革除专横之王家及贵族,而建设民主政治不可。吾国之革命要求亦然也,夫吾国之革命在未成以前,既成以后,其牺牲为不少矣! 此牺牲之目的为何? 曰建设以三民主义为基础之民主国家,使国内之各民族各阶级举为平等,而个人之法律上人格皆为尊重。换言之,求人权及民权之伸张也,求平等自由精神之实现也,求吾国之永久和平也。"①中国新知识界对于十月革命的发生是持积极的欢迎态度,并希望从十月革命中获得关于中国社会变革的某种启示。

李大钊是宣传十月革命的代表性人物。早在 1918 年,李大钊就发表了《法俄革命之比较观》《庶民的胜利》《Bolshevism 的胜利》等文章,继而又发表《新纪元》文章,对十月革命进行社会变革意义上的解读,传输了马克思主义的"社会革命"思想,介绍了十月革命"群众运动"的实践活动,因而在五四时期的中国思想界享有很高的声誉。李大钊说,十月革命开启了群众运动和世界性"社会变革"之先河,为全世界的"社会改造"指明了新方向:"由今而后,到处所见的,都是 Bolshevism 战胜的旗。到处所闻的,都是 Bolshevism 的凯歌的声。……试看将来的环球,必是赤旗的世界!"②李大钊尽管此时还处于由民主主义者向马克思主义者转变的过程中,但他对马克思主义是抱着坚定信仰的态度加以认知的,对以马克思主义指导的十月革命是真诚拥护、矢志不移的,并力图汲取十月革命开展"群众运动"、进行"社会革命"的经验,借以为中国的"社会改造"提供有力的借鉴。可以说,李大钊发表的《法俄革命之比较观》《Bolshevism 的胜利》《庶民的胜利》《新纪元》等文章,在中国开启了"以俄为师"的革命道路,对中国思想界有着重大的影响。此后,中国思想界的社会革命、民众运动、马克思主义、社会主义等观念,皆得益于十月革命的影响。

第二,"社会改造"成为五四时代思想言说的中心。"社会改造"主张一旦在五四时期思想界提出,很快就在社会上传播开来。五四时期的不少进步刊

---

① 孙洪伊:《吾人对于民国七年之希望》,《民国日报》1918 年 1 月 1 日。
② 《李大钊全集》第 2 卷,人民出版社 2013 年版,第 367 页。

物积极地谋求社会改造,大多也将"社会改造"作为其宗旨。

五四时期有些社团虽然在思想上主张改良主义,但也表示出进行"社会改造"的希望。1919 年 11 月创刊的《新社会》尽管在"社会改造"手段与方式上持有缓进的态度,主张从事"渐进的"、"和平的"改造运动,但"社会改造"乃是该刊关注的中心议题和讨论的主要问题,并就"社会改造"的理念、方法、手段、目的等作出具体的说明,这正如发刊词所说:"我们的改造的方法,是向下的,把大多数中下级的平民的生活、思想、习俗改造过来;是渐进的,以普及教育作和平的改造运动;是切实的,一边启发他们的解放心理,一边增加他们的知识,提高他们的道德观念。"又说:"改造的目的和手段就是:考察旧社会的坏处,以和平的、实践的方法从事于改造的运动,以期实现德莫克拉西的新社会。"①天津的"新心学会"于 1919 年 11 月 1 日创刊的《导言半月刊》,也是将"改造社会"作为办刊宗旨,声称"本人类的进化,促进社会的解放";"本意识的知力,研究今后的改造"②。1920 年 5 月创刊的《解放画报》,尽管宣称"不谈法律政治问题,也不谈高深的原理",但该刊物还是将"社会改造"作为办刊的宗旨,并希望刊物能够"做解放的工夫,做改造的工夫,引着多数平民,向光明路上走,以实现人的生活,尽人的责任,来革新旧社会,振兴我们的国家"③。思想不太激进的刊物所说的"社会改造",大致是用和平的、非暴力的方法,在现行社会制度下进行点点滴滴的改良,但对于社会改造思潮的发展应该说也是有贡献的。

五四时期思想比较激进的社团,其关于"社会改造"的主张更有特色。譬如,1920 年 1 月创刊的《北京大学学生周刊》积极倡导社会改造的主张,并在《我们的旨趣》中宣称:"从积极方面说,是要创造一个新道德、新教育、新经济、新文学、愉快美满的社会。从消极方面说,是不赞成数千年遗传下来的那些虚伪、束缚、阶级、因袭、争权的道德和制度",而"是创造较新、较美、较善、较合理性的社会制度,并且在这较善、较新、较美、较合理性的希望中,实现出

---

① 《发刊词》,《新社会》第 1 号,1919 年 11 月 1 日。
② 一民:《天津学生最近之大活动》,转引自《五四时期期刊介绍》第二集(上册),生活·读书·新知三联书店 1959 年版,第 326 页。
③ 周剑云:《本报宣言》,《解放画报》第 1 期,1920 年 5 月 4 日。

个最善、最美、最新、最合理性的社会制度"①。又譬如,1920 年 3 月创办的
《政衡》是政治类的刊物,该刊也明确将改造社会作为主要的宗旨,并揭示其
"政治革命"的途径与目标,这就是:"政治——主根本的革新;社会——主根
本的改造;各种问题——主根本的解决"②。值得注意的是,《政衡》不仅在
"社会"方面主张"根本的改造",而且在政治方面主张"根本的革新",同时在
对待"各种问题"上亦主张"根本的解决",故而其所用"根本"一词颇能见其
鲜明立场和坚决态度。

五四时期学术性社团及学术性刊物,也将"社会改造"作为讨论的话题。
湖南自修大学的创办在于培养人才,但也明示其"改造社会"的旨趣,这就是
祛除书院和官式大学的弊端,纠偏"现在教育制度之缺失",通过"造就人才,
使文化普及于平民,学术周流于社会"③,借以转变社会风气。故而,湖南自修
大学在其公布的"入学须知"中申明:"我们极愿意得到许多有志的青年和我
们做同学。我们求学不是没有目的的。我们的目的在改造现社会。我们的求
学是求实现这个目的的学问。"④湖南自修大学创办的《新时代》杂志亦表示,
该刊"努力研究致用的学术,实行社会改造的准备","将来,国家如何改造,政
治如何澄清,帝国主义如何打倒,武人政治如何推翻,教育制度如何改革,文学
艺术及其他学问如何革命、如何建设等等问题,本刊必有一种根本的研究和具
体的主张贡献出来"⑤。1921 年 9 月创刊的《学林》尽管是一个研究哲学、政
治、法律、经济、文学、艺术等的学术刊物,但这个杂志也标明其宗旨是:"精神
科学之探讨,世界思潮之批评,社会改造之研究,东西名著之介绍。图以学术
为人生指导,社会南针。"⑥这里的"社会改造之研究",大体也能说明"社会改
造"乃是《学林》的宗旨之一。就事实来看,五四时期的社团其本身的建设方

---

① 《我们的旨趣》,《北京大学学生周刊》第 1 号,1920 年 1 月 4 日。
② 《五四时期期刊介绍》第三集(上册),生活・读书・新知三联书店 1959 年版,第 397 页。
③ 《湖南自修大学组织大纲》,《五四时期的社团》(一),生活・读书・新知三联书店 1979
年版,第 75 页。
④ 《湖南自修大学入学须知》,《五四时期的社团》(一),生活・读书・新知三联书店 1979
年版,第 80—81 页。
⑤ 《发刊词》,《新时代》第 1 卷第 1 号,1923 年 4 月 10 日。
⑥ 《五四时期期刊介绍》第三集(上册),生活・读书・新知三联书店 1959 年版,第 411 页。

向与"社会改造"的目标是有着密切关联的,时人言说中的社团主要也是作为"社会改造"工具出现的。当时就有人说:"社团是研究改造方法的,小组织是实行局部改造的。社团可作大群众运动的大本营,也可作小组织运动的基本;可作和缓引导的准备,也可作激烈革命的准备(小组织便是和缓的引导)。"①这里,尽管是在力图厘清"社团"与"小组织"这两者的界限,但很显然的是将"社团"视为"社会改造"的工具,而这种工具在其功用上既可以用于社会的改良,也可以推进社会的"激烈革命"。

也许正是因为五四时期的社团与"社会改造"的密切关系,参与北京工读互助团活动的施存统说:"我们为什么试验新生活?不是专图个人快乐,实在为改造社会。我们团员个个都抱有改造社会的愿望,个个都愿意做一个社会改造者。我们那时的理想:凡是理想社会所当做的事情,我们可以试验的都试验起来,做一个理想社会的模型,得一个改造社会的方针。"②这里要指出的是,"工读主义"在当时很有影响,上海工读互助团在发表的启事中说,"现在中国的社会,是受教育的人不能做工,做工的人不能受教育",于是"教育几成一种造就流氓的东西",而"职业几成一种造就奴隶的东西",故而改造中国社会的办法就是"教育与职业合一、学问与生计合一",从而"使上海一般有新思想的青年男女,可以解除旧社会、旧家庭种种经济上、意志上的束缚,而另外产生一种新生活、新组织出来",这是上海工读互助团发起的"唯一宗旨"③。

远在法国巴黎的少年中国学会的成员,积极关注国内"社会改造"的情形,不仅强调要走"根本的改造"道路,而且还主张充分发挥"团体"的力量,指出:"同人等在海外,时时警觉吾辈所生长之故乡,在近代空气之中,实有万不能不改善之势。而邦人积重难返,致力不易;非有摩顶放踵、出死入生、不畏强御之人,为根本的改造不可。个人能力究竟有限,若再集成团体,内而互助,外

---

① 《业裕致代英》,《五四时期的社团》(一),生活·读书·新知三联书店1979年版,第172页。

② 存统:《"工读互助团"底实验和教训》,《五四时期的社团》(二),生活·读书·新知三联书店1979年版,第432—433页。

③ 《上海工读互助团募捐启》,《五四时期的社团》(二),生活·读书·新知三联书店1979年版,第452页。

而协力,庶几改造之业能底于成。"①在法国勤工俭学的蔡和森在 1920 年 5 月致信毛泽东,希望毛泽东注意社团的组织建设,并盼望社团在发展"文化运动"之后能够"更进一步":"兄留湘两年,极为重要。……少年互助团大好,两年中能鼓舞其增至千人以上,更好。诸兄在湘,宜于此团体大加提挈,启发。……学会办文化运动本为应有之事,我们既不为浮游于大码头的文化运动,则根本上的组织和训练,比之出报、出杂志更重要。现少年中国学会(此会在四川本地无根据)专以办文化运动为事,我以为好,但是我们的须更进一步。"②当时,"社会改造"业已成为思想言说的中心,显然是想以社团作为"社会改造"的基本组织,故而也就更加重视社团的组织建设问题。

社会改造乃是时代的需要,社会改造思潮也就成为时代的反映。因此,"社会改造"主张在五四时期的提出,本源于当时社会变革的需要。而就五四时期的一些社团及其所办刊物来看,绝大多数皆举起"社会改造"的旗帜,不仅加入了讨论"社会改造"的行列,而且还在行动中践行其"社会改造"的主张,这本身颇能说明"社会改造"成为当时具有影响的社会思潮。

第三,作为"社会改造"的"五四时代"的到来。从思想史研究的角度看,"社会改造"与"五四"有着不可分割的关系。故而,论及社会改造思潮必然要关注"五四",因为社会改造思潮乃是"五四"的重要表征;同样,论及"五四"也必然地要关注社会改造思潮,因为"五四"尽管有着极为丰富的内涵,但"社会改造"也是其载入史册的重要理由。

五四运动是中国近现代史上划时代的重大事件,标志着中华民族的伟大觉醒,"自'五四'运动以后,人人都从梦中惊醒起来,晓得中国将亡。所以大家都奔来奔去,极力的嚷着救国。发传单啦,抵制日货啦,种种的爱国举动,真算是四千年来,从没有过的事情"③;五四运动同时也使中国迎来了"社会改造运动的时代",故而五四运动之后不久,人们业已深深地感知到"近来改造社

---

① 《巴黎本会同人致京沪本会同人》,《五四时期的社团》(一),生活·读书·新知三联书店 1979 年版,第 323 页。

② 《蔡林彬给毛泽东》,《蔡和森文集》,人民出版社 1980 年版,第 28—29 页。

③ 锡麟:《我们为什么要出"通俗丛刊"?》,《上海学生联合会通俗丛刊》第 1 期,1920 年 1 月 1 日。

会的声浪,一天高似一天"①。这种关于"社会改造"的言论,在当时是借助相关的书籍、刊物发表出来的,这可见书籍、报刊处于兴盛状态,并且成为发表"社会改造"舆论的主要载体。据陈启修在 1920 年 5 月的观察,"这两年间,新出的有用的书籍杂志,至少也有五百种;他的销行册数也必定有相当的数目。听说《新青年》由两千份销行到一万五千份,真是中国杂志界从来没有的现象,把从前《民报丛刊》底最大记录,也打破了。"②

　　五四时期的知识分子凭借书籍和刊物而对于"五四"所发表的认知,应该说,大多触及其开启"社会改造"的重大意义。毛泽东鉴于五四运动业已开启"社会改造"时代的到来,要求新民学会聚焦于社会改造事业,并将"社会改造"作为一个重要题目来进行详细的研究:"我觉得好多人讲改造,却只是空泛的一个目标。究竟要改造到那一步田地(即终极目的)? 用什么方法达到?自己或同志从那一个地方下手? 这些问题,有详细研究的却很少。"③这里,毛泽东是说进行社会改造不能"只是空泛的一个目标",也就是说不能流于空谈而不切实际,而是要有针对性地研究社会改造的目标、方法、路径等具体问题,从而找到社会改造的行动方案。新潮社的主要人物傅斯年在五四运动后曾说:"五四运动过后,中国的社会趋向改变了。有觉悟的添了许多,就是那些不曾自己觉悟的,也被这几声霹雳吓得清醒。……以后是社会改造运动的时代。我们在这个时候,处这个地方,自然造成一种新生命。"④另一位新潮社的重要成员罗家伦也认为,这改造运动时代的到来,使中国社会以"五四"为界呈现不同的景象,"五四以前的中国是气息奄奄的静的中国,五四以后的中国是天机活泼的动的中国",五四运动的"功劳"就在于使中国"动"起来⑤。

　　实际的情形也是,五四运动之后"学生们从政治运动中得到了教训,知道

---

① 《觉社新刊发刊的旨趣》(1920 年 4 月 15 日),《五四时期期刊介绍》第二辑(下册),生活·读书·新知三联书店 1959 年版,第 569 页。

② 陈启修:《文化运动底新生命》,《学艺》第 2 卷第 2 号,1920 年 5 月 30 日。

③ 《五四时期期刊介绍》第一集(上册),生活·读书·新知三联书店 1978 年版,第 157 页。

④ 傅斯年:《新潮之回顾与前瞻》,《五四时期的社团》(二),生活·读书·新知三联书店 1979 年版,第 97—98 页。

⑤ 罗家伦:《一年来我们学生运动底成功失败和将来应取的方针》,《新潮》第 2 卷第 4 号,1920 年 5 月。

腐败的社会上,不能建筑良好的政治,因此学生团体的活动渐渐趋重于社会方面,如新文化运动、平民教育运动、社会主义运动等等"①。可能也是因为"五四"具有"社会改造"的特征,故而对于"五四"在社会改造中意义的认知和价值的解读,也就成为当时思想界突出的现象。李大钊认为五四运动是"中国学生界用一种直接行动反抗强权世界"的行为,故而五月四日"与劳动界的五月一日有同一的意味",所以他"盼望中国学生界,把这种精神光大起来",能够"每年在这一天举行纪念的时候,都加上些新意"②。陈独秀的看法是,五四运动所进行的"社会改造"乃是表现出政治解决的方向,亦即与社会上既有的权势力量采取对立的态度。在他看来,当时社会上的"军人、官僚、政客是中国的三害",包括了"北洋军人、西南军人、老官僚、新官僚、旧交通系、新交通系、安福系、已未系、政学会"等在内,皆是"明抢暗夺误国殃民"。而自从五四运动以来,"我们中国一线光明的希望,就是许多明白有良心的人,想冲出这三害的重围,另造一种新世界;这新世界的指南针,就是唤醒老百姓,都提起脚来同走'实行民治'这一条道路。"③陈独秀还认为,五四运动是变革中国社会的政治行动,并表现出"特有的精神","这种精神就是:(一)直接行动;(二)牺牲精神",而所谓的"直接行动"在表现形式上"就是人民对于社会国家的黑暗,由人民直接行动,加以制裁,不诉诸法律,不利用特殊势力,不依赖代表"④,亦即依靠民众本身力量并与现行政府处于对立的不合作态度来改造社会。恽代英亦突出五四运动的"政治运动"的性质,指出五四运动乃是"我们第一次打破一切的干涉压制,直接为政治的活动"⑤。从话语探源的角度看,"直接行动"一语与五四运动发生有着密切的关联,并且也是在当时"社会

---

① 《湖南学生联合会对于会务进行的方针和计划》,《湖南学生联合会周刊》第 28 期,1922 年 12 月 17 日。

② 《中国学生界的"May　Day"》(1921 年 5 月),《李大钊全集》第 3 卷,人民出版社 2013 年版,第 379 页。

③ 《实现民治的基础》(1919 年 12 月),《陈独秀著作选》第 2 卷,上海人民出版社 1993 年版,第 37—38 页。

④ 《五四运动的精神是什么?》(1920 年 4 月),《陈独秀著作选》第 2 卷,上海人民出版社 1993 年版,第 130 页。

⑤ 《"自从五四运动以来"》(1924 年 4 月),《恽代英文集》上卷,人民出版社 1984 年版,第 495 页。

改造"的语境中提出的,对此可溯至陈独秀在五四运动所起草的《北京市民宣言》:"我市民仍希望和平方法达此目的,倘政府不顾和平,不完全听从市民之希望,我等学生、商人、劳工、军人等,惟有直接行动,以图根本之改造。"①李大钊、陈独秀等作为五四运动的两位重要领导者,都解读出五四运动的"直接行动"内涵,这亦可见五四运动在"社会改造"进程中的特色所在。

五四运动所具有的"社会改造"意义的思想认知,亦引起年轻一代的高度关注。沈玄庐在五四运动之后不久,从辛亥革命至五四运动的历史行程来考察五四运动对于"中国的前途"的重大意义,认为"从前中国的思想界,仿佛有一块无缝的大石头,压在思想上面",正是"辛亥革命,这块顽石已经震裂了","虽说依旧压着,但思想的萌芽就从他的裂缝里发生了出来";而五四运动之后的情形就大不同了,"五四运动之后,中国的前途,仿佛从黑暗里杀出一条血路!一线光明,总在前面,只要我们活活泼泼地迎合上去"②。曙光杂志社创办人王统照③以"革新"的眼光认识五四运动,看到五四运动对于中国思想界变动的重大意义,认为五四运动带来了"革新思想"的新气象,为"思想的发扬"开辟了道路,指出:"中国自经五四运动以后,思想界忽然大见活动的气象,虽是其中有不纯粹的、不完全的,却是不能免的。若能长此以往,使这种革新思想飞速起来,由思想见之于事实,也非难事。……所以我对于中国其他事,多半是悲观,独有思想的发扬,实是可喜的。"④1920年5月《新陇》创刊,编辑部主任王自治在《发刊词》中也认为:"去年五四运动,实吾国国民觉悟之表征,自决之发轫也。一年来鼓舞奋勉,不遗余力。或则从事社会事业,或则从事政治改良。……一般学子则又从事文化运动,创刊杂志,输入学理,吐故

---

① 《北京市民宣言》(1919年6月),《陈独秀著作选》第2卷,上海人民出版社1993年版,第25—26页。

② 玄庐:《就是自然》,《星期评论》第7号,1919年7月20日。

③ 王统照(1897—1957),字剑三,笔名息庐、容庐,山东诸城人,现代作家。1924年毕业于中国大学英文系。1918年办《曙光》。1921年与郑振铎、沈雁冰等发起成立文学研究会。曾任中国大学教授兼出版部主任,《文学》月刊主编,开明书店编辑,暨南大学、山东大学教授。新中国成立后,历任山东省文联主席,山东大学中文系主任,山东省文化局局长。著有多部长篇小说。

④ 《王统照复路汝悌》,《五四时期的社团》(三),生活·读书·新知三联书店1979年版,第56页。

纳新,日新月异。"①1920年创刊的《北京女高师半月刊》在发刊词中说:"到了近来二三年,思想界才比较的活动一点,加以去年五月四日因为青岛问题,一般国人恨强邻之偪伺,痛国亡之无日,继以学生罢课,工人罢工,一处响各处应,都是空前绝后的举动,一般人民受了这个刺激,对于一切旧的制度起了个怀疑的观念,存了打破的思想。你也要发表思想,我也要发表思想,思想的潮流就如风撼大海,一跃千丈;出版的活动就象那泰山观日,五光十色一般。"②值得注意的是,1920年1月创刊的《秦钟》月刊,解读出五四运动具有"彻底改革"的意蕴,指出:"五四运动,即吾侪觉悟之表示,彻底改革之发轫也。各省之闻风兴起、纷纷响应者,亦日有所闻。"③这里,将"五四运动"视为中国社会"彻底改革之发轫",其所谓"彻底改革"也就超出"社会改造"的一般性意义,在一定程度上而具有"社会革命"的某种意蕴。

五四时期思想演变由"个人改造"进至"社会改造"阶段,并成就了"社会改造"的"五四时代",这深刻地体现了历史衍化中思想认知上的重大飞跃,并且也是有其内在的逻辑进路之所在,否则就不能在全社会形成"社会改造"的共同认知。其原因就在于,历史演变具有内在的连续性,这种连续性内含着基本的历史逻辑,亦即历史事实的"实然性"之中蕴含着"应然性"的内容。具体说,五四时期的"个人改造"话语进至"社会改造"话语的内在逻辑,大致应该关涉这样几个方面:一是早期新文化运动的"个人改造"话语,与五四运动开启的"社会改造"的社会实践活动确实有所不同,并且这种不同在思潮衍化中也是最为鲜明的,但两者(即"个人改造"和"社会改造")皆有着"改造"所昭示的"变革"的共同性意蕴,因而"改造"也就成为这两者之中得以联系和演进的内在线索;二是早期新文化运动的"个人改造"话语,虽是侧重于社会中局部的"改造"(即"个人改造"),并具有某些"反政治"或"非政治"的情形,但亦为后来的整体性"社会改造"提供相关条件,而最为显见的是为"社会改造"营造了氛围、培植了力量;三是此时中华民族觉醒乃是社会改造思潮兴起的重要

---

① 王自治:《发刊词》,《新陇》第1卷第1期,1920年5月20日。
② 《五四时期期刊介绍》第三集(下册),生活·读书·新知三联书店1959年版,第451页。
③ 《〈秦钟〉月刊发刊辞》,《五四时期的社团》(三),生活·读书·新知三联书店1979年版,第295页。

心理条件,这同时也是新文化运动的"个人改造"话语能够进至五四运动后
"社会改造"话语所不可缺少的重要条件;四是十月革命引领五四时期社会思
潮的走向,不仅为中国的"社会改造"提供了"新社会"的理想图景、"群众运
动"的现实方式,而且也使"社会改造"在中国能够成为社会话语的重要关注
点;五是五四运动本身既是"个人改造"进至"社会改造"的显著标志,同时也
是促进"社会改造"话语发展的根本性要素,它不仅在实践层面彰显"社会改
造"的力量,而且也在思想层面使"社会改造"成为社会成员尤其是先进知识
分子的普遍预知,亦即使"社会改造"成为当时的社会共识。这样看,社会改
造思潮在五四时期的出现和演进也就具有历史的必然性。

二、"社会改造"的类型、步骤和目标

思想史的叙述必然关注思想演进的关键之点,及其所形成的重要影响。
研究五四时期社会改造思潮也就必须注重"社会改造"的关键环节。五四时
期思想界关于"社会改造"问题的探讨,尽管涉及问题很多,但主要还是集中
在"社会改造"的类型、步骤、目标这三个大的方面:

其一,关于"社会改造"的类型:"物质改造"与"精神改造"。在五四时期
"个人改造"到"社会改造"的转换中,也就有着何种类型的"社会改造"方法
问题,这同时又取决于"社会改造"所要达到的理想目标。少年中国学会作为
当时规模最大且最有影响力的社团,其理想是创造一个"少年中国"。李大钊
作为少年中国学会的主要创始人之一,在对少年中国学会的理想"少年中国"
的诠释中,认为理想中的"少年中国"应该是由物质和精神两面改造而成的
"少年中国",因而所谓的"社会改造"也就有两种基本类型,即"一个是精神改
造的运动,一个是物质改造的运动"。李大钊在《"少年中国"的"少年运动"》
文章中指出:

> 精神改造的运动,就是本着人道主义的精神,宣传"互助"、"博爱"的
> 道理,改造现代堕落的人心,使人人都把"人"的面目拿出来对他的同胞;
> 把那占据的冲动,变为创造的冲动;把那残杀的生活,变为友爱的生活;把

那侵夺的习惯,变为同劳的习惯;把那私营的心理,变为公善的心理。这个精神的改造,实在是要与物质的改造一致进行,而在物质的改造开始的时期,更是要紧。……物质改造的运动,就是本着勤工主义的精神,创造一种"劳工神圣"的组织,改造现代游堕本位、掠夺主义的经济制度,把那劳工的生活,从这种制度下解放出来,使人人都须作工,作工的人都能吃饭。因为经济组织没有改变,精神的改造很难成功。①

李大钊关于"社会改造"的两种形式的主张,引起当时社会中相关青年社团的高度重视。一个重要的例证是,新人社的重要成员邰光典②在其《文化运动的新村谭》中,将其所从事的"新村"运动也是作"物质改造"和"精神改造"的解释。邰光典在文章中说:"我们'新村'的第一步,要做两种文化运动:一个是'精神改造运动'。就是本着人道主义的神髓,宣传互助、博爱的道理,改造现代堕落的人心。我们'新村'里的人,都要把人的本来面目拿出来,把那占据的冲动变为创造的冲动,把那残杀的生活变为友爱的生活,把那侵夺的习惯变为同劳的习惯,把那私营的心理变为公善的心理。一种是'物质改造的运动'。就是本着'勤工主义'的精神,创造一种'劳动神圣'的组织,改造现在游堕、本位、掠夺主义的经济制度。把那劳工生活从这种制度中解放出来。我们'新村'里人,人人都须工作;工作的人才有饭吃。"③对比一下,不难看出邰光典这位新人社的社员,其关于"社会改造"的解释来自李大钊的《"少年中国"的"少年运动"》文章,只是在文句中嵌入了"新村"的字样。大致可以说,李大钊提出"社会改造"是"物质改造"与"精神改造"的两种类型,在当时的思想界应该说在相当程度上是被认可的,则不过各自的"社会改造"的侧重点及其下手的方法,有所不同、有所变化罢了。

"社会改造"中的"物质改造"与"精神改造"两种途径的相互关系,在后五四时期思想衍化中显然发生重大的变化。随着五四时期思想激进化的推

---

① 《李大钊全集》第3卷,人民出版社2013年版,第67页。

② 新人社于1920年4月在上海成立,也以"社会改造"为任务,成分比较复杂,大多数成员信仰"新村主义"。至于邰光典为何许人,从其通信地址是北京大学的记载,则大致可以推及其与北京大学有着很大的联系。

③ 邰光典:《文化运动中的新村谭》,《五四时期的社团》(三),生活·读书·新知三联书店1979年版,第240页。

进,更由于马克思主义革命思想的广泛传播及其所形成的影响,"物质改造"与"精神改造"并没有同步进行,实际的情形是"物质改造"(亦即社会制度的"根本改造")更多地优于"精神改造",或可以说"物质改造"在中国的"社会改造"进程中始终处于第一位的。这与李大钊所提出的"这个精神的改造,实在是要与物质的改造一致进行,而在物质的改造开始的时期,更是要紧"的设想,并不完全一致。其原因就在于,此时的中国"社会改造",因为中外矛盾(帝国主义与中华民族的矛盾)和新旧矛盾(人民大众与封建主义的矛盾)的日益尖锐化,而不得不以"物质改造"为主要手段。但在以"物质改造"为主要手段的后五四时期,"社会改造"的进程也并未完全泯灭"精神改造"活动。最为典型的是,马克思主义者在"五四"以后兴起了声势浩大、影响深远的马克思主义宣传和教育运动,集中地开展了反对无政府主义、基尔特社会主义以及其后所进行的反对国家主义等斗争,借以从根本上"改造人心"。这是一场伟大的马克思主义思想启蒙运动,不仅为"国民革命"的凯歌行进提供了思想环境,而且也为马克思主义中国化进程奠定了思想基础。就此而言,"精神改造"在后五四时期仍是以新的形式出现罢了,并没有使早期新文化运动的思想启蒙"中断",相反是在新的历史条件下更高层次的启蒙,并成就了关于中国"社会改造"的马克思主义的"革命话语"体系。

其二,关于"社会改造"的步骤:"破坏"与"建设"。"社会改造"在五四时期作为时代的主题,说到底就是"解放和发展生产力"的问题,亦即"解放生产力"问题与"发展生产力"问题。依据马克思主义的唯物史观原理,"解放生产力"也就是进行生产关系的变革,这就是社会的"破坏"问题;而"发展生产力"也就是在现行生产关系条件下,直接地进行发展实业的工作,这也就是社会的"建设"的问题。

在"五四"之后的相关文献中,"破坏"与"建设"作为一对范畴业已出现在"社会改造"的话语之中,但大致说来,此时"破坏"的意义更大于"建设"的意义,思想言说的侧重点还是在"破坏"上。例如,李大钊在1921年1月的文章中,不同意那种流行的"首先着力于发展实业,以开发全国的事业,增加富力,从而使一般人尤其是广大的下层农民富裕起来"的所谓"最稳妥和最好的方法"的主张,而认为不能在现有的制度下发展"实业",因为"要在现存制度下发展实业,只能越发强化现在的统治阶级而迫使下层农民为少数的统治者阶级付出更多的劳动"①。又如,恽代英在 1922 年 6 月明确地说:因为"旧社会中各方面的生活,都是一样的恶劣而无意义",而且"旧社会的罪恶,全是不良的经济制度所构成",故而"舍改造经济制度,无由改造社会",于是"我们在旧社会的努力,无非是破坏",这是"有效力的破坏,有建设把握的破坏"②。再如,周恩来在 1922 年 9 月的文章中,认为中国的"社会改造"必须进行"共产革命"的办法,但"破坏"在前而"建设"在后。他指出:"共产革命的主要条件便是经济革命。在革命未成功前,我们只是个破坏,无所谓建设;革命成功后,生产的劳动阶级建立了强有力的政府,消灭了私有制度,集中了资本,公有了农田,重用了世界上有作用的科学家来帮助无产者开发实业,振兴学术,更进而求生产力和消费力的均平配合。凡是现今中国资本家所难以先决的条件,到那时都将不成问题。"③可见,在马克思主义者的认识视域之中,"改造社会"必须以"破坏"为先,只有在"破坏"之后建立了"强有力的政府"情况下,才谈得上社会的"建设"问题。

"破坏"与"建设"这两者何者优先,在五四时期成为讨论的重要话题。以《国民》杂志为例:《国民》在五四运动前夕发表的《改革之手段》文章中,认为在社会改造中"破坏与建设,同为改革之要素也",但也不同意思想界中的新旧调和的主张;而是认为在旧思想、旧制度与新思想、新制度不能相容时,就应该先"破"而后"立",亦即将"破坏"提上主要日程并居于主要的位置,"故居今日而欲言改革,非以大刀阔斧,破坏旧日社会上遗传之信条,大声而疾呼,直捣其受病之处,使之赤裸裸的而为新观念之涵养,新生命之追求,则黄雾漫空,阴风匝地,欲拔云雾而见青天,安可期也。"④五四运动后,《国民》上发表的《社会根本改造运动》文章,则视"破坏"为"社会根本改革"之首要步骤,认为社会变革中能够称得上"积极的建设,是要以消极的破坏为基础的;政治的改

---

① 《中国的社会主义及其实行方法的考察》(1921 年 1 月),《李大钊全集》第 3 卷,人民出版社 2013 年版,第 328 页。
② 《为少年中国学会同人进一解》,《恽代英文集》上卷,人民出版社 1984 年版,第 326 页。
③ 伍豪:《共产主义与中国》,《少年》第 2 号,1922 年 9 月 1 日。
④ 邦式:《改革之手段》,《国民》第 1 卷第 3 号,1919 年 3 月 1 日。

造,是要以社会革命为前提的"①,从而进一步申明"社会改造"中"破坏"优先于"建设"的主张。

应该说,"五四"思想界在基本理念上从"社会改造"进至"根本改造",乃是社会变革趋于激进化的显著表征。"根本改造"主张比较流行于 1920 年间,这是五四时期"社会改造"话语中新出现的一个重要范畴。"根本改造"最为突出地表征出"社会改造"中"破坏"的含义和意义,或者说在主体上就是对现行社会采取根本"破坏"的办法,而不是所谓的"建设"路径。即使有所谓的"建设",也是在"破坏"之后业已取得政权的情况下,才有必要和可能。这里,"政权"的取得乃是社会改造是否成功的关键性标志。施存统当时就说:"教育,经济,政治三件大事,在无产阶级没有把握到政权以前,都是很难办的。既握政权以后干社会运动,比未握到政权以前干社会运动要容易得多,这是很显明的。前者有政治的优越和经济的优越,后者有政治的障碍和经济的障碍,刚刚正相反对。所以拿到政权以后,即使不能积极地建设,也能消极地免除障碍;何况我们正要凭借政权来建设呢!"②在五四时期社会变革激进化思潮中,由于"社会改造"更加突出"根本改造"的方向,故而所谓"建设"也就无可置疑地被置于"破坏"之后,这也就合情合理了。

进而言之,五四时期的"根本改造"在内容上基本等同于"社会革命"的含义,就是主张从根本上改造现行社会,亦即变革社会的经济制度(生产关系),因而也就反对思想界那种只是枝枝节节的社会改良主张。关于"根本改造"问题,施存统在 1920 年 5 月的《民国日报》副刊《觉悟》上发表《为什么要从事根本改造》文章,认为"社会改造"是要走"根本改造"的道路,讨论任何社会问题也"都要引到根本改造底路上去",并直接地表达自己的"根本改造"主张:"要晓得头痛医头,脚痛医脚,一定顾到这里,又顾不到那里;东补一块,西补两块,这块刚好,那块又破;所以我们总要弄一个根本原因,从事根本改造。"③远在法国的罗学瓒在 1920 年的《少年世界》上发表文章,分析和总结 1920 年

①　周长宪:《社会根本改造运动》,《国民》第 2 卷第 3 号,1920 年 10 月 1 日。

②　C.T.(施存统):《我们要怎么样干社会革命?》,《共产党》第 5 号,1921 年 6 月。

③　存统:《为什么要从事根本改造》,《民国日报》副刊《觉悟》1920 年 5 月 27 日。

5月法国工人大罢工的经验和教训,并提出了“根本改造”在社会改造中的极端重要性,指出:“我以为要把方针改变,要彻底的觉悟,从经济制度根本上改造着手,就是要变财产私有制为均有制,就是一方面都是为工人,一方面都有财产,那时工人的生活,就是解决的日子。”①那么,“破坏”与“建设”之间到底有着怎样的关系呢?沈玄庐在1919年10月的《民国日报》副刊《觉悟》上发表文章,将社会改造中的“破坏”与“建设”的关系给予形象性的表达:“旧年不去,新年那来?旧思想旧观念不去,新思想新观念那来?旧世界旧社会不去,新世界新社会那来?岁月不能停,世界的进化不能截止,努力去创造新的,先得奋勇去改革旧的。一块地盘上不能同时把新房子建筑在旧房子一起,天时快冷了,不拆旧房子,这旧房子是要倒塌的;不建筑新房子,是没有住的。”②

就五四时期的整个中国思想界而言,当时的人们在“社会改造”问题上不仅认识到破坏的重要性,同时亦认识到建设的必要性,因而也就企及在破坏之中能够心存建设的理念。1919年11月天津真学会创刊的《新生命》,在“发刊词”中将该刊的使命说成是“破坏的”和“建设的”两方面:所谓“破坏的”就是“批评一切不良的、旧的风俗、习惯、礼节以至人物、行为、言论”;所谓“建设的”就是“贡献一种新计划、新理论,求组织一个以自由、平等、博爱、互助为基础的新社会”③。1919年11月创刊的《浙江新潮》,其“发刊词”中也是将“破坏”和“建设”这两者视为“社会改造”的基本要义,认为“这建设和破坏,就是改造社会”④。1920年创刊的《北京女高师半月刊》在发刊词中也说:“现在文化运动是很活动的,一般勇猛的青年是很有奋斗精神的。但是无论他说什么解放呀,铲除旧道德呀,都是从破坏方面立论;只说一个不应当怎样,不曾说应当怎样。虽说学术的萌芽都是先有破坏派;然后才有建设派,在这个风雨如晦的时代,社会上一切制度都是不合适的,不先破坏,怎能建设?但是只破坏而不建设,譬如把房子拆去不再想方法另盖一样,在房子未拆之先虽是破一点,还可以略避风雨,现在连破的也没有,教那房主寄居那里?所以我们生在今日

---

①　罗学瓒:《法兰西工人》,《少年世界》第1卷第11期,1920年11月。
②　玄庐:《来年今日》,《民国日报》副刊《觉悟》1919年10月10日。
③　《五四时期期刊介绍》第三集(下册),生活·读书·新知三联书店1959年版,第457页。
④　《五四时期期刊介绍》第二集(下册),生活·读书·新知三联书店1959年版,第587页。

这个时代,一方面要改革旧制度,一方面要建设新文明。"①以上例举的《新生命》《浙江新潮》《北京女高师半月刊》等刊物,尽管认识到"破坏"之中还有一个"建设"的问题,并力求使"社会改造"范畴中能够纳入了"建设"的含义,但大体上是主张在"社会改造"中采取缓进的办法,使得"破坏"与"建设"能够连接并一致起来。

这里,有必要梳理和说明"破坏"与"建设"的关系。理论上说,在"社会改造"的话语体系之中,"破坏"与"建设"并不是对立的两厥,而是相互联系、相互影响的;至于在一个业已确定的具体阶段之中,到底是"破坏"还是"建设",则依据阶段的不同而有其重点的不同,但"破坏"之中有"建设"、"建设"之中有"破坏"应为常则。五四运动之后,"社会改造"显然应以"破坏"为主,故而"破坏"占据思想界主流。南开学生鉴于北洋军阀政府卖国和反民主本质的认知,在五四运动后提出了"破坏"的口号,并从"破坏"之中寻求"建设"的意义。关于"破坏",《南开日刊》上有文章指出:"满清之破坏于辛亥也,破坏其有形之政府,而无形者固未尝破坏而至今犹存也。此破坏也,破坏其名,是以所建设者,亦名耳。……然欲建设真纯之民国,必先破坏名实不副之民国,欲破坏名实不副之民国,则自破坏平民之旧思想始。"②这里,尽管将"破坏"的重点落实在"旧思想"上,还不是直接地指向现行政府,但其所具有的"破坏"意识及不满现状的意识还是十分强烈的。自然,随着"社会改造"意识的发展,《南开日刊》将"破坏"的矛头指向当权的安福派,认为安福派是"卖国党之鹰犬","损民利己,贼仁残义","乃婢妾禽兽之徒,狼心狗肺之辈,甘为日人之牛马,欲卖吾人于奴隶"③。从实质上说,安福派是与人民为敌的,"安福派一日不除,人民一日不安,卖国一日不止","彼辈成功之日正吾人为亡国奴之日也。将自二十一条以递增至千万条,由高徐济顺以次密布于中华,复由青岛而及于全土。是则安福派者,东印度公司之第二也。呜乎! 安福与人民岂能两立哉? 安福存则人民亡,人民存则安福亡。"④继之,《南开日刊》进而将"破

---

① 《五四时期期刊介绍》第三集(下册),生活・读书・新知三联书店1959年版,第452页。
② 毅:《破坏与建设》,《南开日刊》第19号,1919年6月26日。
③ 石代豪:《为声讨安福派之祸国泣告父老昆弟》,《南开日刊》第28号,1919年7月5日。
④ 毅:《安福部宜如何处置》,《南开日刊》第26号,1919年7月3日。

坏"指向北洋军阀政府,指出:"大家组织一个团体,一齐与民贼宣战,政府不按人民意思去作,可以将这个政府去了。"①又指出:"我们从何处下手?能从那里下手,就从那里下手。推翻卖国政府亦可,推翻祸国军阀——段祺瑞是傀儡——亦可,就是先弄死马良亦无不可。我们的目的是消灭他们的势力。"②以上引证《南开日刊》上的文章,大致可以说明"破坏"的意识在五四运动之后处于演进的阶段,"破坏"的对象在不断变化而最终地指向军阀政府。

为了使"社会改造"中的"破坏"与"建设"能够统一起来,并在社会改造中处理好两者的关系,王光祈认为要进行"社会改造"就得先进行相关的"训练",而所谓的"训练"亦可以"分作破坏的与建设的两种":"(一)破坏的训练,就是养成一般人'嫉恶如仇'的心理,对于腐败社会、黑暗家庭完全立于宣战地位,这种训练,现在一般革新家都是很知道的。(二)建设的训练,就是不但是使一般人有破坏的心理,而且使一般人有建设的兴味,人人脑中皆有一个新社会极望实现,并且实现这个新社会所有的准备日日都在训练中。将来新社会一旦实现了,因为一般人早已养成新社会习惯的缘故,当然对于新社会的设施必能运用自如。……若是偏重破坏的训练,必使人只见黑暗方面,而不见光明方面。既与黑暗方面宣战而不胜利,最易使人走到自杀的路上去,因为他自始至终便不知道还有光明方面。"③王光祈这段关于个人"训练"的言论,大致表达这样几层意思:一是社会改造首先要注重的乃是个人的训练,亦即通过"训练"出个人的能力才能走向社会从事社会改造的事业,故而所谓的社会改造是以"人"而不是人所需的"主义"为先决条件的;二是"社会改造"有"破坏"与"建设"的两种形式,则对于人的训练也有"破坏的训练"与"建设的训练"这两种形式;三是"社会改造"中的"破坏"是针对现行社会,而所谓"建设"则是面向未来"新社会"的,因而也就不能"偏重破坏的训练",不能"只见黑暗"而"不见光明",这实际上表达了未来"新社会"优先于当下社会的价值理念及社会改造的"建设优于破坏"的缓进思路。

---

① 于鹤年:《平民的武器》,《南开日刊》第57号,1919年8月8日。
② 于鹤年:《起来》,《南开日刊》第58号,1919年8月9日。
③ 王光祈:《少年中国学会之精神及其进行计划》,《五四时期的社团》(一),生活·读书·新知三联书店1979年版,第311—312页。

但是,五四时期思想上的激进化趋势是不断发展的,故而"社会改造"话语中"破坏"与"建设"的侧重点在发生转移。1921 年 7 月创刊的《新山东》尽管也是将"破坏"和"建设"视为改造山东的相互联系、不可分割的两个方面,但更主张采取"激烈"手段来从事破坏的事业,进而实现其"破坏"中进至"建设"的道路。该刊在创刊的"宣言"中说:"我们改造新山东的手续,第一步先要打破现状。我们晓得破坏就是建设,有大破坏才有大建设。于今山东的现状,已像似一座奄然倒闭的房子,如其东弥西补,终免不了破裂的危险,又何若根本拆了另图建立。所以我们改造山东的精神,是激烈的,不是妥协的。不过在破坏之先,不能不及早讨论出一种精妙合宜的图式来,好预备打破现状后,好依图建立。我们这种《新山东》杂志,就是讨论——绘画,打破现状后,好依此建立新山东的图式。"①《新山东》认为"山东政治万恶"、"山东的资本家万恶"、"山东的军队万恶"、"山东的教育万恶",而建设一个"未来的新山东",则是"平民专政的山东"、"自由平等的山东",故而主张社会改造采取"激烈方式"。

概而言之,五四时期正是因为处于社会改造的时代,故而思想舆论对"社会改造"有着最大的共识,即一方面是破坏旧社会,另一方面则是建设新社会,这自然是以破坏现状为前提的,并且在"破坏"现状的问题上亦有着激进和缓进之分。

其三,关于"社会改造"的目标:建设"新社会"。五四时期的"社会改造"尽管方法不同,但都有着"新社会"的目标追求,尽管这个"新社会"有着不同的图景;而"新社会"之"新",又集中体现了五四时代的趋新态势。这是在研究"社会改造"目标问题时,所应特别注意的。

五四时期的不少刊物在《新青年》的引领下以"新"命名,如《新潮》、《新生活》、《新生活》、《新时代》、《新妇女》、《新人》、《浙江新潮》、《新学报》、《新空气》、《新共和》、《新海丰》、《新学生》、《新江西》、《新江西半月刊》、《新生命》、《新民意报》、《新湖南》、《新学生》(1920 年)、《新山东》、《新陇》、《新韩

---

① 《新山东宣言》(1921 年 7 月),《五四时期期刊介绍》第三集(下册),生活·读书·新知三联书店 1959 年版,第 481—482 页。

青年》、《新教育》、《新中国》、《新群》、《新湖北》、《新安徽》、《新浙江》、《新四川》等等。"新"自然是与"旧"相对的。以《新海丰》为例,其"所谓新者是积极进步的,抛弃不适用的,创造美的、善的,来应付新时代需要的",而"旧者是消极退化的,保守不适用的,因袭丑的、恶的,以支配旧社会环境的"①。则所谓"新"乃是以"积极进步"为标识,并具有创造性的特质;而所谓"旧"只是"消极退化""保守不适用"的形象。

大体上说,五四时期各个以"新"命名的刊物,尽管对于"新"的具体含义有程度不同的解说,但反映当时思想界趋新的态势,并且也是与未来理想社会的设计紧密联系在一起的。五四时期的"社会改造"最终乃是指向"新社会"这个目标,尽管对于何者为"新社会",这在人们的认识上及思想言说中存在着很大的差异,但"新社会"则是确定不移的追求目标,并且是社会演进中真善美的理想状态。

关于何谓"新社会",陈独秀在1919年11月撰写的《本志宣言》中说:"我们理想的新时代新社会,是诚实的、进步的、积极的、自由的、平等的、创造的、美的、善的、和平的、相爱互助的、劳动而愉快的、全社会幸福的。希望那虚伪的、保守的、消极的、束缚的、阶级的、因袭的、丑的、恶的、战争的、轧轹不安的、懒惰而烦闷的、少数幸福的现象,渐渐减少,至于消灭。"②其后,陈独秀又说:"我相信社会经济制度果然能够改变,生产机关、工具和生产物,都归到生产者自己手里,不被一班好吃懒做的人抢去,那时便真能达到孔子'均无贫'的理想。因为贫富是比较的现象,缺乏乃是对于不缺乏相形见绌的情况,分配果然平均,那里会有贫的现象?"③不难看出,陈独秀对"新社会"的解读是与"新时代"联系在一起的,即"新社会"就是"新时代",一切善的、美的、真的皆为"新社会"所具有,因而"新社会"是积极的、进步的理想状态,是经过"社会经济制度"根本变革之后的"分配平均"的"新社会",同时也是人们投身"社会改造"之中而努力追求的目标。

"新社会"在五四时期的不同刊物中,依据刊物的旨趣而有着不同的解

① 《发刊词二》,《新海丰》第1卷第1期,1921年9月1日。
② 《陈独秀著作选》第2卷,上海人民出版社1993年版,第40—41页。
③ 《自杀论》(1920年1月),《陈独秀著作选》第2卷,上海人民出版社1993年版,第65页。

读。《曙光》杂志所说的"新社会"，乃是依据其所崇尚的"科学"精神来建构的具有"真善美"质素的"新社会"，其原因就在于"社会的改造就不能抛开科学"①，而"欲谋社会精神物质两种生活的发展，是不可不先谋科学的发展"②，故而提出"果能本着科学的精神来改造社会，社会总可以由不真不善不美，进到较真较善较美；由较真较善较美，进到更真更善更美的地位。"③1919 年 11 月创刊的《新社会》，更是将社会改造的目标"新社会"作为该刊的名字，其发刊词明白地说："我们是向着德莫克拉西一方面以改造中国的旧社会的。我们改造的目的就是创造德莫克拉西的新社会——自由、平等，没有一切阶级一切战争的和平等幸福的新社会。"④1920 年 4 月新人社在上海创刊的《新人》月刊，固然在于谋求如何才能"缩短旧人变新人的时间"，但也有建设"新社会"的期待，故而主张"用和平的手段，去占领我们所要求的空间，建设我们所要求的社会"⑤。新人社的所谓"新社会"就是理想中的新村。如该刊发表蔡晓舟的《文化运动与理想社会》文章认为，这种新村就是"幸福均沾的社会"，"就是使社会中个个的分子，都能得着平均发展个性的机会；使他们'各尽所能，各取所需'，碰不着什么障碍"，为此就要采取"强权转移的运动"来获得强权，等到"强权既移到劳动阶级手里，……那旧社会上一切的坏现象，自然会都没有了"⑥。五四时期思想界对于"新社会"的不同解读，这也说明思想界对于"新社会"还处于积极的探讨之中，或者说"新社会"是"社会改造"话语体系中一个正在形成中的范畴。

　　五四时期"新社会"范畴的出现有着很大的必然性，而现存的资本主义社会，当然也就不是所指称的"新社会"。这大体上可以说是时人的基本认知。其原因就在于，不仅资本主义所赖以生存的"资本家生产制"已经面临着"灭亡的浩劫"，而且无产阶级在"资本家生产制"之中亦"得着一个受共同训练、

①　宋介：《科学与社会》，《曙光》1 卷 1 号，1919 年 11 月 1 日。
②　《剑三给范煜璲、李树峻的信》，《曙光》1 卷 1 号，1919 年 11 月 1 日。"剑三"为王统照（1897—1957）的字。——引者注。
③　宋介：《科学与社会》，《曙光》1 卷 1 号，1919 年 11 月 1 日。
④　《发刊词》，《新社会》第 1 号，1919 年 11 月 1 日。
⑤　同人：《新人约》，《新人》第 1 号，1920 年 4 月 3 日。
⑥　蔡晓舟：《文化运动与理想社会》，《新人》第 4 号，1920 年 8 月 18 日。

过共同生活、有共同利害的机会。……有了这一个机会,于是在'平等的自由团结'里面,要求'平等的自由幸福',建设以平等、自由、互助为基础的新社会,这一个全世界人类一致协同的新要求,就由全世界劳动阶级的人,一致协力地活动起来了"①。概而言之,"新社会"乃是超越现存的资本主义的"新社会",并且这个"新社会"乃是随着"劳动阶级"的出现而出现的,因而这个"新社会"也是由"劳动阶级"所主宰的。

当然,五四时期"社会改造"的"新社会"目标的具体内涵,在当时思想言说中存在很大的歧异性,这大致源自人们对于社会改造问题有着不同的理想设计、不同的思想追求。时人业已注意到,在社会改造之中存在着"怎样改造的理想还是各自不同"的,故而最终所要达到"新社会"的目标也就不同。"有的会悬个军国主义做目标,有的会悬个资本主义做目标,有的会悬个平民主义做目标",即使是"同一自信是平民主义的人,各人所相信的,还有种种程度的差异"②。无论是从理论上看还是从实际上看,五四时期社会改造的理想皆是必需的,"凡人要与社会做点实在的事,都不可不树立一个改造的理想,使多数人在这一致的理想之下分途努力"③,但如何能够造成"一致的理想"也就成为"社会改造"中需要解决的问题,这当然也就关涉到社会改造中所遵循的"主义"问题。如《曙光》创办者之一的宋介,就希望能够从"主义"的辨析和选择之中,通向寻求未来"新社会"的道路,故而他说:"现社会既倒之后,应当再有一种什么社会发生,我也不敢预言,但我所知的是:社会是因人而存在,人不能因社会而牺牲,若社会既经人发现出不合理来,就应当改造他,决不能姑息他,反把人来摧残了,这就是我的大主张。至于其他种种主义里头的那些将来的社会,我们要以科学的态度来研究清楚,究竟是那一种最好,宜于作建造新社会的图样,就拿他作图样。"④这大致可以说,时人认知中的"新社会"当然是"社会改造"活动的产物,这其中亦有着人们所各自高悬的"社会改造"的理想目标为价值导向,但也是与人们在"社会改造"中对"主义"的选择而紧密

---

① 季陶:《劳动者应该如何努力》,《劳动界》第 10 册,1920 年 10 月 17 日。
② 《教育改造与社会改造》,《恽代英文集》上卷,人民出版社 1984 年版,第 294 页。
③ 《教育改造与社会改造》,《恽代英文集》上卷,人民出版社 1984 年版,第 295 页。
④ 宋介:《科学与社会》,《曙光》1 卷 1 号,1919 年 11 月 1 日。

地联系在一起的。

　　五四时期思想界关于"社会改造"的类型、步骤和目标等方面,乃是五四时期"社会改造"话语体系中的基本要素和关键性环节。它对于五四时期"社会改造"的其他方面,诸如"社会改造"中的"农村改造"、"政治改造"、"个人改造"、"妇女解放"、"风俗革命"等等,皆有着制约性乃至决定性的作用。这亦可见"社会改造"的类型、步骤和目标等方面,在五四时期的"社会改造"话语体系中有着基础性的位置,因而也是思想史研究需要高度重视并加以具体探讨的重要内容。

三、"社会改造"中思想的分化与激进化态势

　　五四时期思想是在其内在矛盾的冲突和融合中演变的,有着"分化"与"激进化"相互交叉、相互缠绕,同时又互相作用的问题,并非想象中的那种沿着直线化路线演进的。"分化"与"激进化"尽管都是行进的历史过程,但各自的内涵还是有着较大的差异;但"分化"与"激进化"之间也有联系。这种联系大致在两个方面,一方面,"分化"中有"激进化";另一方面,"激进化"之中也有"分化"。故而,关于五四时期"社会改造"中思想的分化及其激进化的问题,从便于研究的角度,可以分为两个方面加以说明:

　　其一,五四时期"社会改造"中思想的分化乃是一个基本事实。就思想史研究的一般经验来看,急剧变动中的社会在思想上发生分化乃是常态,并体现社会变革与思想变迁的逻辑关系。联系到五四时期的中国思想界,大致可以作出这样的判断:在五四运动促进下而兴起的社会改造思潮,发生分化也是不可避免的。这既有五四时期中国社会急剧变动的主因,同时也有五四时期中国思想界多元化演进态势所构成的重要影响。

　　从理论上说,五四时期的"社会改造"一开始并没有统一的、一成不变的固定模式,它既可以采取激进的办法来进行社会革命,也可以采取缓进的办法实现社会改良,这关键要看当时社会有着怎样的基本情形,同时也要考虑到社会改造者在思想认识上进步至何种程度。事实上,也就是在"五四"后不久,

中国思想界就有人注意到中国的"社会改造"业已发生"革命"与"进化"的严重分野："现在社会改造的潮流,可大别为两大派:一是无产阶级的苏维埃派的工人政治的 Ergatocraticn 社会改造,一是中流阶级的议会派的 Parliamentary 平民的政治的 Dmocratic 的社会改造。前者为创造的革命,后者为创造的进化。……进化是一点一点的渐进的改革,革命是猛烈的、全部的、彻底的变动。"①对五四时期的"社会改造"作出"革命"与"进化"两种趋向的判断,应该说是比较客观地反映了当时思想演进的实情。

我们注意到,进步青年在后五四时期投入社会改造之中,在变革社会的实践中受到了洗礼,也逐步地认识到和平的方法、改良的办法不能成功,故而青年社团在"社会改造"的问题上发生分化,大致也是不可避免的趋势。

譬如,由北京大学部分学生组织的批判社在 1920 年 10 月创刊《批判》半月刊,声明"对于一切世事,如政教、风俗、习惯、新旧学说、新旧出版物"等等进行"一种正确忠实的批评"②,而其重点则是宣传新村主义的理想,并希望能够通过创办"新村"来进行"社会改造"。然而,随着批判社的衍化及其刊物的发行,在社团内部就出现了对新村表示怀疑的思想,这实际上亦说明批判社因思想的分歧而处于分化之中。一位名叫黄绍谷③的年轻人曾致信批判社,对新村主义的做法给予严肃的批评,认为"现在社会腐败已极",不可能"步履安详的做那缓和的改造,去建设一种新村",亦不可能借此"使人类全体得着幸福",需要的乃是"先做斩伐的工夫",因而那种"欲以新村谋社会之改造,亦不过理想的而已,实际的改造则不如是"④。还有一个叫正厂的人,致信《批评》杂志的主持者罗敦伟,尽管说自己对新村的理想还是"很赞成"的,但同时也表示自己对于新村"还有些怀疑",这主要是"新村不能抵抗外界强力的压

---

① 成阴:《革命与进化》,《先驱》第 3 号,1922 年 1 月 31 日。

② 《五四时期的社团》(三),生活·读书·新知三联书店 1979 年版,第 180 页。

③ 黄绍谷(1896—1933),字素皇,号寄公,笔名晓峰,祖籍湖北黄陂。1914 年就读于武昌中华大学附中,结识恽代英、林育南等进步青年。1918 年考入北京大学英文系。1920 年参与发起北京大学马克思学说研究会,1921 年入党。1925 年毕业后加入改组后的国民党。大革命失败后,曾在上海同济大学任教授。九一八事变后,组织义勇军开赴热河前线抗战,1933 年 2 月牺牲。

④ 《新村的讨论》,《五四时期的社团》(三),生活·读书·新知三联书店 1979 年版,第 196 页。

迫"，并且"社会是不能零碎改造的，资本家夺取的剩余，一部人收不转的"，故而"相信不流血不能改造社会"①。这里，正厂在"社会改造"的问题上，既认为"社会是不能零碎改造"，同时又"相信不流血不能改造社会"，这就很鲜明地表达出自己不能认可新村主义的态度，从一个侧面反映出新村主义式的社会改良办法失去了支持者。

又譬如，工读互助团失败后，施存统得到的教训是："工读互助团和社会隔离太远，社会的实况还是一个不能晓得。我们要改造社会，必须要知道社会的实况；要知道社会的实况，必须要钻到社会里去。我从此觉悟：要拿工读互助团为改造社会的手段，是不可能的；要想于社会未改造以前试验新生活，是不可能的；要想用和平的渐进的方法去改造社会的一部分，也是一样地不可能的。那么要怎么样呢？就是：改造社会要用急进的激烈的方法，钻进社会里去，从根本上谋全体的改造。"②施存统又说："从这一次的工读互助团的试验，我们可以得着二个很大的教训。什么教训呢？就是：（一）要改造社会，须从根本上谋全体的改造，枝枝节节地一部分的改造是不中用的。（二）社会没有根本改造以前，不能试验新生活；不论工读互助团和新村。"③戴季陶则认为，"要想用工读互助团这一个方法来达到改造社会的目的，固然做不到；就是要想只拿来达半工半读的目的，也不是容易做到的"。戴季陶从工读互助团失败中，得到的教训是："'工读互助'是一个普通的理想，要实现这一个理想，只有对着全社会的改造事业上去作工夫。"亦即"社会改造"必须直接地面向社会，"投向资本家生产制下的工场去"，这不仅是"今天中国改造事业上一个很大的需要"，而且也是"快要逼到许多中流阶级的人非走这一条路不可"了④。施存统与戴季陶的"教训"虽然有点不同，但强调社会的"根

① 《对于新村的三个疑问》，《五四时期的社团》（三），生活·读书·新知三联书店1979年版，第200页。

② 《存统复哲民》，《五四时期的社团》（二），生活·读书·新知三联书店1979年版，第420页。

③ 《"工读互助团"底实验和教训》，《五四时期的社团》（二），生活·读书·新知三联书店1979年版，第439页。

④ 季陶：《工读互助团与资本家的生产制》，《五四时期的社团》（二），生活·读书·新知三联书店1979年版，第411页。

本改造"则是一致的。以后成为中国早期马克思主义者的沈玄庐,起初"也曾醉心新村组织的",但经过半年的思考就发现组织新村的计划有"种种漏洞":"(一)非地主不能组织新村;(二)非有全付工具或和工具相等价值的现金不能组织新村;(三)非大部分依赖本来务农的农民不能组织新村;(四)非有健全的与湿、热能抵抗的身体不能作为组织新村的成员。"于是,沈玄庐"从经验上发见这四种漏洞后,就觉得在这突进的改造时期中,朝这方面努力,不能应急待改造的潮流速度",其重要的原因就是"普天下的地主、资本家,不是能够不用强迫手段就会依新村组织的和平引诱同化于劳动的"①。

整体看来,五四时期的社团在衍化之中出现了成员思想分化的趋势:一部分继续其关于社会改良的相关探索,故而所谓的"教育救国"、"实业救国"、"科学救国"等等仍然有较大的市场;而另一部分青年人或是从社团的失败中得到教训,或是在活动中接受了革命思想的影响,故而能够从原来的改良主义"社会改造"方式中分化出来,主张"根本改造"社会的激进方式。由此,"社会改造"进至"根本改造"的激进化阶段,在社团中也就势不可免了。

其二,五四时期"社会改造"的思想在演进中亦存在着激进化态势,其最终的结果乃是形成"革命话语"。进行"社会改造"当然离不开关于社会改造的方法、依靠力量、改造目标等诸多方面的思考。"五四"之后,进步知识分子正在思考着"社会改造"的方法等问题,并有了这样的认识:"中国不是没有改造的希望,但是要用聪明些的法子,坚决些的力量,去改造了。不然,亦许会来不及改造,或者改造要用大几倍的力量,多几倍的困苦。"②这可见,关于"社会改造"方法的探讨在"五四"后被急迫地提上日程。

从总体来看,"五四"以后的社会改造有着激进化的发展态势。此处所谓"社会改造"的"激进化"主要是指"社会改造"的基本理念上,最终转变为"社会革命"的方法,亦即主张通过"革命"来改造现行社会。从社会史理念来看

---

① 玄庐:《新村底我见》,《五四时期的社团》(三),生活·读书·新知三联书店1979年版,第191页。

② 《怎样创造少年中国》,《恽代英文集》上卷,人民出版社1984年版,第161页。

思想史,所谓思想乃是社会变动着的思想,基于社会变动但亦有其个性化的色彩,故而思想聚焦于社会也就很自然了。大致可以说,五四时期的社团本是应"社会改造"的需要而兴起的,但随着社团活动的衍化和社会思想整体上的激进化趋势,社团的思想也在激进化之中表征青年人的思想诉求,并在很大程度上引领着社会思想的方向。

譬如,发起于1920年3月的北京大学"马克斯学说研究会",就是一例。该会"以研究关于马克斯派的著述为目的",聚集了一批"对于马克斯派学说研究有兴味的和愿意研究马氏学说的人"①,出版了大量的研究马克思主义和苏俄的著作,如陈望道翻译的《共产党宣言》、恽代英翻译的《阶级斗争》、李汉俊翻译的《马克斯资本论入门》、李达翻译的《马克思经济学说》、李季翻译的《社会主义史》及《社会问题详解》、太柳翻译的《共产党底计划、政治理想、社会结构学》等等②;同时,该会又组织了一系列关于马克思主义、社会主义、苏俄革命的宣传活动。自1922年3月起,马克思学说研究会形成10个小组,"第一组,唯物史观;第二组,阶级斗争;第三组,剩余价值;第四组,无产阶级专政及马克斯预定共产主义完成的三个时期;第五组,社会主义史;第六组,晚近各种社会主义之比较及其批评;第七组,经济史及经济学史;第八组,俄国革命及其建设;第九组,布尔札维克党与第三国际共产党之研究;第十组,世界资本主义国家在世界各弱小民族掠夺之实况——特别注意于中国。"③此后,1922年5月5日纪念马克思诞辰104周年时,马克思学说研究会举行纪念大会,请李大钊、顾孟余、陈启修、高一涵等进行演讲④;1925年11月7日苏俄革命八周年纪念日,马克思学说研究会由吴稚晖、陈启修、罗觉等讲演《中俄关系》、《周年之苏俄》、《苏俄革命之根据及其在世界革命上之意义》等题目⑤。尽管北大马克思学说研究会公开成立的时间比较迟,而且其主要活动也是在中共成立之后,但该会成员大多是当时的思想激进者,因而对于推进"社会改

---

① 《发起马克斯学说研究会启事》,《北京大学日刊》1921年11月17日。

② 《马克思学说研究会通告》,《北京大学日刊》1922年2月6日。

③ 《马克思学说研究会通告》,《北京大学日刊》1922年3月22日。

④ 《马克思学说研究会通告》,《北京大学日刊》1922年5月3日。

⑤ 《北京马克斯学说研究会启事》,《北京大学日刊》1925年11月7日。

造"思想的激进化还是有很大影响的。

又譬如,长沙的文化书社起初虽然只是表示在于传播新文化、新思想,表示"愿以最迅速、最简便的方法,介绍中外各种最新书报杂志,以充青年及全体湖南人新研究的材料",借此希望"而有新思想新文化的产生",但其所认同的新文化,则显然又是俄国十月革命后的新文化,故而在发起成立文化书社的启事中,也就有着"一枝新文化小花发现在北冰洋岸的俄罗斯"的言论①。文化书社不是营利的组织,其宗旨在传播新文化、新思想,故而规定书社的经营是"投资不退"、"亦不分红取息"②,而其销售进步的书报杂志固然很多,但研究马克思主义、研究俄罗斯的书报乃是销售中的很大部分,如该社销售了《新俄国之研究》、《劳农政府与中国》、《马克格斯资本论入门》、《社会主义史》等重要书籍;同时,文化书社还在 1920 年 8 月组织了俄罗斯研究会,目的既在于研究俄国劳农政府"这样前无千古的大变",又在于研究"他们的文化"③。当时有一个署名"荫柏"的人在长沙《大公报》发表文章,就发起俄罗斯研究会发表"感言",指出:"听说俄国的革命,并非世界上偶然发生的一件事。俄人历来宽洪大度,虚心聆教,凡百年前,法兰西有种什么启蒙哲学,德意志有种什么罗蔓哲学,先后输入俄国,俄人总是欢迎接待。近来有了马克斯的经济学说出世,俄国人见了毫不惊奇,大家研究起来,尽吸收其精华。至今俄国的革命,还是马克斯经济学的产物。'他山之石,可以攻玉'。这是中国人的古训。可爱的俄人,早有了这种谦虚的态度。现在中国人不也应该有这种态度来研究俄罗斯吗?"④1921 年 1 月文化书社开会讨论,毛泽东在会上指出:"改良是补缀办法,应主张大规模改造。……至于方法,启民主用俄式,我极赞成。因俄式系诸路皆走不通了新发明的一条路,只此方法较之别的改造方法所含可能的性质为多。"⑤新民学会成员谢觉哉专门研究了社会改造问题,认为社会"改造的途径"不外乎"社会运动"和"政治运动"这两个,而"安那其与布尔塞维克

① 《五四时期的社团》(一),生活·读书·新知三联书店 1979 年版,第 44—45 页。
② 《五四时期的社团》(一),生活·读书·新知三联书店 1979 年版,第 49 页。
③ 《五四时期的社团》(一),生活·读书·新知三联书店 1979 年版,第 67 页。
④ 荫柏:《对于发起俄罗斯研究会的感言》(1920 年 8 月),《五四时期的社团》(一),生活·读书·新知三联书店 1979 年版,第 69 页。
⑤ 《五四时期的社团》(一),生活·读书·新知三联书店 1979 年版,第 587—588 页。

两派争论只此一点"。由此,固然"我们一方应为点滴的改造,使新分子力量增多,面积增广",但"一方又应使此方新之势力集中一点——夺取政权",因为"不得政权无论若何奋力,终不免为有所凭借之旧派一扫而空"①。新民学会会员蔡和森尽管此时在法国勤工俭学,但亦积极研究中国的"社会改造"问题,认为中国的"社会改造"首先进行的是"社会运动",但亦需及时地将"社会运动"进至"社会革命"的阶段:"我以为社会运动为社会革命之起点,社会革命为社会运动之成熟,即综合 evolution et revolution 之意,如此才可立于不败之地,而不致流为卤莽灭裂毫无计划的感情革命主义,和审时度势坐以待毙的投机主义。"②。当时的文化书社及其相关的新民学会,其思想的激进化及"社会改造"方法的革命化,应该说是特别显著的。

再譬如,江西改造社创始人袁玉冰是"社会改造"的革命论者,主张"改造社会,应该对于旧社会中的黑幕和一切旧制度,下猛力去攻击"③。他认为,在"军阀横行的封建制度下"进行社会改造事业,不能局限在宣传言论自由方面,而是要"注重社会运动",并"以全副精神注重到社会方面去","对于农工们应该促他们觉悟,更要供给他们组织工团农会以及支配管理生产机关的种种知识;对于学生们应该供给他们的新知识新思潮新信仰,将来出校,可以做一个社会运动的指导者;对于妇女们应该帮助伊们解决教育权利和婚姻职业等问题的方法。"④这是要求将思想文化上的"社会改造"活动,转变为反对军阀统治的革命行动。值得注意的是,《新江西》在袁玉冰的影响下思想不断前进,强调"社会革命"对于"社会改造"的极端重要性,该刊的一篇文章提出:不仅"社会革命四个大字,就是我们先行的旗帜",而且"社会改造"必须始终以马克思主义为指导,"因为他的经济学说,能把资本制度应当崩坏的纯经济的纯机械的历程阐明;他的革命的无产阶级学说,就是指示我们实现社会主义的

---

①　《谢觉哉日记》上卷,人民出版社 1984 年版,第 107 页。

②　《马克思学说与中国无产阶级》(1921 年 2 月 11 日),《蔡和森文集》,人民出版社 1980 年版,第 78 页。

③　玉冰:《江西的出版界》,《五四时期期刊介绍》第三集(上册),生活·读书·新知三联书店 1959 年版,第 44 页。

④　玉冰:《江西的出版界》,《五四时期期刊介绍》第三集(上册),生活·读书·新知三联书店 1959 年版,第 59 页。

实际道路"①。将"社会改造"道路集中地聚焦于"社会革命"的途径,并强调马克思主义对于"社会改造"的指导地位,这是五四时期社团在"社会改造"问题上认识的转折性变化。

又再譬如,1922年10月成立的共进社本来就是一个比较激进的社团,在反对军阀的斗争中思想更为激进化了,其重要的表现是将反军阀与反帝紧密地结合起来。《共进》在1923年3月发表的《本社宣言》,指出:"我们认为中国目前应解除的两大恶势力,是国际资本帝国主义和军阀政治。但是国际资本帝国主义,实借军阀的恶势力予以澎勃与作恶的莫大机会,所以认为首先努力于打倒军阀。因为打倒军阀,是对内谋政治清明的唯一的第一步方法,而于解除国际资本帝国主义,亦为釜底抽薪的办法。"②《共进》还表示,此时"做任何零碎的革新运动都是徒劳无益",所以要"联合起来,尽力所及,随全国被压迫的民众之后",并"誓以我们的鲜血洗刷此万恶污浊的政治局面"。共进社的思想在中国共产党的影响下越来越趋于革命化,认识到帝国主义和封建主义是中国民族民主革命的主要敌人,并提出了反帝反封建的革命主张。关于中国的阶级现状,共进社第二届代表大会宣言指出:"帝国主义利用军阀腐旧势力,使之宰割民众,图他们侵略政策进行上的便利;军阀官僚依靠帝国主义者作他们的后台老板,借以取得其金钱武器。这两种势力,彼此互用,狼狈为奸,联合的压迫宰割中国的民众。遂使中国今日的情状,形成了两大阶级:一为帝国主义者及其工具军阀与军阀之走狗政客、官僚、劣绅、污吏同一切恶势力,合为少数统治阶级;一为受此统治阶级压迫之大多数民众、农、工、小商被统治阶级。"由此,共进社提出了中国社会改造必须采取革命的手段,这就是团结民众,并"基此团结,进而(一)唤醒一般民众使之奋起;(二)实地指导民众组织团结;(三)武装民众;(四)以民众的武力打倒一切统治阶级。"而在"打倒一切统治阶级以后,我们取得政权,更要进而努力(一)实施真正的民主政治;(二)发展公有的新式产业。使一般民众各得安宁、自由,

---

① 《青年周刊宣言》(1922年),《五四时期期刊介绍》第二辑(下册),生活·读书·新知三联书店1959年版,第531页。

② 《本社宣言》,《五四时期的社团》(三),生活·读书·新知三联书店1979年版,第326页。

享其美满快足之生活,得见其真正政治经济平等之天日,我们的志望才可告一段落。"①共进社此时与政府对立态度及其表现出的激进化程度,是当时其他一般社团所不及的。

以上列举的五四时期影响比较大的几个社团,说明其思想在五四时期趋于激进化的态势。其实,由于整个五四时期的思想界皆趋于激进化,即使是一般的社团刊物以及存留时间极短的社团刊物,在很大程度上也有着思想激进化的色彩。譬如,1919 年 11 月在天津创刊、但仅出两期的《新生命》半月刊,在"社会改造"的问题上公开地主张推翻现行政府,说中华民国成立八年"不过政治舞台换了几个人",因而现在的"政府是靠不住的";社会基于其组织,"社会组织不好,然后才产出罪恶的现象。那么要除去这个罪恶,一定要从社会根本组织上下手",亦即改造社会"一定要在推翻现在社会组织上边着想"②。又譬如,《新社会》开始也是主张"社会改造"采取改良的办法,这主要是通过开展"文化运动"的形式而从社会中的具体方面下手,指出:"大家今后应该各在自己所住的地方的一条街,或一个村镇上,尽力去做文化运动的事业:办几个义务学堂,去教育不识字的人;做几种通俗的周刊或日本,去灌输新思潮于一般略能识字的人;开几个讲演会,去搬运知识给那没有时间求学的人;再实地的去调查本地方的社会实况,对于一切事业,应兴的兴,应革的革。这样做去,在表面上看起来,似乎功效很慢,又没有什么很大的影响,但这就是达到社会改造的目的之惟一方法,舍此以外,再没有别的捷径可寻了!"作者还相信,只要致力于这种切实而具体的工作,"不到十年之后,我知道中国的社会,必定比现在大不相同,改造的目的,必能完全达到了!"③就在这不久,《新社会》的社会改造理念迅速地趋于激进化,改变原来的做"文化运动"的社会改造思路,特别强调以"革命"方法从事"社会改造",认为"我们如果会看破现社会的组织是和最大多数的福利相冲突;现社会的生活是牺牲大多数去逞

---

①　《第二届代表大会宣言》,《五四时期的社团》(三),生活·读书·新知三联书店 1979 年版,第 346—347 页。

②　转引自《五四时期期刊介绍》第三集(上册),生活·读书·新知三联书店 1959 年版,第96 页。

③　郑振铎:《我们今后的社会改造运动》,《新社会》第 3 号,1919 年 11 月 21 日。

少数人私欲的生活,是不平等的事;一定要找个较好的生活来代替,要得到较好生活的实现,就非改造社会不可。简单言之,即非革命不可,那末因社会变动的缘故,发生革命的事实是必然的趋势,谁也不能阻扰抵抗不了!"①《新社会》由"文化运动"方法到"革命"方法的变化,表明《新社会》在社会改造的理念和方式上业已发生根本性的转变,这乃是当时"社会改造"话语趋于激进化的缩影。

需要说明的是,五四时期社团的"激进化"以及刊物的"激进化",是与当时社团和刊物的领导人思想的激进化相联系的,这大致也说明领导人思想所起的引领性作用,同时也反映了社会思想演变的趋向。这方面,恽代英思想的转变及其走向激进化,乃是一个重要的典型。恽代英不仅是利群书社的领导者,同时也是少年中国学会的骨干成员。他在"社会改造"的探索中思想亦走向激进化,直至主张激烈的"社会革命"方式,这大致是在少年中国学会 1921年 7月的南京年会之后。如他说,他在南京年会上是做少年中国学会的"调和派",而在会议中及会议后业已认识到"实无调和的余地",主张少年中国学会成为"波歇维式的团体②。这是恽代英在在这次年会后,思想上的重大变化。此时,恽代英更认定"旧社会的罪恶,全是不良的经济制度所构成",坚持"舍改造经济制度,无由改造社会"的革命理念,主张依据马克思的唯物史观来反对"任何旧社会下面的活动作为我们的目的",并且要"赶快的打破全经济制度"。因而,那些"只是职业主义的任何职业家"、只是"社会改良主义的任何职业家"等等,"在改造社会的方面,都不是我们所盼望的人"。他指出:"从此以后,我们无论就何种职业,总要利用机会为全部改造的运动——那便是说要为 Revolution 的运动,不要为 Reform 的运动。"③又指出,社会"要改造须全部改造。须将眼前不良的经济制度,从根本上加一种有效力的攻击,不然,总是没有益处。"④由此,恽代英对"社会改造"上改良主义做法给予了猛

① 徐其湘:《动的社会观》,《新社会》第 14 号,1920 年 3 月 11 日。
② 此处"波歇维"是指"布尔什维克"。引者注。
③ 恽代英:《为少年中国学会同人进一解》,《五四时期的社团》(一),生活·读书·新知三联书店 1979 年版,第 399 页。
④ 恽代英:《为少年中国学会同人进一解》,《五四时期的社团》(一),生活·读书·新知三联书店 1979 年版,第 395 页。

烈的抨击,指出:"我们在今天承认办市政、办实业、办交通事业,为比参加政治活动好。然这种物质文明之推行,民众所能受其福利者几何? 结果终只是为富豪大贾增加些舒适便利而已。即如教育事业,流俗以为最高尚尊贵,然而在现制之下,能受教育的多只系富贵人家的子弟,而所受教育又常系私利的、服从的、保守的性质,结果只是制造智识界的一般商品,以供资本家的选购,究竟亦有什么了不起的意义可言?"①这反映当时的中国社会处于整体性的激进状态,至少青年人在思想上对于马克思主义所指引的"社会革命"有着热切期待。

天津的觉悟社本来思想并不激进,成立不久社员有不少到欧洲勤工俭学,但留在天津的原觉悟社主要人物思想上也走向激进化。在 1923 年 5 月 1 日的聚会上,施以(即谌小岑)发表的《我们的希望》讲话中,提出了社团"实行恐怖主义"的要求,指出:"我们既有了巩固的青年团体,劳动者、妇女都有组织后,对于民众即当采取恐怖主义的宣传政策,使人人都感到现社会的危险,人人脑中都怀莫大恐慌。在这种情形之下,再加以组织的活动,大规模有实力的群众运动必易产生,且为有轨道有确定目标的猛烈的战争,为谋民众本身的安全计者。……在最近苟能有机会,即可开始组织。但求恐怖主义的成功,则将在劳动运动与妇女运动稍有基础以后,因彼时对敌党可以单独开始攻击了。"②谌小岑这个关于"恐怖主义"的讲演,不仅仅是思想上的倡导问题,而是要求觉悟社成员在行动中投入领导群众运动的洪流中,这实际上是将原来的这个从事于"改造社会"的思想学术社团觉悟社,转变为从事政治活动的政治组织,其思想的激进化和从事于政治行动的态度是非常突出的。

五四时期的社团在"社会改造"话语中,思想的演变呈现激进化的态势,最终将"社会改造"归结为"社会革命"之一途。就其原因来看,在五四时期"社会改造"的话语中,各个社团的思想处于变动之中,也就不可能局限于原来的思想框框中,这不仅因为五四时期的中国社会乃是急剧变动的社会,而且还因为各个进步社团中成员乃是具有主体性的思想元素,有着独立思考和社

---

① 恽代英:《为少年中国学会同人进一解》,《五四时期的社团》(一),生活·读书·新知三联书店 1979 年版,第 395 页。

② 《五四时期的社团》(二),生活·读书·新知三联书店 1979 年版,第 341 页。

会批判的精神,自然会随着社会演化而表现出新的态势。就是说,从社会演进的角度来看,社会思想的激进化显然是有着社会变迁的主因,亦即由社会变迁所造成的,故而研究五四时期的"社会改造"话语还得从社会方面来找原因。笔者的看法是,五四时期中国思想界之所以出现采取激进的革命手段来进行"社会改造"的想法,在根本上乃是出于对现行的北京政府的严重不满。1919年7月1日在上海公共体育场召开有10万人参加的讨论拒约救亡办法的国民大会上,一位工界代表在发言中指出:"救国必须从根本解决,就是要推翻卖国政府。因卖国政府一天存在,他可以在外交上、内政上活动订约借款,压迫国民,为所欲为。故国民必须另起炉灶,组织新政府。"①应该说,五四运动前后的学生运动,总体来看主要还是通过向政府请愿的办法,来迫使政府接受人民的要求,基本上还是坚持和平的改造社会道路,但经过五四运动之后半年间的总结和反思,比较激进的学生更是产生推翻现行政府的想法,因而其"社会改造"方法也就趋向于革命行动。1920年2月15日出版的《北京大学学生周刊》第7号所刊发的《告国民》的文章,公开地宣称要推翻现行政府:"我们今日实在再没有话说,不过要请国民牢牢记着:第一,中国的政府,已经没有能力,不过是供给天皇使用的器具;第二,日本的势力,不止在福建,在山东,现在他的主权,已行使到北京;第三,我们的官吏已做了日本走狗,日日奔走于北池子大仓宅内,秉承他的命令拿学生打学生。国民呀! 政府即是这样,我们被捕被殴,还有甚话可说! 我们向这种政府请愿岂不是废话! ……国民呀,你们要牢牢记着现在政府,就是日本政府! 不是中华民国政府了!"②此文认为现行政府是"日本政府"、是日本"天皇使用的器具",中国的官吏是"日本的走狗",并表示对现行政府"再没有话说",实际上是宣布对现行政府采取"革命行动"的檄文。该刊更有文章直接地为人民的"暴动"辩护,认为对于卖国政府就应该直接"宣战",并采取"暴动"的方法:"共和国家之下,世界上恐怕没有这样横暴的政府,简直是'视卖国为当然','视国民如仇敌'。我们人民倘若不是极懦怯无耻的人,为什么不与他宣战呢? 还是情愿'束手待毙'呢";

---

① 《时事新报》,1919年7月2日。
② 劳雨:《告国民》,《北京大学学生周刊》第7号,1920年2月15日。

"中国人不怕他有'暴动',只怕他不动。须知道,生于现在'阴气沉沉'和'穷窘龌龊'的中国,想来打破种种的黑暗障碍,非有惊人的举动还能够奏效么?"①这种直接地指认现行政府为卖国政府,并公开地、毫无顾忌地动员人民进行"革命"和"暴动"的主张,突出地反映了言说者完全与现行政府处于极端对立的立场上。这应该说是五四时期"社会改造"话语中,最为典型的"革命话语"表达。

五四时期思想界以"五四"为历史节点而兴起的社会改造思潮,有着"个人解放"进至"社会改造"的内在逻辑,因而也就内含着早期新文化运动历史性转向的必然性。社会改造思潮在社会变迁和思想演进中探讨社会改造的类型、步骤和目标中而得以全面展开,不仅使"社会改造"成为思想言说的中心,而且又使五四时代成为"社会改造"时代。社会改造思潮是变动的、发展的,在行进中进而出现了思想的分化与激进化态势,这对于后五四时代思想体系的架构有着整体上的规制作用,后五四时期的"主义时代"的来临、群众本位观念的形成、"革命话语"的构建等等所显示出的主流趋向皆源于此。

---

① 仙槎:《非暴动论》,《北京大学学生周刊》第 10 号,1920 年 3 月 7 日。

第三章　五四时期"主义"崛起与
"主义时代"的到来

【本章提要】"主义"是在五四时期社会改造思潮中崛起的,既有着思想演进的内在逻辑,同时也有近代以来中国社会变迁的主因。"主义"在五四时期崛起之后,通过"问题与主义之争"而凸显其价值,又经过"社团"中"主义之争"而促进社团的分化,从而"主义"最终在思想界确立其信仰地位,并使"五四"成为中国思想史上的"主义时代"。"主义"是后五四时代思想演进中的主流趋向,对于中国现代思想体系的构建及形成独特的话语系统有着极为重要的意义。

"主义"是在五四时代社会改造思潮中崛起的,不仅契合"社会改造"话语演进的内在要求,而且"主义"本身亦成为五四时期思想界的显著标识。换言之,在五四时期"社会改造"语境下,进行改造社会的事业就必须有"主义"的指导,才能确定其路径、抉择其道路并进而达到其目标,故而"主义"的崛起有着时代的需要,同时又契合五四时期思想演进由"个人解放"进至"社会改造"阶段的逻辑进路。事实上,"主义"在五四思想界崛起之后,"主义"的地位与价值亦随着社会改造思潮的衍化和五四运动政治实践影响的扩散而不断提升,并深刻地影响思想界的各个层面,中国思想界由此迎来了"主义时代"。以下,分几个方面略作说明:

一、社会改造思潮与"主义"的崛起

研究五四时期的"社会改造"与"主义"崛起的关系,既要从事实的层面上重点地说明和确证"主义"确实是在"社会改造"的思潮中崛起的,又要在基于事实的基础上,进而从理论上说明"主义"在"社会改造"中崛起的必然性。

"主义"在五四时期确实是因为"社会改造"的需要而兴起并流行起来的,并表征着"主义"与"社会改造"之间的互动关系:一方面,"主义"因"社会改造"而兴起,故而"主义"也就离不开五四时期由"个人解放"进至"社会改造"阶段这个大背景,并表现出"主义"与"社会改造"之间的内在关联性;但在另一方面,"主义"在引入中国思想界后,又在推进"社会改造"进程中发挥作用,规制"社会改造"的内涵及前进的方向,从而成就"主义时代"。这乃是五四时期思想界中的客观事实。但当时的思想界亦有人否认这个事实,力图将"主义"与"社会改造"分离开来,从而达到否认"主义"对于社会变革的指导意义,并进而达到拒绝"主义"的目的。上海《时事新报》在 1920 年下半年发表了署名 PR 的《世界改造原理》文章,公开宣称其"虚无的个人主义",提出了"反对一切建立一个主义的改造"主张,完全否认"主义"对于社会改造的指导性地位。其实,这里否认"主义"的言论,就其实质来说,也是一种"主义",只不过是其所信仰的"虚无的个人主义"罢了。对此,陈独秀著文指出,"社会改造"必须以"主义"为指导,"我试问他反对一切建立一个主义,是否也是一种主义?他主张个人物质的及精神的方面完全解放以后再改造,是否也是一种主义?他所希望的人人各得其所的理想世界,他所希望的干干净净的人生,是否也是一种主义?"①陈独秀提出"反对主义也是一种主义"的论断,正是揭示了"主义"在社会生活中普遍存在的事实,并表征了"主义"在社会生活中的普适性及其对人们思想行为的引领性意义。换言之,"主义"在社会上乃是存在的,不管人们赞成不赞成"主义";而且,那种不赞成"主义"的人,其实也是在倡导一种"主义",这就是"不赞成主义的主义"。李大钊对于"主义"与"社会改造"关系的阐发,重点在于说明"主义"对于问题的解决具有先导性、指导性和规范性。这在当时中国的思想界、学术界具有代表性。李大钊指出:"我们要想解决一个问题,应该设法使他成了社会上多数人共同的问题。要想使一个社会问题,成了社会上多数人共同的问题,应该使这社会上可以共同解决这

---

① 独秀:《虚无的个人主义及任自然主义》,《新青年》第 8 卷第 4 号,1920 年 12 月 1 日。

个那个社会问题的多数人,先有一个共同趋向的理想、主义,作他们实验自己生活上满意不满意的尺度(即是一种工具)。那共同感觉生活上不满意的事实,才能一个一个的成了社会问题,才有解决的希望。……所以我们的社会运动,一方面固然要研究实际的问题,一方面也要宣传理想的主义。这是交相为用的,这是并行不悖的。"①这可见,在李大钊的认识视域中,所谓问题的解决乃是以"主义"的存在为先决条件的,并且是"主义"指导下的解决,故而"主义"也就规定了问题解决的方法及问题所能达到的解决程度。不难看出,"主义"在五四时期思想界乃是随着"社会改造"话语的兴起,而逐步走向思想界前沿的。

社会改造乃是在"主义"指导下的社会改造,这同时也是彰显"主义"、推广"主义"、践行"主义"的过程。即使是当时的学生社团,应该说亦能体认"主义"与社会改造的关系。譬如,北京大学平民教育讲演团就有着强烈的推广"主义"意识,并特别重视"主义"的地位及其与社会改造的关系,其发布的"通告"中说:"黑暗的中国,何处不应该改造?腐败的教育,何处不应该改良?我们因事实上底限制,不能把我们底平民教育主义推广到全国,这是我们极大的恨事!"②又说:"我们相信本团团员都是很热心的,必能将本团的主义推广到全国去。"③故而,讲演团一方面要求其团员深入乡村开展演讲工作,在"主义"的"输出"方面努力,借以"推广主义";另一方面,就是要求团员在"主义"引导下更好地认识社会,将社会的情形"输入"自己的认知中,因而也就"希望各位都要把当地社会实状详详细细记录下来",便于"作我们改造社会底参考"④。北京大学平民教育讲演团发布的这个"通告",在社会改造的话语中尤为强调"主义"践行的重要性,颇能说明"主义"与"社会改造"的关系。当然,当时也有人认为"主义"是以"生活"为前提的。利群书社在于创造"一个独立自给的共同生活",尽管其中亦有成员"赞成急进的总解决,并常以流血流汗两主义自命",但认为处于"这酝酿未成熟的时代"是不宜于采取急进"主

① 《再论问题与主义》,《李大钊全集》第3卷,人民出版社2013年版,第49—50页。
② 《五四时期的社团》(二),生活·读书·新知三联书店1979年版,第182页。
③ 《五四时期的社团》(二),生活·读书·新知三联书店1979年版,第186页。
④ 《五四时期的社团》(二),生活·读书·新知三联书店1979年版,第183页。

义"的,故而提出这样的主张:"能独立生活才宣传主义就可,想把生活建设在主义上面恐怕不行。我们将生活解决了再去宣传主义,才能够永久绵密的去图发展。"①利群书社因为强调"生活就是我们应具的实力",故而也就把"主义"放在"生活"之后,但此处亦可见在利群书社社员的视域中,"主义"乃是不可或缺的存在,只是由于其坚持"独立自给的共同生活"理念,而使"主义"不处于优先的地位罢了。

五四时期兴起的社会改造思潮强烈地需要"主义"的引领,故而"主义"的崛起乃是"社会改造"时代的必然要求。从思想衍化的进路来看,"主义"在早期新文化运动中也是客观存在的,但其在当时的思想界并不占"独占性"的地位,亦即此时的"主义"在中国的思想界并不具有显著的话语权势,这亦可见当时的各种"主义"皆处于宣传和倡导的状态之中。大致说来,"主义"在早期新文化运动中是一个中性词,可以加上各种修饰性的定语而表达其主张、思想及诉求,因而"主义"本身大体上也并没有好坏之分。但在新文化运动之中,当某种"主义"在社会上流行之后,"混充牌号"的现象也是存在的,甚至还有"混充他的牌号的纷纷四起",如"民本主义"流行了,继而就是"民本的军国主义、君主民本主义,闹个不清",以至"卖药的广告"也说是"民本主义";"社会主义"流行了,于是也就有"皇室中心的社会主义"、"基督教的社会主义"出现②。"主义"在后五四时期被特别地重视起来,乃是在五四运动所开启的"社会改造"时代到来后,社会改造事业有着"主义"的强烈需要,并因这种需要的不断增长而使"主义"迅即地成为思想界关注的重点。年轻的马克思主义者施存统当时就说,"我以为我们之所以信仰哪一种主义,并非对于某种主义有所私,完全因为某种主义能够救济那个社会","相信马克斯主义"的人是"如此","相信安那其主义"的人想必也是"如此"③。理论上说,"主义"不同于"学理","学理"在性质上属于知识的范畴,早期新文化运动中所谓的"输入学理"即是"输入知识";而"主义"则是思想、信仰以及在此基础上所形成的精

---

① 《际盛致业裕》,《五四时期的社团》(一),生活·读书·新知三联书店 1979 年版,第168—169 页。

② 《混充牌号》(1919 年 4 月 6 日),《李大钊全集》第 2 卷,人民出版社 2013 年版,第448 页。

③ 光亮:《再与太朴论主义底选择》,《民国日报》副刊"觉悟",1921 年 7 月 31 日。

神力量,居于思想意识中的价值层面的地位。就思想衍化的内在逻辑来看,似乎有着"主义——学理——问题"的行进路线,"学理"在其中并不具有绝对的独立性,而只是一个由"主义"所决定的"中介",并在"主义"引领下才进而成为具体地解决"问题"的学理。胡适在"五四"以后在"社会改造"问题上是"问题派"的代表,他反对"主义"而重视"问题",并抬出"输入学理"的观点,借以抗拒"主义"的流行。胡适说:"我们可以在研究问题里面做点输入学理的事业,或用学理来解释问题的意义,或从学理上寻求解决问题的方法。用这种方法来输入学理,能使人于不知不觉之中感受学理的影响。"①这亦可见,"学理"与"主义"并不是处于对等的位置,亦即"学理"只是在具体地解决问题的一种指导,而不是世界观、方法论方面的东西,因而并不具有"价值理性"的特质。

新文化运动进至五四运动的历程,尤其是其中的由"个人解放"到"社会改造"的逻辑进路,深刻地表征出"主义"的迫切性。就新文化运动的衍化历程来看,早期新文化运动中的"个人改造",主要还是侧重于道德伦理及知识上的提升,一般不以"主义"作为做人的要求,故而即使对"主义"有所重视,也不会提到极为重要的价值面位置。但进至"社会改造"时代就不同了,此时因为"社会改造"有着"主义"的极大需要,故而"主义"的兴起乃是具有其必然性的。马克思主义作为"主义"而得以输入亦同样如此,其原因就在于在中国的"社会改造"之中,"我们士大夫阶级断然是没有革新希望的,生产劳动者又受了世界上无比的压迫,所以有输入马克斯社会主义底需要"②。事实也是,马克思主义正是在"社会改造"的激进化态势中被引入中国思想界的,并且是在五四时期"主义时代"语境中发展壮大的,继而成为中国"社会改造"革命化道路的指导思想。

"主义"与"社会改造"的关系,在社会变革中是客观存在的事实,需要在理论上加以说明。从实质上说,"社会改造"是组织的行动而不是单个人的行动,既然是组织的行动,那就得需要"主义"作为凝聚各个人的纽带;就"社会改造"的广泛性而言,"社会改造"同时也是群体性的事业,需要动员社会上整

① 胡适:《新思潮的意义》,《新青年》第 7 卷第 1 号,1919 年 12 月 1 日。
② 《随感录(学说与装饰品)》(1920 年 10 月),《陈独秀著作选》第 2 卷,上海人民出版社 1993 年版,第 177 页。

体性的力量,唯有以"主义"为旗帜才能进行有效的社会动员,从而整合社会资源并进而汇聚社会力量;就"社会改造"的实践性本质而论,"社会改造"同时也是整体性的社会实践,是改造社会生活的方方面面(不只是要改造社会中的思想文化,同时还要改造社会的经济、政治等方面),不能局限于社会的某一个方面的改造,因而为保持社会改造的整体性及维护社会的整体性存在,就必须基于思想上的统一性,而这种思想上的统一性也只有"主义"的信仰才能做到;就"社会改造"的历程来看,"社会改造"更是一个不断行进、继长增高、连绵不断的历史进程,既面向社会现实又指向社会未来,这就需要以"主义"来统领现实与未来,并以"主义"来规划未来社会,充分发挥"主义"所具有的"思想、信仰"的力量",从而使理想中的"未来社会"处于价值观的引领之中。概而言之,"主义"在五四时期"社会改造"语境中崛起具有必然性,实际上也是五四时期中国社会变迁的需要。

二、"主义"在"主义之争"中确立其信仰

任何思想只有在相互间的论争中才能具有生命力,才能形成其体系性的结构,并在思想界产生较大的影响。故而,思想论争乃是思想发展中的常态。具体到五四时期中国思想界,作为理论指导地位的"主义"在社会改造思潮中崛起之后,就有着"主义"自身独特的行进路线,并使"主义"成为思想界的普遍认知,进而推进"主义"在思想界的广泛流行。这是一个比较复杂的思想演进过程,关涉诸多的要素及诸多的环节,但思想上的论争乃是其中的关键性环节。依据思想史研究把握重点的办法,通过考察五四时期"主义"崛起之后的行进路线,也就不难发现:"主义之争"确实是"主义"在五四时期思想界演进途程中的关键环节,并由此最终地确立"主义"的信仰地位。下面,试图以"主义之争"作为考察的重点,就"主义"崛起之后何以在后五四时期能够在思想界确立其信仰问题,作简要的梳理。

1. "主义"在"问题与主义之争"中凸显其价值

在五四时期的中国思想界,由于"问题"与"主义"这两者在"社会改造"

语境中有着截然不同的地位,故而两者的关系也就成为思想界争论的焦点,并直接影响着中国走何种"社会改造"的道路。因而,研究五四时期的"主义"及其地位与价值,探讨"主义"何以成为思想界关注的焦点,还得回归到那时的"问题与主义之争"的场域之中。只有这样,才能看出"主义"在与"问题"的较量中如何脱颖而出,从而明白"主义"在中国思想界何以能够生根并进而凸显其价值。

五四时期李大钊与胡适之间的那场"问题与主义之争",因为关涉现代中国走何种道路,故而长期以来成为中国现代思想研究的热点问题。然后,论及五四时期的这场"问题与主义之争",不得不注意到胡适当时的思想状况及其在论争中的表现。胡适在"问题与主义之争"中是典型的"问题派",他在与李大钊进行了"问题与主义"的争论后,曾集中地说明"研究问题"的诸多"好处",这就是:"(1)研究社会人生切要的问题最容易引起大家的注意;(2)因为问题关切人生,故最容易引起反对,但反对是该欢迎的,因为反对便是兴趣的表示,况且反对的讨论不但给我们许多不要钱的广告,还可以使我们得讨论的益处,使真理格外分明;(3)因为问题是逼人的活问题,故容易使人觉悟,容易得人信从;(4)因为从研究问题里面输入的学理,最容易消除平常人对于学理的抗拒力,最容易使人于不知不觉之中受学理的影响;(5)因为研究问题可以不知不觉的养成一班研究的、评判的、独立思想的革新人才。"①应该说,胡适沿着从"问题→学理"的进路来论说"问题",因为这"问题"又能接续"学理",这就与早期新文化运动"输入学理"确实有其契合之处,故而在后"五四"的思想界还是有较大影响力的。理论上,任何时代都有需要解决的问题,因为所谓问题也就是矛盾,故而重视研究和解决问题,也就不能算有多大的过错。然而,胡适的错误是很明显的:一是将"社会改造"归结为问题的解决,这就摆错了"问题"的位置;二是将"主义"与"问题"作为对立的两厥,其目的在于直接地否认"主义"对于"问题"解决的指导性地位。这都是不断前进着的五四思想界,所不能接受的。

最先反击胡适言论的蓝公武看出了胡适的用意,特别强调"问题与主义,

---

① 胡适:《新思潮的意义》,《新青年》第 7 卷第 1 号,1919 年 12 月 1 日。

并不是相反而不能并立的东西",并在"主义—问题—方法"的言说系统中显示出独特的批评策略:其一,解决问题的方法有"主义"贯串其中。"一种问题的实行方法,本有种种条款,有重要的,有不重要的,有联属的,有矛盾的。若无一贯的精神把他整齐贯串,如何能实行有效呢? 这种一贯的精神,就是主义。故说主义是方法的标准、趋向和态度。"其二,大问题、复杂问题的解决需要"主义"作用于其中。"问题愈大,性质愈复杂。一个问题,往往含有无数相反的可能性。其中自有最重要而为问题的中心一点。这最重要而为中心的一点,在问题自身原为解决方法的标准,抽象出来,推行到他部分或是他种问题去,即是主义。"其三,问题本身在抽象性上有着"主义"的内涵。"问题的抽象性、涵盖性,很有与主义相类的地方。往往同一事件,从受动这方面去看,是个问题,从能动这方面去看,就是主义。换一句话讲,问题有一贯的中心,是问题之中有主义;主义常待研究解决,是主义之中有问题:二者自不能截然区别的。"①蓝公武的言论到底如何,这里不去作结论性的意见,但亦可见这次论争所凸显出的关键性问题,即五四时期的"问题与主义"之争事实上是关于信奉、运用何种"主义"的思想之争,但亦表征出"问题"与"主义"关系的学理之争,这最终是"主义"决定"问题"还是"问题"决定"主义"的问题。

　　李大钊在"问题与主义"之争中对待"主义"的态度,与胡适有着显著的不同:李大钊不仅是在思想信仰和价值观层面来定位"主义"的,而且也是把"主义"作为社会变革的指导思想,并积极地推进马克思主义与中国实际的结合,努力发挥马克思主义对中国"社会改造"的指导作用;而胡适尽管也承认"主义"的存在,但只是把"主义"限制在学理范围内的一个有待研究、有待确认的对象,故而其视域中的"主义"只是在知识领域中的"主义",并不具有思想信仰及价值观层面上的意义,更不与现实的社会变革直接联系起来,所以胡适视域中的"主义"只是知识层面的孤立物,也就不具有社会变革实践的指导意义。故而,胡适在"问题与主义"之争后发表的《四论问题与主义》文章,声称"输入的主义,一个个都是活人对于活问题的解释与解决,一个个都有来历可考,都有效果可寻",由此也就"可拿每种主义的前因后果来说明那主义性质,

---

　　① 蓝志先:《问题与主义》,《每周评论》第33期,1919年8月3日。

再拿那主义所发生的种种效果来评判他的价值与功用"①。这里,胡适直接地将"主义"纳入了学理研究的范围,"主义"也就成为因为"问题"而存在的"主义",并不具有价值观和信仰上的思想内涵。李大钊是基于对"主义"的坚定信仰,而积极地宣传"主义"的。最突出的例证是,李大钊作为少年中国学会北京总会中激进派的领袖,在"主义"之争中发挥了领导作用。1920 年 8 月16 日,在北京陶然亭召开的少年中国学会北京总会、天津的觉悟社、北京的人道社、曙光社、青年互助团等五团体的茶话会上,李大钊代表少年中国学会致辞,提议各团体皆有标明"主义"之必要②。于是,在少年中国学会 1920 年 8月 19 日的北京中央公园来今雨轩召开的茶话会上,李大钊在会上又就"主义"问题向同人提出建议:"本会同人已经两载之切实研究,对内对外似均应有标明本会主义之必要,盖主义不明,对内既不足以齐一全体之心志,对外尤不足与人为联合之行动也。"③在少年中国学会中,李大钊属于思想上的激进派领袖,不仅极端重视"主义"的价值,而且极力主张采行俄国式的布尔什维主义,这对当时学会的北京成员邓中夏等有着积极的引领作用。其后,少年中国学会北京总会于 1921 年 2 月 19 日在北大图书馆主任室召开常会,目的是为 7 月在南京召开的年会作准备。受李大钊培养和教育成长起来的邓中夏,在这次会议上提出"讨论主义问题"的议案,认为学会"创造'少年中国'"的宗旨"太空泛了",因而应该"选择一种'主义'以充实之,庶乃精神贯注,成效可期"。这次北京常会决定,北京方面计划"尽一二月内先将各种主义精心研究,并一面邀请深知社会主义者到会讲演",待"二三月后,由会员间开讨论会数次,稍稍决定采取之趋向,以备南京大会开会时提出"④。李大钊关于"主义"的主张,对于中国少年学会中的年轻一代如邓中夏、黄日葵、高君宇、刘仁静等有着重要的影响,这批年轻人事实上也成为中国早期马克思主义者群体

---

① 胡适:《四论问题与主义:论输入学理的方法》(1919 年 7 月),《努力周报》第 37 号,1919年 8 月 31 日。

② 《五四时期的社团》(一),生活·读书·新知三联书店 1979 年版,第 327 页。

③ 《在少年中国学会北京会员茶话会上的讲话》,《李大钊全集》第 3 卷,人民出版社 2013年版,第 267 页。

④ 《五四时期的社团》(一),生活·读书·新知三联书店 1979 年版,第 345 页。

中的骨干力量。可以说,李大钊鉴于五四时期的社会思潮由"个人解放"转向
"社会改造"之后的需要,强调"主义"的宣传及发挥"主义"作用,这对于五四
时期社团的前进方向及"社会改造"活动的开展,有着思想指导与方向引领的
重要意义。

　　"主义"的存在乃是五四时期思想界中的基本事实,并不因为反对者的反
对而丧失其存在的依据,但乃是需要通过论争来获得其在思想界的地位的。
一般说来,五四时期的社团及其刊物皆有其"主义"之所在,并且也是要解决
其所认定的"问题"的,但对于"主义"与"问题"关系的处理就有很大的不同。
《芜湖》半月刊是坚持其"主义"的,但又"认定空谈什么主义是无用的,必须借
着一个问题来应用我们一种主义研究的心得,才可免却'无的放矢'底毛
病"①。这里,《芜湖》固然是承认"主义"存在的事实,但又不愿"空谈主义",
而是主张将"主义"结合到"问题"的解决之中。就事实来看,五四时期思想界
的"主义"是因"社会改造"的需要而兴起的,这本身也就从社会演进的角度,
很好地诠释了"主义"兴起的必然性。工学主义者就曾很明白地说:"我们的
大希望是:以工学主义改造中国,以工学主义改造世界。"②孙俍工的《世界革
命的救治与"工学主义"》文章也希望,"把'工学主义'做一个世界人类生存
的基础,无论什么事业,都用'工学主义'来建设;无论什么问题,都用'工学主
义'来整理,来解决"③。实际上,五四时期即使主张"问题"解决处于优先地
位的刊物,但也不是就不重视其所恪守的"主义",只是这种"主义"不是马克
思主义罢了。譬如,《工学》杂志在社会改造的问题上确实主张改良主义,但
又是把解决"问题"作为凸显其"主义"的前提,故而说:"工学主义不是笼统实
行的,是一点一滴实行的。工学主义不是笼统发展的,是一点一滴发展的。实
行工学主义的下手工夫,是这个那个问题的研究。实行工学主义的进行,是这
个那个问题的解决。"④又譬如,《光明》是浙江江山县旅京学生创办的刊物,
该刊毫不讳言其所主张的改良主义,但又把"主义"置于"问题"之后,认为单

---

① 本社同人:《宣言》,《芜湖》第 1 号,1921 年 5 月 15 日。
② 范予遂等:《通讯八则》,《工学》第 1 卷第 3 号,1920 年 1 月 30 日。
③ 俍工:《世界革命的救治与"工学主义"》,《工学》第 1 卷第 5 号,1920 年 3 月 28 日。
④ 卫群:《我为甚么信仰工学主义》,《工学》第 1 卷第 4 号,1920 年 2 月 28 日。

纯地研究"主义"乃是没有什么效果的。该刊的文章说,需要注重"讨论的问题",但"我们并不空谈什么主义",这就将"主义"沦为"空谈"的地位;还说,"改良'部分'就是改良'全体';要改良大的远的,必先要改良小的近的。……我们……要研究的并不是什么'主义'和什么'学说',乃是几个简单生活的问题,习惯改良的问题"①,这又将整体与局部混为一谈、甚至将局部视为整体。这可见,即使言说者站在"问题"一边的,也是有其所信奉的"主义"之所在,并不是根本上否认其所主张的"主义"的存在,只不过此时的这种"主义"乃是自己所乐意遵循的"主义"罢了。此种情形说明,即使是在主张社会改良的"问题派"中,尽管不赞同"主义"的优先地位,但对于"主义"的价值在事实上也是有所认识的。

2. 社团中"主义"之争与社团的分化

五四时期的社团乃是五四时期思想的重要载体,论及"主义"问题必然地要论及"主义"与社团的关系,如此才有可能凸显"主义"在当时的具体面相,窥见社团因"主义"问题而发生的变化。因为就组织比较严密的社团来说,都是以其"主义"加以维系的,故而在"主义"发生疑问而不能为共同体所认同时,社团的分化也就会成为现实的。

"主义"在社团中起着思想指导的作用,因而"主义"对于社团是极其重要的,尤其是对于那些具有政治性、思想性的社团而言,更是如此。在五四时期,一般的学术性社团并不一定要遵循什么"主义",但政治性、思想性社团乃是以"主义"聚合起来的,故而也就特别注重"主义"了。"主义"与"社团"的关系颇为复杂,并因"主义"事实上处于人生观、价值观中的信仰层面,故而各社团内部的及外部的纷争,大多源自坚持何种"主义"这样的根本性问题。新潮社的主要人物傅斯年,在五四运动后不久,就认识到"主义"对于社团发展的极端重要性。关于新潮社的方向,他说:"至于新潮社的结合,是个学会的雏形。这学会是个读书会,将来进步,有些设备了,可以合伙研究几件务事。最后的目的,是宣传一种主义。到这一层,算止境了。"②傅斯年将"宣传一种主义"作为新潮社的目标,就是要将新潮社由学术性社团发展为政治性的学会。

---

① 《通信:蔡镇瀛致涵真宗铭诸先生》,《光明》第2册,1919年11月15日。

② 傅斯年:《新潮之回顾与前瞻》,《五四时期的社团》(二),生活·读书·新知三联书店1979年版,第98页。

这可见,在社团进入高级阶段,"主义"则是不可缺少的基本要件。少年中国学会会员陈愚生,在 1921 年 7 月南京年会上说,少年中国学会"在最初组织时,原不求大家主义相同;自去年与其他团体接洽,他们都有一定主义,于是我们遂发生需要共同主义的要求。"①这也说明,关于"主义"对于社团的重要性问题,也是在社团的发展中通过不断的摸索而得以认知的。

毛泽东在创建新民学会中,一开始就高度重视"主义"对学会的指导地位,强调学会必须是"主义的结合",要求学会的成员必须有共同信守的"主义",借以求得学会成员在思想上的统一。毛泽东在 1920 年 11 月致信罗章龙,认为新民学会的结合必须要有明确的主义,表示湖南问题的解决"虽然不反对零碎解决",但亦"不赞成没有主义头痛医头脚痛医脚的解决",指出:"中国坏空气太深太厚,吾们诚哉要造成一种有势力的新空气,才可以将他斟换过来。我想这种空气,固然要有一班刻苦励志的'人',尤其要有一种为大家共同信守的'主义',没有主义,是造不成空气的。我想我们学会,不可徒然做人的聚集,感情的结合,要变为主义的结合才好。主义譬如一面旗子,旗子立起了,大家才有所指望,才知所趋赴。"②新民学会于 1921 年 1 月 1 日开会讨论"主义"问题,毛泽东主张要"规定研究的对象,宜提出几种主义(如共产主义、无政府主义、实验主义等)定期逐一加以研究",认为这"较之随便泛泛看书,有益得多"。在新民学会的会员中,有不同意毛泽东提出的专门研究"主义"的主张。如有的会员认为,不只是"要研究社会主义,哲学、科学、文学、美学……都要研究";也有会员认为"社会主义、哲学、文学、政治、经济,皆有研究的必要",因而也就"不赞成专研究主义"。毛泽东则强调,其他方面事项可以"让会友去自由研究",但学会"所特要研究"的乃是"会友所共同注意且觉为现在急需的"方面,故而"主张单研究主义,如社会主义、实验主义等",并"主张暂作半年预算,研究五六个主义"③。新民学会的这次会议,争论是非

① 《南京大会纪略》,《五四时期的社团》(一),生活·读书·新知三联书店 1979 年版,第 358 页。

② 《毛泽东年谱(1893—1949)》上卷,人民出版社、中央文献出版社 1993 年版,第 71 页。

③ 《新民学会会务报告(第二号)》,《五四时期的社团》(一),生活·读书·新知三联书店 1979 年版,第 588—589 页。

常激烈的,由毛泽东、何叔衡等介绍入新民学会的谢觉哉,目睹了学会这次关于"主义"的论争,同时也认为"主义"对于学会是极为重要的。谢觉哉在1921年1月3日的日记中写道:"连日新民学会开会,关于主义争辩甚厉。余谓宇宙之大无所不容,进化之途且恒赖矛盾之主义互抗互厉。以狭义言,因此亦一是非,彼亦一是非;以广义言,无所谓是非也。但同一学会则以奉同一主义为宜。"①新民学会的这次会议对于"主义"的激烈争论,正说明了"主义"对于维系新民学会的极端重要性。也正因为"主义"的极端重要性,毛泽东在这次会议之后将"主义"上升为人与人交往关系的准则,提出了人在立言行事中必须争持"主义"的主张,认为"主义"之争不是私人之争,因而相互间是不可相让的。他在1921年1月28日给彭璜的复信中说:"我觉得吾人惟有主义之争,而无私人之争,主义之争,出于不得不争,所争者主义,非私人也。私人之争,世亦多有,则大概是可以相让的。"②毛泽东一旦注意到"主义"的意义,就将"主义"作为分析事物成败得失的根据,如他认为即使是学校之中亦须有其所恪守的"主义",正是因为"从前学校是没主义的,所标的主义又不正确,结果是盲撞瞎说,闹不出什么名堂。我们总要为有主义的进行。"③可见,在五四时期先进知识分子的认识视域中,"主义"乃是社团根本性的理论指导和行进的政治方向,故而"主义"不仅在社团建设中须臾不可或缺、不可弱化,而且即使在人际间交往中,对于"主义"亦是"不得不争"的。

关于"主义"与社团的关系,施存统在讨论北京工读互助团失败的教训时,亦有这样的回忆:"我们因此对于工读互助团抱有莫大的希望,希望将来的社会都变成工读互助团——就是成为一个工读互助的社会。……我们那时所预定的步骤,大概第一步巩固团体的基础。巩固团体的基础,一种是独立的技能,一种是专门的学识。第二步扩张我们的团体,实行主义的宣传。第三步联络各处同志,结成一个大团体,实行世界革命。我们这三个步骤,都要想在工读互助团里走的。第三步走到之日,就是工读互助的社会实现

---

① 《五四时期的社团》(一),生活·读书·新知三联书店1979年版,第608页。
② 《毛泽东年谱(1893—1949)》上卷,人民出版社、中央文献出版社1993年版,第81页。
③ 《毛泽东年谱(1893—1949)》上卷,人民出版社、中央文献出版社1993年版,第89页。

之时。"①这里,施存统尽管是将"主义"视为工读互助团的第二个步骤,但也是看到了"主义"对于团体的重要性,只是还没有将"主义"放在社团核心的位置。北京工读互助团尽管失败了,但施存统对于"主义"的认识却有所进步,并对其所认可的"主义"有了更为坚定的决心:"我们试验共产失败,只是受经济的压迫,不能自己生产、自己消费的缘故。这是无可如何的。我们并不因此怀疑共产主义。我们因此更信共产主义,晓得现在社会的经济组织非根本改革不可。我说这话,是希望我们最敬爱的朋友,不要因为我们一时的失败就去怀疑神圣的主义。"②施存统此时对于共产主义的认识尚有诸多的问题,但他对于"主义"则是坚定信仰的,并希望以"主义"来指导社会的"根本改革"。

五四时期的社团中关于"主义"的争论,尤以少年中国学会最为激烈。少年中国学会乃是研究学问及改造社会的团体,有着创造"适合于二十世纪思潮之少年中国"的目标。但对于何种思潮适合于20世纪,少年中国学会成员的认识也是各个不同的,"有以英美式民主主义之组织为适合于二十世纪者,亦有以俄国式社会主义之组织为适合于二十世纪者,更有以安那其式Anarchism之组织为适合于二十世纪者"③。在少年中国学会1919年1月的吴淞同济学校召开的筹备会议上,曾讨论学会是否应有"主义"与"信仰"问题,但到会者一致不赞成统一会员的主义和信仰,其表决的议案云:"思想宜极自由,主义亦不必一致,将来大家切实研究之后,有决定之必要时,再为讨论决定。"④之所以如此,是因为少年中国学会在创建之初,社团的思想受主要发起人之一的王光祈所左右。还在吴淞的筹备会议上,王光祈强调少年中国学会在"主义"这个问题上"是不能一致的,亦不能强同的",甚至认为"所谓主义者,不过末节而已"⑤。王光祈为什么不赞同少年中国学会要有共同的"主义"呢?按照王光祈的解释,不是"先有主义,后有习惯",恰恰相反,而是"须

① 存统:《"工读互助团"底实验和教训》,《五四时期的社团》(二),生活·读书·新知三联书店1979年版,第424页。
② 存统:《"工读互助团"底实验和教训》,《五四时期的社团》(二),生活·读书·新知三联书店1979年版,第436页。
③ 《五四时期的社团》(一),生活·读书·新知三联书店1979年版,第220页。
④ 《五四时期的社团》(一),生活·读书·新知三联书店1979年版,第288页。
⑤ 《五四时期的社团》(一),生活·读书·新知三联书店1979年版,第286—287页。

先有一种习惯,而且生活上有要求某种主义的必要,然后给他一个主义,始能运用自由";而就少年中国学会而言,最切要的就是培植"习惯"、做未来运用"主义"的"预备工夫",故而学会现时也就不需要什么"主义"了。王光祈说:"我们有一个共同的趋向,就是承认现在中国人的思想行为,无论在什么主义之下都是不成功的。若要现在的中国人能有应用各种主义的能力,必先使中国人的思想习惯非彻底的改革一番不可,非经过一番预备工夫不可。少年中国学会的目的,就是努力从事这种预备工夫。"①王光祈声称,他"不是反对鼓吹主义"的,而是"反对专鼓吹主义而不同时设法训练"②。这也就是说,王光祈认为人们只有在得到相当的"训练"之后,才有鼓吹"主义"的资格。

王光祈关于少年中国学会不需要"主义"的主张,在少年中国学会里也是有其同道的。李璜赞同王光祈关于社团不急于讲"主义"的主张,他在吴淞筹备会议的发言中就说,"所谓某某主义者,不过达吾人共同目的之一手段而已",尽管"对于主义有决定之必要,但今日尚非其时也"③。当时,李璜即将去法国留学,临行前还发表《留别少年中国学会同人》文章,以"平民的智识"不高为由,阻扰"主义"特别是马克思主义对于学会的影响,借以避免俄国式的"社会革命"在中国的发生。此文说:"十九世纪马尔克斯(Karl Marx)主张的阶级战争,实行的手段有一种是万国工党同盟罢工,但因为罢工,每次都生出暴动,不知连累了多少平民。又如现在俄国的社会革命,以致彼此相杀,闹得无有人道了。这都因为平民的智识未足,一旦骤然给他许多主义,他不能充分了解,反转闹出岔子来了,惹得政治家、资本家来说社会主义的坏处。这并不是社会主义本身的不好,要怪社会学者不从根本上着手的弊病。要从根本着手,非增进平民的智识不可。……像这样做起来,或不致于再蹈一八四八年的覆辙与今日俄国社会革命现象了。"④与李璜持相同主张的易家钺在1919

---

① 王光祈:《少年中国学会之精神及其进行计划》,《五四时期的社团》(一),生活·读书·新知三联书店1979年版,第309页。
② 王光祈:《少年中国学会之精神及其进行计划》,《五四时期的社团》(一),生活·读书·新知三联书店1979年版,第311页。
③ 《五四时期的社团》(一),生活·读书·新知三联书店1979年版,第287—288页。
④ 李璜:《留别少年中国学会同人》,《五四时期的社团》(一),生活·读书·新知三联书店1979年版,第289页。

年 3 月说,世界上最为流行的有美国的"民主主义",亦可称之为"政治的民本主义",也有俄国的"过激主义",亦可称之为"社会的民本主义",并且"这两样东西其势力足以支配全世界";这"过激主义是主张从根本上推翻现在的社会,另造成一个庄严华美的世界",而以"现在的中国而论,尚在欧洲十八世纪时代,我们若提倡社会的民本主义,反为不合时宜,只好降格求这政治的民本主义罢了"①。王光祈也认可易家钺的"政治的民本主义与社会的民本主义"观点是"极确当"的,并说:"我们若提倡俄国式社会的民本主义,拿国家权力来干涉个人生活,实是一件不合民情的主张。"②在王光祈影响下,少年中国学会的上海成员发表公告,认为"叙述他人之主义而见残,殊不值也",即使学会有其"主义"也应该"无取张明旗帜,以招横祸",并明确表示要"多研究'学理',少叙述'主义'"③。

远在法国巴黎的少年中国学会成员,对于上海成员"多研究'学理',少叙述'主义'"的声明,表示严重不满。他们发来了 1919 年 9 月 27 日起草的《巴黎本会同人致京沪本会同人》的意见书,强调"主义"的极端重要性,认为"主义"不仅是做事的根据,"无主义不能作事",而且"主义"也是认知社会、改造社会的主要依据,并且还是维系社团的纽带,故而"所谓主义者,实系有学理上相当的根据,有将来具体的计划,并非求合于社会,实欲社会与之相合。属于主义以下之分子,主义即其共同点,即系集合团结的唯一原因。分子应为主义而牺牲,主义不应为分子而动摇。"④这里,最为显著的乃是点明了"主义"的基本特点:一是"主义"乃是有学理上的充分依据,亦即"主义"不是主观想象的产物,不是空穴来风,而是以有着学理上的有力支撑;二是"主义"与社会的关系上并不是完全抽象的,而是对于未来社会建构"有将来具体的计划",

---

① 《易家钺致慕韩、梦九》,《五四时期的社团》(一),生活·读书·新知三联书店 1979 年版,第 291—292 页。

② 《王光祈致君左》,《五四时期的社团》(一),生活·读书·新知三联书店 1979 年版,第 294 页。

③ 《上海会员致北京会员》,《五四时期的社团》(一),生活·读书·新知三联书店 1979 年版,第 318—319 页。

④ 《巴黎本会同人致京沪本会同人》,《五四时期的社团》(一),生活·读书·新知三联书店 1979 年版,第 324 页。

这也说明"主义"不依附于当下的社会而存在,相反是要求社会变动必须与
"主义"求得"相合",这是揭示"主义"对于社会前进的引领性作用;三是"主
义"起着维系"集团团结"的作用,对于"集团"中的各个"分子"予以制约和规
制,而"集团"中的各个分子则以"主义"为基本共识,不仅服从"主义"而且为
"主义"牺牲,这就凸显出"主义"所具有的"信仰、思想、力量"的价值性意蕴。
该意见书还从"主义"与"学理"的关系,阐明学会恪守主义的极端必要性,指
出:"学理主义并非截然两事,所谓主义,实即学理之结论,学理即主义之原
则。若主义而无学理的根据,不但宜少说,并宜摈除。若主义而根据学理,则
吾人决不可因恐人误会及社会黑暗遂隐忍不言。且据理最深、造福最大之主
义,每每因一般人之难于了解,不遑深求,反多惊世骇俗或且蒙暴戾之反响。
若因恐惊世骇俗或蒙反响之故,遂将主义不谭,则绝非研究学理之初意,亦非
自觉觉人之本心。故主义但当问其是不是,不当限制其多少。学理之研究亦
当切实有用于人生,不当与主义悬绝,徒尚空论。"又指出:"有一定主义,研究
学术方切实。有切实的研究,方有主义正确明白之一日,然后人生方有光明之
进步。"①这里引述的文字,主要是阐明"主义"与"学理"的关系,并在这种关系
的厘定中揭示各自的类属之所在。对此,可以做这样几个方面的解读:(1)"学
理"与"主义"是相互联系的,"主义"是"学理之结论",而"学理即主义之原
则",故而"学理主义并非截然两事"。(2)"主义"必须建立在"学理"的基础
上,亦即"主义"需要有着"学理"的支撑,因而对于没有学理根据的"主义",
不仅不宜宣传,而且要采取"摈除"的态度;而对于有学理根据的"主义",则不
能因而担心其"惊世骇俗"而"隐忍不言",相反要加以积极的宣传。(3)研究
"主义"与研究"学理"是相互联系的:一方面,学术是在主义指导之下,"有
一定主义,研究学术方切实";另一方面,"主义"需要学术研究加以论证和
阐发,"有切实的研究,方有主义正确明白之一日,然后人生方有光明之进
步"。(4)"主义"与"学理"这两者皆应该聚焦"人生",不仅"主义"的目标本
然地指向人生,而且"学理"的研究也应该"切实有用于人生",故而"学理"也

---

① 《巴黎本会同人致京沪本会同人》,《五四时期的社团》(一),生活·读书·新知三联书
店 1979 年版,第 320—321 页。

就"不当与主义悬绝,徒尚空论"。不难看出,"学理"与"主义"是相互联系,而不是对立的两厥,必须将两者统一起来,但"学理"与"主义"之间毕竟还是有所不同的:"学理"属于知识,是关于人生、社会现象的知识,不仅可以提升人们对自我的认知,而且有助于丰富人们对外部世界的认知;而"主义"属于思想和信仰的层次,包含着世界观和方法论方面的内容,对人们有着价值观导向的作用。少年中国学会在欧洲留学的成员,应该说是学会中激进派的重要力量,其坚持"主义"在学会中的指导性地位,在五四时期的社团中有着很大的影响。

　　除少年中国学会外,全国其他地方的社团也发生"主义"之争,只不过程度不等而已。譬如,江西改造社主要领导人袁玉冰①,要求改造社成员坚持马克思主义的指导地位。当时,改造社内有人反感甚至厌恶谈"主义",认为"忠实于某种主义的人"实际上是"某种主义的奴隶"。袁玉冰在1922年10月致改造社成员黄在璇的信中指出:"中国社会没有时间来用渐进的手段,前面已经说过。马克司的共产主义是急进中的能够实现的主义,这是社会学家所公认的。只要看他主张非妥协的阶级争斗和无产阶级掌握政权,就很可以坚我们的信仰了。所以在这个青黄不接的时候,只有马克司的共产主义配做我们的信仰者。"②袁玉冰还在《新江西》上发表不少宣传马克思主义的文章,不仅认定"马克司的社会主义是科学社会主义",并介绍马克思主义的唯物史观、剩余价值理论、阶级斗争学说和劳农专政学说,而且向青年发出号召:"我们不能没有主义的信仰,我们要为主义而奋斗,为主义而牺牲","学马克司做一个社会改造之实际运动的Fighter"③。袁玉冰是江西传播马克思主义的先驱之一,在年轻一代中具有突出的代表性。

---

　　① 袁玉冰(1897—1927),又名孟冰、冰冰,江西省兴国县人,是江西传播马列主义先驱。五四运动后,发起组织进步团体"鄱阳湖社",后改名为"改造社",主编《新江西》杂志。1922年8月入北京大学哲学系就读,1924年春赴莫斯科东方大学学习。1925年冬回国后任上海社会主义青年团地委宣传部主任、团地委书记等职。1927年任中共九江市委书记、中共赣西特委书记。因叛徒告密被捕,12月在南昌英勇就义。
　　② 《袁玉冰复黄在璇》,《五四时期的社团》(三),生活·读书·新知三联书店1979年版,第272页。
　　③ 冰冰:《敬告青年》,《新江西》第3号,1923年1月15日。

因"主义"的不同而使社团发生分化乃是必然的,这在少年中国学会中表现得十分突出。少年中国学会北京总会为南京大会时能够"准备提案起见",于 1921 年 6 月 17 日在中央公园来今雨轩召开谈话会,邓中夏、黄日葵等出席,主要是就"本学会应否采用某种主义"进行讨论,但没有能就"主义"问题形成统一的意见。会议形成四种意见:一是主张"学会有采用一种主义的必要,而且不可不为社会主义",这实际上关涉"本会能否为社会主义的团体"问题;二是认为"本学会不是无主义的,创造少年中国就是本学会的主义",这个"少年中国"既不是"国家主义的少年中国",也不是"社会主义的少年中国",因而学会"不能以自己所不能全然赞同的别人的主义认为自己的主义";三是认为学会"不能采用一个主义,而且没有这必要",最多只能"就一般主义中定一最低及最高限度";四是认为学会既然在"学",则"所有一切主义均在我们研究讨论之列",故而也就不应该使学会"变成了空谈主义挂招牌的团体"。由于讨论中无法形成统一性的意见,会议"最后议决,此次在南京大会无论何种提案,只用会员名义,不用总会名义"①。在少年中国学会北京总会之中,尽管一些成员"感觉有采用一种主义的必要,与沪宁同人见解颇有不同",但这次"谈话会"在事实上亦难以在"主义"问题上形成一致性意见,这实际上预示着学会可能会因为"主义"的严重分歧而发生分化的趋势。

少年中国学会于 1921 年 7 月 1 日至 4 日在南京召开年会,"主义"的讨论最为激烈,这同时也是这次年会被各方关注的焦点。据参会的代表邰爽秋事后说,他在会上申明学会不必要有"主义",结果是"大众不听,一定要定立主义",而且"他们吵了好久,终以所抱的主义不同,不能得同一之结论"②。在这次年会上,主张"主义"的成员显然占据优势,邓中夏、黄日葵、高君宇等在其中发挥了积极的引领性作用。关于学会何以需要"主义",邓中夏在发言中开宗明义地指出:"学会须讲学、实行兼重。但为决定二者缓急先后,全会应

---

① 《北京总会方面六月十七日的谈话会》,《五四时期的社团》(一),生活·读书·新知三联书店 1979 年版,第 347 页。

② 《少年中国学会问题》,《五四时期的社团》(一),生活·读书·新知三联书店 1979 年版,第 370—371 页。

有共同的目的以为标准,故必采取或创造一种主义,以为学会的主义。"又指出:"学会以往的对社会无甚效力,都因无共同主义之故。必须规定了主义,大家求学、做事才不误入歧途;才便于分工互助;向外活动才旗帜显明,易结同志团体;所谓失节堕落,亦才有个标准,于人格的保险能真有效力。这都是有了共同主义的好处。"①黄日葵则从"改造社会"的必要性和学会必须走向"政治活动"的急迫性,说明需要"主义"的缘由:"主义是时代的产物,今日为中国的改革,实觉有须一种主义的必要。而考学会所以发生规定一种主义的问题,一由受时代潮流影响,会员发生各种行为,以不明学会属何主义,故每向学会以外活动,大家不满足于这种现状;二由会员事实上已无法避免政治活动,不能无一定主义以为活动的标准;三由会员社会上各种活动,以所持主义各异,是非善恶各执一说,每引起误会。由这所以不可无共同的主义。"②关于"主义"的性质及其产生路径,高君宇在发言中指出:"人不可无一种主义,是无疑的。学会会员为创造少年中国便于分工互助,不可无一种共同主义,这亦是无疑的。……我以为主义不是宗教,是一种方法,是用他向各方面改造的方法,不限于政治经济方面。我不赞成先做各种事业,以求产生共同主义的话。因无共同主义,在先所做的事,尽有背道而驰的,无可以产生共同主义之理。故我信还是限定一期间,以研究主义,然后即规定一种主义的好。"③刘仁静则从"科学精神"的角度阐发"主义"的必要性:指出"主义自然不是一成不变的,科学的精神,正是利用假设以去实验。实验的结果,每有将假设加以修正的。自然科学不因假设须修正遂不规定假设,社会科学亦然。且社会情况比之自然情况实较为不流动,故应规定一种主义,本无疑议。"④此次会议,参会者23人,都对"主义"问题作了发言,最后的表决结果是"主张不要主义的六人,主

---

① 《南京大会纪略》,《五四时期的社团》(一),生活·读书·新知三联书店1979年版,第354—355页。

② 《南京大会纪略》,《五四时期的社团》(一),生活·读书·新知三联书店1979年版,第356页。

③ 《南京大会纪略》,《五四时期的社团》(一),生活·读书·新知三联书店1979年版,第357页。

④ 《南京大会纪略》,《五四时期的社团》(一),生活·读书·新知三联书店1979年版,第358页。

张要主义的十七人"①,这可见"主义"派在当时有着更多的支持者。

少年中国学会在南京年会后,还在《少年中国》月刊上发表有关"主义"的相关讨论,尽管还是主张"主义"与反对"主义"的两大对立阵营,但因为"主义"派在当时占有话语权势,加之原来有些不主张"主义"的成员如恽代英等,此时亦趋步于"主义"的阵营,故而年会后的讨论也就有力地扩大了"主义"的影响。举一个例子:一个叫郑伯奇的少年中国学会会员,没有能够参加南京年会,但当他得知"南京大会讨论最剧烈之点,听说是主义之争"后,立即写了一篇文章投给《少年中国》,强调学会不仅"要讲主义",而且认为"要讲主义应从社会主义起码",亦即起码要以社会主义作为学会的"主义";同时,还希望学会能够"对于既存的各种主义加以研究,并要以研究所得为最小规模的试验"。他并以"社会主义"来解读少年中国学会,指出:"至少社会主义是现在我们已经知道了的最合理想的政治组织了。那么,我们的少年中国应是立脚于社会主义的国家,我们少年中国学会自然是一个社会主义的团体,而我们大家都是社会主义的信徒。"②这可见,年会后《少年中国》月刊上的讨论,在某种意义上乃是年会"主义"讨论的继续,并使"主义"尤其是"社会主义"的影响至少在社团内得以不断延续。也有会员要求学会将"主义"的讨论继续下去,如杨钟健就希望学会"照从前调查会员终身志愿的法子,每人送一表",调查三项内容:"(1)少年中国学会要不要主义? (2)若是要主义,要什么主义? (3)实行这主义的步骤。"③杨钟健提出的这个关于继续讨论"主义"的建议,实际上是将要不要"主义"的讨论,转变为要怎样"主义"的讨论,并进而发展为如何践行"主义"的讨论,这就有着从"坐而论道"进至"起而行之"的意味,因而极具有从"思想认知"层面转变为"具体行为"层面的象征性意义。

也许正是因为少年中国学会不能实现"主义"的一致,邓中夏在南京年会

---

① 《南京大会纪略》,《五四时期的社团》(一),生活·读书·新知三联书店1979年版,第360页。

② 《少年中国学会问题》,《五四时期的社团》(一),生活·读书·新知三联书店1979年版,第376页。

③ 《杨钟健致会员诸同志》,《五四时期的社团》(一),生活·读书·新知三联书店1979年版,第415页。

后即在北京组织了"少年中国学会社会主义研究会",宣布该研究会要对于"主义或该主义中之一观念详细述释",并重点研究"马克思社会主义"中的"唯物史观"、"阶级战争"、"剩余价值"及"无产阶级专政"等内容,同时亦研究广义社会主义所涉及的相关内容,如"社会民主党"、"修正派社会主义"、"无政府主义"、"工团主义"、"基尔特社会主义"、"布尔扎维克"、"社会主义发达史"、"社会主义运动之现况"、"社会党与共产党"、"第三国际共产党"、"'德谟克拉西'与社会主义"、"中国救亡与社会主义"、"世界改造与社会主义"等内容①。邓中夏对"主义"有着坚定的思想信仰,一旦确认其所信奉的"主义",就不遗余力地加以宣传。据谢觉哉的日记记载,邓中夏在1921年10月又到"四川讲演",随后到湖南长沙又就"主义"问题在"附小演说",认为要"救济"社会上的"愚昧、懒惰"的问题,"须用科学主义和社会主义";接着,又在"师范讲演《无政府主义与共产主义的比较》"②。这大致表明,作为当时规模最大的社团——少年中国学会,因为"主义"的分歧而出现了瓦解的趋势。

　　五四时期社团中所发生的"主义"之争,乃是促使社团走向分化的最显著的表征;而社团在分化之后,也就各依据其"主义"而形成了不同的思想阵营。这是后五四时期社团发展中的突出现象。这种情形,标志着现代中国思想因"主义"的不同而呈现出多元发展的格局。尽管后五四时代的各个社团有着各自的"主义",表征着各自"主义"的思想内涵,并按照各自"主义"所指引的方向行进,但"主义"仍然是作为社团存立的根本要件,这在政治性社团中是特别显著的。从现代中国思想的进程来看,社团因"主义"之争而分化,不仅凸显出"主义"的指导地位,同时也使得思想界对"主义"的信仰更进一层了。

3. 信仰"主义"认知的确立

　　中国现代思想界中的"主义"是在认知中而逐步确立的,这当然还要追寻到"主义"信仰的问题。由于"主义"在根本上乃是信仰而处于思想价值观层面,故而信仰何种"主义"并不是无条件的,亦即并不是任何人皆能信仰其"主义"的。"主义"的流行乃是五四时期最为显见的事实,这自然也就关涉"主

---

　　① 《少年中国学会社会主义研究会》,《五四时期的社团》(一),生活·读书·新知三联书店1979年版,第390—391页。
　　② 《谢觉哉日记》上卷,人民出版社1984年版,第62页。

义"的持有及什么样的人才具有"谈主义"的问题。

从理论上说,"主义"是因为社会需要而兴起的,但"主义"的持有者毕竟还是社会上的"人"。那么,接着的问题是,到底什么样的"人"才可以持有"主义"呢? 或者说,人们能够鼓吹"主义",需要具备怎样的资格呢? 陈独秀认为,"主义"是信仰,自然需要有信仰的人才能配得上谈"主义",而在这个前提之下也得把握"主义"的精髓之所在,不能对"主义"采取盲从的态度,故而他说:"我以为相信一种主义,不应该空空洞洞的盲从,必定要知道他的精髓所在;如果指不出他的精髓,就不配说信什么主义,也不配批评什么主义。"[1]王光祈则声称,在思想自由的语境之下并不反对人们鼓吹"主义",但反对人们"先有主义,后有习惯",而是认为人之所以为"人",是因为"先有习惯,后有主义"的,因而他主张人们只有在得到一定的训练之后,才具备鼓吹"主义"的资格。王光祈举例说:"譬如提倡代议政治,一方面从事理论上鼓吹,一方面须组织各种团体从事选举制度的训练。又如提倡地方分权,一方面鼓吹理论,一方面须将地方公益事务选出几种,由人民自己试行处理。又如提倡安那其主义,一方面鼓吹理论,一方面须组织新村先行训练。辛亥革命以前,运动革命的人只知道提倡三民主义,而对于民主国家的国民所需要的各种习惯皆未经训练。……我们现在提倡主义的人,不要专想把招牌挂出,务要名实相符,方不辜负一场'流血的革命'。"[2]又说:"现在的中国人连作'人'应该具备的性格和习惯都没有,若是要他从事'人类'的组织,当然是不行的了。少年中国学会所着手的预备工夫,便是要想先将中国人个个都造成一个完全的'人',然后再讲什么主义。"[3]这里,王光祈显然是将"主义"持有的问题回归到如何做人的问题,亦即主张人必须先行地进行相当的"训练",真正地使"中国人个个都造成一个完全的'人'"之后,才可以鼓吹其所主张的"主义"。这可见,王光祈固然也有着"社会改造"的理想(亦即其所主张的"少年中国"理想),但

---

[1] 《社会主义批评》(1921 年 1 月),《陈独秀著作选》第 2 卷,上海人民出版社 1993 年版,第 251 页。

[2] 王光祈:《少年中国学会之精神及其进行计划》,《五四时期的社团》(一),生活·读书·新知三联书店 1979 年版,第 311 页。

[3] 王光祈:《少年中国学会之精神及其进行计划》,《五四时期的社团》(一),生活·读书·新知三联书店 1979 年版,第 310 页。

他此时提出"主义"的出发点,所指向的不是"社会"而是"个人",并主张通过"训练"养成其"习惯"来对人进行重新塑造,因而也就退回到早期新文化运动的"个人改造"的水平。

　　随着五四时期"主义"在思想界的流行,特别是马克思主义在中国的广泛传播,思想界有人声称站在"第三者批评"的位置对"谈主义"现象表示不满,认为社会上流行的"主义人人可谈"这句话有"弊病",甚而发出"我们可以谈主义,但不可乱谈主义"的声音。《学灯》在1922年8月发表的一篇题为《为谈主义者进一解》文章,信奉胡适提出的"多谈问题,少谈主义"的主张,并进而提出"谈主义"需要两个条件:一是要有"一种正当的职业才行",二是"须对于主义有研究才行"。在这位作者看来,青年人是不配"谈主义"的,就是因为不符合上面的这两个条件。他说:"可敬可爱的青年们呀,你们谈主义,你们亦知道这二种谈主义的先决条件嘛? 这二个条件虽是我到现在才提出的,然而你们要否认,你们也是很难措词的。这样,你们不具这二个条件,居然高谈阔论起主义来,你们其何以自解呢? 总之,我以为不具这二个条件的人,是在不'配'谈什么主义;老实说,他们只能吃饭,他们实在不'能'谈什么主义啊。君子示人以宽,我们不要范人太严;就是这样,充其量,他们最多也只能信仰主义,而不配谈论主义。"①当时,胡适发表《多研究些问题,少谈些"主义"》文章已经过去三年多了,而这篇《为谈主义者进一解》文章却仍然接续胡适的论题,不仅认为胡适的"少谈主义"言论是"忠言"、"无可非议",而且更对"谈主义"的人给予所谓的"忠告"和"规劝",这亦可见五四时期思想界既存的抑制"谈主义"的努力还在延续着。而从思想演进的逻辑来看,"主义"的持有与"谈主义"本身乃是不可分割的,事实上人们往往也是在不断地"谈主义"过程中,而逐步地坚定其对于"主义"的信仰,并进而真正地持有某种"主义"的。如果不允许人们"谈主义",给"谈主义"限定诸多的所谓"条件",甚至还将"谈主义"归结为"乱谈主义",那么,何以能使人信仰其"主义"呢? 这可见,提出"谈主义"的所谓"条件",正是为限制"主义"在社会上的流行,但从另一面也说明,此时社会上有着"谈主义"的浓烈气氛,否则就不需要有人专门对

---

① 勉人:《为谈主义者进一解》,《学灯》1922年8月16日。

"谈主义"来设置所谓的"条件"了。

"主义"固然是在"五四"以后兴起并形成"主义时代"的,但在"五四"前"主义"业已引进,并受到思想界的高度重视。早在"五四"以前,无政府主义者吴稚晖创办的《劳动》月刊,曾在研究劳动问题的过程中介绍十月革命,同时也强调"主义"的重要。该杂志上的文章说:"社会革命之理论,原未决定实行时状态何如,即俄国现在局势,亦初非人人意中所料,后此各国,是否必要经过此一阶级,此疑问只可待'时势'答汝。'时势'如何,方法便如何,吾人只要知道'主义',且不必问'方法'。"①朱希祖在"五四"前夕发表的一篇专门研究文学的文章,也将"主义"提到极为重要的地位,认为"新事业"之所以为"新",就是因为有"新主义"蕴含其中,故而"旧思想不破坏,新事业断断不能发生的","惟对于旧思想旧主义须破坏,新思想新主义须建设",其原因就是"两种相反对的主义,一时断不能并行的"②。不难看出,朱希祖视域中的"新事业"与"新主义"乃是密切联系而不可分割的,所谓"新事业"乃是"新主义"的"新事业";"主义"不仅对于社会的政治变革极端重要,而且对于诸如文学等学科的学术研究也是不可缺少的。这也表明,在五四时期进步知识界,"主义"乃是居于价值层面,属于"信仰"的范围,与人生的"理想"及其所内含的世界观乃是紧密联系在一起的。

"五四"以后,"主义"在与"问题"的较量中,思想界逐步确立"主义"的信仰。在那场关于"问题与主义"的论争中,蓝公武就认为"主义"具有理想性的显著特色,"理想乃主义的最要部分",故而"一种主张能成主义与否,也全靠这点"。其重要的理由是,"有许多主义,他的重要部分,并不在从具体主张变成抽象名词,却在那未来的理想。世间有许多极有力的主义,在他发生的时候,即为一种理想,并不是什么具体方法,也只是信仰他的理想,并不考究他的实行方法。即如从具体方法变成主义的,也决不是单依着抽象方法便能构成,尚须经过理想的洗练泡制,改造成的。"③张申府在五四时期接受了马克思主义,他不反对解决"问题"的意义,但认为问题的由来离不开事实,而问题的解

---

① 劳人:《李宁之解剖》,《劳动》第 3 号,1918 年 5 月 20 日。
② 朱希祖:《非"折中派的文学"》,《新青年》第 6 卷第 4 号,1919 年 4 月 15 日。
③ 蓝志先:《问题与主义》,《每周评论》第 33 期,1919 年 8 月 3 日。

决则离不开"主义"："问题从何而来？问题发生于事实。有了事实的不相容，有了事实的搁浅，于是成立问题。解决问题只是求去掉事实的不相容，使其归于和谐……。所以解决问题必须明白事实，必须按切事实。没有现成主义作指导，解决问题必至事倍而功半。"①正是因为"主义"具有理想性特征且对于解决"问题"具有指导性的地位，并因为"主义"始终处于人们思想中的价值层面，故而"五四"后的马克思主义者皆强调首先要对"主义"的信仰，并主张为"主义"可以牺牲自己的一切，年轻一代的马克思主义者也是这样。施存统就说："我以为我们共产主义者应有这么一个信条，就是'为主义牺牲一切'。我常常想：我们连生命都要牺牲，怎么一时的个人自由都不能牺牲？主义重要，还是一时的个人自由重要？革命家尚不能牺牲一时的个人自由，还有谁能牺牲一时的个人自由？我愿我们同志大家都要'为主义牺牲一切'！"②需要说明的是，五四时期强调"主义"的重要性，不限于马克思主义者，非马克思主义者有时也很强调"主义"的重要性。无政府主义者梁玄冰以"两极"的笔名在《民风》上发表文章，对胡适的《多研究些问题，少谈些"主义"》文章进行批驳，认为"研究问题，首先要根据一种主义"，如果"没有主义，如何会解决问题"呢，故而"主义"乃是必须的，因为"主义"本身是与"研究问题"和"解决问题"不可分开的③。

　　五四时期信仰"主义"的认知，在时间的延续中而被思想界逐步认同。1919年8月间关于"问题与主义"的论战发生后，思想界固然注意到研究问题与解决问题的意义，但对于"主义"重要性的认知也在不断地提升。沈玄庐于1919年9月在《民国日报》副刊《觉悟》上发表的文章，强调"主义"对于解决问题具有优先的地位，指出："问题的研究，须将学理做根据，因此在各种问题研究的前头，须为各种主义的研究。下列各种主义为特须注重研究之主义！1. 哲学上之主义；2. 伦理上之主义；3. 教育上之主义；4. 宗教上之主义；5. 文学上之主义；6. 美术上之主义；7. 政治上之主义；8. 经济上之主义；9. 法律上之主义。10. 科学上之

---

① 赤：《研究问题》，《新青年》第9卷第6号，1922年7月1日。
② C.T.（施存统）：《我们要怎么干社会革命？》，《共产党》第5号，1921年6月。
③ 两极：《请教胡适之君》，《民风》第13号，1919年8月17日。

规律主义。"①沈玄庐事实上也是重视问题的研究,但认为"在各种问题研究的前头,须为各种主义的研究",这可见"主义"的研究处于优先的地位,故而他开列了十个"主义"作为"特须注重研究之主义"。陈独秀看到社会上有些青年"只是把主义挂在口头不去做实际的努力"的现象,确实讲过青年人要"努力实行"的话,强调的是"努力"的极端重要性;但他同时又认为,"主义"与"努力"相比仍然具有优先的地位,"主张办实事"不是"不要谈什么主义什么制度",因为"主义制度好比行船底方向,行船不定方向,若一味盲目的努力,向前碰在礁石上,向后退回原路去都是不可知的"②。就当时的实际情况来看,青年人一旦确立其信仰、明确其"主义"后,就会在"社会变革"的实践中将坚守"主义"的理念继续下去,并在更大的范围使"主义"获得更大的认同。天津的觉悟社在"问题"与"主义"的关系中一开始是偏向"问题"的,故而说他们出版的小册子"是为的要解决我们学生界的问题做的,不是谈高深学理的",甚至表示"我们每一篇稿件发表出来,都是希望要解决一个问题或多种问题的"③。在五四运动之后的不久,觉悟社成员尽管"星散中国南北各地及欧美洲",但"大多数仍猛进不已",不仅社员中"十分之七八仍是互通音信,彼此非常了解",而且"有一部分对主义上已有同一的趋向"④。在德国的周恩来在致国内社员的信中说:"主义问题,我们差不多已归一致。现在再郑重声明一句,便是:'我们当信共产主义的原理和阶级革命与无产阶级专政两大原理,而实行的手段则当因时制宜!'其余的也不必谈了,我们大都可以心会。"⑤周恩来留德期间"对于主义的宣传甚为尽力",从而扩大了"主义"的影响范围。

三、"主义"的流行与"主义时代"的到来

五四时期思想界处于"主义"语境之中,并在"主义"语境中迎来了"主义

---

① 《沈定一集》上卷,国家图书馆出版社 2010 年版,第 147 页。
② 陈独秀:《主义与努力》,《陈独秀著作选》第 2 卷,上海人民出版社 1993 年版,第 218 页。
③ 《五四时期的社团》(二),生活·读书·新知三联书店 1979 年版,第 304 页。
④ 施以(谌小岑):《我们的开张篇》,《新民意报》副刊《觉邮》第 1 期,1923 年 4 月 5 日。
⑤ 伍:《西欧的赤况(伍致小·三)》,《新民意报》副刊《觉邮》第 2 期,1923 年 4 月 15 日。

时代"。对此,王汎森曾指出:"'主义时代'的来临,是中国近代历史上一场惊天动地的转变。五四新文化运动之后,'新主义'时代登场,它将晚清以来到五四新文化运动的多元气象,逐渐收归于一,而且影响异常的深远。"①一般地说,"主义"与时代相结合而成就了"主义时代",并使这种"主义时代"具有"主义"的深刻意蕴。然而,到底"主义"如何能够与时代结合并进至"主义时代",这也是思想史上值得分析的问题。

探讨"主义"与五四时代的关系,首先就得在"主义"语境中追寻"主义"与时代的关系。就五四时代而言,"主义"首先必须成为五四时代常用语词,然后才有可能成就"主义时代"。实在地说,"主义"本来就是与时代相伴而生的,实质上乃是时代衍化的精神产物,并成为时代进一步发展的既定精神环境。关于"主义"与"时代"的关系,邵力子说:"无论何种主义,都是时代底产儿。凡提倡某种主义,或为某种主义鼓吹,而能使社会蒙其影响的,必此主义能适应时代底潮流。反之,与时代潮流相抗,而强欲遏抑某种主义的,在政治方面,徒然激起扰乱,在言论方面,也是徒乱人意。"②作为反映时代特征、体现时代内涵同时又引领时代走向的"主义",乃是一种客观存在的"意识形态",自然也就深刻地影响着人们生活的各个方面,尤其是主宰着人们的世界观、人生观和价值观,因而在五四时期也就备受人们的注意。李大钊在五四时期常用"主义"来解释历史事变,将历史演进看成是"主义"之争的结果,如他说"一战"就是"大……主义"与"民主主义"的"战争",而中国国内的战争也是"大……主义"与"民主主义"的"战争",结果都是"'大……主义'失败,民主主义战胜"③,这可见"主义"在李大钊话语体系中居于极为重要的地位。蔡元培在五四时期将"主义"与时代转换联系起来,他在《劳工神圣》的文章中,认为"主义"有"黑暗的主义"和"光明的主义"之分,而"一战"的结束将"可以消灭种种黑暗的主义,发展种种光明的主义"④。当时,在政治上非常流行的

---

① 王汎森:《思想是生活的一种方式:中国近代思想史的再思考》,北京大学出版社 2018 年版,第 139 页。
② 力子:《主义与时代》,《民国日报》"觉悟"副刊,1920 年 12 月 21 日。
③ 《庶民的胜利》(1918 年 11 月),《李大钊全集》第 2 卷,人民出版社 2013 年版,第 358 页。
④ 蔡元培:《劳工神圣》,《新青年》第 5 卷第 5 号,1918 年 10 月 15 日。

有"社会主义"、"孙文三民主义"、"民主主义"、"联省自治主义"、"好政府主义"、"革命的民族主义"、"资本主义"、"国家主义"、"民生主义"、"民权主义"、"合作主义"、"大革命主义"、"武力主义"、"尚武主义"等等。据 1923 年北京大学二十五周年纪念日的"民意测量",其结果是信"社会主义"者为最多,信孙中山的"三民主义"者其次。自然,这里的"所谓社会主义,包括无政府主义、工团主义、基尔特社会主义及马克思国际共产主义……等而言"①。尽管"社会主义"在人们心目中的含义不一,但很显然的是,"社会主义"在当时的社会上已经具有话语权势。

事实上,即使是后五四时代,仍然呈现着"主义"流行的态势,以至在 1925 年的中国思想界,还有位"霆声"的作者说,不仅"主义喧腾于报章杂志的上面",而且"主义"确实"多如寒空中聒噪的老鸦","从上至下,从南到北,几乎不是主义者便失了做人的资格一般",以至"信奉国家主义的叫国家主义者,信奉帝国主义的叫帝国主义者,信奉共产主义的有共产派,信奉三民主义的有国民党,信奉佛教的有秃头大和尚"②。也许正是因为"主义"在社会上的普遍流行,故而这位作者又进一步认为:"在各种主义并列的现代",对"主义"不能不采取十分"郑重"的态度,要求"在一种主义还未曾彻底知道之前,决不宜轻加论断",否则就"如那般时下的冒牌主义者的无理举动一般"。具体而言,对于"主义"问题,有两点基本要求:"第一,我们所要的主义的精神至少要不反时代精神的,要不拥护旧有恶势力的,要不为统治阶级张目的,要不把人民全体分割的。第二,我们所要的主义者的态度应该是研究的而不是迷信的,应该是真诚的而不是假借的,应该是实地去做而不是随口空喊的"③。在 1925 年的中国思想界,"主义"已经成为社会上"做人的资格","主义"的流行已经到了要规范在"不反时代精神"的范围之内,并且还要提出个人对于"主义"需要采取"研究的而不是迷信的"态度,这亦可见当时的思想界已经弥漫着"主义"的话语,思想界确实已经处于"主义时代"了。换言之,"主义时代"业已来

---

① 朱务善:《本校二十五周年纪念日之"民意测量"》,《五四时期的社团》(二),生活·读书·新知三联书店 1979 年版,第 239 页。
② 霆声:《论是非》,《洪水》第 1 卷,1925 年 8 月 9 日。
③ 霆声:《论是非》,《洪水》第 1 卷,1925 年 8 月 9 日。

临,"主义"与"时代"形成不可分离的关系。理论上说,"主义"在后五四时期被特别地重视起来而成就"主义时代",乃是在五四运动所开启的"社会改造"时代到来后,社会改造事业有着"主义"的强烈需要,并因这种需要的不断增长而使"主义"迅即地成为思想界关注的重点。

作出"五四"成为"主义时代"的判断,实际上也就说明"主义"业已渗透到社会生活的重要方面,而那时有关"主义"与"革命"关系的认知,应该说也是一个极为重要的表征。就五四时期思想界而言,"主义"的提出源自"社会改造"的需要,并依据其"社会改造"目标的不同而有不同,故而所谓"主义"因为其本身具有不同的性质,也就不一定皆能够与"革命"接续上关系。换言之,有些"主义"既有进行"革命"的目的,也有的"主义"则是具有防范"革命"的目的,这关键要看信奉的是何种"主义"。在五四时期,在"社会改造"的话语体系之中,不少人对于"主义"与"革命"的关系引起重视。譬如,廖仲恺就说:"要知道这革命手段见效没有?须看做这革命主脑的主义行了没有?若是主义还没有实行,或是行了一点还漏了许多,那革命的工夫还是没有做够。"①应该指出的是,中国早期的马克思主义者提出"主义"问题,在于唤醒人们的革命意识,进行变革社会的革命运动;而非马克思主义者提出其所谓的"主义",则是为了防范革命并进而达到消泯革命的目的。孙俍工在《工学》上发表文章,指出:"现在世界革命已成为不可掩的事实,我们要救治他,使他不致炸裂,不是由政治经济的自身所能解决,非用一种最容易,最安全,而又妥当切实的法子是绝对不可的。这个法子是什么? 就是正当的,合理的,人道的'工学主义'。"②这可见,一方面,"主义"的提出皆有其目的之所在,只不过各自的目的不同罢了;另一方面,"主义"的本身业已与是否"革命"的问题产生某种关联,或者是主张"革命"的,或者是主张不"革命"的(即改良的)。

需要强调的是,中国早期的马克思主义者提出"主义"并信奉马克思主义,就在于通过"革命"手段来从事于"社会改造",为中国的"社会改造"提供革命的道路。留法勤工俭学的蔡和森坚定信奉马克思主义,他认为"马克思

---

① 《革命继续的工夫》(1919年),《廖仲恺集》(增订本),中华书局1963年版,第63页。
② 俍工:《世界革命的救治与"工学主义"》,《工学》第1卷第5号,1920年3月28日。

的革命说完全立于客观的必然论之上",因而革命乃是"必然的",中国也不能例外。他在1921年2月致信陈独秀,以马克思主义的观点分析中国的状况,并阐明了中国在"社会改造"问题上进行"社会革命"的历史必然性和现实合理性,指出:"社会革命的标准在客观的事实,而不在主观的理想,在无产阶级经济生活,被压迫被剥削的程度之深浅,及阶级觉悟的程度之深浅,而不在智识程度、道德程度之深浅。自来一般中产阶级学者或空想的社会改造家,好以他个人的头脑来支配世界,视社会改造或社会革命为几个圣贤豪杰、伟人志士、思想家、学问家的掌上珠、图案画和绣花衣,任凭他们几个人的主观理想去预定,去制造,去点缀,去修饰,去和颜配色,去装腔作势,去包揽把持,去迟早其时,去上下其手,指挥群众如此如彼的做去便是,这真是愚妄极了。我敢大声唤破这种迷梦:社会革命与染有中产阶级色彩的思想家和被中产阶级学说、教育、势力薰坏的改造家全无干涉。任凭你们怎样把你们的理想学说绣得好看,雕得好玩,总与无产阶级的生死问题不能接近,不过在资本家的花园里开得好看,在资本家的翰林园内供他的御用罢了。一旦无产阶级的生死问题迫来,有如一九一七年的俄国饥民要面包,兵士要停战,工人要工厂,农人要土地,乱七八糟爆发起来,任凭那些中产阶级学者及自命为理想的改造家,凭依军阀、财阀而结为神圣同盟,也是遏制不住的。今日中国大多数的生活问题迫到了这个田地,贤人派的力量纵大,恐怕有点遏制社会革命的自然力不住!"①这里,蔡和森不仅论述了马克思主义的"社会革命"的理论,而且立足于中国实际并结合中国状况进行分析,指出了中国的"社会改造"走"革命"道路的必然性,因而也就体现出马克思主义革命理论与中国的"社会改造"问题研究相结合的显著特色。这个例证,大致可以说明这样一个道理,即:"主义"决定着"社会改造"是激进还是改良的方法;只有作为"主义"的马克思主义,才是"社会改造"中进行"革命"的指针,并引领"社会革命"时代的到来。

关于"主义"与"革命"关系的认知还有一个重要的例证,就是罗家伦在五

---

① 《马克思学说与中国无产阶级》(1921年2月11日),《蔡和森文集》,人民出版社1980年版,第76—77页。

四时期将是否有"主义"视为辛亥革命与十月革命的不同之处,这亦可见"主义"是真正意义上的"革命"的灵魂所在。罗家伦认为,"主义"乃是"革命"的决定性条件,中国国民的思想必须"从速受过一番革命的洗礼",否则这所谓"民国的招牌"是保不稳的。据此,他在1919年底将辛亥革命与十月革命进行对比,借以说明"主义"乃是十月革命的优势所在:"我们认定中国现在政治社会的不良,就是人民的思想不曾变换。我总觉得中国辛亥革命与俄国革命有一个大不同的地方,就是:中国的革命是以金钱权位运动军队来的,而俄国的革命是以思想主义征服军队来的——其实不但是征服军队,并且征服一切平民。所以俄国革命愈革愈好,中国革命愈革愈坏。"①笔者的看法是,辛亥革命也是有其"主义"所在的,但因为五四时代思想上走向激进化,革命的思想业已成为年轻一代的追求。在此情形下,既然"社会改造"离不开"主义"的指导,那么,"主义"也就必然地与"社会改造"中的激进途径"革命"有着关联了。这可见,五四时期思想界将"主义"与"革命"联系起来,也是有其思想上演进逻辑的。

"主义时代"的到来,还表现为"主义"在论争中出现了"本土化"的趋势。就学理而论,"主义"的"本土化"实际上就是"主义"的"具体化",而所谓的"具体化"又是与方法的运用联系在一起的,故而"主义"与"方法"的关系问题乃是其中的关键所在。换言之,"主义"在本质上是信仰、理想,属于人们思想上处于价值层面的存在,成为人们在社会中行动的指南和理论指导,不同于具象性的处于操作层面的具体方法,唯此才有推进"主义"的"本土化"的必要与可能。还是在"问题与主义"论争中,蓝公武就明确说明"主义不过是一种标准趋向态度,并非实行方法","在同一主义之下,可以有种种不同的或是相反的方法",故而"主义"与"方法"有着根本的不同:"主义是多数人共同行动的标准,或是对于某种问题的进行趋向或是态度。一种主张能成为标准、趋向、态度,与具体的方法却成反比例,(因为愈具体,各部分利害愈不一致)全看他所含抱的理想的强弱。设个比方:主义好象航海的罗盘针,或是灯台上的

① 《罗家伦答张继》,《五四时期的社团》(二),生活·读书·新知三联书店1979年版,第89页。

照海针。航海的人,照着他进行罢了。至于航海的方法以及器具,却是另一件事,与他无必然的关系。故主义是一件事,实行的方法又是一件事,其间虽有联属的关系,却不是必然不可分离的。一个主义,可以有种种的实行方法,甚至可以互相冲突,绝不相容。各种的实行方法,也都是按着各部分人的利害必要,各各不同。……换一句话讲,主义并不一定含着实行的方法,那实行的方法,也并不是一定要从主义中推演出来的。故所以同一主义,在甲地成了某种现象,在乙地又成一种现象。"①从学理上将"主义"与"方法"分别开来,这就为"主义"的"本土化"提供了理论依据。正是因为"主义"与"方法"的不同,施复亮认为"主义"集中在"原理"方面,并"相信办法虽有因时因地而不同,然属于同一主义,大致决无不同",所以"马克斯主义者,到处可以提倡劳农政治",而"无政府主义者,到处可以提倡自由组织",但各种"主义"在"实施底详细办法"上可以有不同,"'劳农政治'也可以因时因地行起来而有不同"②。就五四时期思想演进的具体轨迹来看,"主义"之争带来了五四时期社团的分化,并使得当时的中国社会在思想演进方面呈现激进化的态势,这是一个基本的事实;但在"主义"之争之中,亦有呈现出"主义"的"本土化"倾向,尽管这一倾向在当时有被"主义"的激进化态势所掩盖的情形。此处所谓"主义"的"本土化",是说"主义"的引进或运用时主张要适合中国具体的情形,反对不加变通而照搬照抄外来的"主义",故而也就不希望对外来"主义"的过分崇拜、生吞活剥。

应该说,五四时期的社团在"主义"的论争中,"主义"的"本土化"倾向是比较显著的。譬如,1921 年 6 月 17 日少年中国学会北京总会的"主义"讨论中,那种主张"创造少年中国就是本学会的主义"的,是不承认以社会主义为少年中国学会的"主义"的,而是要求学会的"主义"必须适应"我们的社会环境"并"适合我们生活的进步的理想",这其实也就有点"本土化"的念头,尽管这种念头是不自觉的、潜意识的;至于那种主张"一切主义均在我们研究讨论之列"的,总体来说也还是主张"主义"的,只不过不认可社会主义,而是认可

---

① 蓝志先:《问题与主义》,《每周评论》第 33 期,1919 年 8 月 3 日。
② 光亮:《再与太朴论主义底选择》,《民国日报》副刊《觉悟》,1921 年 7 月 31 日。

"我们自己的主义——理想的少年中国",这"我们自己的"一语多少暗含着"我为主人"的意思①。又譬如,在 1921 年 7 月的南京年会上,北京的陈愚生是主张"主义"的,认为少年中国学会需要"共同主义"(尽管不是马克思主义),并希望"此共同主义必须自创,非可采取已成的主义"②。这里,既主张"主义"又不主张采取"已成的主义",并且还强调"主义"要有"自创"的性质,应该说也是有些"主义"的"自主意识"的,故而也就有点"本土化"的意思。再譬如,少年中国学会有一个叫汤腾汉③的会员,到南京后因为生病而住院,没有能够参加 1921 年 7 月的南京年会。他后来致信少年中国学会,一方面主张学会要有"主义",但另一方面又认为不能抄袭现成的"主义",而应该将各种"主义"统合地研究并与"社会的情形"相结合,形成一个具有特色的"少年中国主义"。他在信中说:"主义是需要的。因为勿论要想做那一桩的事情,总要有一个目标方才容易着手进行。不然,那就像航海没有带着指南针一样。但是主义究竟要采用那一种的主义呢? 许多的主义,各有各的长处,也各有各的短处。适用于彼,而不适用于此;适用于此,而不适用于彼。所以在我个人看来,还是采集各种主义的精粹,再以我们据科学的方法、社会的情形、世界的趋势研究得来的加在内面,熔化成个'少年中国主义'。"④此时的汤腾汉,尽管尚未找到自己所理想的"主义",但对于"主义"的信念还是坚定的,故而他基于"主义"有着"各有长短"的认知,主张通过"采集各种主义的精粹"及具体研究,借以求得适合"少年中国"的"主义",因而也就表现出比较强烈的"主义"本土化的理念。

---

① 《北京总会方面六月十七日的谈话会》,《五四时期的社团》(一),生活·读书·新知三联书店 1979 年版,第 346—347 页。

② 《南京大会纪略》,《五四时期的社团》(一),生活·读书·新知三联书店 1979 年版,第 358 页。

③ 汤腾汉(1900—1988),福建省龙溪(今龙海市)人,印度尼西亚归侨。1917 年回国后考入日本东亚高等预备学校,1918 年考入南京工业专科学校机械系,1920 年考入天津北洋大学,1922 年赴德国柏林大学留学,1929 年获理科博士学位。1930 年回国后曾任山东大学教授,华西协合大学理学院药学系主任、教授,同济大学教授等职。1951 年后,历任军事医学科学院研究员、研究所所长、副院长,总后勤部卫生部医学科技委员会委员,卫生部药典委员会主任委员,中国药学会副理事长。

④ 《汤腾汉致学会诸同志》,《五四时期的社团》(一),生活·读书·新知三联书店 1979 年版,第 418 页。

　　当时,没有明示"主义"的社团或个人,其实也是有其所遵循的"主义"的,并且也在某种程度上存在着"主义"的"本土化"理念,只不过这种理念的强弱及其表现形式有所不同罢了。从学理上说,"主义"的"本土化"是以坚持其"主义"为前提的,倘若思想上不坚持"主义",也就没有"主义"的"本土化"说法了;不过,也有另一种情况,即言说者并不明确地表示其"主义"之所在,但在事实上也是有着"主义"的"本土化"理念的。譬如,改造社社员苏芬并不明示其所遵循的"主义"之所在,但他致改造社同人的信中,也说了这样一段意味深长的话:"本社出版的《新江西》杂志是改造社会的一个工厂,工厂里的货物能供给社会需求才好;换句话说,本杂志的取材决不可光谈理论不顾事实!我以为最好的就是社会调查,发见旧社会的毛病,然后加一改造。……例如社会主义、工团主义、劳农主义、共产主义、无政府主义,现在最时髦的杂志把这些主义谈得天花乱坠,其实他们考察了中国社会情形没有? 我们决不可学了外国主义,就拿到中国来应用,须知长子衣矮子决不能穿的;所以我们最要紧的是研究社会情形,然后再应用一种主义去改造。劳农也好,无政府也好,只要适合社会情形就成了。"①这段论述,虽然没有标明苏芬到底主张何种"主义",但其关于选择"主义"需要"适合社会情形"的想法,这在事实上是隐含地存在着的。又譬如,北京师范学校附属中学部分进步学生组织的少年学会,尽管并没有明示其政治上的"主义"之所在,但其言说的话语中,亦对当时研究新思潮的态度表示出赞赏的态度,认为由于"思想革新"的影响,"以前认为大逆不道,完全幻想的社会主义,都有人肯研究、肯提倡了",这是值得肯定的;但同时又提请人们注意,不是宣传新思潮就能解决"中国现在的问题"的,就是说"中国现在的问题,不是这样能解决的。解决中国问题必须了解中国。要了解中国,纵的须明白中国的历史,横的须明白中国社会情形"②。再譬如,《芜湖》半月刊创刊发布的宣言,尽管认为"一般青年奢谈新的思潮,新的主义"存在着"指鹿为马"、"源头莫辨"、"变本加厉"的毛病,但还是极为重视"主义"的价值的,并特别强调"主义"的具体运用,指出:"我们认定空谈什么

---

　　① 《苏芬致改造社同人》,《五四时期的社团》(三),生活·读书·新知三联书店1979年版,第266页。
　　② 吾真:《努力求个新路》,《少年》第15期,1921年3月1日。

主义是无用的,必要借着一个问题来应用我们一种主义研究的心得,才可免却'无的放矢'底毛病。"①这里,强调要力戒"主义"的"无的放矢"毛病,既强调"主义"的应用,同时也有着追求"主义"本土化的意思。这大致可以说,当时有些社团尽管并不明白地表明其"主义"(其实也是有"主义"的),但因为比较注重社会实际问题的探索和研究,也就多少有着"主义"的"本土化"倾向。

严格说来,五四时期"主义"的"本土化",最先是由李大钊在宣传马克思主义的过程中所积极倡导的。不过,五四时期有些社团关于"主义"的"本土化"相关论述,与李大钊所说的"主义"的"本土化"还是有所区别的,因为这些社团所说的"主义"并不是马克思主义,故而他们所说的"本土化"也就不是"马克思主义"的"本土化"或"中国化",而是在一般意义上指西方各种"主义"在中国运用中的某些变通或"本土化",亦即关于"主义"运用中的一般性的方法问题。尽管如此,"主义"的"本土化"在后五四时期作为一种倾向或趋势还是客观存在的,因而在叙述"五四"思想衍化的理路上,也是应该予以重视的。

分析五四时期"主义"的"本土化"问题,不得不注意"马克思主义中国化"问题,因为所谓的"马克思主义中国化",正是在"主义"的"本土化"态势中而开启其道路的。应该说,五四时期"主义"的"本土化"是在"社会改造"话语中不断呈现的,但这里的"主义"大致还是包含着各种"主义"的泛称,并不具体地落实到某一特定而又具体的"主义"身上。但随着五四时期共产主义运动的兴起和马克思主义在中国的广泛传播,中国的"社会改造"不仅迫切需要马克思主义作为理论指导,而且也迫切地需要实现"马克思主义中国化",亦即马克思主义在中国的具体运用和发展。在这个意义上说,马克思主义中国化是在五四时期"主义本土化"的语境中而不断地开启其发展道路的,并承继着"主义本土化"的一般理念,但更主要的是在坚持马克思主义原则立场的前提下,寻求马克思主义与中国实际的有机结合,这当然是一个不断探索的过程,同时也是一个不断提高思想认识的过程。如当时年轻的马克思主义者所说,"我们从懵懵懂懂的社会主义进到马克思主义",又从"懵懵懂懂的马

---

① 本社同人:《宣言》(1921 年 5 月 15 日),《芜湖》第 1 号,1921 年 5 月 15 日。

克思主义进到应用马克思主义的具体的明白的进行计划"①。在马克思主义
中国化的早期进程中,李大钊乃是最为重要的先驱者和开路人之一。李大钊
在发表《我的马克思主义观》之后,就一直持续不断地研究马克思主义与中国
实际相结合的问题。李大钊信仰马克思主义的唯物史观,主张研究唯物史观
的"真意义",并表示"应该自觉我们的努力,赶快联合起来,应我们生活上的
需要,创造一种世界的平民的新历史"②。李大钊还概括地指出,我们"应该细
细的研考马克思的唯物史观,怎样应用于中国今日的政治经济情形。详细一
点说,就是依马克思的唯物史观以研究怎样成了中国今日政治经济的情状,我
们应该怎样去作民族独立的运动,把中国从列强压迫之下救济出来"③。关于
社会主义在中国的发展道路问题,李大钊认为,社会主义在中国是一定要实行
的,并坚信"将来是必将要进入这一步的,这是最终而且必须达到的目的"。
同时,李大钊也认为,要具体地研究社会主义"究竟采取怎样的手段才好"的
问题,并主张"为了使一般人民了解什么是社会主义,应首先翻译各国最简明
扼要的关于社会主义的名著,进而深入研究中国与社会主义的关系及其实行
的方法"④。李大钊的看法是,社会主义作为"主义"在各国的发展,是必须与
各国的具体情况相结合的,并在体现社会主义所具有的"共性"的同时,不断
彰显社会主义在各国发展中所具有的"特性"。

需要说明的是,马克思主义中国化的一个极为重要的方面,就是关于中国
国情的科学认识。具体来说,就是关于中国半殖民地半封建社会性质的认定,
以及在此基础上对于革命的对象(帝国主义、封建主义和官僚资本主义)的认
识和把握。这其中,最基本的方面乃是对于中国的基本国情的研究,亦即弄清
楚中国到底是一个怎样的经济、政治的状况。陈独秀比较早地注意到马克思
主义中国化问题,认为我们对于马克思主义"不能仅仅研究其学说,还须将其

---

① 光亮:《对于本届全国代表大会的感想》,《先驱》第19期,1923年6月1日。

② 《唯物史观在现代史学上的价值》(1920年12月),《李大钊全集》第3卷,人民出版社
2013年版,第280页。

③ 《这一周》(1924年5月),《李大钊全集》第4卷,人民出版社2013年版,第516—517页。

④ 《中国的社会主义及其实行方法的考察》(1921年1月),《李大钊全集》第3卷,人民出
版社2013年版,第328—329页。

学说实际去活动,干社会的革命",亦即需要重视马克思主义的具体运用,努力从事变革社会的革命实践活动,故而也就不能使"马克思实际研究的精神完全丧失",不能"单单以马克思的学说研究"为满足。由此,陈独秀希望中国的先进知识分子能够"以马克思实际研究的精神研究社会上各种情形,最重要的是现社会的政治及经济状况,不要单单研究马克思的学理"①。这就是说,研究马克思主义学理固然是不可缺少的,但更为需要的乃是运用马克思主义的学理来具体地"研究社会上的各种情形",特别是中国社会的"政治及经济状况",并且还需要能够依据马克思主义来"干社会的革命"。1922 年在广州创刊的《青年周刊》也表示,不仅要坚持以马克思主义的基本原理来改造中国,而且还要重视并解决马克思主义与实践相结合的问题,故而"我们团体的目的志在参加实际运动,改造社会,应该以现实社会做对象"②。这里,"以现实社会做对象"就是立足于中国实际状况,就是在坚持马克思主义指导下从事于变革社会的行动,这可以说是马克思主义中国化的重要进展。

中国共产党成立后,将推进马克思主义中国化作为一项根本性的任务。中国共产党在 1922 年 6 月 15 日发表的《对时局的主张》中,具体地分析了中国社会的政治经济状况,并申明了中国是受"帝国主义及本国军阀压迫"的半殖民地半封建社会。这是马克思主义中国化进程中的重要历史节点。其后,《先驱》对于中国的国情及中国新民主主义革命的相关问题又进行了艰辛的探索,指出:"中国在经济方面,大部还建筑在中世纪手工业和农业的基础上,同时又为国际帝国主义的殖民地——销货场与原料出产地;在政治方面,完全是封建阶级——军阀——居统治地位,同时封建阶级又受国际帝国主义者的指挥和支配,因此造成十余年的纷乱局面。"③又指出:"我们中国早已堕入半殖民地的地位了。我们中国的疆域,都成了各帝国主义的势力范围了,我们中国的人民,都成了各帝国主义的鱼肉牛马了,各帝国主义国家(日、英、美、法)都拼命地利用中国的卖国军阀(如吴佩孚、曹锟、段祺瑞、张作霖、袁世凯等)

① 《马克思的两大精神》(1922 年 5 月),《陈独秀著作选》第 2 卷,上海人民出版社 1993 年版,第 365 页。

② 《成立大会演说撮录》,《青年周刊》第 4 号,1922 年 3 月 22 日。

③ 旅俄同志:《对于第二次全国代表大会的意见》,《先驱》第 22 期,1923 年 7 月 1 日。

和卖国官僚(如交通系、外交系)缔结种种卖国的条约以遂其支配中国经济政治的大野心。"①年轻一代的马克思主义者,正是在五四时期"主义本土化"语境之中继续着马克思主义中国化的努力,将中国共产党所进行的马克思主义中国化事业不断推向前进。任弼时在1925年认为,马克思主义者必须信奉马克思主义,但也不能成为"一个不顾环境的模仿主义者"。在他看来,常有人说"某国的在那样,某地方是那样,所以我们不妨照例去做"这样的话,"这都是不按实际情形做事的弊病"。他也注意到,"还有许多同志只顾主义的原则,如封建社会崩溃,资本主义发展,因之无产阶级产生,阶级斗争发现,无产阶级革命是历史的必然现象等,而不注意分析中国的实际情形。"因此,任弼时主张:"必须按中国实际情形去解释我们的理论,庶可得到思想上的胜利。否则,对于我们的发展有很大危险。各地以后对于各部工作进行的计划,以及采用经验时,亦务求其合乎环境而能实行,抱'宁缺毋滥'的切实主义。注意分析中国社会,按客观事实而运用经验与理论,为本团布尔什维克化的第三步工作。"②在五四时期"社会改造"话语盛行和"主义"崛起的时代,马克思主义中国化乃是后五四时代中国思想发展的重要趋势,这为后来的中国化马克思主义——毛泽东思想的产生和成熟奠定了基础。

以上,基于初步的学术梳理,也就不难看出:五四时期的社会改造思潮推进"主义"的崛起,并显示出"主义"衍化的逻辑进路:一方面,"主义"在"问题与主义之争"中流行起来;另一方面,作为思想载体的五四时期的社团也在"主义"之争中分化,并形成"社会改造"中不同的思想阵营。正是因为五四时代"主义"的演进及"主义"信仰在思想界的确立,故而也就形成了中国近现代思想史上的"主义时代"。

---

① 《民族解放》,《先驱》第21期,1923年6月20日。
② 任弼时:《怎样布尔什维克化》(1925年),《任弼时选集》,人民出版社1987年版,第3—4页。

第四章　五四时期民众意识的发展及民众本位观念的确立

【本章提要】民众意识的发展及民众本位观念的形成乃是五四时期"社会改造"话语演进中的显著表征。正是在五四时期"社会改造"的语境中,"国民"与"平民"范畴的相互切换而呈现民众的意义,并在阶级观念嵌入思想体系中出现了与民众相关的"平民阶级"、"劳动阶级"、"被压迫者"等新范畴;继而,进步思想界基于依靠民众、"联合群众"、促进民众势力,实现了"平民运动"向"群众运动"的话语转换,从而获得"群众"意义的思想认同,并最终在思想界形成民众本位观念。五四时期民众意识的发展及民众本位观念的形成,集中地反映了中国思想界的言说中心由精英本位向民众本位的转移,为马克思主义"革命话语"的建立奠定了基础,并成为"五四"后中国现代思想演进的显著表征。

"民众"乃是五四时期思想演进中的关键范畴,并在"五四"时代的"社会改造"语境中,通过相关新范畴的创造而塑造了现代中国思想体系的基本面貌。历史地看,民众意识尽管在早期的新文化运动中业已客观地存在着,但尚未赋予新的思想内涵,也没有形成体系性的思想架构,并且也未成为当时思想界的主流;而在十月革命和五四运动的有力推动下,再加上此时又有了马克思主义理论的有力导引,中国思想界形成了对于"群众"意义的思想认同,并进而在民众意识发展的基础上形成了民众本位观念。因而,民众意识的发展及民众本位观念的形成,乃是"五四"后"社会改造"话语演进中的显著表征,集中地反映了中国思想界的言说中心由精英本位向民众本位的转移,从而为马克思主义"革命话语"的建立奠定了基础。

一、"国民"与"平民"范畴的切换及其意义的呈现

在"五四"前的思想话语之中,"国民"和"平民"这两个范畴都是存在的。尽管两者在使用的范围上有所不同,并且相对说来,"平民"这个范畴出现的频率更高,但两者在内涵上大体相同,甚至在许多情况下是可以相互替代使用的。也许是因为这个缘故,在"五四"后的"社会改造"话语的语境之中,"国民"和"平民"这两个范畴仍然处于相互间的切换之中,其思想意义和价值意蕴也随着时代的演进、思想的进步而不断地呈现出来。

1."国民"的地位在五四运动中被认知

五四运动是中华民族空前觉醒的突出表征,国民的力量尤其中国工人阶级的力量,为全社会所普遍认知。五四运动之后,人们鉴于"自五四运动以来,中国之革命党乃普遍于大地"的形势,认识到"国民"与"革命"之间的密切关系,认为"革命事业,固国民公众之事业",今后只要"罢学罢市罢工,拍拍劈劈踵趾相接",国民就能够"共循此革命之轨道,冀扫清军阀官僚政客一切之污秽,还我干净洁白之中华民国"[1]。不仅进步的年轻一代知识分子在五四运动中发现了"国民"这支力量所具有的深厚潜力,而且国民党人及其创办的《建设》杂志也在五四运动中看到了民众力量的历史性作用。国民党左派领袖廖仲恺在五四运动后亦认识到,由于"民主国的主权总是在人民",故而"我们中国既然叫做中华民国,主权的主体,当然是人民",只是"现在在法律上、制度上人民的主权,中途被强盗抢了去,所以人民的主权很不完全",但五四运动中"人民才觉醒起来",于是就把"主权"拿出来"很随便的试一试","却这一试真利害,北京根深蒂固的几个大官也就罢免了,政府对于欧洲和会的约也不敢签了"[2]。沈仲九在《建设》杂志发表的文章中认为,五四运动"才可算

---

[1] 陈天咨:《对于新革命党之希望》,《民国日报》副刊《觉悟》1919年10月25日。

[2] 廖仲恺:《三大民权》,《星期评论》第6号,1919年7月。

'人'的行动,'平民'的行动",五四运动乃是"中华民国人民做'人'做'平民'的第一遭,也是中华民国名实相近的第一遭。……平民的势力就从此发展了。"①时人业已注意到,国民在五四运动中的突出表现,对于重新塑造中国的国际形象也有很大的影响。对此,身为北大教授的陈启修更直接地说,外国人对于中国的观感是发生变化的,而五四运动则是这种变化的一个重要节点,这就是五四运动使得中国国民的地位特别地凸显出来,并由此使中国的国际地位有所"上进"。他在《文化运动底新生命》文章中指出:"庚子以前,外国人只认在北京的糊涂的朝廷为中国。庚子以后,才晓得中国还有在外省的比较明白的疆吏。辛亥以后外国人才晓得中国也有新式的政客和开通的武人,然而外国人晓得中国于官吏政客武人以外还有新文化新教育的国民,实在是在五四运动以后。现在除了东邻的强敌以外,恐怕外国人没有不承认我们国民底存在和国民运动底正当的罢。我们都知道现代的进步的国家,是一种国民的国家,那么,外国承认我们国民底存在,岂不是承认我们中国也是开化的,也是和外国同种类的国家么。"②陈启修的认识是符合事实的。五四运动确实表征了中国"国民底存在",并且也正是五四运动使国民的地位被思想界所发现,这不仅深刻地影响着国人对"国民"的认识,同时也使外国人通过对中国"国民"形象的体认而在很大程度上改变了对中国的态度。

2. "平民"在"社会改造"中被重新"发现"

这里所谓"平民"被重新"发现",是说在早期新文化运动中"平民"已经被发现,但那时是为了适应建设"立宪政治"的需要。"五四"以后,"平民"在"社会改造"语境中有其新的意义,成为社会改造的根本性力量,因而此时的"平民"也就是在新的"社会改造"语境中被"重新发现"。就学理上说,"平民"是社会中的基本阶级,是社会中的本然存在,但被思想界"发现"并得到重视,乃是在特定的社会言说系统之中。在五四时期"社会改造"的话语体系中,必然聚焦于社会中的"平民",并积极地关注社会中的劳工问题,这是因为"平民"在现存社会中处于被奴役、被剥削的地位,这也是提出"社会为什么要

---

① 沈仲九:《五四运动之回顾》,《建设》第 1 卷第 3 期,1919 年 10 月。
② 陈启修:《文化运动底新生命》,《学艺》第 2 卷第 2 号,1920 年 5 月 30 日。

改造"命题的基本缘由。《国民》第 2 卷第 1 号的《社会为什么要改造》文章，认为现存社会"是寄生生活的社会，是私产制度发达的社会，是军阀压制平民的社会，是资本家压制劳动者的社会"，而要改造这个社会，就要打倒"私产制度"这个"今日社会万恶的本源"①。此文中所呈现的"平民"（亦即"劳动者"）是与社会的统治者处于对立地位的，社会上一切制度设施皆是统治平民（劳动者）的工具，由此在"私产制度"下的"所谓道德，就是强权的道德；所谓法律，就是保护资本家的法律；所谓宗教，就是欺骗平民的宗教；所谓政策，就是牢笼劳动家的政策"，因而也就需要"非改造社会不可"②。五四时期由于整个社会都受着"劳工神圣"思潮的影响，再加上作为思想界前锋的进步青年，高度注意并致力于"社会改造"事业，这就必然地会触及并进而关注"平民"这个群体。换言之，关注"平民"及重视"平民"，并以"平民"作为"改造社会"的主体力量，这在五四时期具有某种历史的必然性。举例来说，在 1920 年 5 月 1 日"五一劳动节"时创刊的《平民》，基于"除去大多数人的痛苦"的追求，其发刊词提出这样的严肃问题："为什么今日有些'饱食终日，无所用心'而又独霸幸福的人？又有些终身劳动，不但精神受不着丝毫愉快，即肉体亦常感饥寒的人？不消说是那社会的组织不良，使人类幸福有厚于此而薄于彼的趋势。所以想除去大多数人的痛苦，必先从改良社会着手。"③这里，尽管是用"改良社会"的字样，但却是积极关注社会中"大多数人的痛苦"的问题，不仅以是否"劳动"作为分析社会群体性质的标准，而且对下层劳动者表示深切的同情，并在很大程度上对平民在社会变革中发挥作用寄予了希望。由此，《平民》在寻求"改良社会"的道路中，表示要多多介绍一些学识"到平民脑子里头，使各个都明白人生的观念和互助的原理"，借以破坏"那罪恶的社会"，从而使"合理的组织"能够"应运而生"。既然这个《平民》杂志主要是关注"平民"问题，那么，其责任何在？据《平民》杂志所说，其所要担负的"一个极大的责任"就是："要灌输平民知识到一班国民脑子里面，使他们晓得世界的潮流、

① 杨亦会：《社会为什么要改造》，《国民》第 2 卷第 1 号，1919 年 11 月 1 日。
② 杨亦会：《社会为什么要改造》，《国民》第 2 卷第 1 号，1919 年 11 月 1 日。
③ 《〈平民〉发刊词》，《五四时期的社团》（四），生活·读书·新知三联书店 1979 年版，第 14 页。

国家的思想、自由平等的观念;又使他们明白他们也是国民的一份子,与国家有密切的关系,对于国家事体应负相当的责任,不可再睡在梦里了;并养成他们的自觉的决心、奋斗的精神。到那时候,没有事体不能做。这就是复旦《平民》周刊的责任了!"①思想界关注社会中"平民"这个的独特性群体,彰显"平民"在社会变革中的力量,乃是与五四运动及当时的劳工神圣思潮有着不可分割的联系,同时也是中国社会演变的迫切需要。有一则关于《平民》创刊的回忆,颇能说明思想言说在"五四"以后得以聚焦"平民"的必然性:"因为那时正在五四运动以后,大家方休养生息,从事于文化运动;但所谓文化运动,是专注于智识阶级方面的多,能顾到劳动阶级的却少。我们见了这种情形,心里老大不安。因为文化运动不专是为贵族阶级的、智识阶级的,是要为全民着想的。……可是那种小农、小工、小商等,因为有衣食住的关系,哪里有空工夫去干这种花本钱的事?所以我们要用一种宣传的方法,发印一种周刊,不名一个钱的去送把他们,叫他们自动的注意于本身受'切肤之痛'的问题。"此时,"恰巧五月初一是世界劳动的纪念日,和本刊的'平民'二字正合原意,于是决于是日创刊"②。实在地说,《平民》表现出的关注"平民"、敬仰"平民"的形象,尤其是其所申明的"谋平民的幸福"、"代表平民喊疾苦"的理念,不仅反映了"五四"后中国社会演变的需要,而且也是"五四"后中国思想演变的一个最为突出的表征。

从思想史意义来看,"国民"范畴更多地表现政治意义和国家意识,其出现有着辛亥革命后建立民国的政治背景;"平民"范畴更多地表征"平民"在社会中的地位,在话语上与"平民主义"及民主自由、平等、人权等观念密切关联,从而表征早期新文化运动的思想诉求。从五四时期话语演进与时代的关系上解读"国民"和"平民"这两个范畴在思想界中意义的呈现,不难发现两者使用中主要是在"国家"和"社会"方面相互切换,并且有时也存在着相互替代的情况,这亦可见这两个范畴有着"民"的意义上的交集。此种情形之所以会

---

① 《复旦〈平民〉周刊的责任》,《五四时期的社团》(四),生活·读书·新知三联书店1979年版,第15页。

② 陆宝璜:《本刊一年间的回顾》,《五四时期的社团》(四),生活·读书·新知三联书店1979年版,第21页。

出现,大致与变动中的中国社会的走向和思想界正在兴起的社会改造思潮,皆脱离不了关系。

二、阶级观念的嵌入与民众相关新范畴的出现

五四时期乃是中国思想界输入新思想、新范畴的时代,同时亦是新思想、新范畴不断创造的时代。五四时期西方新思想的输入,尤以马克思主义的输入最为突出,而马克思主义的阶级观念及阶级斗争思想对思想界的影响则更为广泛、更为深刻。于是,随着马克思主义的阶级观念、阶级斗争思想在中国的传入,五四时期的社会改造思潮的面貌发生了历史性的变革,其突出的表现就是阶级观念深深地嵌入思想话语之中,使既有的"国民""平民"等范畴赋予了思想的含义,并形成了诸如"平民阶级"、"被压迫者"、"劳动阶级"等新范畴,这对于现代中国思想体系的架构和发展有着深刻的影响。

1."平民阶级"范畴的提出

"平民"这个概念在"五四"前的中国思想界即已存在,在"劳工神圣"语境中又大体上等同于"劳工"。"平民"这个范畴在不少情况下也是与"阶级"这个范畴相联系的,只是此时的"阶级"范畴尚在发展之中。李大钊在"五四"前后比较多地使用"平民"范畴,但在宣传十月革命过程中更多地是使用的"劳工"这个范畴,并且这个"劳工"范畴已经与历史的创造活动联系在一起。在宣传十月革命的文章中,李大钊已经初步地运用阶级观点看待"劳工"与资本家政府之间的"阶级斗争"性质,阐发了"劳工阶级"所要完成的"阶级斗争"的使命,认为从今以后"劳工阶级要联合他们全世界的同胞","去打破国界,打倒全世界资本的阶级"①。而年轻一代的王光祈在1918年底的一篇倡导"国际社会之改造"的文章中,也注意到"平民"处于社会下层中被压迫的身份,认为"每次国际战争"的结果"无论战败战胜,享福的总是贵族,吃亏的总

---

① 《新纪元》(1919年1月),《李大钊全集》第2卷,人民出版社2013年版,第377页。

是平民。所以这资本家、军阀、贵族的好恶,不是我们平民的好恶"①。这里,王光祈虽然没有用"平民阶级"这个范畴,但他所说的"平民"正是社会上与"资本家、军阀、贵族"相对立的特殊社会势力,其中亦多少隐含着阶级的意味。"五四"后"平民"乃成为一个流行甚广的概念,同时也是北京大学平民教育讲演团这个社团的一个最为突出的标识。邓中夏等组织的"北京大学平民教育讲演团"是一个进步的学生社团,基于"共和国家以平民教育为基础"的理念,将社会上的"平民"作为施教对象,"以教育普及与平等为目的,以露天演讲为方法",其宗旨是"增进平民智识、唤起平民之自觉心"②。讲演团不仅将演讲作为推进"平民教育"的手段,而且更将"平民教育"视为辅助文化的运动,要求讲演团成员"平日对于平民关于家庭、社会和国家的各种常识,要负一种指导和促进的责任,时时说给他们听"③,故而在不少工厂及广大的乡村开展大量的演讲活动,其基本目标就是"使一般劳苦贫寒的兄弟姐妹们能稍识文字,能略知世事,能得着一点常识,能觉悟自己的地位和社会的病源,起而作积极的活动"④。应该说,北大平民教育讲演团的讲演活动有助于增强团员对广大平民百姓的认同感,在向民众灌输现代生活知识、启发民众政治觉悟等方面,亦取得了比较显著的成绩。值得注意的是,五四时期的进步社团已经比较普遍地使用了"平民阶级"这个范畴,阐明了"平民阶级"在社会进步中的极端重要性,不仅将学生这个阶层纳入这个"平民阶级"之中,而且也将"平民阶级"与中国的社会现状及政治的改造紧密结合起来。应该说,知识分子在五四时期"劳工神圣"语境之中,高度重视"平民"、崇尚"劳工"、"劳动者"有其必然性,但赋予了"劳工"、"劳动者"在社会改造中所应担负的责任,并将这种责任与实行社会主义联系起来,则是在思想认识上的重大进步。《劳动界》上有文章说:"弟兄们呀!我们要减轻我们的劳苦,要增高我们的生活,要脱离资本家的奴隶,要得到那'有饭大家吃,有衣大家穿'的乐境,这是我们自己的

① 王光祈:《国际社会之改造》,《每周评论》第1号,1918年12月22日。
② 《平民教育讲演团征集团员》,《五四时期的社团》(二),生活·读书·新知三联书店1979年版,第135—136页。
③ 《五四时期的社团》(二),生活·读书·新知三联书店1979年版,第188页。
④ 《五四时期的社团》(二),生活·读书·新知三联书店1979年版,第248页。

责任,要我们自己努力去做呢!弟兄们啊!我们的责任既是这样大,我们为什么还要饮恨吞声的服从那资本家,不去实行社会主义,不去打破那资本家的阶级;难道我们自己不去奋斗,还望别人来替我们奋斗吗?我们要知道,实行社会主义,是我们劳工的责任!何以故呢?富翁丰衣美食,但是不能去讲什么社会主义的;官僚,武人,他是作威作福,不能去讲什么社会主义的。只有我们劳工们,知道资本家的万恶,知道现在种种不平等的待遇,大家想想,实行社会主义,是不是我们劳工的责任?"①显然,五四时期知识界高举"劳工神圣"的大旗,发出尊崇劳工、重视劳动阶级的倡议,赋予"劳工"打倒资本主义并进而"实行社会主义"的"责任",这就将"劳工"所具有的社会"地位"与其所应担负的"责任"紧密联系在一起。为了推进"平民阶级"对于社会地位与社会责任的认识,全国学生大会于1923年3月出版"特刊"的"刊行辞"中指出:"中国的政治,不只学生应该起来呵!全国所有平民阶级哪一个不应起来呵!固然学生界在目前所受军阀政治之赐,是教育不能维持,集会不能自由,出版不能自由等等;然而,其他所有平民阶级的同胞,难道是已经得到了吗?商业的凋敝,工业的幼稚,和劳工工人受军阀非法的惨杀与摧残,难道不是全国人士所共见共受的吗?现在中国的现状,只是军阀阶级摧残平民阶级的现状啊!"②这段引文中,"平民阶级"是主要的范畴,并赋予了"平民阶级"从事阶级斗争的使命,进而改变"军阀阶级摧残平民阶级的现状"。可见,在五四时期知识分子的言说系统中,崇高的社会地位是与其所承担的社会责任相对应的,"劳工"之所以"神圣"是因为"劳工"承担着"实行社会主义"的"责任"。概而言之,五四时期思想界由"平民"话语到"平民阶级"话语的变化,不仅明确地赋予"平民"的阶级地位及其在社会变革中的政治责任,而且也说明思想界在阶级意识方面有了显著的增长。

2."压迫者"与"被压迫者"范畴的提出

五四时期中国社会中阶级意识的增长,一个重要的表征是在话语中出现"压迫者"和"被压迫者"这对范畴。在五四时期的期刊中,青年学生已经认识

---

① 陈为人:《今日劳工的责任》,《劳动界》第15册,1920年11月21日。
② 《全国学生大会特刊刊行辞》(1923年3月14日),《五四时期期刊介绍》第二辑(下册),生活·读书·新知三联书店1959年版,第564页。

到社会中有着"压迫者"和"被压迫者"(即"治者"和"被治者")的严重对立,并以阶级的观点来解释这种对立。1920 年 6 月 1 日创刊的《自治半月刊》尽管对中国的"社会改造"持改良主义的态度,但其发刊"宣言"亦表现出"阶级"的意识:"世界上所以有不平等不自由底事情,无非是为着有治者和被治者底阶级,世界上为什么会产生这治者和被治者底阶级,无非是因为一部分人放弃他自治底责任,其他一部分底人,就从而庖代了。"①这里,将压迫阶级和被压迫阶级的形成归于"一部分人放弃他自治底责任"固然是不正确的,但看到社会上存在着"治者阶级"和"被治者阶级"对立的现状。1923 年 4 月创刊的《女星》倡导"革命思想",指出:"凡稍有革命思想的人们,必都知道要援助被压迫者,反抗压迫者。劳动者供给人类的衣、食、住,反被人摧残、侮辱,谁都应该明白这是不平等的事情。"②不难看出,在五四时期的社会话语中,"被压迫者"是指劳动阶级,"压迫者"一般是指"资本家阶级",但在中国的状况下,这"压迫者"还包括"世界资本主义"。《新民意报副刊》中有篇《本刊今后的趋向和任务》文章说:"由机械的发明,造就了资本和劳动两阶级。掌握全部生产的劳动者,反被压迫于资本家的底下,这是怎样的不平而可怜呵!尤其是中国的劳动者,一面受国内资本家的压迫,同时又受世界资本主义的侵掠,以致一天做了十二小时以上的工作,其收入还得不到维持一人的生活,这是何等的残酷呵!"③就五四时期思想状况而言,"压迫者"与"被压迫者"这对范畴之所以比较频繁地出现五四时期的话语中,并进而成为五四时期革命话语体系中的重要范畴,这本身乃是因为中国社会中"压迫者"与"被压迫者"严重对立的思想反映,但同时也有着中国早期马克思主义者对于阶级理论的宣传所形成的思想背景。陈独秀就对"压迫者"与"被压迫者"关系作出马克思主义的诠释,指出:"人类社会因治生方法不断的进步,他们经济的及政治的组织遂随之不断的进步。在这不断的进步之过程中,保守者与改革者亦即压迫者与被压迫者两方面,自然免不了不断的争斗;每个争斗的结果,后者恒战胜前者,

---

① 赖汝梅:《自治半月刊宣言》(1920 年 6 月 1 日),《五四时期期刊介绍》第三集(下册),生活·读书·新知三联书店 1959 年版,第 479 页。
② 《五四时期期刊介绍》第三集(下册),生活·读书·新知三联书店 1959 年版,第 464 页。
③ 峻霄:《本刊今后的趋向和任务》,《新民意报副刊》第 8 册,1923 年 8 月 1 日。

人类社会是依这样方式进步的。"①可以说,陈独秀正是以马克思主义唯物史观来诠释社会的阶级结构,展示出"压迫者"与"被压迫者"在中国所形成的严重对立,这对年轻一代进步者有着思想上引领的作用,并为五四时期"社会改造"中的革命话语体系的形成奠定了理论基础。

3."劳动阶级"范畴的提出

马克思主义的阶级观念及阶级斗争理论有着极强的穿透力与影响力,深刻地影响着五四时期思想界的走向,一个极为重要的表现就是提出了"劳动阶级"这个范畴,从而促进了思想界阶级意识的普遍增长。国民杂志社的很多社员是五四运动的直接参加者,不仅自身直接地受到政治实践活动的锻炼,而且亦在政治运动中目击并深切体验到国民的政治权威及其在社会变革中的巨大力量。《国民》在五四运动之后发表的《五四运动与青年觉悟》文章,叙述了民众在五四运动中的力量及其对于青年的影响,认为五四运动不仅"显示了社会制裁与民众制裁的力量",而且也"明晰了联合的效用和必要",同时对青年来说也"破除了以前崇拜的锢蔽思想,表示了民众的真精神是适合于德谟克拉西的运动"。由此,青年也就必须"加入劳动阶级的活动",并"和他们打成一片,灌输他们的知识,使他们有组织、有办法,成无数个精密的团体",这就是"知识阶级与劳动阶级的大联合",这不仅是"民众活动和民众政治实行的第一步",而且也是"打倒军阀政府,解除社会上种种纠纷的根本方法"②。这里的"劳动阶级"开始主要是指代工人阶级,以后也将农民阶级列入"劳动阶级"的范畴之中。事实上,与劳工阶级"打成一片"或"打成一气",这是五四时期思想界的重要主张,李大钊早在1919年2月的《青年与农村》文章中曾加以倡导。其后,少年中国学会成员也有此"打成一气"的主张,如少年中国学会成员王光祈(若愚)说:"我们中国的少年,要改造'少年中国',只有与农民打成一气。因为农民是劳动界的大多数,握着一般缙绅先生的生命"③;

---

① 《对于现在中国政治问题的我见》(1922年8月),《陈独秀著作选》第2卷,上海人民出版社1993年版,第373页。
② 许德珩:《五四运动与青年的觉悟》,《国民》第2卷第1号,1919年11月1日。
③ 若愚:《致夏汝诚先生书》,《五四时期的社团》(一),生活·读书·新知三联书店1979年版,第304页。

又说："我们在乡间半工半读,身体是强壮的,脑筋是清楚的,是不受衣、食、住三位先生牵制的,天真烂漫的农夫是与我们极表示亲爱的;我们纯洁青年与纯洁农夫打成一气,要想改造中国是很容易的。"①"劳动阶级"范畴的提出并在思想界流行,很可见阶级意识在思想界有显著的增长。

从思想衍化和"劳动阶级"范畴提出的进程来看,五四时期劳动阶级的阶级意识增长,自然表征为自身所属的阶级阵营及其对社会上阶级状况的认知,而中国早期马克思主义者对此也作出了重要贡献。陈独秀以马克思主义关于阶级的观念来诠释"劳动者",并进而界定"劳动阶级"范畴所应具有的内涵,指出:"我现在所说的劳动界,是指绝对没有财产全靠劳力吃饭的人而言。就职业上说,是把那没有财产的木匠、泥水匠、漆匠、铁工、车夫、水夫、成衣、理发匠、邮差、印刷排字工、佣工、听差、店铺的伙计、铁路上的茶房、小工、搬运夫,合成一个无产的劳动阶级。"②陈独秀不仅提出"劳动阶级"的范畴,而且阐明了"劳动阶级"的历史使命,认为18世纪是"新兴财产工商阶级"的时代,而20世纪则是"新兴无产劳动阶级"的时代,他们"因为自身的共同利害,对于征服阶级的财产工商界要求权利的旗帜"③。陈独秀在《谈政治》这篇著名的宣传马克思主义的文章中,还基于"资产阶级"与"劳动阶级"的对立问题,提出了"劳动阶级"进行社会革命、推翻资产阶级统治的历史任务,这就是劳动阶级"自己造成新的强力"而夺取政权,利用国家的力量"把那压迫的资产阶级完全征服"④。在陈独秀的视域之中,不仅在社会改造之中要特别重视"劳动阶级"的存在及地位,而且劳动阶级本身亦需要觉悟起来,明白阶级的使命和任务,这就是要力争建立"劳动阶级的国家",故而他说:"我承认用革命的手段建设劳动阶级(即生产阶级)的

---

① 若愚:《与左舜生书》,《五四时期的社团》(一),生活·读书·新知三联书店1979年版,第302页。

② 《告北京劳动界》(1919年12月),《陈独秀著作选》第2卷,上海人民出版社1993年版,第49页。

③ 《告北京劳动界》(1919年12月),《陈独秀著作选》第2卷,上海人民出版社1993年版,第49页。

④ 《谈政治》(1920年9月),《陈独秀著作选》第2卷,上海人民出版社1993年版,第158页。

国家,创造那禁止对内对外一切掠夺的政治、法律,为现代社会第一需要。"①关于"劳动阶级"中的具体类别,陈独秀在为《伙友》杂志撰写的"发刊词"中也明确说:"从广义说起来,凡被雇的月薪劳动者都属于劳动阶级,所以商店里的伙友可以合工厂、矿山劳动者及交通劳动者成一个大团体,分开来这三种可以说是阶级战争底三大军团"②。陈独秀作为中国工人阶级的代言人,他提出"三大军团"的主张,乃是工人阶级自身的团结意识和组织意识的突出体现,其实也就是工人的阶级意识增长的显著表征。这亦可见,《伙友》对于何谓"劳动阶级"有着确切的思想认知和阶级身份认同,即凡是"被雇的月薪劳动者都属于劳动阶级"。该刊为了区分阶级阵营,提出了"劳动者"和"非劳动者"这一对范畴:"劳动者是无产者,生产者的;非劳动者是有产的,不生产的。非劳动者这个阶级叫做有产阶级,和劳动者这个无产阶级对峙着。"③这里,"劳动者"与"非劳动者"是以是否劳动来界定,而在阶级的意义上正是对应着"无产阶级"与"有产阶级",这就清晰地划分出社会生活中的阶级阵营,并表征着"劳动阶级"(亦即"无产阶级")与"有产阶级"的阶级"对峙"状态。显然,社会中阶级间的严重对立,所体现的也就是"压迫者"和"被压迫者"之间"统治"和"被统治"关系,亦即"只有少数的人在那里安安逸逸享福,多数的人只好在他们底下过枯涩的生活,听他们(按指资本家)使唤,做他们的牛马奴隶"④。陈独秀提出的"劳动阶级"即是"无产阶级"主张,在当时思想界中是一个具有代表性的观点,并在此后的《马克思学说》文章中得到进一步的阐释。在《马克思学说》这篇文章中,陈独秀在阐述"劳工专政"问题时引用了《共产党宣言》、《法兰西内战》等马克思的著作,将马克思著作中的"无产阶级"统一地翻译为"劳动阶级",认为《共产党宣言》是主张"劳动阶级第一步事业就是必须握得政权",故而"劳动阶级革命,第一步就是使他们跑上权力阶级的地位,也就是民主主义底战胜",而《法兰西内战》也主张"劳动阶级要想达到自己阶级之目的,单靠掌握现存的国家

---

① 《谈政治》(1920 年 9 月),《陈独秀著作选》第 2 卷,上海人民出版社 1993 年版,第 164 页。
② 陈独秀:《发刊词》,《伙友》第 1 册,1920 年 10 月 10 日。
③ 玄庐:《强盗的奴隶》,《伙友》第 4 册,1920 年 10 月 31 日。
④ 谷剑尘:《工商伙友同病相怜》,《伙友》第 3 册,1920 年 10 月 24 日。

是不成功的"①。以上,只是以陈独秀为例说明"劳动阶级"范畴问题,借以表明"劳动阶级"的意义内涵及其在五四时期思想界的引领性地位。

其实,"劳动阶级"在五四时期中国思想界乃是一个使用频率较高的范畴,不仅马克思主义者较为广泛地使用,而且在社会中的一些非马克思主义者的文本中亦有所体现,因而也就在很大程度上,表征着五四时期思想演进的阶级性特征和激进化色彩。1919 年 11 月 1 日出版的《浙江新潮》在其发刊词中说得好,"我们要谋'生活的幸福和进步',不可不破坏束缚的、竞争的、掠夺的东西,建设自由的、互助的、劳动的社会";至于"改造社会将由那一种人担任呢? 将用怎样方法呢? 我们以为改造的责任在于农工劳动者,改造的方法在于'自觉'和'联合'",其原因就在于"劳动阶级占全世界人类的最大多数,而且都能尽互助、劳动的责任;但是生活的苦痛唯有他们受得最甚,所以我们以为改造的责任不能不由劳动者担任。凡智识阶级里面觉悟的人,应该打破'智识阶级'的观念,投身劳动界中,和劳动者联合一致。"②这里,"劳动阶级"是在"社会改造"的话语中被发现的,因而"劳动阶级"也就带有完成"社会改造"的"责任";至于知识分子,即使是其中比较"觉悟的人",在"社会改造"中也不是主体性的力量,它不仅必须在观念上自觉地接受改造,祛除"智识阶级"自身的身份认同,而且必须在行为上"投身劳动界中",并在事实上成为劳动者的一员。在《浙江新潮》的创办者看来,社会由"政治阶级"、"资本阶级"、"智识阶级"及"劳动阶级"这四个阶级所构成,"劳动阶级"担负"社会改造"的"责任";而"政治阶级和资本阶级"则是社会中的"大敌","要他们改造,好像要公娼守贞操",因而是它们是"社会改造"的对象。《浙江新潮》创办者也许是自身不能认同"智识阶级"的身份,故而将"学生"视为"劳动阶级"的重要部分,并从自身是"学生"的身份出发,提出"社会改造"的具体步骤,指出:"我们以为青年的学生是中国很有希望的平民,教育劳动者实在是他们最重要的责任。所以本报一方面直接负促进劳动者的责任,一方面又当鼓吹学

---

① 《马克思学说》(1922 年 4 月),《陈独秀著作选》第 2 卷,上海人民出版社 1993 年版,第 359—360 页。

② 《发刊词》,《五四时期的社团》(三),生活·读书·新知三联书店 1979 年版,第 125—126 页。

生担任教育劳动者的职任。我们的希望,第一步当以学生的自觉和联合促进劳动界的自觉和联合;第二步当使学生界和劳动界联合;第三步当使学生都为劳动者,谋劳动界的大联合。等到学生都投身劳动界,那么改造的目的就容易达到了。"①这里关于"社会改造"的三个步骤,皆以"劳动者"和"劳动界"为中心,"劳动阶级"是社会改造中的根本性力量,"学生"所担负的则是"促进"劳动阶级觉悟的责任,而自身乃是随着"社会改造"步骤的推进而最终成为"劳动者"的。

鉴于"劳动阶级"在后五四时期思想进程中的重要地位,这里有必要就"劳动阶级"这个范畴作简要的几点分析:

——从范畴的提出者来看,"劳动阶级"范畴首先是由"智识阶级"(或"知识阶级"②)提出的,"劳动阶级"本身因为没有文化并且也不掌握话语权,故而自身也就不能在政治的意义上提出"劳动阶级"这个范畴。"智识阶级"在社会改造时代提出"劳动阶级"范畴,正是说明五四时期知识分子本身在发生历史性的变革,即由原来轻视劳动者到现在崇尚劳动者的思想转变。从根本上说,这种认识的转变也带来了"智识阶级"的阶级立场的转变,即从传统的依附于权贵阶级到现在服务于社会下层劳动阶级的转变。可以说,五四时期的知识分子所形成的走与工农相结合道路的认知,正是这种思想转变的突出表征。早在"五四"前夕,李大钊在《青年与农村》的文章中就提出"非把知识阶级与劳工阶级打成一气不可"的主张,并认为"只要知识阶级加入了劳工团体,那劳工团体就有了光明"③。在五四运动中创刊的《杭州学生联合会报》,就曾"随着世界大势"而"更改"原来的"巩固学生之团结力"、"唤起国民

---

① 《发刊词》,《五四时期的社团》(三),生活·读书·新知三联书店1979年版,第126页。
② "智识阶级"和"知识阶级"这两个范畴在五四时期是相互通用的,就使用的大致情形来看,尚未发现两者有何实质性的差异。知识分子本身只是一个阶层,并不是一个阶级,因而也就不具有独立性的地位,但为何却在五四时期"赋予"其阶级的身份,而成为"知识阶级"呢?这是一个值得研究的课题。关于知识分子阶层如何变成"知识阶级"问题,目前大致可以说明三点:一是阶级的观点业已渗入思想体系之中,使得"知识"此时能够与"阶级"结缘;二是表征出此时的知识分子正努力寻求其自身在社会上的独立性,以便与社会上的其他阶级能够平起平坐,在社会生活中获得一定的位置;三是透露出知识分子由知识界、思想文化界跨入政治界的政治诉求,借以在社会变革中获得参与的机会,进而在更大的程度上影响社会的走向。
③ 《青年与农村》(1919年2月),《李大钊全集》第2卷,人民出版社2013年版,第426页。

之爱国心"的宗旨,提出:"根据世界潮流,促进知识阶级和劳动阶级彻底的觉悟,进谋知识阶级和劳动阶级的联合。然后共同破坏现在世界,'黑暗''非理'的强权,建设'光明''合理'的社会。"①这个刊物宗旨的改变乃是思想发展中具有根本性意义的转折,同时也是阶级立场的根本性转变,这就是从原来的"知识阶级本位"到现在的"劳动阶级本位"的转变。因此,五四时期"劳动阶级"范畴的提出,对于"知识阶级"以后的道路有着极为重要的影响。

　　——从范畴形成的路径来看,五四时期思想界以"阶级"观点诠释"劳动",并进而在对劳动者的社会地位的认知中形成"劳动阶级"范畴,这不仅突出劳动者在社会中生活的政治地位,而且也在实际上将劳动者纳入社会政治生活体系之中,并使之担负起社会变革的政治使命。换言之,思想界将劳动者赋予其阶级的性质而成为"劳动阶级",这同时也就赋予了其承担起开展政治运动的使命。这在言说系统中,实际上是既表征劳动阶级的阶级地位,又赋予劳动阶级的使命或责任,并使两者统一起来。陈独秀在《劳动周报》(广州)上撰文,专门阐述"劳动阶级之政治运动"问题,指出:"劳动阶级政治运动之真义:第一步是为劳动阶级之集会结社出版罢工等自由权利而奋斗,在此奋斗中,不妨与表同情于劳动阶级之民主派结成革命的联合战线,以打倒眼前之敌人,即剥夺工人集会结社出版罢工等自由权利之军阀;第二步是劳动阶级自身握得政权,以巩固自己阶级之利益,以防御敌对阶级之反攻,必俟一切阶级消灭,劳动阶级始能停止其政治运动,此劳动阶级政治运动之真义也。"②陈独秀是早期马克思主义者的主要代表,同时又是中国共产党的主要领导人,他将"劳动阶级"与其所应担负的"政治运动"使命紧密联系起来,并阐释了"劳动阶级政治运动"的"真义",应该说代表了中国早期马克思主义者对于"劳动阶级"从事"政治运动"的热切期待。

　　——从范畴的内容来看,"劳动阶级"范畴在内容上赋予了"劳动者"所应有的阶级责任,以及所要从事的阶级斗争和所要完成的夺取政权的任务,因而也就表征着"阶级的觉悟"的提升。一般说来,日常话语中的"劳动者"本来就

---

① 傅彬然:《改革本会会报的意见》,《杭州学生联合会报》第19期,1919年11月30日。
② 独秀:《劳动阶级之政治运动》,《劳动周报》(广州)第6期,1923年5月19日。

是生产者,主要是在社会的生产领域活动;而当"劳动者"成为"劳动阶级"之后,则显然是赋予其政治身份,并进入社会的政治生活之中,故而也就有其阶级的地位、阶级的责任及所要完成的政治任务。谭平山在五四运动后注意到,第一次世界大战之后劳动阶级的崛起及其阶级斗争的激烈化乃是世界性的潮流,在"劳动阶级和资产阶级,正在互相奋斗旗鼓相当的时候",作为社会生活中政治力量的"劳动阶级已冲入资产阶级所有的第一防御线了";然而,由于"世界的军阀,就是君主和资本家的保护人",故而劳动阶级"正首当这个世界潮流最急之冲",就应该"先行破灭"这"世界的军阀"①。这可见,在谭平山的认识视域之中,"劳动阶级"本身天然地赋予着阶级斗争的使命,不仅在事实上正在与"资产阶级"进行阶级斗争,而且也有着世界性革命的视域,故而在反对"资产阶级"的斗争中,首先要打倒的正是作为"君主和资本家"保护人的"世界的军阀"。关于"劳动阶级"所开展的政治斗争的内涵,陈独秀在《谈政治》中以马克思主义为指导进行分析,并形成了这样的看法:"只有被压迫的生产的劳动阶级自己造成新的强力,自己站在国家地位,利用政治、法律等机关,把那压迫的资产阶级完全征服,然后才可望将财产私有、工银劳动等制度废去,将过于不平等的经济状况除去。若是不主张用强力,不主张阶级战争,天天不要国家、政治、法律,天天空想自由组织的社会出现;那班资产阶级仍旧天天站在国家地位,天天利用政治、法律。如此梦想自由,便再过一万年,那被压迫的劳动阶级也没有翻身的机会。"②引用较长的这段文字,就在于说明:陈独秀这里谈论"劳动阶级"问题,是将"劳动阶级"置于社会的政治生活之中,从社会政治变革的高度来关注"劳动阶级"处于被"压在资本势力底下"状况的这个严峻现实,故而这样的"劳动阶级"也就有着使本阶级得以"翻身"的特殊使命,为此就需要进行激烈的"阶级战争",造就"劳动阶级"自己的"新的强力",从而使"自己站在国家地位,利用政治、法律等机关,把那压迫的资产阶级完全征服",亦即获得政权。可见,五四时期提出的"劳动阶级"这个范畴,不仅是在政治视域看待"劳动"问题,而且也是赋予"劳动者"特定的变革社会

---

① 《世界军阀的末日》(1920年),《谭平山文集》,人民出版社1986年版,第76—77页。
② 《陈独秀著作选》第2卷,上海人民出版社1993年版,第158页。

制度的阶级使命。这实际上也反映五四时期中国思想界寻求政治手段来解决社会问题、以"劳动阶级"为主力军的变革现行社会的基本思路。

考察五四时期"社会改造"话语的演进、新范畴的出现和民众意识的发展，不能不注意研究马克思主义的阶级观念所构成的重大影响。从实质上说，马克思主义的阶级观念嵌入五四时期的思想体系之中，不仅为现代中国思想界塑造了诸如"平民阶级"、"劳动阶级"等新范畴，有力地促进了民众意识的发展及其在思想界所具有的话语权势，而且在推动"社会改造"话语体系走向激进化的进程中，为创建具有中国特色的现代中国思想体系并使之赋予鲜明的民众本位特色作出了贡献。正是因为五四时期的思想变动、新范畴的出现与思想体系的构建，是与马克思主义阶级及阶级斗争思想的引进分不开的，故而需要从学术研究的层面进一步凸显马克思主义阶级话语的意义与影响。

三、思想界对于"群众"意义的认同

"群众"乃是马克思主义唯物史观的关键性范畴，群众观念也是马克思主义基本的政治立场。就历史的创造而言，"历史活动是群众的活动，随着历史活动的深入，必将是群众队伍的扩大"[1]，并且也"只有群众的革命斗争，才能使工人生活和国家管理真正有所改善"[2]。在马克思主义的强势影响下，五四时期社会改造思潮呈现出由"平民运动"时代向"群众运动"时代的话语转换，"群众"的意义与价值在思想界逐步得到认同。其主要表现是：

1. 依靠民众力量的理念

五四时期的进步思想界业已认识到，在中国从事改造社会事业，知识分子固然要亲身参与其中，但亦须有其依靠的社会改造力量，这就是中国社会中的广大群众。周作人并不是马克思主义者，但他在五四时期亦对"四等贫民"与中国社会进步的关系有着深刻的"感触"。他在一篇"杂感"中说："我在江浙

---

[1]《马克思恩格斯文集》第 1 卷，人民出版社 2009 年版，第 287 页。

[2]《列宁全集》第 2 卷，人民出版社 1984 年版，第 414 页。

走路,从车窗里望见男女耕耘的情形,时常生一种感触,觉得中国的生计还未灭尽,就只在这一班'四等贫民'中间。"①中国早期的马克思主义者在唯物史观指导之下,高度重视群众力量在"社会改造"中的作用,并将是否依靠"群众的势力"视为能否进行"社会革命"的关键之点。毛泽东在 1919 年 7 月撰写的《湘江评论》的"创刊宣言"中,将"民众力量"作为一个重要问题提了出来,指出:"什么力量最强?民众联合的力量最强。什么不要怕?天不要怕,鬼不要怕,死人不要怕,官僚不要怕,军阀不要怕,资本家不要怕。"②在这里,"民众联合"的力量与官僚、军阀、资本家等形成鲜明的对比:"民众联合"的力量"最强",而那些官僚、军阀、资本家等则是"不要怕"的东西。其后,毛泽东在《湘江评论》上发表《民众的大联合》文章,一方面强调中华民族有着伟大的社会变革能力,"压迫愈深,反动愈大,蓄之既久,其发必速",另一方面则号召工人、农民、学生、教师、警察、车夫等各种人联合起来,由"小联合"而进至为"大联合"③。不难看出,在毛泽东的认识视域之中,是"民众"特别是"民众联合"才能形成社会的势力,构成社会中有力的"力量",而社会中那些官僚、军阀、资本家等则是不可怕的,"因为一国的民众,总比一国的贵族资本家及其他强权者要多"④。这亦可见,"民众"势力最大,在社会变革中具有主体性地位,是创造历史、变革社会的根本性力量。恽代英在 1922 年 6 月指出,中国的"社会改造"不能依靠贵族和资本家的力量,因为他们"与平民的利益"处于对立状态;故而,"我们亦不能轻易的利用武人的力量",因为"武人是粗暴而浅见的",并且他们还要凭借其"私利与虚荣"来"利用人家"。因此,在改造旧社会的过程之中,"只有群众的力量"是"能抵抗而压服贵族资本家乃至武人的力量"的⑤。其后,恽代英又进一步指出,社会变革中"最要紧还是唤起人民",

① 周作人:《游日杂感》,《新青年》第 6 卷第 6 号,1919 年 11 月 1 日。

② 《〈湘江评论〉创刊宣言》(1919 年 7 月 14 日),《毛泽东早期文稿》,湖南出版社 1995 年版,第 292 页。

③ 《民众大联合(二)》(1919 年 7 月 28 日),《毛泽东早期文稿》,湖南出版社 1995 年版,第 377 页。

④ 《民众大联合(一)》(1919 年 7 月 21 日),《毛泽东早期文稿》,湖南出版社 1995 年版,第 339 页。

⑤ 《为少年中国学会同人进一解》(1922 年 6 月),《恽代英文集》上卷,人民出版社 1984 年版,第 331 页。

并且还需要积极地主动地"用人民的力量，建设，拥护，而监督一种为人民谋利益的政府"，其原因有二：一是"只有人民自己注意他的利益，做领袖的人才有所忌惮约束，不敢做损害人民的事"；二是"只有人民联合起来的大力量是超过一切没有抵抗的"①。蔡和森在1922年的文章中认为，社会上"真有改革精神之政治家政论家所应急于觉悟而改变的"，乃是在思想和行动上真正地注重"群众的势力"，既不可"仍然梦想借外力以废兵裁督"，也不可"仍然梦想联合几派现存的势力来统一"，同时也不能"梦想改变一些纸上的制度来和平改良"；而是要"求助于民众"，"激起兵士们的自觉心"，"鼓起人民武装的自卫和抵抗，使各大城市的市民全副武装或工人全副武装，那末，民主革命没有不成功，封建的武人政治，没有不崩倒的"②。依靠民众力量进行"社会革命"，这是中国早期马克思主义者关于"社会改造"的基本要求，此亦可见马克思主义在五四时期对于中国思想界的重要影响。

2."联合群众"的思想主张

"联合群众"一语在五四时期"社会改造"语境之中，其本意就是使社会上广大的群众组织起来，形成变革社会的现实力量。无论是从理论上还是从社会实践上说，群众的力量皆是客观存在的事实，但要使之成为现实的社会势力并发挥出创造历史的作用，则少不了"联合群众"这个关键性的步骤，这当然是必须基于"团结群众"的理念。五四时期在"社会改造"语境之中，随着"社会革命"思想的发展，"团结群众"的理念业已形成。当时进步思想界已经认识到群众的"团结"对于聚集民众力量、领导和组织"群众运动"的极端重要性，如有文章说："就群众的运动，依着公理上做去，永远团结得牢牢固固，这种的力量，还怕不能救国！就是救世也使得的！"③这里有关"公理"的说法固然有些理想化成分，但言说者强调"团结"对于整合民众力量、开展群众运动的意义，则是应该给予充分肯定的。马克思主义的唯物史观原理在中国传播后，则有力地推动了中国先进知识分子群众观的提升，不仅明确社会变革需要

① 《民治运动》(1922年9月)，《恽代英文集》上卷，人民出版社1984年版，第340—341页。
② 《武力统一与联省自治：军阀专政与军阀割据》，《蔡和森文集》，人民出版社1980年版，第106页。
③ 广孚：《团结的力量》，《民国日报》副刊《觉悟》1919年11月19日。

走"社会革命"的道路,而且也认识到必须依靠群众来进行"社会革命",这就需要开展启发群众及指导群众的相关工作,从而使群众得以联合起来而成为社会变革的现实力量。恽代英在 1921 年 7 月的少年中国学会南京年会以后,对过去只是"用自己的力量创造自己的事业"而其"结果只有挫折与失败"进行了深刻的反省,此时思想上"唯一的是企求社会全部的改造",并认识到动员群众力量来进行社会"根本改造"的极端必要性。他指出:"我们应得如何改造旧社会?我们应得利用一种力量。自然我们不能利用贵族或资本家的力量。他们的力量决不肯被人家利用去做有损于他们或有利于平民的事业。……自然我们亦不能轻易的利用武人的力量。……然则我们应当利用什么力量呢?什么力量能抵抗而压服贵族资本家乃至武人的力量,他能够受我们的利用呢?我可以说,这只有群众的力量。"又指出:"群众集合起来的力量,是全世界没有可以对敌的。无抵抗的民族集合起来,强权的国家不能不让步。……无抵抗的劳动者集合起来,占优势的资本家不能不屈服。……我们必须利用群众集合的力量。"[1]这里,恽代英不仅强调改造旧社会必须采取革命的办法,而且强调在社会革命的过程中,必须依靠群众的力量尤其是"群众集合的力量",这实际上点明了在"社会革命"中有计划地组织群众与领导群众的极端重要性。此时,恽代英为什么有如此高度的思想认识呢?观之于恽代英思想演变过程,不难看出,这是恽代英在研究马克思主义唯物史观之后所得到的结论。恽代英正是根据"唯物史观所推阐的进化原理",认为"最有力量为进化主要因子的,只有群众的本能反应",亦即群众能够"因为自己或者别人所受经济生活压迫而生的反动力量"。他的看法是,"群众的联合以反抗掠夺阶级"本是"经济进化中必然表现的事","亦非任何人所能遏止"的,但由于群众的"力量是发源于本能的冲动",因而也就"最须受理性智慧的指导"才能成为现实的力量,这就需要以革命的思想对群众加以指导而使之真正地联合起来。他指出:"人类最容易因有对敌作用而联合起来。人类亦只有因对敌作用所生的联合,最团结而有力量。我们应研究唯物史观的道理,唤起被经

---

① 恽代英:《为少年中国学会同人进一解》,《五四时期的社团》(一),生活·读书·新知三联书店 1979 年版,第 397 页。

济生活压迫得最厉害的群众,并唤起最能对他们表同情的人,使他们联合起来,向掠夺阶级战斗。只有他们是我们的武器,是我们的军队。我们要利用他们,以企求他们以至全人类的福利。"①在这里,恽代英在马克思主义唯物史观指导下,不仅认识到群众力量的伟大,而且还申明了群众联合起来的极端重要性,故而能够鲜明地提出充分地联合群众、发挥群众的历史创造性的主张。恽代英说,"如何使群众联合,这多少须我们努力。如何指导那已经联合的群众,这更有我们努力的必要。我们要研究唯物史观以发现历史进化必要的条件,因用以制造历史。我们不是满意以前唯物的历史,我们需要造历史。但我们要造历史,不可以不注意历史进化的必要条件,不然我们造不出历史来。"故而,为创造历史,"我们总要尽量的利用机会扶植群众,唤醒群众,指导群众,以预备或实现各种有效力的反抗运动"②。恽代英在"社会改造"中提出的关于"联合群众"的思想,是基于唯物史观关于人民群众创造历史观点而阐发的,并在坚持"依靠群众"理念中细化为"扶植群众,唤醒群众,指导群众"的具体要求,这已经超出时人所主张的"走向民间"借以塑造自己"平民化"人格的思想认知。

3. 促进民众势力发展的期待

在五四时期的"社会改造"话语中,知识分子与民众关系,始终是思想界着力厘清和解决的重要问题。在当时,知识界尤其是进步的青年知识分子之中,有一个比较普遍的认知,即知识分子必须坚持平民化理念,首先应该成为民众的一分子,将自身价值的实现与民众势力的发展联系起来。在五四运动一周年之际,身为学生运动先锋的罗家伦注意到这样一个事实:"自从五四运动以来,中国民众的势力不能不说是一天一天的发展。许多的束缚,从前不敢打破的,现在敢打破了;许多的要求,从前不敢提出的,现在敢提出来了。诸如此类,不胜枚举。在当局的无论如何麻木,等到'众怒难犯'的时候,也不能不表示退让;在人民的方面无论如何牺牲,也总觉得至少有我们自己的位置和

---

① 恽代英:《为少年中国学会同人进一解》,《五四时期的社团》(一),生活·读书·新知三联书店 1979 年版,第 398 页。

② 恽代英:《为少年中国学会同人进一解》,《五四时期的社团》(一),生活·读书·新知三联书店 1979 年版,第 398—399 页。

权力;在他国看起来,也常常觉得中国的管家婆虽庸懦可欺,而中国的主人翁自未易侮。老实说,这一年以来世界各国对于我们的观念,的确是改变过了!"①不难理解,罗家伦尽管是社会改造运动中的稳健者,但他在当时对于民众力量处于壮大和发展的态势,还是持有积极的欢迎态度的。值得注意的是,罗家伦还认为知识分子要实现其平民化的思想诉求,就必须使自己首先成为群众中的一员,亦即使自己与劳动者"同类",这就需要着力做好"养成群众"的工作,并将这"养成群众"视为"做群众运动的开宗明义的第一章"。那么,何以能够"养成群众"呢? 罗家伦认为,其"要诀"用直观的语言表达出来,就是"养猴子的人,必须自己变成猴子"。罗家伦说:"我虽然到过多少地方,看过多少工厂,但是想问劳动者三句真正的话都问不出来。为什么呢? 因为我们穿的不是劳动者的衣服,吃的不是劳动者的饭,住的不是劳动者社会,说的不是劳动者的话……所以劳动者看见我们不是劳动者,不过是穿长衫的'先生'。他们既然认为同他们没有关系,又不是同他们的同类,所以无怪连三句真话都不肯说了! ……所以真正能养猴子的人,必须身上蒙上猴子的皮,这些猴子才会相信他。"②罗家伦用"养猴子"的这个比喻确实不妥,仍然在思想的深处蕴含着比较强烈的精英意识,但强调知识分子与劳动者"同类",要求知识分子穿劳动者的衣服、说劳动者的话、吃劳动者一样的饭,不做穿长衫的"先生",这大致亦能说明五四时代的知识分子有着"平民化"的强烈愿望。现在的问题是,如何真正地促进民众力量的发展呢? 与罗家伦不同的是,共进社在马克思主义影响下,更是站在民众的立场上立言行事,不仅认识到团结对于"群众运动"的意义,而且还以"革命"的思想和中国革命的眼光来看待民众的力量,认为中国的"社会改造"的目的就在于"使大多数穷困的民众、农、工、小商获得安宁、自由,享其应享之幸福",故而其办法"惟有集合民众中一般勇敢、坚毅、为民众利益最能奋斗革命的分子,自励自奋努力团结";由此,还必须在思想上深信进行"彻底的革命",需要指导民众、组织民众并武装民众,

---

① 罗家伦:《一年来我们学生运动底成功失败和将来应取的方针》,《新潮》第 2 卷第 4 号,1920 年 5 月。

② 罗家伦:《一年来我们学生运动底成功失败和将来应取的方针》,《新潮》第 2 卷第 4 号,1920 年 5 月。

"务须以民众的武力打倒一切统治阶级,才有完全成功的希望"①。共进社基于马克思主义的民众本位的政治立场,并从中国革命的高度来认知民众力量的意义,其所提出的相关主张为促进民众力量发展指明了正确的方向。

4."平民运动"时代向"群众运动"时代的话语转换

"平民"作为五四时期思想界使用频率较高的重要范畴,在思想衍化过程中起着十分独特的作用,并成为思想界融入新理念、新思想的中介。在马克思主义革命思想被"五四"思想界接纳后,原来的"平民运动"也就逐步地被"群众运动"所取代,但"平民运动"仍然还有一定的市场。五四时期的新知识界基于对"平民"在社会变革中地位及其所具有的创造历史力量的认知,期待着中国有一个"平民运动"时代的到来。傅斯年这位五四运动中的重要人物,在五四运动后不久就有这样的感觉:"近两年里,为着昏乱政治的反响,种下了一个根本大改造的萌芽。现在仿佛像前清末年革命运动、立宪运动的时代一个样,酝酿些时,中国或又有一种的平民运动。所以我们虽当现在的如此如此的南北两政府之下,我们的希望并不减杀。"②傅斯年的观察应该说是有些道理的,其所预测并企及的"平民运动"也正是代表了一部分青年知识分子当时的心态。五四运动之后,出现的以"平民"命名的社团也确实不少,如北京大学平民教育讲演团、平民教育社、平民周刊社、平民协社等等;至于出版的报刊,以"平民"命名的也很多,如《平民教育》、《平民》、《平民导报》等等。这可见,社会心理上业已存在的渴望"平民运动"的趋向,乃是社会中"平民"性质的社团及"平民"色彩的刊物得以创办并进而促进思想变动的重要条件。

值得注意的是,从当时的思想语境和词语使用情况来看,"五四"以后尽管"平民"语汇在使用率方面有着较高的态势,但思想界亦有着从"平民运动"时代到"群众运动"时代变化的趋势。上海中国公学教员于 1919 年 11 月创办的《新群》月刊,所发表的《群众运动与中国之社会改造》文章,在"社会改造"语境中直接使用"群众运动"这个词语,不仅主张中国的社会改造必须采

---

① 《第二届代表大会宣言》,《五四时期的社团》(三),生活·读书·新知三联书店 1979 年版,第 346—347 页。

② 傅斯年:《新潮之回顾与前瞻》,《五四时期的社团》(二),生活·读书·新知三联书店 1979 年版,第 98 页。

取"群众运动"的办法,而且还认为"只要群众有联合的精神,就是资产阶级和军阀政治都可——推翻,无论什么黑暗的势力都可扫除的"①。《民国日报》副刊《觉悟》也有文章总结了1919年10月间北京、天津学生向北洋政府请愿失败的教训,认为请愿失败是由于"方法错了",单是有"少数牺牲",而没有"群众运动",因而今后必须发动"有系统"、"有组织"、"同一目的"、"一致行动"的群众运动,将"上至于学生、教员、校长、报馆、商人,下至于叫卖要物的、拖黄包车的、挑水的、帮运货物的"等等都组织起来,并由小组织联合为大组织,进而成立"真正民意机关"②。这里,对于"群众运动"的看法已经突破了仅仅是扩大运动规模的认知,而是进至加强各阶级动员并进而建立政治组织的阶段。如果说傅斯年关于"平民运动时代"的认知,主要还是停留在思想上的话,那么,当时已有不少进步青年在行动上为促进"群众运动时代"的到来而努力,并在话语认知上有显著的变化。可以说,在1920年的五四运动一周年前后,此种情形更为突出,其社会影响也更大。《新青年》在1920年5月发表李大钊的《"五一"(May Day)运动史》文章,期待着真正的"群众运动"的到来:"今天,中国人的'五一'纪念日,仍然不是劳工社会的纪念日,只是几家报馆的纪念日;中国人的'五一'运动,仍然不是劳工阶级的运动,只是三五文人的运动,不是街市上的群众运动,只是纸面上的笔墨运动。这是我们第一个遗憾!"③事实上,1920年的中国劳动界、知识界在"五一"劳动节时已经行动起来,进行了不少的庆祝活动和舆论宣传工作,在社会上亦产生了很大的影响,但李大钊还是认为这不是真正的"劳工阶级的运动"、"街市上的群众运动",并表示引以为憾,这亦可见李大钊对于"群众运动"有着更为热切的期待。《杭州学生联合会报》在1920年5月出了五四运动一周年的专号,其中有一篇题为《庆祝"五四纪念"的真意义》的文章,将"国民"的观念嵌入"五四运动"话语之中,并突出地指明五四运动的"群众运动"性质和思想解放上的意义,指出:"五四运动,开中国群众运动的新纪元,是从多数国民的觉悟里发

---

① 杨亦曾:《群众运动与中国之社会改造》,《新群》第1卷第3号,1920年。
② 倪亮女士:《现在我们怎样进行的研究》,《民国日报》副刊《觉悟》1919年11月30日。
③ 《"五一"(May Day)》(1920年5月),《李大钊全集》第3卷,人民出版社2013年版,第245页。

生出来的,是中国国民思想解放的一个真切表现,是人类——不是说全人类——自己求自己解脱的发端。不用说是中国国民的一个大纪念日,就连世界全人类也未始没有拿来做纪念日的价值的。"①这里,称"五四运动"是"开中国群众运动的新纪元",这是就五四运动具有"群众运动"性质并表征其群众运动价值的最好表达。

也就是在1920年,有个叫业裕的读者致信恽代英,希望他主持的利群书社采取"激烈的革命"手段,并且能够积极地"从事于大群众的运动",尤其需要重视和利用"群众心理"。在业裕看来,"改造社会是谋劳动者(兵包在内)的幸福",而"社会上只有劳动者最多,所以很不难得他们的帮助",这就需要研究并"投合群众心理",如此在发动和组织群众之后,那些"靠着劳动者过活的军阀、财阀,不推自倒",则社会改造事业也就没有不"成功"的。自然,业裕也看到群众心理具有盲目性的一面,但认为"民众心理的盲目性是很可利用的",这"利用"的前提就是"我们自己对于改造事业有一种具体的把握"②。应该说,此时的恽代英也是非常重视"群众心理"研究的,并在预见中国"社会改造"未来即将出现"一番奋斗的大破坏"的情况下,把如何对待"群众心理"的问题纳入到如何"运用群众的方法"之中,故而他说:"群众心理,亦是不可不研究的。世界既一天天向德莫克拉西的路上走,你可以说这是好或是坏,你不能教他改变他的轨道。所以现在要求适应,不可不讲求善于运用群众的方法。我假想或者这创造的途径中,会免不了一番奋斗的大破坏;果然有这样事,群众心理的变态,要怎样应付他,更不可不预先讲求了。"③对于业裕提出的"投合群众心理"主张,此时的恽代英尽管并不完全赞成,但因为自己亦秉持着"民众本位"的理念,故而也就进一步研究和思考了"群众"及"群众运动"问题,认为在"社会改造"中动员群众是有前提的,这个前提就是必须有"团体"的建设及"组织"的工作。为此,恽代英从进一步推进"社会改造"的视角,提出了认知和动员"民众"需要解决的两个具体问题:一是需要建立引

① 尧孙:《庆祝"五四纪念"的真意义》,《杭州学生联合会报》第31期,1920年5月2日。
② 《业裕致代英》,《五四时期的社团》(一),生活·读书·新知三联书店1979年版,第167页。
③ 《怎样创造少年中国?》,《恽代英文集》上卷,人民出版社1984年版,第194页。

领群众的组织团体,这是因为"民众固可利用,但利用民众的总策源地须得有
个真诚互相了解的团体,这中间修养革命家的品性,研究群众心理,静观时变。
天下事决非一个人所能做成,利用群众亦不可望以一人手足掩天下耳目,所以
基本的团体仍不可不用极真诚、极切实的态度去建设。这表面看来似乎是小
组织的运动,但大群众的运动不可少此"。二是在发动群众的过程中要处理
好"破坏"与"建设"的关系,这是因为"群众弱点只能利用去破坏,不能利用去
建设",故而"在破坏的事纵然极顺遂的前进时,不可不有极真诚、极切实的团
体去在背后做建设的事",因而在进行"大群众运动中,总少不了进取纯洁的
小组织"①。可见,恽代英不是无条件地肯定并迎合"群众心理",他对于"群
众"的认知所采取的是比较理性而又现实的态度。所谓"理性"的态度,是说
既看到了群众的力量,又看到群众的"弱点",并从社会的"破坏"与"建设"的
不同阶段,对这种"弱点"加以认识和评析;所谓"现实"的态度,是说看到了群
众运动乃是具有现实的条件,需要"团体"和"组织"的作用。需要说明的是,
业裕与恽代英的上述言论,尽管都关涉"民众"问题,但侧重点是不同的:业裕
是"注意于利用之民众",而恽代英是"注意于为民众做事"②。此时的恽代英
也许是因为看到"社团"在社会变革中的基础性地位,主要着力于社团的研究
和组织的建设,借以通过利群书社这个社团,求得"社会改造"的"一个基本预
备"③,从而在启发和动员民众中发挥作用。

施存统当时的思想比恽代英还要激进一些,他是直接以"革命"范畴来诠
释"群众运动"的。他在 1921 年 3 月给曙光杂志社主要创办人宋介的信中,
一方面表示自己对于《曙光》的进步"很佩服"且"十分满意"的心情,尤其是
赞赏《曙光》业已达到"赤色十分浓厚"的程度;另一方面则是提出学生办杂志
必须重视"劳动者"对于中国革命的意义,这就需要先对学生这个群体进行宣
传,然后让"学生帮助劳动者革命"。他指出:"你们的《曙光》,我以为并不是

---

① 《代英致业裕》,《五四时期的社团》(一),生活·读书·新知三联书店 1979 年版,第
170 页。

② 《业裕致代英》,《五四时期的社团》(一),生活·读书·新知三联书店 1979 年版,第
172 页。

③ 《代英致业裕》,《五四时期的社团》(一),生活·读书·新知三联书店 1979 年版,第
171 页。

给劳动者看的,是给学生看的。不但《曙光》如此,其余一切宣传主义的出版品也都是给学生看的。我以为现在能够受宣传的,也只是学生。中国的革命是要靠学生和劳动者共同担负的。现在对学生的宣传,就是叫学生帮助劳动者革命。我很希望你们努力对学生界宣传!"①不难看出,施存统极力主张青年学生创办进步刊物,首先是使学生这个群体革命化,其目的是使"学生帮助劳动者革命",并进而通过刊物形式进行民众运动的相关宣传,推动群众性的"中国革命"时代的到来。

五四时期出现的从"平民"到"群众"语汇的转换有着深刻的意义内涵,有力地推进了思想界话语体系的革命性变革②。就学理来说,"群众"一词的含义比"平民"还要激进一些,所关涉的社会层面可能还要更为宽泛一点。西方社会学在中国一开始是以"群学"的身份传播开来的,这里的"群"是指社群组织,因而更多是社会层面的意义。在社会学意义上,"群众"更多的是指代社会上广大的民众,尤其是处于社会底层的人群。而"平民"在西方学术界一开始是作为政治学用语出现的,主要指代的是具有一定政治地位的社会阶级,而不是处于社会底层中的下层民众。亚里士多德就明白地将政治细分为六种具体形式,即君主政治、贵族政治、民主政治、暴君政治、寡头政治、暴民政治,前三种乃是常态性政治,而后三种则是作为前者的变体;所谓的"平民"则是作为社会中的特殊阶级,是所谓的"民主政治"中的主体,故而亚里士多德所谓的"平民"也就不是社会下层中的"暴民"。就"平民"在中国流传情况来看,"平民"是随着"平民主义"思潮在中国传播开来而逐渐被人们所熟识,故而在大多数情况下也就成为"民主"、"自由"、"平等"等的代名词。换言之,"平民"力量的发现,在思想的源头上与西方民主政治思想的输入有着紧密的联系,亦即是与早期新文化运动以进化论为基本特征的资产阶级民主主义思想在中国的发展不可分割。《曙光》创办人之一的宋介认为,"最大多数人的普遍

①　《施存统致宋介》,《五四时期的社团》(三),生活·读书·新知三联书店1979年版,第66页。

②　据笔者看来,话语体系的结构主要在四个方面,即历史观与方法论、基本理论假设、关注的主要问题、基本范畴。这四个方面有一个方面发生变革,也就会推动话语体系结构的显著变化。参见吴汉全:《话语体系初论》,人民出版社2020年版,第43—66页。

势力"的呈现乃是进化论的产物,其原因就在于社会的发展业已呈现出"民主扩大"的趋势,世界也是在向着"德谟克拉西的新世界"进发的,于是"由少数人的特殊势力,进到较多数人的特殊势力;由较多数人的特殊势力再进到最大多数人的普遍势力,这是社会进化自然的趋势"①。随着中西文化的交流特别是俄国十月革命的影响,"平民"用语在中国思想界逐步地转化为"群众"用语,"群众运动"这个词语也在五四时期普及起来。而对于受马克思主义影响的先进分子来说,以"群众"词语来替代"平民"词语、以"群众运动"来替代"平民运动",大致是一个基本的趋势。譬如,李大钊早在1918年宣传十月革命的几篇文章,并没有说十月革命是"平民运动"性质,而是称赞俄国十月革命所采用的"群众运动"方式,并揭示其所具有的"群众运动"的意义,不仅说十月革命的胜利是"庶民的胜利",而且还说十月革命开启了世界性的"群众运动"的新时代,"在这世界的群众运动的中间,历史上残余的东西——什么皇帝咧,贵族咧,军阀咧,官僚咧,军国主义咧,资本主义咧——凡可以障碍这新运动的进路的,必挟雷霆万钧的力量摧毁他们"②。这说明,在李大钊的话语体系之中,"群众运动"不同于"平民运动",俄国十月革命中是"群众运动"而不是所谓的"平民运动"。当然,对于五四时期的有些知识分子来说,"平民"与"群众"予以互用并互为指代的现象也是存在的,在言说系统中对这两个词语并不作严格的区分。譬如,沈玄庐在1919年8月17日发表的《前途的灯》文章中,认为社会必须"力图改革",但所谓的"改革事业"既不能"假手于军人的武力",又不能"假手于政客的手腕",而只能依靠"平民"的力量,也就是"群众"的力量。该文指出:"吾们既将军人和政客都撇在改革事业之外,改革的目的能达到与否,就看平民的力量如何?平民的力量,便是以完全生存技能的各个人,成一个大组合,合起来是能独立能自立的个体,分散了也是能独立能自立的个体。改革成功的酬劳,就是大家得均等享受的幸福。……光明世界在何处?从何寻找得到?要由群众自己建设的。"③这可见,在沈玄庐五四时期的话语中,"平民"就是"群众","群众"也就是"平民",亦即对于"平

---

① 宋介:《社会的自由》,《曙光》1卷2号,1919年12月。
② 《Bolshevism的胜利》,《李大钊全集》第2卷,人民出版社2013年版,第367页。
③ 玄庐:《前途的灯》,《星期评论》第11号,1919年8月17日。

民"与"群众"这两者并不作严格的分别。但是,从观念演变和学理方面来分析,不仅"平民"与"群众"有着不同,而且"群众运动"的意义性内涵不仅与马克思主义唯物史观中"群众"观在中国的传播有关,同时也在很大程度上与五四运动群众性的斗争方式有着密切的关联,故而"群众运动"在思想内容上,可能比"平民运动"也要激进得多。

五四时期思想界对于"群众"观念的认知及思想认识上的不断深化,不仅契合当时社会改造思潮发展的内在理路及前进方向,而且也是有力地引领思想界的激进化、革命化走向。学理上说,社会改造思潮的兴起,也就不得不研究何者是"社会改造"的力量,而在五四运动中"群众运动"的影响和马克思主义得到广泛传播的条件下,进步思想界也就必然地将目光聚焦于社会上的广大"群众",故而进步思想界对于"群众"在"社会改造"中意义的认同也就合情合理了。换言之,"群众"观念在五四时期植入到思想体系之中,思想界进而基于"群众"的观点研究"社会改造"问题,这是马克思主义深刻影响中国思想界的重要表征,同时也是有着当时社会改造思潮演变的内在逻辑。概括地说,五四时期思想界对于"群众"意义的认同,推动了思想界民众观念的发展与提升,并使五四时期的思想体系与现实的政治变革更紧密地结合起来。

四、民众本位观念在思想界中的确立

五四时期民众本位观念在思想界的确立是一个极为重要而又关键性的事实,这不仅深刻地反映了中国社会在时代转换中思想诉求由理念的追寻、思想的倡导而进至实践上开展"群众运动"的需求,而且亦导引中国现代思想向着民众化、革命化的方向发展,并使中国现代思想体系有着重心下移的鲜明特色。但就思想认知的逻辑进路而言,五四时期思想体系中民众观念的形成和发展再到民众本位的最终确立,乃是思想衍化与不断提升的历程,同时也是近代以来中国社会变革需要的集中反映,深刻地表征了思想与社会之间的交互作用的关系。这之中,既有着阶级观念的嵌入和思想界对于"群众"意义认同的环节,同时也有着社会改造思潮演进的内在逻辑进路在发生作用,但从根本上说乃是近代中国社会变迁的反映,因而需要在社会变动的基础上,以思想史的见地加以学术上的梳理。

1."社会改造"中民众本位思想的确立

"民众本位"意识,简单地说,就是社会为民众所创造、世界为民众之所有,亦即民众是历史的主人、社会进步的基本动力,这自然是五四时期马克思主义唯物史观传入中国后所产生的新思想、新理念,与十月革命对于中国思想界的影响也是密切联系着的。

五四时期民众本位思想的确立,在青年毛泽东身上有着最为突出的表现。毛泽东于1920年9月在长沙《大公报》上发表《释疑》文章,认为"民众"在新俄的政治生活中处于主体性地位:"俄国的政治全是俄国的工人农人在那里办理。俄国的工人农人果都是学过政治法律的吗?大战而后,政治易位,法律改观。从前的政治法律,现在一点都不用。以后的政治法律,不装在穿长衣的先生们的脑子里,而装在工人们农人们的脑子里。他们对于政治,要怎么办就怎么办。他们对于法律,要怎么定就怎么定。"①毛泽东关于新俄民众地位的说明,实际上也是期待中国的"社会改造"沿着"以俄为师"道路方向前进,使中国的民众在未来理想社会中处于主人翁的地位②。毛泽东在创建新民学会的过程中,致力于"改造中国与世界"的事业,因而也就积极地寻求改造中国的道路和方法,尤为突出的是将民众作为社会改造的基本动力。毛泽东指出,改造社会需要的是民众的力量,这就不能依靠少数人,亦即"改造中国与世界的大业,断不是少数人可以包办的",因而必须基于民众力量,"非得组织联军共同作战不可"③。毛泽东这里的逻辑是,社会改造既然必须依靠大多数人,"断不是少数人可以包办的",而民众才是社会中的绝大多数而不是少数人,故而"社会改造"也就必须坚决地依靠民众力量,亦即民众是"社会改造"的主体性力量。

五四时期形成的关于"社会改造"的言论,在激进化的发展进程中,已经

---

① 《毛泽东年谱(1893—1949)》上卷,人民出版社、中央文献出版社1993年版,第66页。

② 毛泽东后来在《新民主主义论》著作中,系统地表达其新民主主义的人民观。参见吴汉全:《〈新民主主义论〉对马克思主义政治学的贡献》,《政治学研究》2010年第1期。

③ 《五四时期期刊介绍》第一集(上册),生活·读书·新知三联书店1978年版,第153页。

开始将民众作为"社会改造"的根本性力量,并提出尊重民众思想诉求、反映民众心理需要的理念。如当时有文章说,"时代思潮"是"当代社会生活的反映的产物","别的都可压服防杜,唯有一时代民众思想的趋势,是不可以威权武力扑灭或使他转弯的。例如:近代劳动运动下的打破私产制的呼声,要想把他杜住不响,除非使全部劳动者俱得衣、食、住的安全,享有人类平等的幸福,其外再也寻不出治本的妙方儿来。"①对于民众在社会生活中的地位,已经接受马克思主义的沈玄庐在 1920 年 4 月的一篇文章中说:"从今以后,靠力气吃饭的人,无论种田、种地、纺花、织布、种桑树、看蚕、做泥水、做木匠、做裁缝、打铁、烧砖瓦,只要是做工的人,就要晓得天下凡经过人的手做出来的东西,都是靠力气做工吃饭的人的东西。田、地、山、荡是天然生得有的,不是那一个人做出来的,也应该归在种田的人。这是顶真的道理,是应该相信的道理,是大家实实在在去做到的道理。"②正在向马克思主义者转变进程中的恽代英,也是在思考五四运动开启"中国革命"的"社会改造"话语中,提出"为民众做事"的"民众本位"主张。恽代英说:"我常说,'五四'简直是中国革命的好机会,可惜真肯为民众做事的人少而无联络、真知如何为民众做事的人少而不勇敢(我信我便不勇敢,但今天想起来,勇敢亦无大益处),活活把机会送掉。我本非十分欢迎革命的人,但我却可惜这个机会错过了。"③观诸恽代英在"五四"前后的相关言论,确实有着不是"十分欢迎革命"的思想态度,但他此时用"革命"来诠释五四运动而发现其具有"中国革命"的性质,并从反思和汲取历史教训的角度提出"为民众做事"的主张,则内心深处所蕴藏的"民众本位"意识,不仅是十分牢固的,而且也是极为强烈的。

值得注意的是,当时诸多进步社团及其刊物,亦将如何重视"民众"力量,作为重要的研究对象。譬如,浙江永嘉学会出版的《新学报》发表郑振铎的《俄罗斯文学的特质及略史》文章,称颂俄罗斯文学在宣传平民方面所作出的重大努力,认为"平民文学"乃是其主要特点,"它是用现代的语言,现代的文法组织来写平民的生活的。他们擅长描写,对于形容下层平民的苦痛的生活

---

① 木子:《黑暗——光明》,《芜湖学生会旬刊》1921 年 4 月 30 日。
② 玄庐:《复一个工人的信》,《民国日报》副刊《觉悟》1920 年 4 月 28 日。
③ 《致胡业裕》,《恽代英文集》上卷,人民出版社 1984 年版,第 246 页。

及病的心理,尤有特长";而屠格涅夫、托尔斯泰、高尔基等更是描写下层民众生活的高手,"他们都能活泼泼的表现出当时的俄国市民、农人的生活状态,把他们的心理上精神上的现状,都一齐的呈露出来"①。又譬如,北京师范学校的一些学生所组织的觉社,对于劳力者的生存状况表现出极大的同情,其发表的《磨面的工人》文章中这样说:"我见你:/穿着破烂的衣裳,吸着不洁的空气!/为养那不劳而食的寄生虫,没昼没夜的拼命做活计!/可能养你的父母、妻子、姊妹、兄弟?/你做出来的面本是雪白的,为什么反吃那粗劣的棒子面?/你曾想到:吃你磨的面的人,不知你的饭粗、衣烂、工作不得闲?/就是知道、看见,也不过像'过眼烟云'!"②在这篇文章中,尽管劳动者深受社会的压迫,但劳动者本身并不以劳动为苦,相反而是以劳动为乐。这篇文章尽管很短,但刻画出磨面工悲惨的生存状态,不仅是对于现实社会的血泪控诉,而且也深刻地表现出作者尊崇劳力、尊重劳动的思想态度。再譬如,《民国日报》副刊《觉悟》上有篇《农夫话》文章,借农夫之口说出农民对劳动的切身感受:"诸君呀!我为何如此快活呢?不过因为我是种田的。为何有如此的大利呢?也不过因为我能种田。人人都能象我觅快活,那地球上那里有什么战杀掠夺的伤天害理事情呢?"③又再譬如,1920年3月创刊的《政衡》杂志是政治性刊物,其中的一篇文章将中国"社会改造"的希望寄托在社会大众身上,指出:"现在我们中国,若是全靠这般军人、官僚和政客,是不成功的,是无希望的。一定要我们的国民大众自己发奋和自己努力,想一个根本的解决办法,去应付这个时局,方有统一的希望和和平的希望。"④在这里,民众本位意识是很突出的,并与中国的"社会改造"事业紧密联系在一起。

五四时期民众本位思想在"社会改造"语境中的确立,是五四时期思想界的历史性成就。中国知识分子向来有着比较强烈的精英意识,大多认为自身是社会上的精英人物,故而在思想意识的深处与人民大众有着很大的

---

① 郑振铎:《俄罗斯文学的特质及略史》,《新学报》第2号,1920年6月1日。
② 《磨面的工人》,《五四时期的社团》(三),生活·读书·新知三联书店1979年版,第120页。
③ 无名:《农夫话》,《民国日报》副刊《觉悟》1919年8月27日。
④ 《武力统一与口头护法》,《政衡》第1卷第1号,1920年3月1日。

距离。马克思主义传入中国并深刻地影响中国思想界,形成了中国马克思主义的知识分子群体。中国的马克思主义者由于实现了世界观方面的根本改造,接受了马克思主义的历史观和群众观,因而为民众本位思想在"五四"思想界的确立做出了历史性的贡献。正是在中国马克思主义者的引领下,五四时期的知识界看到民众在社会生活中的主体性地位,强调民众本位、表彰民众力量,因而也就很自然地将民众与中国的"社会改造"事业联系起来。

2. 后"五四"思想界民众本位意识的显著发展

五四时期言论界有着下移的显著趋势,思想言说的重心不仅聚焦于民众(国民)本身,而且亦将"民众势力"视为社会变革的基本力量,故而也就将"改造社会"的重任落实在民众身上,并期待民众本身有着自我的"自觉"。如李大钊在 1920 年 8 月的一篇文章所说,"民众的势力,是现代社会上一切构造的惟一的基础",故而"无论何人,应该认识民众势力的伟大;在民众本身,尤应自觉其权威而毅然以张用之"①。

后五四时代,进步社团中的不少青年人,在"社会改造"的话语中不断强化其民众本位意识。不仅马克思主义者重视民众,而且那些并不信奉马克思主义的人,也在很大程度上认同民众在社会上的主人翁地位,这也说明民众本位思想所影响的层面,在不断地扩大。试举几例:

譬如,五四时期的郭绍虞是个典型的新村主义者,曾在《新潮》上发表文章介绍武者小路的《新村的说明》,又曾在《批评》的"新村号"上发表《新村运动的我见》等文章,但他也有着比较强烈的民众本位意识。他说:"新村运动只在书报的传播。书报的传播,我以为只是对于知识阶级的一种运动,而于大多数的贫民——没有机会接触这些书报的人,便无什关系;即有关系,亦是间接的关系,感化当然不深,效力当然不大。我近来有一个感想,觉得现在的文化运动,只是对于知识阶级的运动,不是对于平民的运动。不谋平民的觉悟,不增进平民的地位,这种运动总是筑在浅薄的基础上面,决不是根本的解决办

---

① 《要自由集合的国民大会》(1920 年 8 月),《李大钊全集》第 3 卷,人民出版社 2013 年版,第 262 页。

法。因此,我对于新村事业既有热烈的希望,就更愿中国提倡或实行新村组织的人,兼顾到平民方面,行努力的鼓吹。"①这里,郭绍虞尽管是在主张新村运动,但他此时业已认识到文化运动只有谋求"平民的觉悟"、"增进平民的地位",才可能使之成为"平民的运动"而不是"知识阶级的运动",其所具有的民众本位意识在当时是有代表性的。

又譬如,1920年创办的《解放画报》在其"宣言"中,对于当时宣传新思潮的书报不能平民化提出了严肃的批评意见:"那许多鼓吹新思潮的书报当中,谈高深学理的实居多数,学者得了可供参考,平民却索解不得。"故而,《解放画报》的这篇"宣言"基于平民的需要提出这样的主张:"对平民供献意见,文章愈浅显愈易解,愈通俗愈有力;讨论的问题,愈平凡愈切要,愈是小事愈有用处;文言固不如白话浅显易解,文字又不如图画通俗有味。"②这里,提出的"浅显"、"通俗"、"平凡"、"小事"、"白话"等要求,都是基于平民的需要和接受能力而来的,其所具有的民众本位意识是比较突出的。

再譬如,邵飘萍的民众本位意识亦十分强烈,他"平时在言论界之所主张,每一位欲救中国,其根本在国民之自觉"。他曾致书国民杂志社,申明"国民自觉,则无赖、军人、下等政客,凡足为国家进步障碍者,自然归于淘汰",其理由是"世界各国断无有国民毫无能力而国家有振兴之希望者"③。

这里说到《国民》杂志,应该说明的是,这个杂志与其他杂志相比较,民众意识还算是比较强烈的。然而,还是有不少读者来信予以批评,嫌其民众意识不够突出。最典型的是,《国民》杂志创刊时,公开宣布抱定"增进国民人格"、"灌输国民常识"、"研究学术"及"提倡国货"这"四大宗旨",但还是用文言文写作、发表的还是文言文,这就与其所主张的接近"国民"要求相距甚远,从而引起读者的不满。对此,有读者给《国民》杂志来信,说"贵杂志四大宗旨,自以灌输常识一条为最重要,故所作之文字宜为一般国民所能共读,此亦为诸君

---

① 《新村运动的我见》,《五四时期的社团》(三),生活·读书·新知三联书店1979年版,第185页。

② 周剑云:《解放画报宣言》(1920年5月4日),《五四时期期刊介绍》第二辑(下册),生活·读书·新知三联书店1959年版,第550页。

③ 《邵振青致记者》,《五四时期的社团》(二),生活·读书·新知三联书店1979年版,第29页。

子创办贵杂志之本旨也",因而提出该杂志"文字宜浅近"的要求。来信说:"以愚见当以最浅近之文字表明最显著之理由为唯一主义。若专注重文字之精深,研究学理之奥妙,此虽足以发扬个人之学术,而非所以促进一般国民之普通常识也。是不足取,可断言已。"①《国民》杂志本有四大宗旨,而这位读者却只认可向国民"灌输常识"这一条,并主张杂志"所作文字宜为一般国民所能共读",亦即希望杂志以"最浅近之文字"为"一般国民"服务,则可见这位读者不仅有着强烈的国民本位意识,而且也是将关注的目光聚焦在下层社会的民众身上。

在后五四时代,中国知识界由于受到苏俄建立的无产阶级专政政权的影响,其所秉持的"民众本位"意识已经不是停留在站在民众立场、代民众立言、为民众做主的水平,而是主张民众自己起来主宰自己的命运,并建立真正的"平民自治"政权。如《曙光》后期的有些文章认为,在中国不能以"人民程度太低"而将其拒绝在政治之外,而是应该参照苏俄无产阶级专政的经验,在中国建立"平民自治",指出:"平民自治果遵何道以实现之欤?是必大多数平民于水深火热之余,发生政治的觉悟,起而为民众的集合,以从事自治运动乃可。彼时之自治,乃可以去人民之疾苦,伸人民之权利。吾侪希望之自治,若是云耳。或谓中国人民程度太低,政治的训练异常缺乏……此种论调,吾人认为无一顾之价值……人民程度之高低,初无一定之标准,人民程度必到何种阶级,始能自治,殆无人能言之。方俄苏维埃制之初行也,彼农夫、工人之程度与中国平民等耳。然几多农夫、工人亦充代表,出席苏维埃议事,秩序异常整齐,议案亦甚精采。盖俄民程度虽低,即以苏维埃予以政治的训练。"②坚持民众自己掌握政权,这是五四时期思想界在"民众本位"意识上的重大飞跃。

思想的衍化自然着着其内在的逻辑,但就其实质而言,乃是社会变迁状况的反映,并且也是建立在社会变迁的基础上。就此来说,后"五四"思想界民众本位意识的显著发展,至少说明这样几点事实:一是民众业已成为中国社会改造革命化进程中的主体力量;二是民众本位在思想界取得高度的思想认同;

---

① 《卧佛致记者》,《五四时期的社团》(二),生活·读书·新知三联书店1979年版,第30页。

② 宋介:《自治运动》,《曙光》2卷1号,1920年。

三是中国的"社会改造"有着彰显民众力量的极端需要。就中国现代思想的发展历程来看,后"五四"思想界民众本位意识的显著发展,对于现代中国思想体系的架构及其整体面貌有着深刻的影响。

3.思想界对于民众运动的追求

基于理论与实践的关系来看,五四时期民众本位意识的确立,乃是开展民众运动的思想前提;而作为社会变革重要形式的民众运动,乃是民众本位意识落实在实践层面上的必然结果。具体到五四时期思想界,五四时期民众本位思想的发展,乃是与推进"民众运动"发展的思想、促进"社会改造"的进程相联系的,体现了进步知识界由思想上认同,进至改造社会的实践活动的行进路线。

开展民众运动是中国早期马克思主义者努力的目标。李大钊作为中国马克思主义的先驱,主张将"社会改造"与发挥民众力量结合起来,并尤为重视依据"团体的训练"的办法来对民众进行有效的组织和训练,认为这才是使"民众的势力"得以落实到位的关键一环,同时也是在变革中国社会的实践中,开展"民众运动"所不可缺少的条件。他指出:"改革的事业,亦断非一手一足之力,自然还要靠着民众的势力,那么没有团体的训练,民众势力又从那里表现呢?所以我们因渴望社会之改革,就恨中国人的组织能力太低,但是这也无怪,因为团体的训练和民众的运动,是互为因果的。即团体的训练愈发达,民众的运动愈有力;亦惟民众的运动愈发达,团体的训练才愈高明。换言之,没经过民众运动的人民,团体的训练是不会发达的;毫无团体训练的人民,也不能产生有力的民众运动,可见这两件事是相待为用,相随俱进的。所以我们现在要一方注意团体的训练;一方也要鼓动民众的运动,中国社会改革,才会有点希望。"①社会改造中的"民众本位"意识乃是思想上、认识上的,而李大钊尤为注重民众的"团体训练",则是将"民众本位"意识贯彻并落实在具体的行动上,这实际上是"民众本位"由思想的"知"到社会实践的"行"的发展进程,并具体地指向开展"民众运动"的目标上,因而在"社会改造"上具有鲜

---

① 《团体的训练与革新事业》(1921年3月),《李大钊全集》第3卷,人民出版社2013年版,第349页。

明的实践性意义。

后五四时代,进步社团对于民众运动也有着浓烈的兴趣。五四运动后创办的《北京大学学生周刊》,尽管在其发刊词"我们的旨趣"中,表示思想上持中立态度,但亦十分关注社会下层民众,并极力主张"社会改造"采用"民众运动"的手段,指出:"我们因为想达到我们的目的,所以不能没有进行的手段。我们的手段是民众运动——自下而上的运动。我们相信俄国学生界最普通的一句话,并且拿他来做我们的模范。他说:'要是你想扫除专制政治的羁绊,你要找平民为伍,教育他们,使他们信你。'"①"五四"后的学生刊物鲜明地主张采用"民众运动"手段,这不能说与五四运动所采取的民众运动方式以及民众运动所产生的巨大影响,没有一点关联。

五四时期中国思想界对于民众运动的追求,是在民众本位意识基础上的提升,不仅有着思想衍化的内在逻辑进路,而且也是中国社会在"社会改造"语境中,走向革命化道路的内在要求。这同时也是在马克思主义输入中国的情况下,与中国早期马克思主义对中国国情的积极探索相联系的。就思想衍化的逻辑进路来看,既然中国是帝国主义和封建主义统治下的半殖民地半封建社会,既然中国的"社会改造"必须通过激进化的"社会革命"途径,则完成民族独立、人民解放的任务,也就必然地需要在无产阶级领导下、运用"民众运动"的方式,这是现实的根本要求和历史的必然选择。

概而言之,五四时期思想界中既有的民众理念经由十月革命影响至五四运动的政治实践,在马克思主义阶级观念的引领之下而与"社会改造"语境相结合,一方面是在"平民"的认知中提出了"平民阶级"主张,另一方面则提出了"劳动阶级"、"压迫者"与"被压迫者"等范畴,从而完成了由"平民"到"群众"观念的重大演变,并最终在思想界确立群众本位观念。正因为如此,现代中国思想乃在马克思主义群众本位观念导引之下衍化和发展,并表征着中国现代思想的言说重心由精英到大众的转移、由思想倡导到政治实践的重大飞跃。

---

① 《北京大学学生周刊发刊词("我们的旨趣")》(1920年1月4日),《五四时期期刊介绍》第二辑(下册),生活·读书·新知三联书店1959年版,第559—560页。

第五章　五四时期"社会主义"在思想界的话语权势

【**本章提要**】在五四时期"个人改造"进至"社会改造"的过程中,社会主义思想在十月革命的影响下进入中国,又在五四运动政治实践的推动下建立其话语权势。这种话语权势,既表现为信奉社会主义业已成为五四时期社会心理的主要特征,又表现为社会主义在与资本主义的比较中呈现其优势而在社会中获得更多的支持者,其结果是"资本主义"失去其话语地位而退出思想言说的前沿位置。这样,马克思主义的科学社会主义亦从当时整体性的社会主义话语中凸显出来。社会主义在五四时期的思想界拥有的话语权势,不仅表征思想界在马克思主义指引下的总体面貌,而且对形成现代中国思想的整体格局有着重要的影响。

社会主义在五四时期逐步建立其话语权势,这是不容否认的客观事实。这里,所谓的"话语权势"是指某种思想在社会上占有话语权,不仅处于言说的主流位置而具有优势地位,而且对于其他思想有着某种支配权的"势力"。既有的研究大多将李大钊、陈独秀、李达等关于社会主义的宣传以及"社会主义问题"的论战作为基本的依据,但很少注意到社会主义的话语权势在五四时期的进步社团及其刊物中的具体样态。从深入研究的角度来看,社会主义的这种"话语权势"是通过怎样的途径建立起来的,而所谓的"话语权势"又有着怎样的具体表征,社会主义"话语权势"建立后的中国思想界有着怎样的状况,这些问题还是值得进一步探讨的。

一、社会主义话语权势的形成

社会主义是在五四时期的"社会改造"语境中被认知和理解的,继而也就在中国思想界中成功地生根和衍化。从研究的角度来看,社会主义在五四时期思想界中居于话语权势的地位,乃是以近代中国社会为主因的,但同时也是诸多因素综合作用的结果。因此,社会主义进入中国并在五四时期思想界具有话语权势的地位,乃是一个契合五四时期中国社会演进需要的历史过程,这当然也有着先进知识分子所付出的诸多努力,因而也就呈现出主观与客观相互作用、认识和实践相统一的进路。

1.十月革命的持久性影响

社会主义话语权势在五四时期得以形成,一个极为重要的因素是由于当时的中国社会,仍然处于十月革命持久性的影响之下。十月革命对中国思想界的影响不仅是持久的,而且影响的层面也是极为广泛的,以至一些主张改良的刊物亦自觉不自觉地受到影响。上海中国公学教员编辑的《新群》月刊,尽管总体色调是改良主义,但该刊上亦有不少文章赞赏十月革命,对十月革命表示欢迎的态度。该刊发表杨亦曾的《新社会与新生活》文章指出,十月革命消灭了俄国的资本主义制度,赶走了"资本家"、"野心家"、"政客军士","现在俄罗斯已经没有尔们的踪迹了;德意志匈牙利尔们早起恐慌了,尔们就是在英美法也被排挤;而且太平洋那边的人看见你,也是切齿痛恨。自从尔们去后,世上的空气渐渐的清洁起来,俄国那块地方完全是清洁了"①。该刊上发表曹任远的《社会主义与吾国社会之改造》文章,不仅明确地表示赞同俄国的十月革命,而且还认为十月革命对中国的社会改造具有指导意义,申明只有社会主义才是改造中国的"对治之良方"②。福建省立第二师范学校创办的《自治》半月刊,本是主张社会自治的刊物,改良主义的色彩是很突出的,但对于

---

① 杨亦曾:《新社会与新生活》,《新群》第 1 卷第 1 号,1919 年 11 月。
② 曹任远:《社会主义与吾国社会之改造》,《新群》第 1 卷第 1 号,1919 年 11 月。

俄国十月革命却采取十分欢迎的态度,认为中国人从俄国革命中能够看到
"有一息的生机了",并预言中国的革命事业将要"实现"了。该刊发表的文章
说:"自从俄罗斯革命以来,一个血腥骷髅的世界受着那红灼灼的曙光照得大
地通红了。一般被劫夺的人民从黑暗乡里惊醒过来,执着一面红旗四面呼吁,
举世若狂。……从这一层看起来,支那人有一息的生机了,革命的事业不久便
就要实现呵。"①梁玄冰是位无政府主义者,并不信奉科学社会主义,但他却以
"两极"笔名发表文章,将十月革命称之为"红革命",并说明十月革命的前途
将是"世界大革命",指出:"红革命是世界的改造,所以灼灼的红光照耀着全
个地球,汩汩的红潮分奔向五洲各处",资产阶级的"共和民主政治不是我们
的终局,世界大革命是决不可免的。"②又说,十月革命因为废除私有制,提高
了社会生产力,"说到丰年的原故,却因为红革命以来私产制度打破,农民骤
然得有广大的土地,自己耕作,自己收获,各尽所能,各取所需,谁不高兴劳动?
生产额自然大增了。怀疑革命的,何不看看俄国?"③这就将十月革命与社会
主义联系起来了,与中国未来的图景联系起来,给立志于救国救民的知识分子
以更多的想象空间。就五四时期思想演进历程来看,首先是思想界接受十月
革命的影响,然后才是马克思主义在中国得到广泛传播,再之后才是社会主义
宣传运动的兴起,这是五四时期思想变动的逻辑进路。故而,在研究五四时期
社会主义话语权势问题时,不可忽视十月革命这个对于中国思想界发生影响
的重大因素。

2. 社会改造思潮的背景

学术界既有关于社会主义思想在中国传播的研究,还很少与当时思想界
业已存在的"社会改造"的语境相联系。事实上,社会主义是在五四时期"社
会改造"中被逐步认知而进入思想界的,有着社会改造思潮的思想背景。就
是说,五四时期中国思想体系中的"社会主义",是与当时的社会改造思潮联
系在一起的。"五四"以后,随着中国社会改造问题在思想界成为讨论的主
题,社会主义被人们高度重视起来,并在思想激进化的潮流之中,成为中国社

---

① 林松荣:《我的宣传主义的主张》,《自治》第 1 期,1920 年 6 月 1 日。
② 两极:《红潮滚过大西洋去了》,《闽星》第 2 卷第 8 号,1920 年 1 月 26 日。
③ 两极:《红年大熟》,《闽星》第 2 卷第 6 号,1920 年 1 月 19 日。

会改造的目标。陈独秀在研究中国"社会改造"问题时,曾以教育问题、妇女问题等社会问题为例,一再提醒人们要积极地关注和研究社会主义,并认为只有社会主义才能从根本上解决中国社会中的诸多问题。关于教育问题,陈独秀认为举办平民教育固然是"很好的事情",但"在现在这种经济制度以下,一定办不出好的成绩来",因而通过教育的途径进行社会改造"可以说是梦想";而就"普及教育"来讲,"要普及教育,先要设法减少劳动者工作的时间,使他们也有读书的机会;还要国家能担任各个人受义务教育的一切经费",然而"在现在这种经济制度之下,这是不可能的事实,所以要普及教育,唯有盼望社会主义的实行了"①。关于妇女解放问题,陈独秀认为妇女解放需要解决的乃是妇女的社会地位问题,然而,"究竟妇女的地位为什么要比男子低呢?大概是因为知识浅薄,经济不独立二个原因。但是知识的浅薄,也因经济不独立的缘故。……要妇女得着和男子相等的地位,不能不使伊们有使用财产的自由权;要使伊们有使用财产的自由权,除了实行社会主义以外,没有旁的希望。因为社会主义,是经济国有的,也是平均分配的,到那时妇女自然也可以受平等教育,不受经济的约束,也不怕地位的降低了。"②李大钊认为,不仅中国的"社会改造"中所关涉的教育问题、妇女解放问题等,需要运用社会主义的办法来解决,就是在发展中国实业的问题上,同样也是需要采用社会主义的办法。李大钊说:"用资本主义发展实业,还不如用社会主义为宜。因为资本主义之下,资本不能集中,劳力不能普及,社会主义之下,资本可以集中,劳力可以普及。……中国不欲振兴实业则已,如欲振兴实业,非先实行社会主义不可。"③可见,在陈独秀、李大钊等早期马克思主义者的认识视域之中,社会主义既是中国"社会改造"的目标,同时也是解决中国现实的社会问题的根本方法。需要强调的是,尽管中国人对于社会主义的知晓比较早,但中国思想界形成关于"社会主义"的整体认知,并进而将社会主义与中国社会变革的目标结

① 《社会主义对于教育和妇女二方面的关系》(1922年4月),《陈独秀著作选》第2卷,上海人民出版社1993年版,第336—337页。

② 《社会主义对于教育和妇女二方面的关系》(1922年4月),《陈独秀著作选》第2卷,上海人民出版社1993年版,第337—338页。

③ 《社会主义下之实业》(1921年3月),《李大钊全集》第3卷,人民出版社2013年版,第353—354页。

合起来,乃是与五四时期的"社会改造"主题紧密联系在一起的。进而言之,社会主义在五四时期的"社会改造"中被理解和认知,是因为思想界此时有了"社会改造"这样的思想追求,是因为在先进知识分子思想的深处有了社会主义的理想目标。故而,也就现实地提升了社会主义在中国社会中的影响力,并在探讨"社会改造"路径中,有力地推进了社会主义思想与中国实际的有机结合,因而也就成为社会主义思想中国化进程中的重要阶段。

3. 马克思主义群体的形成

从传播学的角度看,任何思想得以在社会中流行并形成一种思想的力量,都离不开既存的思想载体的作用。社会主义在五四时期思想界占有话语权势,是以马克思主义群体的形成为条件的。李大钊、陈独秀等是中国最早的马克思主义者。其后,年轻一代的先进知识分子也在"社会改造"的认知中转向马克思主义者,并成为社会主义思想传播的骨干力量。新民学会骨干蔡和森到法国后"搜集材料,猛看猛译",认为无政府主义在中国没有出路,中国只有采行"社会主义"方法,并明确表示:"我以为现世界不能行无政府主义,因为现世界显然有两个对抗的阶级存在,打倒有产阶级的迪克推多,非以无产阶级的迪克推多压不住反动,俄国就是个明证。所以我对于将来的改造,以为完全适用社会主义的原理和方法。"①这里,蔡和森主张社会主义即是源自对十月革命经验的汲取,同时也是为了适应于"中国将来的改造"事业的需要。对于唯物史观,蔡和森介绍道:"马克斯的唯物史观,显然为无产阶级的思想。以唯物史观为人生哲学、社会哲学的出发点,结果适与有产阶级的唯理派相反。故我们今日研究学问,宜先把唯理观与唯物观分个清楚,才不至堕入迷阵。……人是一个物质。人是一个消费(吃、穿、住)才能活动的动物。故人的理想云为乃是吃了饱了之后的物质的化分(或派生)。我以这种直捷简单的理由肯定唯物观,否定唯理观。唯理观弊病到了化境(助长有产阶级),唯物观才由马克斯寻找出来。这真是思想史上一桩大喜事!"②毛泽东在1920

---

① 《蔡和森的信》(1920年8月13日),《五四时期的社团》(一),生活·读书·新知三联书店1979年版,第28—29页。
② 《蔡和森的信》(1920年9月16日),《五四时期的社团》(一),生活·读书·新知三联书店1979年版,第32页。

年 12 月 1 日致信留法新民学会会员,对于蔡和森所主张的"中国革命必须走社会主义道路"的意见,"表示深切的赞同"①。彭湃也是在"社会改造"视域中看待社会主义的价值与意义,并提示出社会主义所内含着的"全体的改造"、"制度变革"、"社会革命"等基本元素:"社会主义并不是主张社会一部分的改良,是主张全体的改造。所以社会主义不是'个人主义','宗族主义','地方主义','国家主义',是社会的主义。社会主义,是社会一部分有心人,本着博爱的心肠,对于现代社会制度(组织),大抱不平,因而发见一个新的社会组织来代替他。但代替的方法,不是学那慈善家、社会改良家步步来的头痛医头脚痛医脚的方法,是取一种破坏的方法——社会革命。"②正是因为中国此时有一支信仰马克思主义的队伍,并在思想界积极地活跃着,从而有力地推进社会主义思想在思想界的发展。就此而言,马克思主义群体在五四时期的形成乃是社会主义形成话语权势的根本要件之一。

需要说明的是,强调先进知识分子群体对于社会主义话语权势形成中的根本性作用,并不否认一些并不赞同社会主义的知识分子,对于社会主义在思想界占有话语权势也起过一定的作用,尽管这种作用并不是最主要的。以少年中国学会会员李璜为例,尽管他不赞同"社会主义",并且还反对科学社会主义在中国的实践,但他在当时也强调研究"社会主义"的必要性。李璜在1919 年初到法国后,"便去寻谭社会主义派别原委的好著作",并主张"从经济学史里去探讨社会主义"。他在致国内的少年中国学会成员的信中说:"社会主义现在正由理想的时代入于实行的时代,与人类将来幸福关系很深,大家既应当抱定'爱世努力的改造主义',就应当想个方法下手。故所以对于这样风起云涌的社会主义,不可不先来研究。"又说:"这集产社会主义(Collectivisme)与共产社会主义(Communisme)虽然在理论渊源上分得很清楚,在现在实事上分起来却是很难。如像俄国近年 Bolchevik 的设施,说他是完全马克斯的集产主义,他有时又很带共产主义的色彩。因为在谭主义的时候,可以自立墙壁,毫不粘染;在行主义的时候,不能不求适公利、引用别家。所以我的愚见,研究

---

① 《五四时期期刊介绍》第一集(上册),生活·读书·新知三联书店 1978 年版,第 158 页。
② 《谁应该出来提倡社会主义?》(1922 年 6 月),《彭湃文集》,人民出版社 1981 年版,第 9 页。

俄、德、匈现在的社会主义,要从事实上留心分别,不宜拿从前那一派学说来包罗他,反转有时与实事相左了。这几回通信社稿详详细细说俄匈近况,就是要想给李守常、陈愚生合同志诸君些事实。"①李璜在思想上并不赞同社会主义,却主张要从"经济学史"研究社会主义,并积极探索"社会主义派别原委",此可见社会主义在当时的中国思想界有着巨大的吸引力,以至一些不信仰社会主义的人也加入了研究的行列里。

4. 思想论战的开展

五四时期的各种新思潮处于竞争之中,并在竞争中脱颖而出、在斗争中引人注目。社会主义在中国思想界占有话语权势的地位,并不是主观自封的,而是在艰苦的斗争中形成其地位的。早期马克思主义者对于非马克思主义进行了关于"社会主义"的论战,不仅批判各种错误的思想,而且系统地表达了社会主义的基本主张,从而使社会主义思想在思想界和社会上建立其话语权势。

在五四时期,基尔特社会主义成为对抗科学社会主义的重要力量。基尔特社会主义也叫行会社会主义,是20世纪初产生于英国的一种资产阶级改良主义思潮。它主张在保存现有资本家政权的条件下,组织基尔特(英文 guild,行会、同行组合、协会之意)管理生产,实行生产自治,产业民主,而由国家负责产品的分配和保证全民的消费,从而消灭剥削,实现劳动者的解放。张东荪等五四时期以社会主义相号召,倡言"社会改造"的主张,但所贩卖的是基尔特社会主义,并且在思想界还有很大的影响。张东荪尽管也说"资本主义必倒而社会主义必兴",但又说:"我承认各种社会主义皆有缺点;但我相信,以人智之进步,终久会依着现在社会主义之根本的趋势,发见一个比较上最圆满的社会主义。大凡最晚出的比较上必是最圆满的,——如基尔特社会主义最晚出的,所以他在比较上是最圆满的。……我有一句要言:我们对于资本主义须把实际看得重些,而我们对于社会主义须把理想看得重些;我们对于资本主义须把切近的目前看得重些,而我们对于社会主义须把较远的未来看重些。更换言之,我们要创造社会主义便不能不把他推得很远。"②这可见,张东荪是

---

① 《李璜致润玙》,《五四时期的社团》(一),生活・读书・新知三联书店1979年版,第296—297页。

② 张东荪:《一个申说》,《改造》第3卷第6号,1921年2月。

在社会主义词句之下宣传其基尔特社会主义。张东荪于 1920 年 11 月 6 日在上海《时事新报》发表了一个不足 600 字的时评——《由内地旅行而得之又一教训》。这篇短文所说的"教训"是,"救中国只有一条路,一言以蔽之,就是增加富力。而增加富力就是开发实业,因为中国的惟一病症就是贫乏",因而"空谈主义必定是无结果"的;如果说中国需要什么"主义"的话,也可以说有一个"主义",这"就是使中国人从来未过过人的生活的,都得着人的生活,而不是欧美现成的什么社会主义、什么国家主义、什么无政府主义、什么多数派主义等等"①。

马克思主义者要扩大科学社会主义在中国的影响,就必须坚决地反对基尔特社会主义。陈望道在"社会主义"论战中,责问张东荪:"东荪君! 你现在排斥一切社会主义……却想'开发实业'。你所谓'开发实业',难道想用'资本主义'吗? 你以为'救中国只有一条路',难道你居然认定'资本主义'作唯一的路吗? ……东荪! 你曾说,'社会主义是改造人的全体生活……',现在你既然旅行过一番,晓得了'大概都未曾得着人的生活',为什么不把你那'改造人的全体生活'的'社会主义'再行赞美,鼓吹,——反而忍心诅咒呢?"②邵力子也发表文章,从维护社会主义在思想界地位的角度批判张东荪的观点,指出:"'增加富力开发实业',在谈论社会主义的人,不但从来没有反对过,并且也认为必要;不但认为救现在的中国应当如此,并且认为谋人类的幸福本须如此。社会主义者和资本主义者不同的地方,只在用什么方法去增加富力开发实业,而不在应否增加富力开发实业的问题。现在的社会主义者,都能预想到社会主义下面开发实业方才能使一般人都得着'人的生活'。"③其后,张东荪又在《改造》上发表《现在与将来》一文,指出资本主义"是必然的阶段,不可越过",因而在中国不可"十二分苛责资本家";至于"现在中国就要实行社会主义,似乎太越阶了",因为中国"劳动阶级除了交通埠头因为有少数工厂才有工人以外,简直是没有";在此情形下进行社会主义,只会产生兵匪、游民的

---

① 东荪:《由内地旅行而得之又一教训》,《时事新报》1920 年 11 月 6 日。

② 陈望道:《评东荪君的〈又一教训〉》,《民国日报》副刊《觉悟》,1920 年 11 月 7 日。

③ 邵力子:《再评张东荪"又一教训"》(1920 年),《邵力子文集》上卷,中华书局 1985 年版,第 436 页。

"伪劳农主义"①。此可见,这场关于社会主义的论战还是很激烈的。

陈独秀等在论战中表示,在中国发展实业是必要的,但问题是用什么方式(是社会主义还是资本主义)来发展实业。在陈独秀看来,"资本生产制一面固然增加财富,一面却增加贫乏,这是稍有常识的人都应该知道的",而张东荪正是犯了常识性的错误,所以他对于张东荪所说"开发实业非资本主义不可,集中资本非资本家不可"的话,感到值得"发笑"。陈独秀的观点是,解救中国的贫困,使中国人都过上人的生活,"非废除资本主义生产制采用社会主义生产制不可。因资本主义生产制下,无论资本家是外国人,或是本国人,决不能够使多数人'都'得着人的生活"②。在法国留学的周恩来对国内发生的这场社会主义论争也予以特别的关注,他著文支持陈独秀的观点,指出:"以中国今日的情势,开发实业,似乎已成为不可争论的必然趋势,其实究用何种方法来开发他,却大可注意。适用资本主义的方法来开发实业,其结果不仅使中国变为舶来品的销卖场,且会使中国各地布满了外国的资本家。……于是中国的铁路、航路、银行、工厂、矿山、邮电间接直接都归到外人手里了。"周恩来的主张是,中国的"实业可以暂时不开发",但"资本家的机会却不可以多造";中国当时的主要任务是进行"共产革命",只有在"革命成功后,生产的劳动阶级建立了强有力的政府,消灭了私有制度,集中了资本,公有了农田"的情况下,才能"开发实业,振兴学术,更进而求生产力和消费力的均平配合"。周恩来的态度很肯定,表示"永远要与资本主义为敌,更绝对不能容许拥护这个主义的方法在中国滋长茂盛起来"③。

自1921年下半年以后,马克思主义者集中力量批判张东荪的基尔特社会主义的本质。《先驱》上有文章指出,张东荪等尽管举起"社会主义"旗帜,并且也主张"社会改造",但实际上是故意"把社会主义的灵魂抛弃",因而只是坚守着"社会主义的死躯壳"④。《先驱》上也有文章直接点明张东荪基尔特

① 张东荪:《现在与将来》,《改造》第3卷第4号,1920年12月。
② 陈独秀:《复东荪先生底信》,《新青年》第8卷第4号,1920年12月。
③ 《共产主义与中国》,《周恩来早期文集》下卷,中央文献出版社、南开大学出版社1998年版,第458—462页。
④ 仁任:《革命与社会主义》,《先驱》第1期,1922年1月15日。

社会主义的"资本主义实质"及其险恶用心,指出:"你们怕革命,你们怕革命后打破了你们的饭碗,你们就不必讲改造。冒着改造的招牌,暗中延长旧社会的命运,你们的心真可诛,你们的肉尚足食乎?""老实说吧,什么基尔特社会主义者,你们所主张的完全是资本主义! 张东荪说:'资本主义是不可避免的,我们只好听之。'徐六几的说法更滑头了:'社会革命之真意义,是要生产的新方式的树立,使社会上全体建设物发生根本变化。只要是如此,至于他所用以表现的方式是暴烈,抑是和蔼,都不关重要'。既说树立生产的新方式,而又不主张革命,则树立方法自然是舍资本主义以外别没有了。你们主张资本主义就主张资本主义好了,又何必带上基尔特社会主义的假面具呢? 骨子里主张资本主义,而又没有那么大的勇气,如此暗娼式的行为,可怜亦复可恨。"①《先驱》为了揭开基尔特社会主义者的反动面纱,说明基尔特社会主义者的"哲学"乃是"完全偷盗伯因斯坦的",其"历史观是不承认经济为决定其他生活的唯一的原素,而认他只有一部分的势力",因而在思想上是"反对阶级斗争"的②。

历史地看,在这场关于社会主义的争论中,中国早期马克思主义者有着重大的历史贡献,但也存在着较为明显的缺点,这自然也是与中国早期马克思主义者此时的理论水平有关。譬如,他们在坚持十月革命道路的同时,否定了资本主义在当时中国存在和发展的进步意义;他们还不能把社会主义理论同中国当时的具体情况结合起来,因而主张直接进行社会主义革命。但总体来看,五四时期思想界对于张东荪的基尔特社会主义的批判,使社会上年轻一代认识到基尔特社会主义的本质,增进了人们对于科学社会主义的认识,有效地巩固了马克思主义的社会主义思想阵营。通过论战,马克思主义的科学社会主义在中国思想界确立其话语权势地位。

5. 群体分化与思想阵营的分裂

社会主义话语在五四时期的形成及其在中国思想界具有其话语权势,固然是社会主义在中国得到广泛传播的条件之下,并且也有着李大钊、陈独秀、

---

① 旋:《评中国的基尔特社会主义》,《先驱》第 3 期,1922 年 2 月 15 日。
② 剑:《答徐六几和东荪》,《先驱》第 6 期,1922 年 4 月 15 日。

李达等先进知识分子在社会主义宣传运动中的重大努力,但也是在五四时期群体分化这个特定的背景之下。换言之,在研究"五四"后的社会主义话语权势时,得注重"新青年群体"的分裂问题及其对于中国现代思想走向的巨大影响。当时青年学生所办的社团,皆以新文化运动精英为其精神领袖。故而,思想界的精神领袖在分化之后从属于哪个阵营,也就直接影响着社团的思想走向。总体来说,青年学生所办的进步社团尽管在五四运动后发生分化,但社会主义思想在此期间却得到前所未有的发展。国民杂志社的重要成员黄日葵注意到,五四运动后"新思潮一派,隐然以胡适之先生为首领","渐渐倾向于国故整理的运动";而"国民杂志社一派,隐然以陈独秀先生为首领",其政治"倾向越发分明了,他们显然是社会主义——尤其是布尔扎维克主义的仰慕者了"①。胡适对《新潮》的影响是巨大的,当时的北大学生许德珩后来回忆说:"在胡适影响之下的学生,有傅斯年、罗家伦、毛之水等。他们办了一个《新潮月刊》,响应白话作文。这刊物,在主张白话作文,响应文字改革上是有他一定的功劳的"②。又说:"由于傅斯年、罗家伦等人和胡适很接近,所以胡适一直是新潮社的顾问。"③《国民》杂志社中成员不少是"少年中国学会"的成员,因而对《国民》产生重大影响是陈独秀、李大钊等喜欢谈"政治"的新文化运动领导人。在陈独秀、李大钊等的影响下,《国民》杂志思想日趋激进化,积极宣传十月革命和苏俄的社会主义实践。譬如,《国民》1卷2号上发表许德珩的《国民思想与世界潮流》文章,对世界革命的潮流进行了生动的描绘,对中国受世界革命的影响作了预示:"彼澎湃浩荡之新思潮,方且发源于俄罗斯,汹涌于德意志,而波遍于大西洋、太平洋,直侵入我亚洲大陆矣。"该文对世界工人运动的发展,作了这样的展望:"今俄德且颠覆其不事事之官僚,而代以劳动政府矣。若英、若法、若美、若意,无不有劳工会之组织,行见二十世纪之新世界,劳动政府将布满于全球矣!"④此后,《国民》发

---

① 黄日葵:《在中国近代思想史中的北大》,《五四时期的社团》(二),生活·读书·新知三联书店1979年版,第35页。
② 《五四运动回忆录》(上),中国社会科学出版社1979年版,第213页。
③ 《许德珩回忆录》,中国青年出版社2001年版,第34页。
④ 许德珩:《国民思想与世界潮流》,《国民》1卷2号,1919年2月。

表一些公开宣传马克思主义的文章,"李泽彰翻译了《共产党宣言》,在《国民》上发表过"①。以上的材料大致可以说,"社会主义"在中国作为思想中的一派并在后"五四"时期具有话语权势,不仅与马克思主义在中国得到广泛传播有关,同时也是与"新青年群体"当时的分化情形相联系的。

6. 向往社会主义的社会心理

社会主义在五四时期形成话语权势,是与当时各社团及其刊物所普遍存在着的渴望"社会主义"在中国实现的社会心理联系在一起的。中华民族是热爱和平、酷爱自由的伟大民族,努力追求"大同"理想、社会和谐的伟大民族。传统文化中的"大同"理想更易于中国人接受马克思主义的社会主义、共产主义理想。对于饱尝压迫和剥削的中国人民来说,马克思主义的科学社会主义所展示的没有剥削、没有压迫、人人平等、个个幸福的图景,是有很强的吸引力的,并且也是具有急切的现实需要的。社会主义在五四时期得以在社会上大量流传,宣传社会主义的社团及其刊物发挥了推波助澜的重要作用,这是不可否认的基本事实;但也应该看到,一些宣传其他"主义"的社团或刊物中,对于"社会主义"在中国形成话语权势,也起了相当大的作用。实际的情况也是,五四时期的社团及其所办的刊物,普遍地有着渴望"社会主义"在中国实现的社会心理,尽管这些社团或刊物的情形有所不同,对"社会主义"的认识也不到位,但向往社会主义的心态是很显然的。譬如,北京高等法文专修馆学生创办的《工读》半月刊,其中有一篇《工读的究竟目的安在》文章,认为工读的目的在转变"贵族的学风",借以"普及庶民的知识,打销阶级的专制政治,以实现平等的自由社会",而这个理想中的"平等的自由社会"就是"社会主义"。该文说:"现在的社会是坏极了,不图改救是不可长久的了。……解救之道,当然是社会主义;因为他最公道,最平等,无有军阀财阀,无有种界国界,是相爱相信的世界,不是相杀相欺的世界,经济上固然好,道德上尤其好。"②何谓社会主义? 此文的回答是:"社会主义乃是利他的主义,非利己的主义,乃利众的主义,非利独的主义。"如何实现社会主义?"要想社会主义实现,

---

① 许德珩:《回忆国民杂志社》,《李大钊史事综录》,北京大学出版社1999年版,第380—381页。
② 社员:《工读的究竟目的安在》,《工读》第5期,1920年2月16日。

(一)要根本了澈自己;(二)要从社会上立他的根基",这就需要实行工读主义①。这篇发表于 1920 年初的文章,确实有着追寻社会主义的理想,但不懂得社会的阶级斗争,甚至还幻想通过"工读"的改良主义办法来实现社会主义目标,因而也就有很大的空想性特征,但在当时宣传社会主义理想方面,还是有积极意义的。值得注意的是,一些并非信仰社会主义的人,也在社会主义大潮中被卷入社会主义宣传的队伍之中。以张东荪为例,他一开始也是以社会主义宣传者的身份活跃在五四时期思想舞台上的,但所信奉的是改良式的社会主义。故而,他在 1919 年底的文章中说:"现在西方各国正处于选择制度的历史时期,而中国尚没有到这个时期,因此用不着具体考虑制度问题。现在需要的是提倡社会主义的人生观与宇宙观,改造国人的思想,进行精神革命。总之,我们将社会主义不是从物质方面破坏现在的制度入手,乃是从精神方面传播一种新思想新道德新人生观新生活法入手。"②当然,张东荪并不信仰科学社会主义,而是信仰基尔特社会主义,但其在 1922 年发表的《社会改造与政治势力》文章,又是在"社会改造"视域中看待社会主义意的,甚至还将"社会主义"与社会制度变革、"革命"手段采用等方面联系起来,指出:"社会主义是用以代替私有制度、资本制度的一种新的社会组织。这种新的组织是旧社会中的治者阶级所反对的,我们要实现这个新组织不能不先打到旧组织,赶走旧的治者阶级,即首先要推倒现政权及其军队、报纸、学校等,重行建立劳动者的政权、报纸、军队、学校等,用以监视旧的统治阶级。这种激进的、全部的,彻底的改造就叫作'革命'。我们相信惟有革命,社会主义才能达到,所以我们看革命为第一义。反对革命,就是反对社会主义的实现,就不是社会主义,所以我们的同志看革命为社会主义的灵魂。"③张东荪对于社会主义的态度尤其特别,有着从反对"破坏现在的制度"到主张通过革命手段借以取代现有的"私有制度、资本制度"的言说变化,这可能与社会主义在当时中国社会中业已形成话语权势有关,尽管此时的张东荪在思想的深处,并不信奉科学社会主义。

---

① 社员:《工读的究竟目的安在》,《工读》第 5 期,1920 年 2 月 16 日。
② 张东荪:《我们为什么要讲社会主义》,《解放与改造》第 1 卷第 7 号,1919 年 12 月。
③ 张东荪:《社会改造与政治势力》,《时事新报》副刊《社会主义研究》第 12 号,1922 年 1 月 6 日。

在五四时期,那些并非信仰社会主义的知识分子对社会主义抱有好感,发表相关的拥护社会主义的言论,这颇具有象征性的意义。这样看,五四时期的社会主义后来在社会上形成话语权势,原来那些并不是主张社会主义的知识分子以及一些社团和刊物,也是在相当的程度上起了相当大的作用。

综上所述,社会主义话语权势在五四时期的形成有着特定的社会背景和思想条件,与五四时期社会改造思潮的思想背景、群体分化的具体情形是密切相连的;并且也是五四时代多种因素共同作用的结果,这其中既有马克思主义者的主观努力及其所进行的思想论战的作用,同时也有十月革命的持久性影响和在中国社会中业已形成的向往社会主义的社会心理所起的支撑作用。

二、社会主义话语权势的主要表征

社会主义在五四时期的中国思想界拥有话语权势,乃是中国现代思想史上的基本事实。从学理上说,一种思想在社会上是否真正地形成话语权势,应该是有诸多的考察指标,诸如思想的诠释力度、比较性优势、社会影响力等等。就五四时期的中国思想界而言,社会主义在中国思想界具有话语权势,有着以下几个比较显著的表征:

第一,信奉社会主义业已成为五四时期重要的社会心理。研究思想必须重视对社会心理的探讨,这是思想史研究的基本要求。理论上说,思想是系统化的社会意识,社会心理则是非系统化的社会意识,而思想的流行是以其社会心理为有力支撑的。社会心理的基本状态,可以通过民意测验的形式加以反映出来。1923 年 12 月 17 日,北京大学 25 周年纪念日所进行的民意测验①,颇能说明当时的社会心理有着信奉社会主义的趋向。该测验在回答"现在中国流行关于政治方面的各种主义,你相信哪一种"的问题中,"社会主义"得291 票,"三民主义"(包括分别答民主主义、民权主义、民生主义、民族主义)得 233 票;其他回答的,"联省自治"得 40 票,"好政府主义"得 14 票,"武力统

---

① 参见《北京大学日刊》,1924 年 3 月 4—7 日。

一"得 4 票,"资本主义"得 4 票,"和平运动"得 2 票,"君主立宪"得 2 票,"国家主义"得 2 票,"大革命主义"得 2 票。这个测验主要是在知识阶层方面,固然有其局限性,但大致可以说社会主义业已成为五四时期人们所追捧的主要目标。当然,五四时期的不少期刊所说的"社会主义",在理解上并不一致,然而也有刊物中的文章对于社会主义发生的必然性有着初步的认识,这多少能够说明人们对于"社会主义"已经从一般的心理认知上,向着比较理性化的思想认识上予以推进的状态。当然,对于以何种态度来应对社会主义发生的历史必然性,当时的青年人中,既有主张顺应社会主义潮流而在中国推进社会主义实现的,但也有人则是力图防范社会主义在中国的出现。中国早期马克思主义者是主张在中国实行社会主义的,如李大钊在《评论之评论》上的文章说:"中国人民在世界经济上的地位,已立在这劳工运动日盛一日的风潮中,想行保护资本家的制度,无论理所不可,抑且势所不能。"又说:"今日在中国想发展实业,非由纯粹生产者组织政府,以铲除国内的掠夺阶级,抵抗此世界的资本主义,依社会主义的组织经营实业不可。"①陈启修在《评论之评论》上的文章,不仅认为在中国将会发生社会主义,而且还认为中国将来所实行的将是"俄国式的社会主义"。他说:"中国不发生社会主义则已,苟能发生,则只有俄国式的社会主义。苟现在政治状况无甚变更,或其他原因中途发生,恐将来诚不免步俄国底后尘。"②这里,陈启修固然有照搬"俄国式社会主义"的嫌疑,但他亦认定中国实行社会主义乃是历史必然性的趋势。那些防范社会主义的人,自然是不信仰社会主义的,但正是因为看到了社会主义在中国实现的某种必然性,所以才极力想办法来阻止社会主义在中国的发生,可谓"用心良苦"。如《新群》中的文章认为,社会主义在欧美兴起,主要是由于欧美工商业发达、贫富悬殊之所致,尽管中国目前还没有欧美社会中那么大的贫富悬殊,也没有欧美国家中那么发达的工商业,但中国还是有发生社会主义的可能,故而应该"趁这个时候,去拼命研究这种主义,谋各方面的改良,以预防激烈行

---

① 李大钊:《中国的社会主义与世界的资本主义》,《评论之评论》第 1 卷第 2 号,1921 年 3 月 20 日。

② 陈启修:《社会主义底发生的考察和实行条件底讨论与他在现代中国的感应性及可能性》,《评论之评论》第 1 卷第 4 号,1921 年 12 月 15 日。

为的实现",否则,如果"等到时机到了,演出了社会上种种惨状的时候,再想去研究他,恐怕就来不及了"①。可见,《新群》只是为了预防社会主义来临之时的"激烈行为的实现"而研究社会主义的,故而在思想上并不赞同社会主义方式。尽管如此,该刊也是在某种程度上看到了社会主义发生的必然性,只不过是想通过人为的力量来阻扰这种必然性的发生。

就当时的中国思想界而言,也正是因为渴望社会主义业已成为五四时期重要的社会心理,故而思想界的进步力量尤其是早期马克思主义者,也就将社会主义作为"社会改造"中的理想蓝图。五四时期思想界中的马克思主义者,是将社会主义作为中国"社会改造"目标中的一种理想来追寻的,故而"社会改造"与"社会主义"这两者是相统一而又不可分割的。大致说来,五四时期"社会改造"话语中的"社会主义"理想蓝图,涉及社会生活的方方面面,其内容也是极为丰富的:

其一,社会主义是对资本主义的根本超越。五四时期的中国早期马克思主义者认识到,社会主义的理想是在与资本主义的比较中呈现的,而社会主义的现实是在反抗资本主义的斗争中产生的。最显著的表现是,"社会主义主张推倒资本主义,废止财产私有,把一切工厂一切机器一切原料都归劳动者手中管理,……制造出来的货物,一部分作为下次再行制造的资料,一部分作为社会的财产,一部分作为自己的生活资料大家享用。这时候大家都要做工,都能得饭吃得衣穿",所以"劳动者非信奉社会主义,实行社会革命把资本家完全铲除不可"②。这可见,社会主义既然是在推翻资本主义的斗争中产生,故而社会主义社会也就是对资本主义的根本性超越。

其二,社会主义注重发展社会生产力。当时,思想界有人不明白社会主义与解放和发展生产力的关系,甚至认为社会主义对生产力注意不够,只有资本主义才注重发展生产力的。而在早期马克思主义者看来,社会主义是高度注重发展生产力的,因而也是谋求实业振兴的,但这是以社会革命及政权的取得为前提的。周恩来在欧洲勤工俭学时就认为,在是否发展实业的问题上,"共

---

① 王敬芳:《发刊词》,《新群》第 1 卷第 1 号,1919 年 11 月。
② 立达:《劳动者与社会主义》,《劳动界》第 16 册,1920 年 11 月 21 日。

产主义者决不作枝叶的问题,要大刀阔斧地来主张共产革命。革命未成以先,一切罢工,减时,加薪,自治,国有,协作等事件,都不过被视为训练劳动群众帮助革命进行的种种手段。一旦革命告成,政权落到劳动阶级的手里,那时候乃得言共产主义发达实业的方法。因为政权在一个生产阶级手中掌着,并且要消灭阶级界限,所以只有共同的生产者,将没有压迫者和被压迫者的分别,掠夺者和被掠夺者的分别了。劳动者是无祖国的,所以乃能联合起全世界的劳动者来消灭这个竞争和侵略的野心,而产出共同生产的大计划。共产主义发达实业之大计在此,由此乃能使产业集中,大规模生产得以实现,科学为全人类效力,而人类才得脱去物质上的束缚,发展自如。"①此可见,社会主义是重视生产力发展的,但这是以掌握政权为前提的。

其三,社会主义有着依据生产力状况的分配制度。当时,也有人认为社会主义就是"各尽所能,按需分配",这主要是无政府主义者提出的主张,并在当时的思想界有很大的影响。早期马克思主义者认为,社会主义要依据生产力发展状况来决定分配方式,不可能立即能够"各尽所能,各取所需",这种理想的状况"非待世界的产业发达到极境的时候,不能办到"。《共产党》月刊上有文章说:"譬如今日行了社会革命,明日组织新社会,而新社会都是继承旧社会的生产力继续发展的,这生产力是有一定的限制的,生产力既有限制,生产物当然也有限制了,以这有限制的生产,听各人消费的自由得其平等,是绝对办不到的。若果社会的生产力发展到无限制的程度,生产物十分丰富,取之不尽,用之不竭,这'各取所需'的分配原则是很可实行的。只是在生产力未发达的地方与生产力未发达的时期内,若用这种分配制度,社会的经济的秩序就要弄遭了。"②早期马克思主义者提出依据社会生产力状况来决定社会主义的分配方法,看到了生产力与分配制度之间的内在关系,这就使社会主义的理想建立在切合现实的生产力基础上。

社会主义在五四时期思想界有着蓬勃发展的态势,信奉社会主义业亦成为五四时期极为鲜明的社会心理。马克思主义的科学社会主义本身有着极为

---

① 伍豪:《共产主义与中国》,《少年》第 2 期,1922 年 9 月 1 日。
② 江春:《社会革命底商榷》,《共产党》第 2 号,1920 年 12 月 7 日。

丰富的思想内涵,实践中的运用亦牵涉诸多方面,这是需要随着革命实践的发展而不断地加以解决的。作为理想蓝图的"社会主义"与作为行动方案的"社会主义",这两者不仅是不同的,并且这两者之间还存在着显著的张力。从学理上说,作为理想蓝图的"社会主义"具有思想性、目标性、未来性的特点,而作为行动方案的"社会主义"有着实践性、操作性、现实性的特点。故而,在中国的"社会改造"趋于激进化的过程中,如何在社会革命之中而注意调适两者的张力并寻求一种平衡也就更加迫切了,这也是此后中国马克思主义者积极地推进"社会主义"理想的中国化、现实化的动力。

第二,社会主义在与资本主义的比较和诠释中呈现其独特优势。社会主义的优势是在与资本主义的比较中表现的。一个显著的事实是,社会主义在五四时期的中国社会中获得更多的支持者。中国早期马克思主义者非常重视对学生社团的思想引导,尤其注意社会主义与资本主义之间的比较,以增进他们对于社会主义的理解和认识。譬如,《曙光》杂志社的编辑宋介,曾在《曙光》上发表《劳动家与专利者》文章,其中有"罢工是生产机关之内乱,是社会经济的不幸,也足以引起生活的不安"的话,公然对工人的"罢工"予以指责,并表现出对资本主义社会秩序的留恋情绪。已经转变为马克思主义者的施存统于 1921 年 3 月致信宋介,认为此文对于"生活不安"的解释,有可能使人发生"两个误解:(一)生活不安,只是在工业革命之初和罢工的时候有的;(二)第一种生活不安已过去了,现在只有第二种了。"而在施存统看来,所谓的"生活不安,是现代资本主义的特征,彼是与资本主义相终始的。资本主义的经济组织存在了一天,劳动者的生活不安也便继续了一天"①。在这封信中,施存统借机对当时的社会主义论战表达自己的看法,认为自从罗素到中国后说了些"中国须发展实业"话后,有些人跟着"提倡什么资本主义",这"着实可怜";又说"有好些朋友不懂资本主义的生产和社会主义的生产的区别,盲信要实行社会主义非先促进资本主义的发达不可",抱这种意见的人也是"实在万分可怜"。由此,施存统在这封信中,重点阐明了社会主义生产与资本主义

---

① 《施存统致宋介》,《五四时期的社团》(三),生活·读书·新知三联书店 1979 年版,第65 页。

生产的不同："据我的见解,资本主义的生产和社会主义的生产,在组织上并没有十分大不同(指现在),其不同者主要如下:(一)资本主义以得利润为目的而生产;社会主义以适应社会的需要为目的而生产。(二)资本主义要限制生产力;社会主义则否。(三)资本主义有生产过多或过少之弊;社会主义有适当的调剂。(四)资本主义要给与劳动者以很惨的苦痛(如劳动者失业,劳动者中毒受伤,劳动者过劳致病,劳动者受最低的工银,劳动者两性幸福的破坏,妇女儿童劳动者的增加,劳动者死亡率增加等);而社会主义则否。"①施存统在社会主义与资本主义的比较中来对于社会主义进行诠释,阐明了社会主义的特征及其优越性,这对当时的思想界及青年社团是有着较大影响的。

与此同时,"资本主义"在与社会主义的竞争中业已失去其话语地位,逐步地退出思想言说的前沿位置。在五四时期的中国思想界,资本主义一开始是作为社会主义的对立面而呈现的,但随着"五四"思想界的演进和社会主义思想的发展,资本主义思想处于被批判、被声讨的状态。《新湖北》上有文章说:"资本主义,已被那些社会主义的学者攻击得体无完肤,那里还有存在的价值呢! 资本主义既不能存在,那么依附资本主义的代议制度,那里还能够适用呢!……代议政治在欧美的国家,已经是到了末日了,在中国也有两个根本不能存在的理由:一、代议政治的精神就是法治,中国自丁巳以来,护法军兴,打了无数的仗,死了无数的人,损失了无数的财产,结果仍是毁法。法政无效,那便是代议政治根本破产。二、代议政治以中产阶级为中坚。……中国现在只有两个阶级,一是军阀官僚,一是第四阶级的劳农和失业游民。号称中产阶级的政治流氓不是投降军阀,便是流入游民。一个国家里面,没有文化中心生活独立的中产阶级,那便是代议政治根本不能适用。"②此文的作者并不是社会主义者,而是所谓的"新的代议制度"的主张者,但他也认为既有的资本主义已经失去了往日的声誉。《新浙江》上也有文章对于工人罢工的正当性表示理解和同情,认为"罢工之损害,加于雇主或企业家为多,然非违公法……,总同盟罢工既以破坏现社会及经济制度为任务,则欲评其当否,须先察视制度

---

① 《施存统致宋介》,《五四时期的社团》(三),生活·读书·新知三联书店 1979 年版,第66 页。

② 范鸿钧:《"新湖北"建设问题》,《新湖北》第 1 卷第 3 号,1920 年 11 月 15 日。

之良窳"①。该文还引证《共产党宣言》第一节"资产者与无产者"中的相关论述,阐明了劳动者举行同盟罢工的合理性,指出:"劳动者之最苦痛,莫过于境遇不安。彼等惟借腕力以糊其口,卖劳动力而获工资。马克思以劳动力比作商品,提供劳动市场,招致顾客,企业家徘徊于竞卖场,选择商品,评量价格,合则买,不合则去而之他"②,故而劳动者为改善待遇必然会起来斗争。还有一个重要的例证,即1923年4月13日北京中大10周年纪念日公民常识测验③,颇能说明"社会主义"和"资本主义"在中国思想界的地位。该测验中,在"你欢迎资本主义吗"栏目的回答中,"欢迎"得736票,占合格票的27%;"不欢迎"得1991票,占73%。在"你赞成社会主义么"栏目的回答中,"赞成"得2096票,占合格的76%;"不赞成"得654在票,占24%。这个测验当然有一定的局限性,但从"社会主义"和"资本主义"在得票的比例上,亦能看出测验者中四分之三以上赞成社会主义,只有四分之一左右的赞成资本主义。在社会主义话语权势之下,有人即使是赞同资本主义,但也不肯公开而又明白地说自己是主张资本主义的,而是往往会换个花样或者换个新名词,甚至还会以社会主义名号来表达自己的看法④。

第三,思想界对于社会主义的认识有了显著的提升。社会主义在中国传入有着不同的阶段,人们对于社会主义的理解和认知也处于变化之中,但对社会主义认识的不断提高,乃是一个根本性的衍化趋势。时人业已注意到,社会主义起初进入中国时,人们对此并没有很好的认知,也"没有甚么很精确的解说","高到安那其、布尔塞维克,低到安福系、王揖唐所称道,都有些可以合于通行所谓社会主义的意义",以致"大家以讹传讹,便硬指一切暗杀革命是社会主义,一切社会主义是暗杀革命",甚至还将"社会主义"这四个字与"许多

---

① 童一心:《同盟罢工论》,《新浙江》第1期,1921年2月1日。
② 童一心:《同盟罢工论》,《新浙江》第1期,1921年2月1日。
③ 参见《晨报副刊》,1923年7月15—17日。
④ "五四"思想界有一个比较有趣的现象,这就是言说中的话语与真实的思想意图存在很大的差距,亦即言说者是通过间接的或曲折的方法来表达其真实的思想诉求。譬如,思想保守者在言说中并不公然地以"保守"自居,资本家本人也反对他人将自己说成是资本家,反对社会主义的人有时也是以拥戴社会主义的面目出现。此可见,具体的语境对于思想的表达有着很大的制约作用。

破坏事业的危险与恐怖"联系起来①。当时的社会主义思想流派可谓五花八门,如陈独秀所言,社会上"除了'废止资本私有'为各派社会主义共通之点以外,从来学说不一,至今尚留存的,有力量的,可分为五派:一、无政府主义;二、共产主义;三、国家社会主义;四、工团主义;五、行会社会主义"②。这反映当时思想界对于社会主义确实是不甚了解,甚至还存在着不少误解的情况。当然,也有人故意弄混"社会主义"的含义,以便使人们不容易分辨清楚何谓真正的"社会主义"。张东荪明明知道马克思主义的科学社会主义与其他形形色色的社会主义有着本质的区别,可他为了否认马克思的科学社会主义,以致故意曲解"社会主义"的思想内涵,说"须知社会主义四个字是包括的",各种流派的社会主义思潮如空想社会主义、无政府主义、修正主义等等,都是"包括"在社会主义之内的,于是"凡是改造人生而合于社会主义的原则的,社会主义无不把他综合起来"③。这就使得"社会主义"成为无所不包、内容庞杂、体系混乱、思想不明的混合物。大致说来,五四时期的中国思想界对于社会主义的认识,可以分为两个阶段:1919 年至 1920 年间是第一阶段,这是对社会主义认识的初步阶段,一些反对既有秩序的思想有时也被笼统地指称为社会主义;而 1921 年共产党成立前后为第二阶段,这个阶段对社会主义的认识有了很大的提高,明确了真正的社会主义乃是马克思主义的科学社会主义。

　　1919 年至 1920 年间,思想界对社会主义的研究,总体上说是处于初步的介绍阶段,尤其是对于马克思主义的经济观点在社会主义研究中的地位尚未引起足够的重视。甚至可以说,这个阶段的无政府主义、基尔特社会主义等等,也通常被称之为"社会主义",一些改良主义的主张也假借"社会主义"名号,给人们的感觉是:不将自己的主张说成是"社会主义",就不容易在思想界鲜明地提出来,即使提出来也不会获得相关的关注和支持,更不可能有比较广泛的受众群体。自然,在中国思想界和学术界,也有人比较早地从广义的社会主义思潮之中,来寻找马克思的科学社会主义。早在 1918 年,《法政学报》上

---

① 《论社会主义》,《恽代英文集》上卷,人民出版社 1984 年版,第 249 页。
② 《社会主义批评》,《陈独秀著作选》第 2 卷,上海人民出版社 1993 年版,第 250 页。
③ 东荪:《第三种文明》,《解放与改造》第 1 卷第 1 号,1919 年 9 月 1 日。

就有一篇题为《社会主义各派之学说》文章,认为只有马克思这一派的社会主义才是"纯正社会主义",因为其主张的"基础"是《共产党宣言》所表达的思想,代表无产阶级的利益;而马克思学说中的"资本论",则表现"社会主义"显著的"特质",这就是"以劳动为一切价值之基础"。具体的例证是,马克思在《资本论》中明确说明,劳动者"劳动五时间或六时间,则可充分维持其一家族之生活";然而,资本家"强其为十时或十时以上之劳动",因而"资本家盗其四五时之劳动"①。这可见,当时亦有人比较早地对马克思的科学社会主义已有正确的判断,只是这种正确的判断在当时尚未形成思想界的共同认知,亦即尚未形成思想上、话语体系上的共识。

笔者注意到,《晨报副刊》在1919年四五月间曾发表了梁乔山、蓝公武、王若愚等讨论社会主义的文章②,他们尽管也认识到社会主义有两大派别,一派是马克思所主张的,另一派是无政府主义者所主张的,但由于"他们对于社会主义并不甚了解,因此这个讨论也没有展开"③,于是至6月下旬梁乔山发表《梁乔山答知非、若愚两君书》文章时,这场没有得以展开的讨论也就草草收场了。众所周知,1919年8月发生"问题与主义"之争,这是马克思主义与非马克思主义在中国思想界的第一次较量,说明马克思主义已经引起思想界的高度关注,但对于广大的进步知识分子来说,真正对社会主义有科学的认识还需要时日。1919年创办的《解放与改造》杂志,以宣传社会主义为旗帜,在五四时期的思想界和学术界确实有很大的影响,但这个刊物对社会主义的认识就有很大的问题,其重要的缺陷是以超阶级的观点来泯灭"社会主义"的阶级性。该刊有文章说,一切新思想都是由于"对于环境不满足的直感",而社会主义固然是出于无产阶级"对于雇主暴虐的环境起一种不满足的直感",但对这种环境而具有"不满足的直感"的,"却不只是无产阶级因为自身的利害要起不满足的感情,就是其他的人也有时觉得不满足"。就"不满足"的情形

---

① 冈悌治著,卢鸿堉译:《社会主义各派之学说》,《法政学报》第1卷第5期,1918年11月。

② 参见《梁乔山先生致某君书》(载《晨报副刊》1919年4月25日)、《某君答梁乔山先生书》(载《晨报副刊》1919年4月28日)、《读梁乔山先生与某君论社会主义书》(若愚,载《晨报副刊》1919年4月29—30日)、《社会主义的派别》(若愚,载《晨报副刊》1919年5月3日)、《梁乔山答知非、若愚两君书》(载《晨报副刊》1919年6月25日)等。

③ 《五四时期期刊介绍》第一集(上册),生活·读书·新知三联书店1978年版,第125页。

说,"对于现在状态的不满足,到了近代,已经成了一种普遍的感想,对于现在环境的改造,到了今天,已经成了一个普遍的要求",因而此时所谓的"各阶级共通的情形,不能说只是无产阶级要求社会革命"的①。这里,张东荪依据思想是环境反映的观点来诠释社会主义的发生问题,但又把这种"反映"说成是社会上"普遍的要求",从而泯灭了思想本身的阶级属性及其所反映出的阶级意志的问题,如此的"社会主义"也就没有任何的阶级性内涵,自然也就与无产阶级学说的阶级性没有关联了。

随着五四时期思想界对西方"新思潮"认识的深入,人们开始对各种社会主义进行分别,力图从中找出社会主义的真正含义。这应该说是思想界中的一个重大进步。譬如,上海中国公学教员编辑的《新群》月刊,其中就有文章认为未来的"新社会"是社会主义社会,那时"各尽所能,各取所需,新社会的精神是自由平等,新社会的宗旨是劳工神圣,新社会里面军阀、资本家、官僚、议员是永远无踪无迹的"②。但总体来说,即使是在李大钊1919年发表《我的马克思主义观》及《再论问题与主义》文章的时候,除李大钊等少数早期马克思主义者之外,中国思想界对马克思主义认识,在整体上还是比较粗浅的。

这种情况到1920年以后开始有较大的改变,而这种改变也体现了思想衍化中质的飞跃,这就是明确真正的社会主义乃是马克思主义的科学社会主义,并且中国必须走社会主义道路。已经具有初步的马克思主义观点的陈启修,在1920年5月对社会主义研究工作提出这样的建议:"对于中国现在主张社会主义的人,我劝他们于伦理的研究以外,还要行经济的研究和政治的研究。因为社会主义底根底是长在经济状况底里面,拿政治的肥料培养成的;若专从伦理上研究他,恐怕我们所得的,终究不过是他一个影子,不是他底真相。"③陈启修基于马克思主义唯物史观考察社会思想演进的要求,提出了社会主义需要进行"经济的研究和政治的研究"主张,为思想界研究社会主义指明了学术上的方向。

关于社会主义思想在1920年后思想界的发展,《评论之评论》上的论战

① 东荪:《我们为什么要讲社会主义》,《解放与改造》第1卷第7号,1919年12月1日。
② 杨亦曾:《新社会与新生活》,《新群》第1卷第1号,1919年11月。
③ 陈启修:《文化运动底新生命》,《学艺》第2卷第2号,1920年5月30日。

是一个突出的例证。1920 年底创办的《评论之评论》杂志①，集中地开展了关于"社会主义与资本主义争论问题"的讨论，不仅阐明了社会主义发生的必然性问题，而且特别地主张社会主义是中国的"社会改造"的唯一方法。陈启修在《评论之评论》上发表的文章指出："倘诚实行社会主义，生产机关完全归为公有，生产底管理转到大众底手里去了，那也就再不会有少数人把持一切的事实发生。在那时候，少数人从经济方面和权力方面压迫民众的弊病既然可以除掉，那么怎还会有社会痛苦发生呢?"②高一涵在《评论之评论》上发表《关于资本主义和社会主义的争论的我见》文章，认为社会主义之所起正是为了医治资本主义所出现的"种种的弊害"，因而也就不需要先来发展资本主义，然后等到资本主义的"弊害"出现了，再用"社会主义的方法来医治或先事预防"。高一涵在该文中指出："我们现在明明看见资本主义在历史的经验上发见出种种的弊害，又明明看见社会主义现在正在针对这种弊害下药医治，我们不问是认定中国现在已经中了资本主义的病症，或认定还没有中了资本主义的病症，都应该用社会主义的方法来医治或先事预防的。如果希望资本主义快来，赶快的把国内造成两个阶级，然后再打开书包，去寻出社会主义的方剂来医治他，便是'削足适履'的办法。"③这里，高一涵是认为不管资本主义是否出现、是否有了"种种的弊害"，都必须先行实行社会主义，这其实也就有着社会发展可以跨过"卡夫丁峡谷"的意思。李大钊在《评论之评论》上发表的《中国的

---

①　《评论之评论》是北京大学法科学生主办的杂志，于 1920 年 12 月 15 日创刊，创办者是费觉天。在笔者看来，该刊与"北京大学社会主义研究会"有着渊源的关系。"北京大学社会主义研究会"是在李大钊倡导下成立的，据 1920 年 12 月 4 日的《北京大学日刊》，这个研究会创办于 1920 年 12 月 2 日，社员共 8 人，除李大钊、费觉天外，还有陈学池(儒康)、何恩枢(北衡)、郭弼藩(梦良)、鄢祥褆(公复)、徐其湘(六几)、陈顾远(晴皋)等。考察已经发现的《评论之评论》的第 1 卷的 1—4 号杂志，撰稿者大多为"北京大学社会主义研究会"的社员，如李大钊、费觉天、陈学池、郭梦良、鄢祥褆、徐六几、陈顾远等皆在该刊发表文章，但尚未发现何恩枢在《评论之评论》上的文章。此外，北大法科政治系的陈启修(兼系主任)、高一涵等，尽管不是北大社会主义研究会的社员，但从他们的文章在《评论之评论》上发表来看，亦可见对于《评论之评论》杂志的支持态度。

②　陈启修：《社会主义底发生的考察和实行条件底讨论与他在现代中国的感应性及可能性》，《评论之评论》第 1 卷第 4 号，1921 年 12 月 15 日。

③　高一涵：《关于资本主义和社会主义的争论的我见》，《评论之评论》第 1 卷第 3 号，1921 年 6 月 20 日。

社会主义与世界的资本主义》文章,更是具体阐明了社会主义在中国发生的历史必然性,认为中国在纳入世界经济体系的情况下,必须采用社会主义方法进行"社会改造",不必再经过欧美那样的资本主义发展阶段。他指出,"中国的经济情形,实不能超出于世界经济势力之外",尽管中国没有如欧美那样的"资本主义的发展实业",但中国的"一般平民间接受资本主义经济组织的压迫,较各国直接受资本主义压迫的劳动阶级尤其苦痛",故而在世界的经济组织现在已经由"资本主义以至社会主义"之时,中国也就必然地要求向着社会主义方向进发,并且还因为"我们尚在初步",所以必须"取兼程并力社会共营的组织,不能有成"①。《评论之评论》上这场关于社会主义和资本主义的争论,实质上就是中国"不经过资本主义的时代,是否能得到实行社会主义的时代"的问题,如高一涵当时所说,这是"中国的社会改革"所关涉的"一个很重大的问题"②。

　　1921 年中国思想界对于社会主义认识的显著提高,一个重要的表征就是将马克思主义的唯物史观与社会主义思想紧密地结合起来,并在唯物史观指导之下与无政府主义予以彻底地决裂,从而使中国的社会主义阵营成为以马克思主义为指导的科学社会主义营垒,并进一步明确了中国必须走社会主义道路。1921 年的《民国日报》副刊《觉悟》出现了系统宣传马克思主义唯物史观的文章,一方面是对空想社会主义者讥笑唯物史观的各种错误言论进行批评,阐明了思想和行动受制于唯物史观的基本道理,提出了"要实行社会主义,也应当遵守唯物史观"的重要论断③;另一方面则是将遵循唯物史观视为判别是科学社会主义还是无政府主义的根本标准,明确说明"唯物史观"与无政府主义在世界观上的根本分歧,因而"真正十分相信唯物史观的人,决不会相信巴枯宁主义是好一点或好两点"④,并在批评无政府主义者不要国家、不要强权观点的同时,充分肯定无产阶级专政的极端重要性及中国走社会主义道路的历史必然性。有文章指出:"要救中国社会,应当实行社会主义;要实

　　① 李大钊:《中国的社会主义与世界的资本主义》,《评论之评论》第 1 卷第 2 号,1921 年 3 月 20 日。
　　② 高一涵:《关于资本主义和社会主义的争论的我见》,《评论之评论》第 1 卷第 3 号,1921 年 6 月 20 日。
　　③ 存统:《唯物史观和空想》,《民国日报》副刊《觉悟》1921 年 5 月 9 日。
　　④ 存统:《理智和感情底矛盾》,《民国日报》副刊《觉悟》1921 年 3 月 23 日。

行社会主义,应当先使生产社会化;要使生产社会化,必须借助政治的权力;要借助政治的权力,必须先掌握政权;要掌握政权,必须先干革命;要干革命,必须先大家努力宣传,准备实力。"①陈独秀在 1921 年初也指出,社会主义的含义不能限制在"废止资本私有"这一项内容上,应该从生产和分配两个方面来界定社会主义,所以他说:"在生产方面废除了资本私有和生产剩余,在分配方面废除了剩余价值,才可以救济现代经济的危机及社会不安的状况,这就是我们所以要讲社会主义之动机。"②陈独秀还提请人们注意,马克思主义的科学社会主义与德国社会民主党的国家社会主义主张有着根本性的区别,前者是主张"阶级战争"、"直接行动"、"无产阶级专政"、"国际运动"等,而后者则主张"劳资携手"、"议会政策"、"民主政治"、"国家主义"等③。故而,"只有俄国底共产党在名义上,在实质上,都真是马格斯主义(马克思主义)",而"德国底社会民主党不但忘记了马格斯(马克思)底学说,并且明明白白反对马格斯(马克思)",可"表面上却挂着马格斯(马克思)派的招牌"。在此,"我们中国人对于这两种社会主义,究竟应该采用那一种呢"? 陈独秀认为,由于"中国底改造与存在,大部分都要靠国际社会主义的运动帮忙",并且还因为"外国资本主义底压迫是人人都知道的",故而"中国人应该发达"马克思主义的"阶级战争的观念",这就必然地要选择俄国共产党所践行的马克思主义的科学社会主义;而"中国若是采用德国社会民主党的国家社会主义,不过多多加给腐败贪污的官僚政客以作恶的机会罢了"④。

　　经过思想界1920 年至1921 年的关于社会主义的大讨论,"中国走社会主义道路"问题在先进知识分子中达成共识,李汉俊在 1922 年初发表的观点具有总结性:"现在中国要进化到社会主义,没有要经过资本主义充分发展的阶

---

　　①　C.T.《读费觉天君底从罗素先生底临别赠言中所见的政治支配经济策》,《民国日报》副刊《觉悟》1921 年 9 月 25 日。

　　②　《社会主义批评》(1921 年 1 月),《陈独秀著作选》第 2 卷,上海人民出版社 1993 年版,第 243 页。

　　③　《社会主义批评》(1921 年 1 月),《陈独秀著作选》第 2 卷,上海人民出版社 1993 年版,第 254 页。

　　④　《社会主义批评》(1921 年 1 月),《陈独秀著作选》第 2 卷,上海人民出版社 1993 年版,第 256 页。

段的必要,可以直接向社会主义的路上走去。并且资本主义在中国没有充分发展的可能,以中国现在的环境又有直接向社会主义路上走去的必要",这当然不是说"在二十四点钟以内就把中国完全变成社会主义的状态",而是需要准备相关的条件,尤其是需要把政权转移到"从事于有益于社会之劳动的阶级",通过建立相关的"新制度"来完全铲除"凡在资本主义制度之下所必然发生而为产业健全发展之障碍的种种产业上及社会上障碍"①。五四时期的中国知识界在"新思潮"竞起的思想潮流中,不仅将马克思主义的科学社会主义从各种形形色色的"社会主义"类别中分别出来,而且明确中国必须坚定地走科学社会主义道路,这就将"科学社会主义"与五四时期中国"社会改造"的实际紧密结合起来。显然,就社会主义认识进程、认识成果及其对中国社会的巨大影响等方面而言,中国新思想界在后"五四"时期有了显著的提高。可以说,马克思的科学社会主义从各种社会主义中被挑选出来,中国的先进知识分子不仅承认阶级和阶级斗争理论,而且又坚持无产阶级专政,同时又将社会主义理想结合到中国的"社会改造"之中,这是自鸦片战争以来中国思想界在认识上的最大飞跃。

五四时期思想界对于社会主义认识的提升,最为显著的乃是对于社会主义必然性的认知。所谓"必然性",乃是与规律相联系的关键范畴。故而,人的认识如果上升到必然性的高度,实际上也是进至研究对象的规律性的探讨。社会主义在五四时期思想界获得普遍的认同,人们对社会主义即将在中国的发生,大多也是持肯定的、期待的积极态度,尽管各个人所认定的"社会主义"并不一样。像梁启超在五四时期那样既认为"劳动阶级之运动,可以改造社会",但同时又公开地说社会主义不能在中国实现,其"总原因"就在于中国"无劳动阶级"的言论②,毕竟只是极少数者。邵力子在五四时期宣传他所认为的社会主义,强调"社会主义"作为一种"主义"而存在,实际上皆是因为其源自所生存的时代,亦即有着时代的主因、并受制于时代的需要。故而,他说:"现在的思潮界,社会主义已有弥漫一时的现象,这决非单为好奇喜新的心理

---

① 汉俊:《我们如何使中国底混乱赶快终止》,《民国日报》副刊《觉悟》("新年号")1922年1月1日。
② 梁启超:《复张东荪书论社会主义运动》,《改造》第3卷第6号,1921年2月。

所促成,实在是时代潮流中已有需要这种主义的征兆。"①就刊物而言,五四时期的不少期刊颂扬社会主义,尽管其所说的社会主义并不一致,但也有不少文章对于社会主义发生的必然性,有着初步的认识和积极的期待。《学艺》杂志上的文章认为,社会总是处于不断进化之中的,但社会生活中却存在着私有制度这个最大的祸根,所以有着社会主义发生的必要,并且也只有通过社会主义才能消灭私有制,故而"社会主义之实现,乃社会进化上必不可逃之数";而推进社会主义实现的只有无产阶级,亦即无产阶级才是社会主义"进化之势者"②。这就从社会进化和阶级力量上说明了社会主义发生的必然性,尽管这种说明还不全面,还有进一步拓展的空间。当然,对于以何种态度来应对社会主义发生的历史必然性,当时的青年人在思想上也并不完全一致,既有主张顺应社会主义潮流而在中国推进社会主义的实现,但也有人力图防范社会主义在中国的出现。这可以说是一个基本状况。

五四时期思想界对于"社会主义"认识的提升,还表现在中国早期马克思主义者对于"社会主义"在中国实践前景的探索。李大钊对于社会主义作出了理论上的系统探索,认为真正的社会主义是"以科学社会主义为根据",并可以从政治、法律、经济方面作分别的研究。社会主义"照政治方面言,必须无产阶级专政,方合其目的";"照法律方面言,必须将旧的经济生活与秩序,废止之、扫除之,如私有权及遗产制,另规定一种新的经济生活与秩序,将资本财产法、私有者改为公有者之一种制度";"从经济方面言,必须使劳动的人,满足欲望,得全收利益"③。陈独秀认为,社会主义在中国发展可以形成"国家社会主义",并主张通过"国家社会主义"的方法来"创造经济",也就是"采用国家社会主义,由中央或地方(省及市)政府创造大的工业、商业、农业,一直到私产自然消灭后已"。对此,陈独秀指出:"照中国社会的现状,要开发实业,只有私人资本主义或国家社会主义这两条道路。用私人资本主义开发实业,在理论上我们不能赞成,因为他在欧、美、日本所造成的罪恶已是不能掩饰

---

① 力子:《主义与时代》,《民国日报》副刊《觉悟》,1920 年 12 月 21 日。
② 白鹏飞:《何谓社会主义》,《学艺》第 2 卷第 7 号,1920 年 10 月 30 日。
③ 《社会主义与社会运动》(1923 年 9 月—1923 年 4 月),《李大钊全集》第 4 卷,人民出版社 2013 年版,第 245 页。

的了;……到了国民革命能够解除国外的侵略和国内的扰乱以后,无产阶级所尽的力量所造成的地位,未必不大过资产阶级,以现在无产阶级的革命倾向大过资产阶级便可以推知,那时资产阶级决难坚持独厚于自己阶级的经济制度,所以我们敢说,采用国家社会主义来开发实业,是国民革命成功后不能免的境界。"①"国家社会主义"不是陈独秀偶然使用的概念,他在这之前的文章中就表达了用"国家社会主义"发展中国实业的言论,而其所主张的"国家社会主义,决非建设在现状之上,亦非由国家包办一切大小工商业,马上就要禁绝一切私人企业",并且"所谓国家经营的大工商业,亦不必全集在中央,省管及市管方法(都算是公有),亦可斟酌情形定之"②。李大钊并不反对"国家社会主义"一说,甚至认为广义的"社会主义,包含国家社会主义与无政府主义两种"③。但李大钊更进一步认为,"社会主义是改造社会的一种法则,促进社会改良的制度",故而社会主义也就自然有着"共性"之所在,但社会主义在中国的探索和实践必然使社会主义赋予我们民族的特色,亦即社会主义在中国的发展必然会有着独特的"特性"。他说,社会主义"因各地、各时之情形不同,务求其适合者行之,遂发生共性与特性结合的一种新制度(共性是普遍者,特性是随时随地不同者),故中国将来发生之时,必与英、德、俄……有异。"④社会主义在后五四时期处于理论上的探索阶段,但能够认识社会主义在中国将有着"国家社会主义"的阶段并体现其"特性",这是社会主义认识上的重大进步。

科学社会主义在五四时期中国社会中得到高度重视和关注,亦可以通过非马克思主义者的相关例证作出说明。在五四时期,一些非马克思主义者对社会主义发生兴趣,并花费很大的精力来专门研究马克思主义,这个事实的本身也说明马克思主义在当时思想界、学术界处于极为重要的位置。王光祈是

---

① 《造国论》(1922年9月),《陈独秀著作选》第2卷,上海人民出版社1993年版,第390页。
② 《答张东荪(联省自治与国家社会主义)》(1922年9月),《陈独秀著作选》第2卷,上海人民出版社1993年版,第386页。
③ 《社会主义与社会运动》(1923年9月—1923年4月),《李大钊全集》第4卷,人民出版社2013年版,第245页。
④ 《社会主义与社会运动》(1923年9月—1923年4月),《李大钊全集》第4卷,人民出版社2013年版,第248页。

少年中国学会最主要的创始人之一,他在五四时期亦对社会主义发生兴趣,并被卷入社会主义研究之中。王光祈在一封信中说:"弟本来是研究外交的,因欲研究外交,故极留意世界大势;因留意世界大势,不知不觉的就中了社会主义的魔术了。但是要研究社会主义,非研究经济学不可,故近来极欲研究经济。觉得现在世界上一切组织多不合理、不满意,皆非根本改造不可。"①此信中,亦反映出王光祈此时的思想极为混乱,无政府主义、改良主义、空想社会主义皆有,故而一方面认为俄国革命"关于经济组织有所改造,比较的差强人意",但另一方面又说"该国列宁等所奉的马格斯之国家社会主义,采集产制度,国家权力甚大,究竟与个人自由,有无妨碍,实是一个疑问"。这固然说明王光祈此时非常矛盾的心态,但也说明王光祈对于各种社会主义皆有所研究,不然也就不会显得无所适从了。胡汉民是国民党内少有的理论家和元老,他本人不是马克思主义者,并不信仰马克思主义。可他在五四时期却专门研究马克思主义的唯物史观,并用唯物史观来解释道德、伦理和中国历史及哲学史上的问题,在《建设》上发表了《中国哲学史之唯物的研究》(一卷三、四期)、《唯物史观批评之批评》(一卷五期)、《阶级与道德学说》(一卷六期)、《从经济的基础观察家族制度》(二卷四期)、《考茨基底伦理与罗利亚的伦理观》(二卷六期)等论文②。他的《唯物史观批评之批评》文章从多方面对"非难唯物史观者"进行了批驳,认为马克思的唯物史观、简单地说"就是以经济为中心的历史观",这是因为"人类社会的生产力而定社会的经济关系,以经济关系为基础,而定法律上政治上的关系,更左右其社会个人的思想感情意见,其间社会一切形式的变化,都属于经济行程自然的变化"。胡汉民此文在当时有较大的影响,应该属于比较出色的理论著述。戴季陶也是国民党内较有影响的人物,五四运动中曾在上海与沈玄庐主编《星期评论》,对工人运动表同情,曾据日文本转译考茨基《马克思资本论解说》。戴季陶在"五四"期间阅读马克思的著作。他在《"世界的时代精神"与"民族的适应"》文章中认为,"马

①　《王光祈致君左》,《五四时期的社团》(一),生活·读书·新知三联书店1979年版,第293页。

②　参见《五四时期期刊介绍》第一集(上册),生活·读书·新知三联书店1978年版,第230页。

克斯以前许多社会主义的河流,都流到'马克斯'这一个大湖里面","大家都承认这马克斯主义是社会主义的'集大成者',是社会主义的'科学根据'的创造者",故而"信奉马克斯主义的人,遍布全世界"。戴季陶在翻译了一些马克思主义的著述后,却也一度相信"有产阶级与无产阶级的对立……就是近代产业革命后所发生的资本家生产制的结果"①。当然,戴季陶介绍马克思主义并不是真正信奉马克思主义,而是用马克思学说的一些观点来论证资产阶革命的合理性。应该说,马克思主义在中国话语权地位是不断提升的,今从《蒋介石日记》中得知蒋介石在1923年间阅读马克思主义著作的不少信息。蒋介石1923年9月至10月的日记中,有这样的记载:9月6日:"下午看马克思经济学说。"9月21日:"下午看马克思学说。"9月22日:"下午看《马克思学说概要》。"9月24日:"今日看《马克思学说概要》,颇觉有趣。上半部看不懂,厌弃欲绝者再。看至下半部,则倦不掩卷,拟重看一遍也。"10月4日:"上午复看《马克思学说概要》,习俄语,下午看《概要》。"10月7日:"看《马克思学说概要》。"10月9日:"下午看《学说概要》。"10月18日:"看《马克思传》。下午,看《马克思学说》乐而不能悬卷。"②蒋介石非文人知识分子,不是以读书写作为业的,他在1923年间却能不断研读马克思主义并产生很大的兴趣,足见马克思主义在中国社会上具有相当大的话语权势,并在社会上引起了很大的影响。非马克思主义者也被迫地卷入到研究马克思主义的浪潮中,这可见马克思主义在当时的学术界、思想界确实已经成为很有影响的势力,这同样也说明科学社会主义在当时的中国社会中有着巨大的力量。

以上,对于社会主义在五四时期凸显其话语权势的表征作了简要的梳理。不难看出,社会主义是在十月革命影响下大量地进入中国的,但在五四时期"社会改造"的话语情境中业已跃居当时思想界的主流位置,因而也就不再是原来"新思潮"中的一个流派。这是中国现代思想在五四运动促进下所发生的重大变化,并深刻地影响着此后几十年中国现代思想衍化的轨迹及其发展的态势。

---

① 季陶:《文化运动与劳动运动》,《星期评论》(劳动纪念号)1920年5月1日。
② 转引自杨天石:《找寻真实的蒋介石:蒋介石日记解读》(上),山西人民出版社2008年版,第15—16页。

三、社会主义话语权势中的五四思想界

社会主义在五四时期中国思想界具有话语权势,这是客观的事实,但也不能作出超过实际的估计。学术界对于社会主义具有话语权势的认知并不一致,似乎社会主义在五四时期具有话语权势之后,中国现代思想形成"一家独霸"的局面,其他思想也就成为可有可无的存在物。这是将思想演变进行简单化、单线化的处理,并不符合中国现代思想演进的多样性与复杂化的实况。事实上,社会主义在五四时期具有话语权势情形之下,其他思想(主要是资产阶级的改良主义思想)也有一定的生存空间,并在相当的范围内发生着程度不等的影响。不然,不仅很难想象中国共产党在建党后反对无政府主义的艰巨性,而且也难以说明中国现代思想中改良主义的影响力及其衍化中所出现的连续性等问题。社会主义理想是以社会存在着阶级及阶级斗争为基础的,这是考察社会主义思想的理论前提。基于此,社会主义在中国具有话语权势的地位,而那些反对阶级及阶级斗争理论的人,在社会上也自然有其思想的存在,尽管这种思想在社会上居于潜流的位置。

其一,社会上仍然存在着惧怕"十月革命"的心理。通常讲的十月革命对五四时期思想界的影响,大致是说十月革命使得中国社会改革走向激进化,但也有另一种不为今人所注意的情况,这就是中国思想界也有着对社会革命的惧怕心理。十月革命发生后,中国激进的知识分子为之欢呼,但也有一部分知识分子由此产生害怕社会革命的心态。以《太平洋》杂志为例,尽管该刊比较早地介绍十月革命的情况,但也有不少撰稿人却惧怕十月革命的发生,认为布尔什维克是"持极端社会主义者,得寸思尺,得尺思丈,气焰愈张,几有不能抑制之概",尤其是"雷林(列宁)氏持兵士工人代表会为傀儡,肆其煽惑"。鉴于十月革命的流血场景,《太平洋》杂志上有文章提出不要造成社会上的"阶级嫉视"观念,否则"久而久之,阶级嫉视之观念渐深,社会所感之痛苦愈极,昔日之为种族革命者,其终将流为社会之革命。彼时,人人皆挥红色旗,家家皆藏爆烈弹,汝辈虽手握军符,肘悬印绶,其如彼辈之不听命何!谓予不信,则请

质诸俄国今日之蒲留西洛夫、可尼洛夫与克林斯基,必足以证予言之不诬也"①。正是如此,该刊撰稿人主张社会改良,希望"一方养成国民高度之统一组织之惯习,一方使有资产者深明社会连带之意义,与富者之义务"②,企图通过修补资本主义制度缺陷的办法,避免社会革命的发生。《民心》杂志也因为担心十月革命的"社会革命"情形,而引发出对社会主义在中国兴起的惧怕心理,说中国发展资本主义要以美国和法国为榜样,以为这样就免除资本主义的弊端,进而也就能防止"共产主义"的出现。如该刊的一篇文章说:"夫共产党之所由兴,一由资本主义有助长贫富悬隔之势,一由资本主义之生产功能已完全发挥,此后非代以共产主义,则生产力反停滞不前。由前之说,是资本主义之流毒也;由后之说,是资本主义有遗利也。今法兰西受毒未深,自能安守资本主义之素;美国有利待辟,更能加增资本主义之需。世有他国,欲免共产主义之迫害,其惟有斟酌美法二国之国情,择善而师,择恶而避,定防患未然之计划乎。"而就资本主义本身而言,也要注意克服"个人主义之偏",并不断地"创造新事业",因而也就需要注意这样两点:一是"资本家不可太趋个人主义之偏,务使个人富力与社会富力略保均衡",资本家最好要"以个人有余之财,谋社会共进之利";二是"资本主义宜于创造新事业,不宜停顿",资本主义一旦能够"奋勇前进,开辟大业,则人乐资本主义之功而忘其苦"③。梅光迪在该刊发表的文章更直接地说,西洋是因为"有资本之弊害,而后能发生社会主义"的,可是"吾国工商业始萌芽,正苦无资本以振兴之";况且,"西洋资本主义之弊害,非社会主义所能救正",因而在中国宣传社会主义是"盲从"的做法,甚至还认为中国宣传社会主义"乃吾国人好作无病之呻吟,又欲取不对症之药,以治想象中之病"④。《学林》杂志对于社会革命和社会主义,有时表现出浓厚的兴趣,但也表现出极大的恐惧心理,并进而提出抵制社会主义在中国发生的办法。该刊的《现行私有财产制度的基础观念和将来的趋势》文章说:"欧战以后,社会制度因为受了社会主义的影响,人人知道他要改革改革才行,但

---

① 沧海:《革命后之俄罗斯政变》,《太平洋》第1卷8号,1917年11月15日。
② 彭蠡:《民主主义与社会主义之趋势》,《太平洋》第1卷第10号,1918年7月15日。
③ 平侯:《共产党之前途》,《民心》第2卷第13期。
④ 梅光迪:《自觉与盲从》,《民心》第1卷第7期。

是我不象一部分激进派的主张共产主义,而就要实现他。因为共产主义的理论,是不是正当的问题,我们暂时不必去论他,即使认为正当,但是也不能够激变的去做的。……然而社会的情状,已经到了不可不改革的地步,如果不去想个方法,逐渐去改革他,那么这种激进派的学说,趁着这个机会来煽动,恐怕免不掉有爆发的一天。……所以要遏止过激主义。"①该刊发表的《今后我国应速实行征工制度去发达全国的产业》文章说:"从今以后,中国的产业必日益发达,资本家和劳动者的地位,必日益悬隔,劳动运动和社会革命的运动,必日益激烈,这是我敢断言的。趋势既是这样,那么我们对于此等问题,万不能袖手旁观,任其自然,必当想一方法,预先防止,免至各走极端,两不相下,酿成阶级斗争之惨祸。"②《学林》所载内容相当庞杂,涉及门类颇多,但在政治上却是以恐惧社会革命运动、抵制社会主义发展、调和劳资矛盾、泯灭阶级斗争为显著特色,而惧怕社会革命的心理只是其中最为突出的方面。当时的《新潮》杂志尽管并不主张社会主义,但亦认识到社会主义思想的影响力,然而又表现出惧怕社会革命的心理。罗家伦在《新潮》第一卷第一期发表《今日之世界新潮》文章,说:"现在的革命不是以前的革命了!以前的革命是法国式的革命,以后的革命是俄国式的革命。"在该文中,罗家伦确实是承认十月革命后世界革命潮流是不可阻挡的,但又表示担心这股潮流会在中国引起"扰乱",故而提出中国要"筹备应付"的法子,他开出的药方就是采行"社会民主主义的政治"。据罗家伦自己说,他这篇《今日之世界新潮》"上半篇乃是说,看现在的世界大势,社会革命的潮流日高,在事实上各国恐怕都不能免,……后半篇乃是说,为适应这事实上不能免的潮流起见,我们不能不实行社会民主主义的政治,以免他日有真正社会革命时,发生他种意外的危险。"③有个叫易君左的读者,于1919年2月5日从日本东京早稻田大学来信,就罗家伦文章的观点加以发挥,认为"俄国式的革命非不好,若行之中国则不妙",遂提出"美国式革

---

① 许藻镕:《现行私有财产制度的基础观念和将来的趋势》,《学林》第1卷第1期,1921年9月5日。

② 卢鸿堉:《今后我国应速实行征工制度去发达全国的产业》,《学林》第1卷第4、5合期,1922年2月25日。

③ 《罗家伦答易君左》,《五四时期的社团》(二),生活·读书·新知三联书店1979年版,第81页。

命"的新说。在这位读者看来,法国革命是政治革命,俄国革命是社会革命,而美国式革命才是思想革命,并且美国式的思想已经"塞满了世界,深印于人心",将从前一切"旧思想"、"不良思想"、"不合时宜的思想"一扫而尽,已经成为"支配二十世纪"的思想。这位读者明确表示:"我主张的革命不是积极的革命——政治革命、社会革命,乃是消极的革命——思想革命。积极的革命乃改造人类外部的行为,消极的革命乃改造人类内部的思想。"其结论是:"法国式的革命已属过去事实,故不必论。现在中国唯一的要务,在防止俄国式的革命,奉行美国式的革命。"①从《新潮》上罗家伦的这篇文章及其解释,以及读者易君左的回应性文章,至少说明在"五四"前的青年群体之中,亦有部分人在接受社会主义思想影响的同时,也产生了十分害怕"社会革命"的心态。可以说,惧怕十月革命式的"社会革命"及惧怕社会主义的心理,在当时的中国知识界确实具有一定的普遍性。应该说,这是此后现代中国的改良主义兴盛的一个重要原因。

其二,无政府主义在五四时期的中国思想界仍有很大的影响。五四时期,无政府主义者对于社会主义与"社会革命"的关系虽然有所认识,但在事实上却是反对社会主义的。无政府主义在当时有很大的市场,并且也是在很大程度上以"社会主义"名义而在社会上传播开来的,这一方面固然有助于广义上的社会主义为更多人所认知,在某种程度上助推新思潮的发展,另一方面也会在人们的思想上造成混乱,隐没社会主义的真正含义。黄凌霜在"五四"前就发表有关讨论社会主义的文章,认为"社会主义反对私有财产,主张以生产机关(土地、机器等)归之社会共有,这是各种社会主义根本的出发点",但因为主张生产物分配方法的不同,所以社会主义也就"分为种种派别",于是有了"共产社会主义"和"集产社会主义"这两大派别。在他看来,"共产主义主张生产机关及生产物属诸社会,人人'各尽所能,各取所需'。集产社会主义主张生产机关属之共有,他的生产物由国家或社会分配。两派虽有不同,但想实行他的主义,必定推翻社会组织,由资本家手里取回生产机关,两派却没有分

---

① 《易君左来信》,《五四时期的社团》(二),生活·读书·新知三联书店1979年版,第79页。

别。"而就社会主义的源流来看,社会主义的首创家圣西门、傅里叶、蒲鲁东等都不敢主张"社会革命";而1864年成立的第一国际遂形成"近世社会主义",大声宣言"社会革命",而"现在俄、德的革命就是社会革命的表见"①。黄凌霜明确地表明自己不赞同马克思的社会主义,说马克思尽管主张"社会革命",并且"现在还有许多人崇拜他的玄想的经济学",但"我们却是反对的很"②。正是无政府主义在当时思想界有着很大的影响,故而中国共产党在创建初期,在思想上组织上主要任务就是清理无政府主义者。其后,尽管具有组织活动的无政府主义群体归于消失,但在社会心理层面,无政府主义意识仍然存在并有一些影响。

其三,社会上仍然有着回避阶级斗争的社会心理。五四时期的社会心理有着很大的复杂性,各种样态的非系统性社会意识都以其特有的方式存在着,并不因主流性社会思想的存在而立即消失。阶级的观点是马克思主义的根本性观点,对于五四时期的中国思想有着革命性的影响。中国的马克思主义者认为,依据马克思主义的阶级斗争理论,社会存在着阶级和阶级斗争的,中国也不例外,故而中国必须进行"社会革命",才能使中国社会向着社会主义方向迈进。当时的中国思想界,有些人尽管也认为阶级斗争是不可避免的,但同时又认为中国当时没有阶级斗争。这种观点还有较大的市场,并受到一些人的信奉。《民铎》上有篇题为《阶级斗争与现在环境之打破》的文章,一方面是承认阶级斗争的必然性,认为"凡社会自有阶级产别以上,一切生活、一切文化皆因阶级组织而决定,不论何时代之社会,于或意味必含阶级斗争,此种斗争绝无方法可以避除之也";但另一方面,该文又不承认中国会发生无产阶级与资产阶级之间的阶级斗争,其理由是"我国雄厚之资本家既不多见,而劳动阶级组合能力之薄弱尤在零点以下",故而"吾国不必为劳动阶级与资本阶级之斗争,当为别种之阶级斗争也"③。这里是说,尽管中国也可能会出现阶级斗争,但由于中国的资本不发达,劳动者能力也不强,故而中国所谓的"阶级斗争"即使有的话,也不是无产阶级与资产阶级之间的阶级斗争。值得注意

---

① 凌霜:《评〈新潮〉杂志所谓今日世界之新潮》,《进化》第1卷第2期,1919年2月20日。
② 凌霜:《评〈新潮〉杂志所谓今日世界之新潮》,《进化》第1卷第2期,1919年2月20日。
③ 记者:《阶级斗争与现在环境之打破》,《民铎》第7期,1919年12月15日。

的是,在社会主义逐步占有话语权之时,社会上仍然有人坚持其维护现存社会的思想,仅仅满足于对社会进行点点滴滴的改良,试图逃避业已出现的激烈的阶级斗争。如 1920 年 3 月 16 日出版的《平民导报》第 4 期中的《国家主义和世界主义》文章,企图躲避社会上的阶级斗争现实,说"不论什么主义,都有三个时期:一、理想时期;二、奋斗时期;三、成功时期。在理想的某主义没有到奋斗时期以前,吾们不能将现行制度废止了。"[1]又如,《新湖南》尽管是进步的学生刊物,对世界性的劳工运动表示高度关注,但该刊上也有文章担心劳工运动的进一步发展会使得"波希维主义行且流入中国矣",于是对于布尔什维主义表现出惶惶不安的心理,说如果"兴工界之革命,如俄国之波希维主义者,则中国之扰乱,益不可思议。兴念及斯,我为之惧!"[2]再譬如,《工商之友》上发表的文章,特别害怕工人起来管理生产,力图把劳动运动限制在增加工人知识的范围内,说:"若是现在就冒昧鼓吹工人管理生产,势必至此攘彼夺不止,否则便是为人利用。不过那时利用他们的人不是名为资本家,乃是名为'劳工领袖'。其实这所谓'劳工领袖'者,何尝是劳工,何尝他们用手用足做了工,不过是变形的政客罢了。"[3]正是因为存在着惧怕阶级斗争的心理,故而在社会中也就有人想着如何预防社会革命、如何防范阶级斗争的问题,这在职业教育界最为突出。蒋梦麟在 1919 年 5 月 31 日职教社第二届年会上说:"今世界最怕之事为过激党,但亦有补救之法。原过激党之起,由于一般人缺乏有兴味之恒业。如吾国书生以咿唔咕哗为快乐,决不能起而为过激党。又如木匠,果使终日劳作,引为至乐,亦不能起而为过激党。故人人有业,人人对其所业觉有趣味,过激党自无自而生。职业教育即教人有恒业、对于其业有趣味者也。故断为救济过激党之唯一药石。"[4]《新教育》这个刊物,也表示要通过平民主义教育的办法,来防止"过激主义"的流行,如该刊一篇《过激主义与普及教育》文章说:"过激主义之扰乱俄国,非过激主义之罪也。假其名以行罪恶

---

① 转引自《五四时期期刊介绍》第三集(上册),生活·读书·新知三联书店 1959 年版,第120 页。

② 赖琏:《欧战后中国之劳工问题》,《新湖南》第 1 卷第 1 期,1919 年 6 月 15 日。

③ 一岑(柯一岑):《一年来之回顾》,《工商之友》1921 年 1 月 1 日。

④ 转引自《五四时期期刊介绍》第三集(上册),生活·读书·新知三联书店 1959 年版,第307 页。

者之罪也。今日之世界,畏过激主义如蛇蝎。吾谓过激主义不必畏,所可畏者,假其名以行罪恶之分子也。欲减少此种分子,在推行正当的普及教育而已。王侯之愚,酿成十八世纪之革命;资本家之愚,养成二十世纪之过激党;教育家之愚,必将酿成杀人放火之大祸。"①《新湖北》是个宣传和鼓吹自治运动的刊物,对"阶级斗争"表现出很强的防范心理,试图通过"省自治"办法"防止私人经济的跋扈",达到消除阶级斗争的目的。该刊认为,中国社会中各阶级的矛盾虽然没有欧美国家那样尖锐和激烈,但随着人民生计之艰难和无产阶级力量的壮大,再加上官僚武人富商大贾继续拥有财产,因而在中国"将来阶级斗争恐不能免",防范之道"只有将国民生计问题,并入此次政治问题一律解决,庶将来再不陷入阶级斗争漩涡中。我的私意,以为现在阶级斗争原故,皆为自由竞争制度所酿成,我们有鉴于此,将来宜采国家社会政策,如省铁路、省电车、省电灯、省水道,其他省营业,一切皆由省开办,以防止私人经济的跋扈,使阶级斗争无从发生。"②这表明,即使是在五四时期社会思想激进化的语境之下,并且还是在寻求改造社会方法的青年人群体中,仍然存在着回避和防范激烈的阶级斗争、惧怕工人阶级力量崛起的心理。这种惧怕阶级斗争的社会心理,表现出对社会主义发展大势和共产党组织兴起的惶惶不安,并且这种心理在青年群体中有时还有较大的影响力,甚至也得到一些教育名家、社会上有声望人士的支持,因而也就成为后五四时期思想演进中的一个潜流。

其四,"阶级调和"的思想在当时还有相当大的市场。五四时期社会主义思想的发展,阶级斗争思想居于主流的位置,但"阶级调和"的思想在社会上也是存在的。理论上说,不仅阶级在社会上是客观存在的,而且阶级斗争也是不可避免的。这是基本的历史事实,因而是不可否认的。然而,在五四时期的新知识界中,有人惧怕工人阶级力量的壮大,并在这种惧怕心理的支配下,着力于进行所谓的"阶级调和"工作,并希望"阶级调和"思想能够得到很大程度的发展。譬如,中华工会在广州创办的《工界》,其"阶级调和"的思想就比较突出。在该刊上,有人无视劳资纠纷存在的这个事实,将工人与资本家之间的

---

① 《过激主义与普及教育》,《新教育》第 1 卷第 3 期,1919 年 4 月。

② 白逾桓:《论废督驱王的办法》,《新湖北》第 1 卷第 1 期,1920 年 9 月 20 日。

矛盾作了调和主义的解释:"劳动者为工业上生产力之主要分子,故资本家不能无工人;资本家为发展工业之主要分子,故劳动者不能无资本家。相资为用,互助而生,缺一不可。"①也有人认为,解决劳资矛盾的办法,就在于工人和资本家都要做些让步。一方面,要劝说工人向资本家做些让步,使"资本家懂得社会主义的原理,把自己资本公诸大众,……仿著合众国的制度,有会议,有选举,有干事。资本家象是政府,工人象是国会议员,订了公共规例,大众遵守"②。另一方面,也要劝说资本家对工人做些让步,使工人明白这样的"道理",即"要使社会秩序,赖以维持,不能不使企业者有所让步。而劳工方面,亦当谅解其困难,采取适宜之方法"③。在这些人看来,要使工人与资本家间的"阶级调和"得以实现,主要责任还是在资本家本身,故而有人主张首先是资本家要致力于"公益事业"并有其具体的"计划",这主要是实行八小时工作制,举办慈善机构来救济工人,甚至还可以将自己的财产散发给没有财产的人,只要"实行遗产公益之计划,自无极大之资本家,而劳工与资本家之间,不觉于无形之中消灭其阶级,一切社会问题,在欧美所视为难于解决者,在吾国行此计划,自不难迎刃而解矣。"④又譬如,《新群》月刊中尽管发表了一些主张社会革命的激进文章,但也有人在该刊宣传"阶级调和"思想,如刘秉麟在该刊发表的文章认为,"资本家之利益与工人之利益,就事实方面言之,息息相关者也",故而应该力劝资本家对工人做些让步,因为"工人之于资本家,犹国民之于政府也。……资本家苟以工人为念,工人亦决不愿意破坏之,以自绝其生路也。"⑤这种言论,完全否认了工人与资本家之间的阶级斗争关系,其"阶级调和"的思想是非常突出的。再譬如,《民心》上亦有不少文章站在资产阶级立场上立言,以"各国之经济社会情形不同"为由,认为中国因为特殊性而不可以用激进的方式进行社会改造,更不可学欧美国家那样来鼓动工人罢工,而是应该对资本家和工人皆加以引导,使劳资双方能够"互助互益",其原

---

① 潘学修:《罢工问题之研究》(续),《工界》第 6 期,1920 年 6 月 21 日。
② 邹卓立:《劳动问题的商榷》,《工界》第 3 期,1920 年 5 月 21 日。
③ 黄仲寰:《劳资协调说》,《工界》第 11 期,1920 年 8 月 14 日。
④ 丁亭:《论公益事业及遗产公益之计划(续)》,《工界》第 4 期,1920 年 6 月 1 日。
⑤ 刘秉麟:《劳动问题发端》,《新群》第 1 卷第 2 号,1920 年。

因就在于:"依严格定之,我国几无真正资本家,仅有多数投资者耳。……故吾人欲谋工人之幸福,不可徒袭他人成法,因各国之经济社会情形不同。我即未有工业革命与资本家种种跋扈,工厂劳动者又占少数,又未受近日战争之影响,况本无罢工恶习,正可引两方入于互助互益之地位。"那么,怎样达到劳资双方"互助互益"呢? 一方面是"减削工头之权力","讲求劳动效率","实行对工人的奖励";另一方面则是谋求劳资双方的团结,保护劳动者利益,主要是"厂主与工人合组团体,各事公平。凡关重大问题,均许工人参议,或代工人保险,以备其不急年老之需。或授以相当知识,以增高其程度。他方国家定严密劳动法律,实力保护工人。如是两方之感情日恰,种种误会自除,又何须专事采用罢工政策以达平民主义之目的?"①这完全是泯灭阶级矛盾的说法,不仅祈求资本家在一定限度内就劳资关系稍作改良具有极大的空想性,而且故意隐瞒工人与资本家之间利益对立的事实,其所主张"劳资调和"的思想也在于为强者服务。又再譬如,《学林》杂志对于社会主义也表现出恐惧的心理,有的撰稿者企图在私有财产上进行"调和",主张所谓的"所有权限制主义",即"凡在都市及其他人民集中之地,应该限制个人的土地房屋所有权,……对于边地荒凉的地方,应该奖励人民的移民,减免他的赋税,加厚他的保护,等到产业发达,或居民稠密之后,续渐加以限制",这样通过对私有财产所有权的限制,不仅能够使"贫富的阶级渐渐趋于平均",而且能够使社会上"过激的思想"没有根源,从而也就"无形的消灭了"②。大致说来,在五四时期"劳工神圣"思潮影响下,在青年学生的群体中,一般说来还很少见有公然提出镇压工人运动的言论,而是表现出"阶级调和"思想,这是后五四时期改良主义的思想土壤,故而也就表明后五四时期仍然有改良主义存在的因素。

社会主义在五四时期拥有话语权势乃是在十月革命影响和五四运动发生的背景之下,上承早期新文化运动的思想启蒙活动,下启社会主义在中国的探索和实践活动,不仅为中国的社会主义运动提供了思想条件,而且也成为马克思主义在中国发展的重要环节。从思想史的规律来看,建立其话语权势乃是

①　袁锡瑌:《评我国与欧美各国劳动问题》,《民心》第 1 卷第 8 期,1920 年。

②　许藻镕:《现行私有财产制度的基础观念和将来的趋势》,《学林》第 1 卷第 1 期,1921 年 9 月 5 日。

任何思想发展成为"社会思想"话语的重要步骤,社会主义作为思想体系也是这样。换言之,社会主义在中国只有拥有其话语权势,才能获得更多的社会心理支持,从而使社会主义首先在精英阶层流行开来,并进而为社会的普通大众所理解和认知,亦即使社会主义思想真正地成为"社会的思想"。社会主义在20世纪的中国,之所以能够汹涌澎湃、所向无敌,之所以能够从思想的传播阶段进至社会实践的阶段,固然有着中国共产党人的政治实践为坚实基础,但也是与社会主义在五四时期业已建立的话语权势有着密不可分的联系。这样看,社会主义在五四时期拥有话语权势,作为历史事实不仅是客观存在的、不容更改的,而且作为历史事实所发挥的影响还在继续着,尤其是对于正在行进中的中国特色社会主义事业,仍然有着重要的现实启示。

第六章　五四时期组织意识发展与
政党思想的形成

【本章提要】研究五四时期的"革命话语",就要考察五四时期思想界的组织意识和政党思想,因为这两者不仅有着互动共进的关系,而且也是"革命话语"中的重要元素。五四时期思想界提出的"团体联合"思想和"到民间去"目标,乃是组织意识增长的表征;而思想界关于青年的组织责任的认识、组织工人阶级团体的思想诉求及集体主义的社会主义走向,则是组织意识得到发展的集中表现。在五四时期的"革命话语"中,思想界的组织意识向政党方向发展,并在反对无政府主义的斗争中提出了建立无产阶级政党的任务,从而推进建党时代的到来。五四时期组织意识的发展与政党思想的形成,有助于中国现代思想"主义—革命—政党—道路"体系的架构。

在马克思主义的思想体系中,"社会革命"乃是由无产阶级政党领导的,故而马克思主义的"革命话语"离不开组织的意识和政党的元素。五四时期"社会改造"语境之中的一个重要的表现,就是思想界中的组织意识得以不断增长,并表征出独特的思想衍化路线:思想界不仅提出了"团体联合"主张和知识分子"到民间去"的目标,而且极为关注青年在社会改造中的组织责任,同时亦十分注重于如何组织工人阶级团体的问题,继而又在组织意识升华的基础上形成了政党意识,并在与无政府主义的斗争中,提出了在中国创建无产阶级政党的任务。五四时期思想界组织意识的发展与政党思想的形成是相互联系着的思想进程,不仅表征了"革命话语"中政党领导的重要理念,而且深刻地反映了思想演进的内在逻辑及其与社会变革的密切关联,同时也推进中国现代思想形成"主义—革命—政党—道路"的体系架构,并对中国现代社会进步有着引领性的影响。

一、五四时期社团兴起与组织意识的增长

五四运动之后中国思想界的一个重要景象,是"社会改造"理念引领广大社团的兴起及其相关刊物的创办,这本身正是组织意识在思想界和知识分子群体中得以增长的突出表现。而随着社团的大量兴起,思想界基于发展组织的需要,提出了"团体联合"的主张,并在社团联合之中进而设置了"到民间去"的目标,这积极地适应了五四时期"社会改造"时代的需要,推进了五四时期思想界组织意识的增长。

1. 社团兴起、刊物创办与团体意识的彰显

五四时期社团兴起和刊物的创办,乃是思想界、知识界出现思想共同体的突出表征,同时也是社会上组织要求和集体意识的集中反映。换言之,进步知识分子在五四时期以社团的形式组织起来借以形成思想性的团体,这是团体意识在五四时期得以彰显的突出标志。

五四时期社团中,以成立于1919年7月的少年中国学会最具代表性,其存立时间较长,计有6年之多;规模在当时亦为最大,先后加入学会的共有120多人。不仅在北京设有总会,在南京和成都设有分会,此外在湖北、湖南、山东、山西、福建、安徽、辽宁、陕西、上海、杭州、天津、广州等省份都有会员,而且在国外亦设有巴黎分会,就是在德国、美国、英国、日本和南洋等处也有不少会员,可见其规模之大、影响之巨。如此规模的少年中国学会,如果学会没有相当的组织步骤、学会成员没有相当的团体意识,则是不可能做到的。少年中国学会因何成立?在笔者看来,组织和聚集全国青年形成有力的"社会改造"力量,服务于当时的"社会改造"事业,乃是其主要的意图。据王光祈说,发起成立少年中国学会,一方面是因为看到了"国中一切党系不足有为",另一方面是因为感到"过去人物"实在是"使人失望",故而发起者"欲集合全国青年,为中国创造新生命,为东亚辟一新

纪元"①。少年中国学会及其分会在组织程序上比较严格,有学会的"规约"来对会员、会务、机关、职员、会议等予以约束。如某人要成为少年中国学会会员,必须"由本学会会员五人介绍,经评议部认可,得为本学会会员",而"会员入学会时,须具入会愿书,遵守一切规约"。入会之后成为成员,但这个身份也不是一劳永逸的,如"违背本学会宗旨",或"利用本学会名义为个人私利之行动",或"既入本学会后又加入其他党系、因而妨害本学会名誉",或"会员人格上有重大污点、因而妨害本学会名誉",或犯学会禁约被学会"提出警告书二次而无悛悔之望",等等,"经评议部调查确实后,召集临时大会表决,由本学会宣告除名"②。

毛泽东等在湖南组织的新民学会是当时进步社团的重要代表,亦有着严密的组织程序,入会的要求亦极为严格,"凡经本会会员五人以上之介绍及过半数之承认者,得为本会会员",而会员入会之后必须遵循这样五条"规律":"一,不虚伪;二,不懒惰;三,不浪费;四,不赌博;五,不狎妓。"③新民学会还在组织的层面上,对会员施以严明的纪律予以约束,会员中如果"有牵于他种事势不能分其注意之力于本会者;有他种团体感情甚恰因而对于本会无感情者;有自身毫无向上之要求者;有缺乏团体生活之兴趣者;有行为不为会友之多数满意者"等情形,学会将"不再认其为会员"④。

以上,只是以少年中国学会、新民学会为例证,说明社团的组织意识问题。其实,五四时期其他的进步社团,大多也是以团体的精神和组织的相关要求建立起来的。这乃是一个不争的事实。

"五四"前后各种社团的兴起及大量刊物的创办,从形成原因上考察,乃是得益于新文化运动思想解放的直接影响,其后又得益于五四运动在政治实

---

① 王光祈:《本会发起之旨趣及其经过情形》,《五四时期的社团》(一),生活·读书·新知三联书店 1979 年版,第 219—220 页。

② 《少年中国学会规约》,《五四时期的社团》(一),生活·读书·新知三联书店 1979 年版,第 225—226 页。

③ 《新民学会会务报告》(第 1 号),《五四时期的社团》(一),生活·读书·新知三联书店 1979 年版,第 575—576 页。

④ 《新民学会紧要启事》(1921 年 1 月),《五四时期的社团》(一),生活·读书·新知三联书店 1979 年版,第 11 页。

践层面所给予的有力促进,再加上当时思想界社会改造思潮的兴起,这自然也就有助于社会中尤其是青年群体中组织意识的发展。据朱务善回忆:"在'五四'前后,一般知识分子和青年学生,各倡其说,各行其是,一时社团林立,书刊盛行,其中有主张以教育救国者,有主张以发展科学采用民主为迫切需要之手段者,还有提倡通过新村运动或无政府主义宣传,无视或否认现存制度,从而达到解放之目的者……等等,不一而足。"①恽代英也说,五四运动确实是"政治的活动",但对于中国思想界的影响亦非常巨大,正是"因为这一次伟大的运动,使青年们打破了一切官厅、教职员的尊严,文字上与思想上,大大的得着一番解放,于是文学革命、思想革命的潮流,亦排山倒海的跟着来了。"②罗家伦在当时即注意到,"五四"后"大家都从睡梦中惊醒了",中国确实出现了"蓬蓬勃勃的气象",而当时"新思潮"的兴起及其各种刊物创办,乃是思想界极其显著的表征。他说:"新思潮的运动,在中国发生于世界大战终了之时。当时提倡的还不过是少数的人,大多数还是莫名其妙,漠不相关。自从受了'五四'这个大刺激以后,大家都从睡梦中惊醒了。无论是谁,都觉得从前的老法子不适用,不能不别开生面,去找新的;这种潮流布满于青年界。就是那许多不赞成青年运动的人,为谋应付现状起见,也无形中不能不受影响。譬如'五四'以前谈文学革命、思想革命的,不过《新青年》、《新潮》、《每周评论》和其他两三个日报,而到'五四'以后,新出版品骤然增至四百余种之多。其中内容虽有深浅之不同,要之大家肯出来而且敢出来干,已经是了不得了!"③

五四运动具有多方面的思想意蕴与社会影响,不仅"新思潮"乃是在五四运动的促进下形成并在五四时期得以广泛地流行,从而使得新思想界力图通过社团及新刊物来表达思想共同体的普遍性愿望,而且五四运动因为其本身的政治运动性质,也通过社会各界力量的组织和联合,进而形成了全民性的政治运动。进而言之,五四运动表现出强大的社会动员能力和高度的组织水平,

---

① 朱务善:《北大平民教育讲演团在"五四"前后所起的作用》,《五四时期的社团》(二),生活·读书·新知三联书店 1979 年版,第 252—253 页。
② 恽代英:《"自从五四运动以来"》(1924 年 4 月),《恽代英文集》上卷,人民出版社 1984年版,第 495 页。
③ 罗家伦:《一年来我们学生运动底成功失败和将来应取的方针》,《新潮》第 2 卷第 4 号,1920 年 5 月。

其中的进步团体不仅直接推进运动的发展,而且亦随着运动的行进而日益彰显其团体的精神和组织的意识,这自然会作为思想思源传输到"五四"后兴起的各种社团之中,并对此后的中国政治运动发生深刻的影响。就此而言,五四时期社团兴起和大量刊物的创办,不仅有着社会变迁和思想演进的必然性,而且其本身亦承继了五四运动所内含的团体精神和组织意识,这也是"五四"后社团得以发展、壮大及刊物在社会中得以流行,思想界在"社会改造"语境中团体意识得以进一步彰显的重要原因。

2."团体联合"思想的提出及其衍化路线

研究五四时期组织意识的发展,得重点考察"团体联合"思想,因为"团体联合"思想乃是组织意识提升的显著表征。从理论上说,五四时期中国社会中出现"团体联合"的现象,所体现出的乃是团结的、合作的精神,当然这是以相关团体的组织与发展为基本前提的。在"社会改造"成为"五四"思想言说中心之后,人们在思想上已经不满足于小组织、小团体的"社会改造"了,故而各社团也有着"联合"起来向大组织演进的趋势。

"劳动联合"乃是中国早期马克思主义者基本共识,表征出将组织上的"联合"要求具体地聚焦在"劳动"上。早期马克思主义者陈望道曾研究如何使工人"联合"起来的问题,将提升工人的"联合"意识及组织团体作为早期马克思主义者的重要任务,并在 1920 年提出了"劳动联合"的主张,指出:"劳动者要想实现自己的理想,改善自己的境遇,唯一的靠着,就是'联合'",因而"热心联合的是好友!反背联合的是叛徒!"[①]李达在 1920 年更将"劳动联合"理解为"劳动组合",并认为"劳动组合"作为组织乃是进至劳动阶级政党的基础,他指出:"一切政党无论其倾向如何,只不过唤起劳动阶级的狂热;而劳动组合,则在劳动阶级之间造成有力而且永久的团结。所以只有劳动组合能造成真的劳动阶级的党派,能使劳动者的势力抵抗资本家的势力。"[②]应该说,在后"五四"时期的话语中,除了"劳动组合书记部"等领导机构外,"劳动联合"在思想界相对来说比"劳动组合"使用得更为广泛一些,尽管这两者在

---

① 陈望道:《劳动者的唯一"靠着"》,《劳动界》第 17 册,1920 年 12 月 5 日。
② 李达:《马克思还原》(1920 年),《李达文集》第 1 卷,人民出版社 1980 年版,第 37—38 页。

含义上大体是一致的。就思想演进的轨迹来看,"劳动联合"主张被早期马克思主义者提出后,很快在社会上流行并进一步向着大众话语方向衍化,并在社会的政治生活中发生影响。李启汉在上海工人游艺会成立大会上强调劳动者"联合"的极端重要性,指出"我们从前只是各人苦着,饿着;我们想要免去这些困苦,就要大家高高兴兴的联合起来"①。湖南劳工运动领袖庞人铨是湖南的《劳动周刊》的主编,他在该刊所撰写的《劳动者的努力》文章中,认为"劳动者唯一自救的方法是'联合'",指出:"'劳动联合'! 劳动者联合起来呵! 是劳动者感受非常痛苦从心窝中和赤血涌溢出来的一种呼声。也许是劳动者一种自救的觉悟。因为劳动者除却自己一只身一条命和劳动的力量以外,别无所有。不若资本家有金钱势力,又有官僚势力;就连军阀绅阀也都操掌在他们手中。资本家于劳动者,实有横吞直咽的可能。劳动者若徒靠各个人的力量去和资本家对抗,简直是如卵投石。所以劳动者唯一自救的方法就是'联合'。'劳动联合'是劳动者对资本家施行一切手段——大规模运动或大示威的预备工夫,是劳动者冲决罗网创造新生命不可少的一件事体。"②"劳动联合"思想的提出及其在社会中的传播,反映出思想界的"联合"主张与社会下层劳动者的结合,这同时也表明五四时期思想有着下移民间的普遍趋势。

　　以上,通过对"劳动联合"含义的初步梳理,大致可以得出这样几点认识:(1)"劳动联合"乃是五四时期马克思主义者和进步知识分子提出的重要主张,本质上是张扬劳动者的社会地位,因而也就成为正在形成中的"革命话语"体系的重要单元;(2)"劳动联合"就其社会意义而言,是先进知识分子对于"社会改造"途径探索的积极成果,其目的是为劳动者走向现实政治斗争提供组织上的预备,因而也就成为社会中组织意识和集体意识增长的突出表征;(3)"劳动联合"主张乃是先进知识分子为广大劳动者代言的集中体现,不仅说明先进知识分子对于劳动者在认知上有了显著的进步,而且也是劳动者本身阶级觉悟、组织意识等方面需要提升的现实表达。当时的马克思主义者业已注意到,"帮派"观念对于劳动者联合及组织团体有着极大的危害。这乃是

---

① 为人记录:《上海工人游艺会成立大会记》,《劳动界》第20册,1920年12月26日。
② 人铨:《劳动者的努力》,《劳动周刊》(创刊号),1921年10月22日。

团体意识、组织观念得以提升的重要表征。

五四时期思想界业已注意到"团体联合"中需要解决相关的问题,尤其是如何处理个人与团体的关系问题。从理论上说,推进"团体联合",就要重点解决个人在团体中的自由问题,这样个人在团体中才能生存下去并进而发挥其积极性和主动性。在五四时期"社会改造"的语境中,"个人"与"团体"之间事实上存在着张力,个人自由与团体纪律亦有着对立的一面,于是个人及其与团体关系的问题,在五四时期思想界也就逐步地凸显出来了。应该说,思想自由和个性独立乃是早期新文化运动的基本精神,这或者也可以说是"五四"后各种团体建立的历史性前提。但在相关的团体组织业已建立之后,也就有着如何调适和处理个人与团体的关系,进而使个人的自由与团体的组织性之间保持一定的平衡,从而使团体得以延续、发展和壮大的含义。李大钊是积极主张在社会中创建团体的,并且也是致力于团体之间的联合工作,但倾向于将个人自由与团体的关系理解为"个人与社会"的关系,并力图从学理上将"个人主义"与"社会主义"在团体中统合起来。李大钊在《自由与秩序》文章中说:"个人与社会,不是不能相容的二个事实,是同一事实的两方面;不是事实的本身相反,是为人所观察的方面不同。一云社会,即指由个人集成的群合;一云个人,即指在群合中的分子。离于个人,无所谓社会;离于社会,亦无所谓个人。故个人与社会并不冲突,而个人主义与社会主义亦决非矛盾。"①李大钊的这个主张在当时的中国思想界有着代表性,在早期马克思主义者中有着引领性的影响。

就事实而论,五四时期的团体联合业已从思想层面的倡导进至实践层面。1920 年 8 月,觉悟社、曙光社、青年互助团、人道社及少年中国学会五团体,为了"谋从事改造事业的各团体之大联合",先后召开了来今雨轩的茶话会(8 月 14 日)、陶然亭茶话会(8 月 16 日)、各团联络筹备会(8 月 18 日,北京大学图书馆)及 8 月 19 日茶话会(来今雨轩),最后形成了五团体一致的《改造联合宣言》,制定了"改造联合约章",其第一条就是:"本联合结合各地革新团体,本分工互助的精神,以实行社会改造。"这不仅阐明了团体联合的主体

---

① 《自由与秩序》(1921 年 1 月),《李大钊全集》第 3 卷,人民出版社 2013 年版,第 326 页。

("各地革新团体")、联合的思想基础("分工互助的精神"),而且也揭示了五团体联合的目标("实现社会改造")。《改造联合宣言》是五团体实施相互联合的共同性章程,这篇宣言说:"我们集合在'改造'赤帜下的青年同志,认今日的人类必须基于相爱互助的精神,组织一个打破一切界限的联合。在这个联合里,各分子的生活必须是自由的、平等的、勤劳而愉快的。要想实现这种大同世界——人类大联合的生活,不可不先有自由人民按他们的职业结合的小组织作基础。"①就这篇《改造联合宣言》来看,团体的组织是为了"社会改造",而走向"团体联合"则在于能够"组织一个打破一切界限的联合",其目标就是"实现这种大同世界——人类大联合的生活"。这里,"团体联合"乃是后五四时代出现的一个新思想,反映中国思想界对于"社会改造"中组织问题的研究有了很重要的突破。团体组织以其既定宗旨、活动的目标、组织的独立性为存立依据,那么,此时的社团为什么要实行"团体联合"? 对此,这篇《改造联合宣言》有这样的回答:"我们若是没有个组织,天天只是你我喊着几个新名词,互相传诵,喊到几时也还是没有效果。我们青年同志间组织成的小团体,算来也不甚少,可惜都是各不相谋的! 有些目的同,企望同,只是因为没有通过声气,不能共同活动;或者因为势力孤单,只成个空组织,并未曾有些实在的活动。这样做去,种种改造的运动终于空谈梦想罢了! ……我们这次联合,实在不是需要这样一个空组织,是要组织起来去切切实实的做点事。换句话说,就是我们不是为有这样一个组织而组织,是为有此可以做许多实在的事而组织。"②可以说,从"团体组织"到"团体联合",不仅基于既有"小组织"所存在的"各不相谋"、"不通声气"、"势力孤单"等问题,而且也是为了使既有团体能够"切实做事",从而使"社会改造"目标不致落入"空谈梦想",故而"团体联合"乃是"社会改造"思想的新发展。

以上列举五团体的"团体联合"事实,尽管还是集中在五四时期进步的知识分子团体上,但在"五四"以后,"团体联合"的思想亦延伸到工人阶级之中,

---

① 《改造联合宣言》,《五四时期的社团》(一),生活·读书·新知三联书店 1979 年版,第 328—329 页。

② 《改造联合宣言》,《五四时期的社团》(一),生活·读书·新知三联书店 1979 年版,第 329 页。

并成为组织和发展工人团体的重要理念。李启汉在代表中国劳动组合书记部所发表的文章中,也进一步提出组织工人团体的方针:"我们结合产业的团体才能罢工;要联络全路的全体工友们在一个团体才能够打胜仗,得胜利;更要联络相近的同业工友的团体,或更进而联络全国、全世界的同业工友的团体,以为自己的后援。"①可以说,五四时期思想界强调在组织强大团体的基础上进行"团体联合",并进而提出由"职业联合"进至"产业联合"再进至"全体结合"的主张,这是五四时期"社会改造"话语中群体理念、组织观念在社会的阶级意识提升的基础上的重大发展。

3. 社团联合中的"到民间去"目标

五四时期的社团联合大体上只是知识分子的联合,而知识分子的联合尽管在聚集社会精英方面有着重大的意义,但还不是社会中各种力量的最大程度联合。就五四时期的中国社会而言,农民乃是中国社会中人数最大的群体,故而所谓"联合"也只有聚焦于广大农民,才能对社会改造发生根本性的影响。在五四时期,这种思想是逐步建立起来的。五四时期思想界在"社会改造"语境之中,逐步认识到中国农村问题的严重性,并由此生发出"到民间去"的强烈愿望,而这一强烈愿望在社团的联合中亦成为重要的思想。

五四时期的社团对于"平民"抱有敬仰的态度,不少社团以"平民化"为其思想追求,力图消解知识分子所存有的那种"精英意识"。有知识分子在公开发表的文章中说:"我想我这拿笔在白纸上写黑字的人,够不上叫劳工。我不敢说违心话,我还是穿着长衫的,我的手不是很硬的,我的手掌上并没有长起很厚的皮,所以我不是一个劳工,还是社会上一个寄生虫。"②这里,知识分子因为自己"不是一个劳工"而把自己说成是"社会上一个寄生虫",表征出知识分子存在着的自卑且自责的心理,颇能反映当时思想界尊重"劳工"的思想走向。为什么五四时期进步社团中的不少成员,会对社会下层的"平民"抱有敬仰的态度?从理论上说,乃是中国严重的民族存亡问题,使得五四时期的先进知识分子不得不从中国社会中来寻找力量,故而也就会把目光聚焦到人数广

---

① 启汉:《请看谁打胜仗》,《劳动周刊》第16号,1921年12月3日。
② 光佛:《谁是劳工? 谁是知识阶级?》,《民国日报》副刊《觉悟》1919年11月8日。

大的社会中下层。而从进步社团中先进知识分子本身来看,这些先进知识分子大多来自社会的中下层,尽管在"西学东渐"中接受现代知识的教育,有不少还曾留学国外,但仍然与社会的中下层有着紧密的联系,故而在"社会改造"语境之中能够注意广大"平民"也就不是偶然的。

五四时期社团对于民间力量的重视,是以其"主义"的信仰为前提的。因为,并不是在任何"主义"之下,社团中的成员都必然地重视"平民"进而关注农村的。少年中国学会有个叫郑伯奇的会员,对于学会中有人不赞同"主义"甚是不满,他在1921年8月致信《少年中国》月刊,在宣传"社会主义"目标时,提出了走向"平民"的行进方向。在他看来,中国的"革命"即将到来,而"平民"则是革命的"动力",故而学会必须重视"平民"的力量,并以"向平民去"的态度来深入农村"这块处女地",建设理想中的"少年中国"。他指出:"少年中国如何诞生,固然不免于革命;但是将来可以造成少年中国的革命,其动力不在现在的军阀和政党,不在现在半老垂死的人,也不在病毒满身的青年。……真正的少年中国人是谁? 就是现在的第二国民、第三国民,乃至有原始精神的真平民。朋友们,少年中国须从他们身上建设的,我们应向他们走去。在从前俄罗斯帝国之下,一般有觉悟的青年,经了许多努力……才发见了一块处女地……他们大家向平民去了。我们的少年中国须在这块处女地上建设否? 她非在这块处女地上建设不可! 来呀! 朋友们! 为少年中国来努力开垦这块处女地,来呀!"①郑伯奇这里的言论,固然得益于俄罗斯青年走向民间的启示,但也是从中国"不免于革命"的情形下出发的,并且也是在宣传"社会主义"目标下的积极探索,其提出以"向平民去"的态度来寻求农村"这块处女地"的主张,受当时广义"社会主义"的影响乃是基本事实。

需要注意的是,在社团出现"联合"趋势之后,这种"平民化"的理念也有所继续。最典型的例证是,1920年8月觉悟社、曙光社、青年互助团、人道社及少年中国学会实现了五团体的"大联合",并在其《改造联合宣言》中申明其"到民间去"的主张。该宣言说,"小组织"是"改造社会"的基础,同时也是走

① 《少年中国学会问题》,《五四时期的社团》(一),生活·读书·新知三联书店1979年版,第378页。

向"大联合"生活的基础,故而"我们于'到民间去'以前,我们自己不能不先组织起来",而当"各种自由组织一个一个的实现出来"之后,我们也就"不能不奔走相告,高呼着'到民间去'"①。该宣言所公布的《改造联合约章》中,列举了联合后所应举行的各项事业,有"宣传事业之联络"、"社会实况之调查"、"平民教育之普及"、"农工组织之运动"、"妇女独立之促进"等方面,直接或间接地体现出"团体联合"后仍然保持着既有的平民化理念。

五四时期进步知识分子提出"到民间去"的主张,所积极关注的乃是处于社会中底层的广大民众,这也预示着现代中国社会变革的方向及其所要依靠的力量。就思想与社会的关系来看,思想是社会变革的反映,同时又是进一步推进社会变革的先导。作为在五四时期社会改造思潮中产生的"到民间去"的主张,其实也是反映了现代中国变革的要求,这个要求最为重要的方面,就是尽可能地聚合民间社会的力量,实现中国社会中阶级地位的"翻转",使原来处于社会底层的阶级和阶层能够"翻转"到社会上层来。故而,在"到民间去"的目标之中,实际上亦隐含着组织民众的目标。而就思想史意义来考察,五四时期知识分子提出"到民间去"的主张,不仅说明先进知识分子在于追求自身的"平民化"人格,而且也表达了先进知识分子期望成为民间社会中一员的愿望,这当然也赋予了知识分子在民间社会中担负起组织民众的责任。就此而言,五四时期"到民间去"的主张不仅点明了"社会改造"的途径和方向,而且成为五四时期思想重心下移的重要表征。

4. 社会组织兴起的思想意蕴

在五四时期"社会改造"语境之中,重视"社会组织"作用,助力"社会组织"的发展,乃是五四运动以后中国思想界盛行的新理念。这种关于"社会组织"的新理念,在"五四"前业已提出。陈独秀在 1918 年 2 月发表的《人生真义》中,一方面认为"社会是个人集成的,除去个人,便没有社会;所以个人的意志和快乐,是应该尊重的",另一方面又认为"社会是个人的总寿命,社会解散,个人死后便没有联续的记忆和知觉;所以社会的组织和秩序,是应该尊重

---

① 《改造联合宣言》,《五四时期的社团》(一),生活·读书·新知三联书店 1979 年版,第329 页。

的"①。陈独秀强调"个人"的重要和尊重"个人的意志和快乐"的必要,这是很容易理解的,因为这正是早期新文化运动倡导的"个性解放"的重要内容。此时,陈独秀作为新文化运动的领袖,又提出"社会"的独特性意义并高度强调"社会的组织"问题,这至少可以说明他已发现早期新文化运动在面向社会方面有所不足。这同时也预示着,早期的新文化运动将在"个人"与"社会"的关系上,将有一个历史性的大转变,即更加注重于社会改造活动,更加重视社会组织特别是学生"社团"的建设。

五四运动后,中国社会上的组织呈蓬勃发展之势,不仅学生的社团组织极为兴盛,而且社会上的教职员组织、工界组织、商界组织等等亦很发达。五四运动的积极分子罗家伦,当时就有如下的描述:

> 请看五四以前中国的社会可以说是一点没有组织。从前这个学校的学生和那个学校的学生是一点没有联络的,所有的不过是无聊的校友会、部落的同乡会;现在居然各县各省的学生都有联合会。从前这个学校的教职员和那个学校的教职员也一点没有联络的,所有的不过是尸居余气的教育会,穷极无聊的恳亲会;现在居然有好几省已经组织成了什么教职员公会。从前工界是一点组织没有的,自从五四以来有工人的地方如上海等处也添了许多中华工业协会、中华工会总会、电器工界联合会种种机关。从前商界也是一点组织没有的;所有的商人,不过仰官僚机关的商务总会底鼻息,现在入天津等处的商人有同业公会的组织,而上海等处商人有各马路联合会的组织。②

五四时期社团的兴起乃是中国社会中的突出现象,同时也是五四时期中国社会充满生机和活力的重要表征。社会组织的蓬勃发展乃是历史的产物、社会的现象,自然是以社会变迁所提供的条件为前提的,并且是根源于社会变革的需要,同时也是有组织意识的相当发达作为支撑的。为了维系团体的存在及进一步巩固既有的团体组织,也就需要不断提振团体的集体意识,借以推

---

① 《陈独秀著作选》第1卷,上海人民出版社1993年版,第347页。
② 罗家伦:《一年来我们学生运动底成功失败和将来应取的方针》,《新潮》第2卷第4号,1920年5月。

进公共意识的兴起。留学法国的少年中国学会成员,在致国内的信件中认为,团体之所以成为团体,就在于有着集合为团体的"精神及目的","所以集合团体之精神及目的方足珍惜",故而在团体之中,"分子亦应对于团体有警觉进步互让的精神"。一句话,在团体生活之中,其中的"分子不足重,团体方足重。分子宜为团体而牺牲,团体万不可为分子而牺牲。"①这里是说,在团体组织系统之中,团体对于团体中"分子"有着绝对性的意义,团体的成员只是作为"小我"而存在的,而团体才是"大我"的代表,因而个人应该"为团体而牺牲",而不是相反。换言之,在团体组织生活之中,在于更大程度地发挥社会的公共空间,而所谓的个人并不具有独立于团体组织之外的私人空间②。明乎此,才能理解五四时期社会组织的意蕴之所在。

社团作为五四运动之后中国社会现象中独特的景观,根源于早期新文化运动通过"个人解放"而"走出家庭"的成果,同时又与青年人在五四运动中走向社会进行"直接行动"及开展"社会改造"的实践活动密切相连,并在事实上推动着社会思潮由"个人解放"进至"社会改造"的阶段。关于社会组织问题与社会变迁的关系,李大钊在当时即结合欧美社会中组织发展(包括政党兴起)的情形,从社会史研究的高度和学理探讨的见地加以阐发,揭示出社会在进化之中"社会的观念"和"组织的能力"不断提升的事实,指出:"人类之社会的观念和组织的能力,和文化有相互的影响。文化高的民族,社会的观念和组织的能力,固然也高;亦惟社会观念和组织能力既高,而文化始有进步。原始社会如猎群、战团,其组织之简单,较诸今日社会乃不可以道里计。然证诸十九世纪以来,政党之发达,则人类组织能力之进步,又极可惊。英、美政治纯受政党支配,其政党都有极繁复之机关,极巧妙之组织,所以势力雄厚,直与政府并驾,甚或称为第二政府。至于欧、美社会方面,只要有两人以上的公同行动,就成一个团体的组织,打猎、钓鱼、旅行、音乐、茶话,都称为一个 Party。他们团体生活之习惯,几若出自天性,由小扩大,所以议会、政党,亦都行之若素。如儿童、妇女、慈善、教育、科学种种结社,非常的多,并且也有切实的计划,伟

---

①　《巴黎本会同人致京沪本会同人》,《五四时期的社团》(一),生活·读书·新知三联书店 1979 年版,第 324—325 页。

②　参见吴汉全:《五四时期公共意识的兴起与私人空间的压缩》,《学术界》2021 年第 4 期。

大的成绩,所以社会事业才能这样发达。"①李大钊这里的论述说明,重点是两个方面:一是"社会的观念"和"组织的能力"乃是"文化有相互的影响",亦即不能离开社会的文化程度来评估"社会的观念"和"组织的能力"的程度;二是"社会的观念"和"组织的能力"乃是随着社会的进步而不断进步的,现代社会"人类组织能力之进步"达到空前的地步,而"社会的观念"在现代社会中发达的结果就是使社会事业高度发达。因此,在分析五四时期社团兴起这一现象时,还得从当时的"社会的观念"和"组织的能力"方面加以探讨,这对于认识当时社会状况及社会改造思潮也许能有所启发。

五四时期组织意识的增长有着五四时期中国社会变动的主因,而社会改造思潮的兴起则适应了社会变动的客观要求。故而,"五四"后社团得以广泛兴起、新刊物得以纷纷创办,借以使思想界新力量聚合成思想共同体,并进而探索社会改造的办法及社会改造的目标。这样看,五四时期组织意识的增长固然得益于广大社团的兴起,并表现在刊物的具体主张之中,但实际上乃是五四时期中国社会变迁的反映和要求。

二、组织意识在"社会改造"语境中的发展

任何话语演进皆有其独特的逻辑进路,并在诠释其关键问题中而成就其思想架构及逻辑谱系。五四时期思想界所形成的组织意识处于当时的"社会改造"语境之中,反映近代中国社会变迁的需求,但其本身作为自成体系的思想系统与社会结构的重大变化、思想的激进化走向也是有着密切的关联,故而也应在衍化的逻辑进路中探寻其发展的脉络、衍化的轨迹及其所具有的特质。概括言之,五四时期思想界中组织意识在"社会改造"的语境中进一步集中在知识分子群体和工人阶级身上,不仅揭示青年群体在社会改造中所应担负的组织责任,而且又强烈地表征出组织工人阶级团体的思想诉求,从而使思想界

---

① 《团体的训练与革新事业》(1921年3月),《李大钊全集》第3卷,人民出版社2013年版,第348页。

的团体意识最终聚焦于社会主义方向的集体意识。这是五四时期思想界的组织意识在发展进程中所表现的逻辑进路,不仅反映了"社会改造"时代思想衍化的革命化特征,而且也适应了五四时期中国社会变迁的激进化要求。

1.社会改造中的青年及其组织责任

青年是社会中对于社会变革最为敏感、最为激进的群体,有效整合和组织社会力量而推进社会动员,自然离不开青年这个群体的作用。故而,研究五四时期思想界的组织意识的发展,需要分析思想界对于青年在社会组织体系中的定位,及其对于青年所应承担社会责任的认知。

就社会变迁的逻辑来说,五四时期的进步青年既然在五四运动中业已承担着先锋者的责任,则在后五四时代的"社会改造"语境中,自然也就不能缺席的。李大钊在五四运动后不久,以马克思主义唯物史观为指导研究"民众运动"问题,进一步申明知识分子负有指导民众、组织民众的社会责任,并期待知识分子能够真正地成为"民众运动的先驱者",指出:"'五四'以后,知识阶级的运动层出不已。到了现在,知识阶级的胜利已经渐渐证实了。我们很盼望知识阶级作民众的先驱,民众作知识阶级的后盾。知识阶级的意义,就是一部分忠于民众作民主运动的先驱者。"[1]李大钊这里的态度非常明确:"知识阶级"在社会变革中并没有独立性,它必须以"民众"作"后盾"才能有所成绩;而且,五四运动后"知识阶级的运动"业已进行过了,这时已经进入了"民众运动"的时代,"知识阶级"在此就应该认清这个形势,在"忠于民众"的前提下来"作民众的先驱"。五四运动后创办的《钱江评论》,把社会上的人群分为三类:一是纯洁的、奋斗的新青年;二是半新不旧、随风而倒的乡愿;三是腐朽的、待死的顽固党。而在这三种人中,只有青年能担负改造社会的责任。"中国以后改造旧社会,建设新中国,这种大担子,只有第一种可爱的、纯洁的、奋斗的新青年担当得起"[2]。其原因就在于,"新时代的新青年,是动的,是适应的,是觉悟的;所以能够把世界变为活的,返静为动,使退化的变成创化的世界"[3]。

---

① 《知识阶级的胜利》(1920年1月),《李大钊全集》第3卷,人民出版社2013年版,第221页。

② 《新青年的新建设》,《钱江评论》第1期,1920年1月1日。

③ 《文艺复兴和五四运动》,《钱江评论》第2期,1920年1月11日。

　　应该说,对青年在社会改造中所应担负的责任,这在五四运动之后的思想界中仍然是有很大期待的。北大教授陈启修在1920年5月发表的文章中,从近代中国历史的演进中对青年寄予很大的希望,期待青年仍然要葆有"改造社会"的"自觉",并继续担负起"责任"。他指出:"青年底责任和力量底自觉,在辛亥革命时候,极其明显,其后逐渐消磨,到了民国五六七年,差不多可以说消灭尽了,一直到民国七年八年,因为各方面实行文化运动底结果,中国青年才重新得了自觉,大家重新有了改造社会的抱负和可以达到目的的信念。这一点朝气,对于现在的社会,虽然不能发生多大的效果,然而对于中国将来的运命,却是大有关系的。"①陈启修认为青年人变革社会的"朝气"关系着"中国将来的运命",这表明对青年在社会改造中发挥作用,是寄予了很大希望的。《南洋》上有篇《今后青年之责任》的文章说:"我国人有一个最大的毛病,就是重视读书的,轻视做工的。要晓得若是没有劳工,我们那里有饭吃,有衣穿,有屋住。劳工是生利的,生利的多,国家就会富强起来。分利的人多,那国家就要贫弱下去。所以今日唯一的救贫法子,就是提倡劳工。"②这位作者在五四时期"劳工神圣"的语境下提倡劳动的意义,认为社会财富是劳动者创造的,社会不能离开劳动者而存在,故而将"提倡劳工"作为青年人的责任,并希望青年能够在提倡劳动中"实行那'工读'的主义"。

　　随着五四时期整个社会思想的激进化,思想界对"学生"这个群体的认识亦在前进之中,最突出的就是希望"学生"这个群体能够加入社会革命的洪流之中,担负起组织社会大众的责任。当时的《青年周刊》在其1922年发表的"宣言"中表示"最膺服马克思主义",认为"学生"这个群体"不消说多半属于资本家或中产阶级的子弟","但从他年龄和学术上想来,实在正是我们的最好朋友,所以我们现在决定要以种种方法,把我们的意见忠实的通告他们",使他们"知道将来不应预备作资本家的候补人。一旦出了学校,好即刻帮同实行社会革命",从而在社会革命中"做一个忠实的指导者"③。那么,学生作

---

　　① 陈启修:《文化运动底新生命》,《学艺》第2卷第2号,1920年5月30日。
　　② 观海:《今后青年之责任》,《南洋》第1期,1919年7月15日。
　　③ 《青年周刊宣言》(1922年),《五四时期期刊介绍》第二辑(下册),生活·读书·新知三联书店1959年版,第531页。

为社会中一个特殊的知识阶层,在当时的"社会改造"中到底应该承担着何种角色呢? 五四时期的思想界确实对学生有很大的期待,希望将学生在"社会革命"之中,能够成为"劳动运动之中坚人物"和宣传"社会主义"的中介。已经成为马克思主义者的侯绍裘认为,在五四运动之后对于"主义"的宣传,不能局限为爱国主义,而是应该进至为社会主义的宣传。故而,"南洋义务学校以教育成年之平民,灌输以人生所必需之常识,以养成其健全之人格,并使成为劳动运动中之中坚人物为宗旨",因此必须坚持社会主义的宣传,使学生出校之后将自己所学"辗转传布于劳动界中还没有受教育的机会的人",从而"能造就劳动界数十百人,因为社会主义效力,以谋阶级地位之提高"①。侯绍裘主张学校即应开展社会主义教育,不仅使学生在走上社会之后成为"劳动运动之中坚人物",而且也使学生将学校中所接受的社会主义思想能够贯穿于劳动运动之中,因而学生也就成为宣传社会主义的中介。这里,思想界希望学生成为"劳动运动之中坚人物"和宣传"社会主义"的中介,正是期待学生能够在社会组织体系建构中担负其组织的责任。随着五四时期"民众本位"思想的确立和马克思主义"革命话语"的形成,知识分子也就其自身与民众之间的关系进行思考,并就自身在"社会改造"中所应担负的"责任"给予新的说明:"近代式的——无论何种——革命,都离不了知识阶级底启示和指挥。革命,当然是民众的行动。……唯有杂在民众中间而又站在民众前面的知识阶级,能以敏锐的感觉、透彻的观察,而发出有计划的破坏和建设的呼声,唤起民众底觉醒,督促革命底进行。所以知识阶级在革命史中,常常负有启示和指挥底使命。而知识阶级有否革命底觉悟,为革命事业起来和成功与否的大关键。"②也有文章说:"知识阶级唯一的责任,就是引导第四阶级联合起来走这必由的途径——社会主义大革命!"③这里,尽管有些夸大知识分子在"社会改造"中作用的嫌疑,但也说明知识分子还是有责任感和使命感的,并没有使自己处于革命之外而成为"局外人",亦即知识分子自身还是有着担当意识,能

①　转引自《五四时期期刊介绍》第三集(上册),生活·读书·新知三联书店1959年版,第114页。
②　大白:《北京学潮和知识阶级底觉悟》,《责任》第10期,1923年1月29日。
③　叔侯:《智识阶级底责任》,《责任》第11期,1923年2月5日。

够明白自己在社会变革中的使命及所要担负的责任。

总体看来,五四时期思想界对于"学生"及知识分子的认知亦在不断的变化之中,但总的趋向是将其与"社会改造"中的"社会革命"、"社会主义"等紧密联系在一起,并期待知识分子成为"社会革命"的指导者。而知识分子本身亦在反思之中,力图使自己在"社会改造"中发挥组织的作用。

2."团体"意识演进态势及组织工人阶级团体的思想诉求

"社会改造"自然离不开团体的组织及团体的发展。而在具体地研究五四时期的"团体"及"社团"问题时,也就不能不追溯到五四运动本身所给予社会的重要影响及其影响的具体层面。这是因为五四运动与社团的兴起有着内在的逻辑关联,不仅预示了中国社会变革的"社会革命"方向,而且也彰显了进步知识分子在"社会改造"中的责任与使命,同时也表征了组织团体的极端重要性。因此,离开了对五四运动的理解也就难以认知后五四时期的社团,更不可能解读社团中的"团体"意识问题。

笔者的看法是,五四运动所发生的社会影响的一个很重要的方面,就是有力地促进了社会思想体系中组织意识的发展;而进步社团在"五四"以后之所以能够大规模兴起,之所以在"社会改造"中发挥作用并向着激进化方向行进,则很显然地是进步社团受到五四运动在政治活动层面和思想意识层面的有力促进,并且也是进步社团的社会组织能力在"五四"后又得以迅速地增长的极为重要的因素。事实上,进步社团在"五四"后成为中国思想界活跃的载体,并在向社会输送人才、引论社会舆论方向、进行社会动员等方面发挥着重要作用。在社会生活视域中就"社团"现象来分析,"社团"作为一种社会组织,其本身蕴含着"集体意识与组织意识——社团组织——组织能力——社会改造方案与社会改造目标"的内在逻辑,而"组织能力"的提升乃是其中的关键一环。梁启超在"五四"以后提出了一个重要的看法,即中国人在当时有一个"最大的缺点",这就是"没有组织能力"。他以中国人与欧美人作比较,说明这个观点:"拿一个一个的中国人和一个一个的欧美人分开比较,无论当学生,当兵,办商业,做工艺,我们的成绩丝毫不让他们。但是他们合起来十个人,力量便加十倍,能做成十倍大规模的事业;合起千百万个人,力量便加千百万倍,能做成千百万倍大规模的事业。中国人不然,多合了一个人,不惟力量不能加增,因冲突掣肘的结果,彼此能力相消,比前倒反减了;合的人越发多,力量便减到零度。……凡属要经过一番组织的事业,到中国人手里,总的一塌糊涂了结。但是没组织的社会和有组织的社会碰头,直是挤不过去,结果非被淘汰不可。"①如果考虑到五四运动中的中国人"组织能力"的显著提升,则梁启超的这个"没有组织能力"的论断自然是需要修改的。但应考虑到,梁启超当时说中国人"没有组织能力",是就中国人与欧美人的比较而言的,并不是在根本上否认中国人的"组织能力"。从语义上分析,梁启超在事实上也是承认中国人有"组织能力"的,只是认为中国人在当时还没有表现出其应有的"组织能力",这亦可见梁氏在思想上乃是期望中国人在"组织能力"方面得到提升,否则他就不会提出"没有组织能力"这样的论断。

事实上,团体组织意识在"五四"以后有了比较普遍的增长,不仅先进知识分子有着创建思想性、学术性团体的强烈愿望,而且知识分子也将这种创建团体的意识比较自觉地向普通工人进行传输,希望工人能够提升对组织团体(主要的工会)的思想认知。就当时情形来看,工人阶级在提升团体意识方面最大的思想障碍,乃是封建性的帮派意识及帮会思想,这是近代以来中国经济的地域不平衡性、政治上长期处于分割状态下的产物。因此,中国共产党成立后,从促进中国工人阶级的"阶级成长"高度,在思想宣传中重点批判工人中所存在的帮派意识,推进阶级意识的整体提升和团体意识的发展。《劳动周刊》上有文章提出,工人阶级提升阶级觉悟有着极端的重要性,工人在组织的过程必须克服地域观念和帮派观念,指出:"我们都是受痛苦的弟兄,都是没有产业的被压迫的同胞,无论他是宁波,湖北,江北,或本地,应该大家一致联合起来。"②山东著名的马克思主义者王烬美也认为,工人要联合起来、组织团体,就必须克服帮派的意识,如此才能在工人阶级中形成团结的思想,并结成真正的工人阶级性质的团体。他说:"我们工人以前因为没有团体,往往被资本家的愚弄。受资本家的暗示把自己的团体分裂成各帮各派,彼此仇恨,彼此

① 《欧游中之一般观察及一般感想》(1920 年),《梁启超哲学思想论文选》,北京大学出版社 1984 年版,第 277—278 页。

② 启汉:《工友们,我们为什么要分帮》,《劳动周刊》第 14 号,1921 年 11 月 19 日。

攻讦,使资本家坐收渔人之利,这固然是因为自己没有团体底缘故,然而这个意见不除,也实为结合团体底障碍。而本会的好处,第一件就是消除意见。"①《劳动周报》(武汉)上有篇《省帮与阶级》的文章,也指出了帮派思想对于工人阶级组织团体有着严重的危害:"我们常见许多工会或工厂中,把工友分成什么广东帮,两湖帮,三江帮,福建帮,天津帮及本地帮等,弄成七零八落,互相排挤,互相争斗,酿成各地工友有互相不容的恶感。使资本家坐得大利。……工友们,我们都是受痛苦的弟兄,都是没有产业的,被压迫的同胞,无论他是广东三江福建或本地,都应该总一联合起来,共谋幸福,共争权利才是,怎么还要分出省帮来自己残害自己的同类呢?"②从"社会改造"的话语来看,"社会改造"不仅需要依靠团体的力量,而且也必须以团体为基础,因而培植"团体"的意识也就成为"社会改造"的重要抓手;而要在社会中正式地组织有力的团体,又是以阶级中"联合"意识的增长为前提,这本身也就是阶级的"自觉",亦即从"自在"到"自为"的飞跃。故而,从"阶级成长"的历史性进程及其与社会改造的关系来看,由阶级"自觉"到"联合"并进而创建阶级性的"团体",不仅有着内在的逻辑关联及独特的衍化进路,而且也成为从"思想"转变为"行动",并具体地落实在"社会改造"上的必要步骤。

最为显见的是,五四时期思想界组织工人阶级团体的思想诉求,集中地表现为将所倡导的组织意识,直接地与中国工人阶级的思想状况及进一步发展的需要结合起来。五四时期的中国,在"劳工神圣"思潮的影响下,中国工人阶级的组织观念有了显著的提升,不少工会组织得以创办,并形成蓬勃发展的势头,但亦有不少的工会组织却被少数人政客所把握,此种现象在产业工人集聚的上海尤为显见。正是鉴于这种情况,陈独秀在《劳动界》上发表《真的工人团体》文章,指出:"工人要想改进自己的境遇,不结团体固然是不行。但是像上海的工人团体,就再结一万个也都是不行的。新的工会一大半是下流政客在那里出风头,旧的公会公所一大半是店东工头在那里包办。"③在陈独秀看来,提高工人组织团体的意识,关键就在于工人必须具有自身的阶级觉悟和

---

① 尽美:《矿业工会淄博部开发起会志盛》,《山东劳动周刊》第 1 号,1922 年 7 月 9 日。
② 隆:《省帮与阶级》,《劳动周报》(武汉)第 3 期,1923 年 1 月 6 日。
③ 独秀:《真的工人团体》,《劳动界》第 2 册,1920 年 8 月 22 日。

阶级的认同感,并进而有着本阶级进行联合的思想意识,故而他发出号召:"觉悟的工人呵! 赶快另外自己联合起来,组织真的工人团体呵!"①五四时期进步社团的发展也有力地推动了团体意识在工人阶级中的发展,组织工人阶级性质的团体不仅得到工人的真心拥护,而且在事实上亦成为社会变革之必需。中国劳动组合书记部的机关报《劳动周刊》,积极推进工人团体意识的增长,号召工人建立自己的工会组织:"工友们! 我们联合的机会到了!"②"我们患难相关的苦朋友们! ⋯⋯只有我们自己能保护我们自己。我们自己保护的法子,就是团体,就是工会"③。广东共产主义小组出版的《劳动与妇女》杂志,认为组织工人阶级团体必须基于团体精神和阶级意识,并积极地开展阶级斗争,指出:"旧时工人嘅(的)团体,都是有名无实,⋯⋯虽然素来有团体,但系(是)未有结合团体的精神,又未有相当嘅(的)组织;所以各行嘅(的)工人,终归不能得到团体嘅(的)利益,⋯⋯工人团体,应当负阶级竞争嘅(的)责任,⋯⋯对于全体工人应负增高地位及人格嘅(的)责任,⋯⋯对于全体工人嘅(的)生活或境遇应该有代佢(他)改善嘅(的)责任。"④这里,不仅说明了团体组织一般所需的团结精神和协作意识,而且尤为突出的是将积极地从事"阶级竞争"活动,及"对于全体工人应负增高地位"、维护人格、改善待遇等等方面,作为工人团体的责任所在。

需要重视的是,马克思主义者在向广大工人传播团体组织意识的同时,还将"权力集中"的观点有机地嵌入团体建设之中,引领工人对于"集中统一"观念的理解和坚持。按照陈独秀的看法,工人阶级及其他劳动阶级之所以能够变得有力量,其关键之点就是要形成自己的团体组织,并且在这个团体组织之内,需要有着相当的"权力集中",如果迷信"各团体底自由自治,未能完全权力集中",那就很显然是"不适于革命"的。就此,陈独秀又进一步指出:"劳动团体底权力不集中,想和资本阶级对抗尚且不能,慢说是推倒资本阶级了;因为权力不集中各团体自由自治起来,不但势力散漫不雄厚,并且要中资本阶级

---

① 独秀:《真的工人团体》,《劳动界》第 2 册,1920 年 8 月 22 日。
② 震瀛:《今天是甚么日子!》,《劳动周刊》第 13 号,1921 年 11 月 12 日。
③ 震瀛:《诸位呀纺织工又轧死一个》,《劳动周刊》第 16 号,1921 年 12 月 3 日。
④ 黄璧魄:《我们对于劳动者的希望》,《劳动与妇女》第 1 期,1921 年 2 月 13 日。

离间利用和各个击破的毒计,我所以说:权力集中是革命的手段中必要条件。"①陈独秀这里强调"权力集中",不仅对于维护工人阶级团体组织有着极端的重要性,而且对于社会上形成有势力的"劳动团体"而进行"社会改造"事业也有着理论上的指导意义,就是对于组织和建设工人阶级政党亦有很大的思想启示。

3. 集体意识的勃兴及其社会主义走向

研究五四时期组织意识的发展,需要重点地研究五四时期的集体意识问题,因为所谓的集体意识乃是组织意识的重要表征,并且集体主义乃是社会主义思想体系中的应有之意。何谓集体意识? 集体意识本质上是社会中人们的群体意识,即在社会生活之中以及在人们的相互关系之中,个人因群体而存在,个人服从并服务于群体,故而个人之间必须相互协作、相互依赖,以谋求群体的存在及群体组织的发达。集体意识的勃兴乃是五四时期思想界演进中的突出现象,又因为处于"社会改造"语境的革命话语体系之中,故而这种集体意识又直接地指向社会主义的方向。

五四时期先进知识分子有意识地阐发组织意识的思想意蕴,大致是在五四运动的历史进程之中,并随着五四运动的推进而更为重视起来。毛泽东早在1919年7月就在《湘江评论》上发表《民众的大联合》文章,强调通过"大联合"的办法形成组织力量的极端重要性,并认为只有"民众的大联合"才是社会改造的"根本的一个方法",指出:"我们竖看历史,历史上的运动不论是那一种,无不是出于一些人的联合。较大的运动,必有较大的联合。最大的运动,必有最大的联合。凡这种联合,于有一种改革或一种反抗的时候,最为显著。历来宗教的改革和反抗,学术的改革和反抗,政治的改革和反抗,社会的改革和反抗,两造必都有其大联合。胜负所分,则看他们联合的坚脆,和为这种联合基础主义的新旧或真妄为断。然都要取联合的手段,则相同。"②需要说明的是,毛泽东在五四时期提出"民众的大联合"办法来作为社会改造的手

———————

① 《讨论无政府主义》(1921年8月),《陈独秀著作选》第2卷,上海人民出版社1993年版,第306页。

② 《毛泽东早期文稿》,湖南出版社1995年版,第338页。

段,是建立在对辛亥革命经验教训总结的基础上,如他在《民众的大联合》中明确说:"辛亥革命,似乎是一种民众的联合,其实不然。辛亥革命,乃留学生的发踪指示,哥老会的摇旗唤呐,新军和巡防营一些丘八的张弩拔剑所造成的,与我们民众的大多数,毫没关系。"这就是说,辛亥革命的重大缺点及最终的失败,正是因为没有民众力量的大联合,亦即辛亥革命既缺乏广泛性的群众基础,又缺乏对于群众的有效组织工作。毛泽东的这篇《民众的大联合》文章影响很大,以至罗家伦后来在阐发"社会组织的增加"这个"五四以来绝大的成绩"时说,只要参看毛泽东的这篇《民众的大联合》文章,就会对于组织的重要性及如何发展组织这个问题更加"明白"①。陈独秀于1919年10月在国民杂志社成立周年大会上发表演讲,在分析社会的思想状态时,表彰国民业已觉悟到"组织"的重要意义。在他看来,经过五四运动的洗礼,国民的觉醒已经过了"爱国心之觉悟"、"政治不良之觉悟"及"社会组织不良之觉悟"这三个阶段;而这种关于"社会组织不良之觉悟"进程,又具体地表现为"由外交而及内政,由内政而至社会组织"这方面。由此,陈独秀希望国民杂志社在推进"国民觉悟之程度"上有所努力而"使其增高",借以推进全体民众"社会组织"意识的不断提高,并使社会上"具此种觉悟者之人数增加"②。蓝公武在国民杂志社成立周年大会上的演讲,也特别强调组织起来对于社会改造的极端重要性。他认为,五四运动已经"认识自身能力"了,在面对强权时已经"匪复如前之畏避",从而使"自身能力之效大著";而更为重要的是,五四运动中已经知道"个人能力有限,非合多数人之力不足有为","盖必先有组织而后始能奋斗,设'五四'后而无组织的运动,卖国者何能遽去?"蓝公武的结论是,发挥自身能力与开展"组织的运动"这两者"苟能保存而发挥之,则改造中国不难矣"③。天津的觉悟社在提升组织意识方面尤为特别且具有显著的特色,该社团不是散漫式的结合,而是采取"严格的主义"入社程序。就是要成为觉悟社的成员,首先就得由觉悟社中原来的3名社员给予介绍,而在介绍过程中还

---

① 罗家伦:《一年来我们学生运动底成功失败和将来应取的方针》,《新潮》第2卷第4号,1920年5月。

② 《五四时期的社团》(二),生活·读书·新知三联书店1979年版,第27页。

③ 《五四时期的社团》(二),生活·读书·新知三联书店1979年版,第27页。

得经全体社员的批评和投票这个程序,如此新成员方得加入组织之中。再就是在觉悟社之中,自觉地采取批评与自我批评的办法,社员经常地检讨自己的言行,借以体现成员不断"反省"的理念,如谌志笃就回忆自己在一次会议上的主动"忏悔","把我担任学联会长的一些个人英雄主义思想的不良作风,坦白地向社员暴露出来,大家给我提了许多意见。其他社员有的也暴露了思想。社员们不因被批评而内心不安,反而互相了解,加强团结"①;而且,觉悟社的这种组织上的批评,也不仅仅是局限在社内成员,同时也"非常欢迎"并"很盼望社外边的人,从旁观的态度上能够给一种严重的审查、深刻的批评"②。这种既有自我批评、成员批评又有社外成员的批评,将批评的功能发展到极致,在强化成员的组织意识方面有着显著的作用,这在当时确实是很不容易的。关于社团的组织意识在"五四"以后增长所达到的水平,在 1922 年 12 月通过的《湖南学生联合会对于会务进行的方针和计划》中也有突出的反映:"亲爱的同学们! 我们大家合作起来,在一个合理的计划之下、一个坚固的组织之中,共同的活动起来! 社会是整个的,恶势力是很大的,同学们,我们不要单兵独将的进行,我们必须组织铁一样的团体,同上战线,向共同的目标下总攻击。"这也就是说,"我们一种大的团体,如果组织不完善,如一盘散沙一样,是毫无力量的"③。这里,所标示的"合理的计划"、"坚固的组织"、"共同的活动"等要求,突出地反映了湖南学生联合会在团体精神建设方面的努力。应该说,注重团体精神的养成与传承,加强成员的组织纪律性,是五四时期进步社团的一个显著特征。

在五四时期思想衍化与社会变迁的交互作用下,随着"社会改造"时代的到来及社会主义思想在中国的传播,思想界对于"集体意识"问题引起更多的关注,并将这种"集体意识"与社会主义思想直接地联系起来,尽管起初对社会主义还处于认识上的初步阶段。恽代英在 1920 年所著的《论社会主义》的

---

① 谌志笃:《觉悟社在天津学生运动后期的领导作用》,《五四时期的社团》(二),生活·读书·新知三联书店 1979 年版,第 359 页。

② 《觉悟的宣言》,《觉悟》第 1 期,1920 年 1 月 20 日。

③ 《湖南学生联合会对于会务进行的方针和计划》,《湖南学生联合会周刊》第 28 期,1922年 12 月 17 日。

文章中,认为在"宇宙大法中","个体为全人类存在的,全人类不是为个体存在的",因而"人群比个人在宇宙中更有真实的地位"。如此,为了防止社会中个人利益上的冲突,个人就不能"看他个体的利益,总会比人类全体的利益重要","所以要图世界的长治久安,必须使每个人看清社会福利的重要,每个人能抱着社会主义的精神,去做社会主义的运动。不然,便令资本家打倒了,人类各部分的利益,仍然得不着他的平衡,又要生出别的冲突来"①。五四时期社会改造之中的"集体意识"乃是与社会主义思想在中国的发展进程紧密联系在一起的,"集体意识"的发展在事实上也得到社会主义思想的有效引领及社会主义运动的有力支撑,并因社会主义思想的注入而提升其思想的意蕴。这也预示着,中国的社会主义运动在与思想界的"集体意识"的关联中,不仅在五四时期的"社会改造"语境中获得成长的巨大空间,而且也将继续葆有"集体意识"中的"集体主义"思想基因,并在后五四时期中国思想界建立其话语权势。

五四时期思想界组织意识在"社会改造"语境激进化态势中的发展,经由"团体"意识而向着"集体意识"方向行进,并进而基于中国"社会改造"的革命化要求,提出了组织工人阶级团体的思想诉求,正预示着思想界的组织意识的演进业已发生质的飞跃。这种质的飞跃最突出的表征,就是从五四时期既有的关于"社会改造"的思想出发,先是集中宣传"集体意识"和"团体意识",借以通过思想舆论来影响社会并引领思想界;继而,就是使思想宣传聚焦到工人阶级的团体组织方面,期待通过工人阶级的"社会革命"办法而"革命化"地"改造社会",并使这种革命化的"社会改造"沿着社会主义方向前进。可以说,在五四时期思想界在激进化态势之中,特别是在"社会改造"中形成马克思主义"革命话语"的情况下,由先进知识分子将既有的组织意识进至政党意识阶段,乃是势所必然、不可逆转的思想进程,或者说,本身就体现了思想逻辑演进和社会变迁逻辑之间互动共进、互为支撑的关系。

---

① 恽代英:《论社会主义》(1920 年),《少年中国》第 2 卷第 5 期,1920 年 11 月 15 日。

三、组织意识的升华与政党意识的实践性走向

现代社会中组织意识的普遍增长对整个社会成员皆有着重要影响,而对于政治意识非常强烈的社会组织来说,其最终的结果就是使这种社会组织向着政党组织的方向前进。五四时期思想界中组织意识在增长、发展的过程中得以升华,这就使得"社会改造"的革命话语在马克思主义引领性向着政党意识方向演进,并合乎逻辑地提出建立无产阶级政党的任务。理论上说,思想界中组织意识的成长在社会生活中并不必然地提升到建立政党的高度,这是需要社会变革的需要、阶级力量壮大、阶级意识觉悟、政治实践水平等相关的历史条件。而从五四时期中国社会变迁的状况看,政党意识的兴起与"社会改造"的革命化要求、中国工人阶级力量的成长状况及五四运动在政治实践方面的影响是紧密联系的。由此,中国早期的马克思主义者在团体观念和组织意识的基础上,集中地进行了反对无政府主义的斗争,积极地将政党意识转化为建党实践,并力图在社会改造激进化态势中努力推进建党时代的到来。这可见,从组织意识的升华到政党意识的发展,再到确立建党实践的目标,不仅有着从思想逻辑到实践逻辑演进态势,而且力求在实践层面铸就中国"社会改造"的领导者和组织者,从而有力地推进了五四时期"社会改造"革命化的历史性进程。

1. 革命话语中的政党意识

中国思想界在民元年间曾对政党现象表现出浓厚的兴趣,政党思想亦处于兴盛阶段,黄远庸在 1912 年所著《铸党论》成一时之名著。但早期新文化运动因为集中于思想启蒙运动,在相当程度上对政治表示弃绝的态度,故而对于政治生活中的政党大致没有什么太多的好感。陈独秀在 1916 年说,尽管"政治运用,党尤尚焉",但"政党政治"已经"不适用于今日之中国也",并对"吾国年来政象,惟有党派运动,而无国民运动也"表示极大的失望。由此,陈独秀希望"自负为一九一六年之男女青年"能够"各自勉为强有力之国民,使吾国党派运动进而为国民运动",又希望世界政象能够自 1916 年始由"少数

优秀政党政治,进而为多数优秀国民政治"①。

五四时期的思想界在十月革命的影响,将组织政党作为十月革命的一条成功经验,先进知识分子将在中国组建无产阶级政党作为极为主要的政治任务之一。李大钊在宣传十月革命的系列文章,业已道明正是无产阶级政党布尔什维克领导革命而成就其"功业",认为"他们的党,就是革命的社会党;他们是奉德国社会主义经济学家马客士(Marx)为宗主的"②。其后,中国思想界对于社会中反对"过激党"的言论进行辩驳,亦在相当程度上加强了思想界对无产阶级政党的认知,并导引进步思想界进一步研究俄国共产党。

五四时期思想界的"社会改造"理念进而衍化生成了"革命话语",这"革命话语"是以"革命"为社会改造的根本方法,并且特别强调无产阶级政党在领导革命中的极端重要性。蔡和森在1920年致毛泽东的信中,一方面强调了社会革命的客观条件,但另一方面也特别强调政党对于革命领导的重要性,并把"党的组织"看成是"中国的社会革命"能否进行、是否能取得胜利的先决条件。他指出:"革命的标准在客观而不在主观,有一千人生怕革命,其实是错了,凡社会上发生了种种问题,而现社会现制度不能解决他,那末革命是一定不能免的了。你看中国今日所发生的问题,那一种能在现社会现制度之下解决? 所以中国的社会革命,一定不能免的。不趁此时加一番彻底的组织,将来流血恐怖自然比有组织要狠些。有了强有力的组织,或者还可以免掉。所以我认党的组织是很重要的。"③正是因为五四时期"社会改造"语境中的"革命话语",其本身就内含着政党的理念,并且"革命话语"又是在马克思主义指导下形成和发展起来的,这就必然地要求"社会改造"的革命化形式必须置于无产阶级政党领导之下。

李大钊是中国无产阶级政党思想的杰出代表,他在1921年3月就在中国

---

① 《一九一六年》(1916年1月),《陈独秀著作选》第1卷,上海人民出版社1993年版,第174页。

② 《Bolshevism的胜利》(1918年12月),《李大钊全集》第2卷,人民出版社2013年版,第364页。

③ 《蔡林彬给毛泽东》(1920年9月16日),《蔡和森文集》,人民出版社1980年版,第70—71页。

建立无产阶级政党发表了《团体的训练与革新的事业》文章,号召中国的"C派朋友"成立一个"强固精密的组织",并"注意促进其分子之团体的训练",一方面能够"与各国 C 派的朋友相呼应",另一方面使"中国彻底的大改革"能够"有所付托"①。当然,就当时中国的社会心理而言,确实存在着"人民厌弃政党已达极点"的问题,这主要是因为"民国以来的政党,都是趁火打劫,植党营私,呼朋啸侣,招摇撞骗,捧大老之粗腿,谋自己的饭碗,既无政党之精神,亦无团体的组织,指望由他们做出些改革事业为人民谋福利,只和盼望日头由西边出来一样。"②鉴于这种情况,李大钊坚持在中国建立无产阶级政党,认为中国只有建设一个"强固精密的组织"才能彻底地变革中国社会。李大钊从民国初年就致力于政党问题的研究,在对当时的诸多党派失望的时候,曾提出社会需要有"中心势力"的主张,而十月革命则使李大钊的政党思想发生历史性的飞跃,认识到在中国建立无产阶级政党的极端重要性,故而也就有了这篇《团体的训练与革新的事业》著名文章。从中国共产党的创建历程来看,李大钊的《团体的训练与革新的事业》乃是建立中国无产阶级政党的宣言书。

中国的"社会改造"的革命化走向及其社会主义目标,特别需要政党尤其是无产阶级政党的领导,故而五四时期的进步思想界在李大钊之后,也是基于十月革命来探讨在中国建立政党问题的,借以获得关于中国的"社会改造"的启发。李俊在《晨报副刊》1922 年的"俄国革命纪念"号上,发表的《俄罗斯十月革命》的文章中指出:"由十月革命我们可以看得出几处要点来:第四阶级(指无产阶级)革命是全世界所不能免的,虽说资本主义在现代还有权威。不论从事那一种政治活动,政党组织必须完备。十月革命以后的政治活动分子不消说得是布尔札维克党——俄国共产党——了,他们在革命前的活动和革命后的努力处处皆足为我们借鉴。可是他们的党员只七十余万,而俄国人民总数在一万万人以上,可以想见他们底组织计划是怎样的完密了。所以我们

---

① 《团体的训练与革新事业》(1921 年 3 月),《李大钊全集》第 3 卷,人民出版社 2013 年版,第 350 页。
② 《团体的训练与革新事业》(1921 年 3 月),《李大钊全集》第 3 卷,人民出版社 2013 年版,第 349 页。

说十月革命之成功完全是布党组织的成功。"①这篇文章鉴于对十月革命的考察,把组织无产阶级政党看作是进行社会变革的根本性条件,这是很有政治见识的。李达这位中国早期的马克思主义者,基于"以俄为师"的理念,力图借鉴十月革命的经验及巴黎公社的教训,亦认为无产阶级政党在革命中必须现实地起领导的作用:"无产阶级要实行革命,必有一个共产党从中指导,才有胜利之可言。一九一七年俄国革命之所以成功,与一八七一年巴黎共产团之所以失败,就是因为一个有共产党任指挥而一个没有。无产阶级革命的目标在夺取政权实行劳工专政。政权必须用武装方能夺到手,既用武装就不能不有严密的组织,什么劳动者自由的结合,完全没有用处。阶级斗争,就是战争,一切作战计划,全靠参谋部筹划出来,方可以操胜算。这参谋部就是共产党。"②不难看出,中国早期马克思主义者在探讨在中国建立政党问题时,在思想上是有着"十月革命"这个文本的。可以说,俄国十月革命乃是中国马克思主义政党思想发展中的重要参照系。

中国早期马克思主义者的政党观尽管是以俄国十月革命为参照文本的,但"中国中心"的意识也是特别鲜明的。李大钊宣传十月革命的几篇文章及这篇建党思想代表作《团体的训练与革新事业》,是基于中国政党的状况、中国社会改造的需要,而在中国提出建立无产阶级政党主张的。这里要说的是,在五四时期政党意识发展的进程中,谭平山这位中国早期的马克思主义者也是针对中国军阀混战、武人专政的情形,认为国民党改组就在于建立强有力的政党借以推进"国民革命"事业。他指出:"我们国民固要知道非实行国民革命,不能推翻封建式的军阀;非推翻封建式的军阀,不能消灭国内的战争。但我国民尤要知道非有党不能革命,非结合国内的革命分子,集中于一党,组织革命的大本营,不能实行国民革命。"③中国早期马克思主义者将组织政党视为领导社会革命的基本条件。这标志着政党意识在五四时期"社会改造"的革命话语中得以孕育生成,并通过中国早期马克思主义者的努力而业已在思想界牢固地确立起来。

---

① 李俊:《俄罗斯十月革命》,《晨报副刊》1922 年 11 月 7 日。

② 《评第四国际》(1922 年),《李达文集》第 1 卷,人民出版社 1980 年版,第 133 页。

③ 《国民党改组中应注意诸点》(1923 年),《谭平山文集》,人民出版社 1986 年版,第 251 页。

2. 反对无政府主义的斗争与政党思想的发展

五四时期无产阶级政党思想在中国的发展,是与无产阶级专政思想在中国的发展紧密联系的,故而在叙述无产阶级政党思想在中国发展历程时,也就必然地关涉无产阶级专政思想问题。又由于阻扰无产阶级专政思想在中国发展的,在中国思想界主要是无政府主义者,故而也就必然地关联早期马克思主义者与无政府主义者的斗争。

无政府主义是一种小资产阶级的社会思潮。其派别很多,在国际上有施蒂纳的"无政府主义"、蒲鲁东的"无政府主义"、巴枯宁的"无政府主义"、克鲁泡特金的"无政府主义"等等。中国是一个小生产者占优势的国家,有着无政府主义者活动的市场。早在1907—1908年,中国无政府主义者在日本出版了《天义》报,这期间无政府主义者在巴黎也出版了《新世纪》。辛亥革命之后,无政府主义作为社会思潮得到较大的发展。1912年,著名的无政府主义传播者刘师复在广州发起组织了无政府主义团体晦鸣学社、心社、无政府共产主义同志社,出版《晦鸣录》、《民声》等刊物,积极开展无政府主义的宣传。这是中国人在国内组织无政府主义团体的开始。在刘师复的推动下,南京、上海、常熟、广州等地出现了许多无政府主义的组织。到五四时期,由于国外无政府主义思想的相继涌入,中国思想界形成一股不小的势力。从1919年至1920年,无政府主义的小团体有近50个刊物近70种。影响较大的有黄凌霜的无政府共产主义、朱谦之的无政府个人主义及郑佩纲的无政府工团主义。在此情形下,无政府主义成为抗衡马克思主义的重要力量。

由于无政府主义在五四时期是对抗马克思主义的一支劲旅,故而反对无政府主义也就成为推进马克思主义发展的重要任务。广州是无政府主义者集散地之一,无政府主义思想极其活跃,广东早期的共产主义小组中就有无政府主义者,故而在《劳动者》刊物中也就有无政府主义者的声音。无政府主义者黄兼生(黄凌霜)在《劳动者》上发表的《实际的劳动运动》文章,否认"一切强权",他不仅提出这样的问题:"至将来新社会之改造,利用强权乎,抑自由组合,自己管理乎?则视吾人劳动之效力与能率而定";而且还公开地说:"经济学派上所谓社会主义、无政府主义、劳工组合主义;虽不能各自独立成为绝对完善之理想,而同为今后社会进化必经之途径,此固吾人研究社会趋势不成见不囿方分者所同得之结论。"①无政府主义者基于其否认"一切强权"的理念,对于运用阶级斗争手段来夺取政权借以达致"社会改造",没有任何的兴趣,相反,却对工团主义所倡导的总同盟罢工,表示出十足的信心:"劳工的总同盟罢工,全国各业的劳动者,都要协同一致,停止工作,不再受雇主指挥,那时的资本制度,马上就要瓦解,于是五金的工人,可以入五金的工厂,自由管理、自由操作,农作的农夫,可以自由使用田土,自由生产谷物,自由去把他分配享用。"②这说明,无政府主义在"革命"的问题上,业已成为马克思主义者所必须重点反击的对象,否则就不可能在中国形成科学社会主义的话语权势。

中国早期的马克思主义者中,不少人早年曾是无政府主义者,这大致反映五四时期"先进知识分子"的最初状态。后来成为马克思主义者的恽代英,在1919年9月9日的《致王光祈信》中说,他信仰"安那其主义已经七年了",并且"自信懂得安那其主义的真理,而且曾经细心的研究",尽管他"不同不知安那其的人说安那其","亦不同主张安那其的人说安那其",但仍然相信"只要一个人有了自由、平等、博爱、互助、劳动的精神,他自然有日会懂得安那其的"③。这说明,无政府主义在当时的思想界还是有较大市场的。

《民国日报》副刊《觉悟》在1920年五六月间曾发生了关于"强权卫公理"的争论,这是马克思主义者与无政府主义者的一次较量。1920年5月23日的《民国日报》副刊《觉悟》发表《不要再做强国梦》文章,站在无政府主义立场上否认一切强权,指出:"社会主义盛行,平民政治自兴,劳农政府底行为目的,何尝是军国主义?然而所向无敌,四方响应,世界各国,也不能不承认他。究是强权呢?还是公理?"④此文立即引起读者的不满,于是5月25日的《觉悟》发表了《强国的解释》文章,对否认"强权"的观点进行反驳,认为俄国正是用"强权"来捍卫公理,"假如他们不去苦战,布尔什维克就要被别国的武力扑灭。他们有作战的强权,布尔什维主义才能实现于俄国"⑤。由此,在《民国日

① 兼生:《实际的劳动运动》,《劳动者》第1号,1920年10月3日。
② 初:《罢工的意义》,《劳动者》第6号,1920年12月5日。
③ 《恽代英文集》上卷,人民出版社1984年版,第109页。
④ 曹乾元:《不要再做强国梦》,《民国日报》副刊《觉悟》1920年5月23日。
⑤ 天放:《"强国"的解释(怎样能拥护公理?)——天放致力子》,《民国日报》副刊《觉悟》1920年5月25日。

报》副刊《觉悟》上兴起了一场关于是否需要"强权"的讨论。其后,亦有相关文章发表,继续这场讨论①。争论的一方是从人道主义和和平主义的观点来理解"强权",认为一切"强权"皆是坏的,公理只能以公理来捍卫;另一方则强调"强权"是一种实力、一种物质性的力量,所谓"强权卫公理"是说公理需要有物质性力量去维护,并不是迷信武力。"这一场论战,谁是谁非,没有得出明确的结论,但可以看出,主张后一种见解的人在对'强权'和政府的看法上,是唯物主义的,比起前一派人的无政府主义的片面的高调来,更为切合实际,也就更有说服力"②。

在 1921 年间,《民国日报》副刊《觉悟》又对无政府主义进行批判,不仅使无产阶级国家与资产阶级国家得以区分,而且也坚定了人们追求无产阶级专政的信念。事情的起因是,提倡"中国式的无政府主义"的太朴在《民国日报》副刊《觉悟》上发表文章,认为"中国人天性上对于政治无兴味,不觉得有政治的必要",故而不能依据马克思主义在中国行使中央集权、建立劳农专政③。于是,关于建立无产阶级专政的辩论开始。赞成无产阶级专政的观点认为,"政治的独裁,是无产阶级为贯彻阶级斗争,消灭一切阶级起见,自己起来组成一个阶级,用团体的力压伏反对阶级的意思。产业的独裁,是无产阶级为巩固社会主义的经济组织起见,由无产阶级底有觉悟的分子,率领无产阶级全体,组成很大的团体,选出生产指导者,在生产时间内绝对服从生产指导者的意思。……就拿俄国来讲,也不是列宁独裁……是苏维埃独裁。而苏维埃是建筑在无产阶级德谟克拉西上面的,所以叫做无产阶级独裁。"④施存统也发表文章再一次宣布:"我所信的马克斯主义,就是布尔色维克主义,彼底最后

① 参见:《我的"拥护公理"观》(力子,载《觉悟》1920 年 5 月 25 日)、《怎样拥护公理? 强国应否提倡》(天放、力子,载《觉悟》1920 年 5 月 27 日)、《"提倡强国"的反对声:李绰致天放》(李绰,载《觉悟》1920 年 5 月 28 日)、《"强国"应否提倡的辩论(一)》(李绰、天放,《觉悟》1920 年 6 月 2 日)、《"强国"应否提倡的辩论(二)》(翠英、天放,《觉悟》1920 年 6 月 2 日)、《"强权卫公理"的解释(一)》(天放致李绰,《觉悟》1920 年 6 月 5 日)、《"强权卫公理"的解释(二)》(天放致翠英,《觉悟》1920 年 6 月 5 日)、《强权卫公理的辩论》(李绰致天放,《觉悟》1920 年 6 月 9 日)等文章。
② 《五四时期期刊介绍》第一集(上册),生活·读书·新知三联书店 1978 年版,第 191 页。
③ 太朴:《太朴答存统底信》,《民国日报》副刊《觉悟》1921 年 5 月 18 日。
④ C.T.(施存统):《第四阶级独裁政治底研究》,《民国日报》副刊《觉悟》,1921 年 7 月 21 日。

目的,就是'各尽所能,各取所需'的共产社会,彼底最近手段,就是'劳农专政'。"①

上海共产主义小组创办的《共产党》月刊,一个重要的任务就是在思想上反对无政府主义,除了在社论性质的"短言"栏中对无政府主义进行批评外,所发表的一些专文如《社会革命底商榷》、《无政府主义的解剖》、《我们为甚么主张共产主义》、《夺取政权》、《我们要怎么样干社会主义?》等,也都是针对无政府主义而发的②。如其中有篇文章指出:"无政府党诸君哟! 你们不要在那里乱叫'废弃一切强权,废弃一切政治',自鸣得意自夸理想高尚;你们要知道有产阶级在那里暗笑你们,暗骂你们是蠢子呢! 然而表面上是很欢迎你们的,他们不独不怕你们鼓吹'废弃一切强权',并且惟恐你们不这样鼓吹呢! 你们不要强权,他们好安安然然地来要;你们不要政治,他们落得来收起,向你们说一声谢。无政府党真是有产阶级的朋友,佩服佩服! 无政府党诸君呀! 共产党主张劳农专政,是实实在在从实际方面想出来的,并不是空想,也不是想满足少数人的政治欲,不如此,有产阶级且不能根本推翻,还说甚么建设理想的社会! 你们要自觉,切不要为有产阶级的恩人,无产阶级的敌人。"③

在法国勤工俭学的蔡和森亦于 1922 年五一劳动节在《先驱》上发表《法兰西工人运动的最近趋势》文章,在介绍法国工人运动时提出了反对无政府"工团主义"的任务,并从工人运动的政治实践高度揭示了开展阶级斗争、"夺取政权"的极端重要性,指出:"原来阶级争斗就是政治争斗,工人阶级不从事政治争斗和夺取政权,是决不能达到解放目的。而且政治争斗乃是工人运动必然经过的历程,始终不能以无政府党或工团派主观的理想和志愿超过的。比如法兰西的革命工团主义,最初本想专以经济的直接行动达到革命目的,但是事实上是不行的。你不要政权,资本家便永远的握住政权以保护他们永远掠夺工人的经济地位。欧洲大战之所以能强奸法兰西革命工人的志愿,就是因为法国资本家握着政权在手里。法兰西革命的工团运动者经过这次残酷的

---

① 光亮:《再与太朴论主义底选择》,《民国日报》副刊《觉悟》1921 年 7 月 31 日。

② 《五四时期期刊介绍》第二集(上册),生活·读书·新知三联书店 1959 年版,第 8 页。

③ 无懈:《夺取政权》,《共产党》第 5 号,1921 年 6 月 7 日。

教训之后,所以素来反政治的革命工团运动,就于不知不觉中完全变成为政治争斗的共产主义运动了。"①中国共产主义青年团旅欧支部创办的《少年》也对无政府主义进行了理论上的斗争,认为"只有在学理上愿与无政府主义者辩驳讨论,若是出之以嬉笑谩骂的态度,完全不具有主义信仰的青年的精神,则我们绝不至认为有作相对的回报之价值,而但与对待无聊的反动者一样,虽然是太宽泛了,但其意义本是相等的——暂时只有'置之不理,听其自生自灭'了"②。该刊一方面着重批判无政府主义否认权力、反对权威的主张,指出无政府主义者不懂得无产阶级专政是"社会进化之客观的事物的势力",而是误认为"本为强权的共产主义派所要造出来的方法"③;另一方面则是阐明马克思主义的阶级斗争学说及建立无产阶级专政的理论,说明阶级斗争的必要性及建立无产阶级专政的必然性:"阶级争斗,便是政争。因为到山穷水尽的时候,总是为着权力。……要想推翻有产阶级,要想打破国家,便是进行政治的争斗;要想创造我们自己阶级底机关去驾御箝制那般反抗的有产者,不论是何等样一种机关,那便是拿到了'政权'。因为我们给'政治斗争'所下的义解,便是被支配阶级努力去破碎支配阶级的政治权力的争斗。我们给'政权'两字所下的义解,便是一阶级用以反抗别一阶级的组织权力。"④

中国早期马克思主义者正是在与无政府主义的斗争中,使得无产阶级专政思想在中国得以生根和发展,并进一步提升了马克思主义在中国的影响力及其在中国社会变革中的指导地位;同时,一批无政府主义者纷纷转到马克思主义的立场上,如广州有一位无政府主义者诉说自己思想转变后就像"一个迷途的人,忽然面前现出一条大路而且是捷径",故而坚信"要达到共产主义,非走无产阶级革命的道路不可"⑤。不难看出,五四时期思想界与无政府主义的斗争,就在于培植一批既承认阶级斗争又坚持无产阶级专政的新生代,即坚持走社会主义道路的、坚定的马克思主义者,从而为马克思主义在中国的发展开辟道路。

---

① 《法兰西工人运动的最近趋势》(1922年5月1日),《蔡和森文集》,人民出版社1980年版,第90—91页。

② 列父:《旅法的中国青年应该觉悟了》,《少年》第7号,1923年3月1日。

③ Y.K.:《一个无政府党人和一个共产党人的谈话》,《少年》第7号,1923年3月1日。

④ 行侯:《工人与政治》,《少年》第10号,1923年7月1日。

⑤ 《纽芳致平山》,《青年周刊》第4号,1922年3月22日。

值得注意的是,为了从政党意识进至到政党组织的阶段,反对工团主义的斗争也就成为必需。应该说,五四时期的无政府主义者尽管亦有比较鲜明的团体意识,但在实际行动上因为坚持"工团主义"而止步于工会组织,并且还因为"反对一切强权"的政治理念,因而也就成为由团体意识进至组织政党的严重障碍。当时的广州乃是无政府主义者重要的集散地之一,他们由于坚持无政府主义的"工团主义"的理念,把团体的组织限定在组织工会上,并认为只有工会才是劳动运动的唯一组织:"劳动运动之步骤,不外(一)在劳动界内组织行会,(二)由行会组织工业联合会,(三)集合行会组织全省联合会,(四)由各省联合会组织全国工业总会,(五)谋东西劳动会之成立进而与万国劳动会携手。"①由于无政府主义在各地的影响较大,并且"工团主义"具有很大的影响,故而早期的马克思主义者兴起了反对无政府主义的斗争,重点批判了"工团主义",认为"单是临时聚合要求改良待遇的同盟罢工,不能捣起这阶级制度的根本"②,这对于加快政党的组织发挥了很大的作用。

五四时期的"社会改造"语境,为包括无政府主义在内的各种思潮提供了发展的机会。在五四时期的中国社会,无政府主义对于不满现状的青年有一定的吸引力。无政府主义极容易被那些不满于中国社会的黑暗、向往没有剥削、没有人剥削人社会的小资产阶级知识分子所接受,因而在当时的中国社会颇有些市场。中国早期马克思主义者正是在与反对无政府主义的斗争中,推进了无产阶级专政思想的发展,从而也就推进了马克思主义政党思想在中国的发展。大致在 1924 年以后,由于马克思主义者对无政府主义者的坚决斗争,无政府主义团体日趋瓦解和分化。

3.社会改造的激进化与建党时代的到来

"五四"后关于社会改造问题的探讨,越来越表现为激进化的趋势,最为突出的是将"社会改造"指向"社会革命"的途径,其主要手段则是建立领导革命的共产党组织。

---

① 兼生:《实际的劳动运动》,《劳动者》第 1 号,1920 年 10 月 3 日。
② 黄璧魄:《我们对于劳动者的希望》,《劳动与妇女》第 1 期,1920 年 10 月 3 日。

关于"社会改造"与政党关系的问题,中国早期马克思主义者进行了积极的探索,并将这种探索指向建立无产阶级政党的目标。李大钊早在宣传十月革命的文章中就业已涉及,将十月革命看作是布尔什维克的功业。李大钊指出,十月革命是列宁为首的布尔什维克领导的,"他们的党,就是革命的社会党";"Bolshevism 就是俄国 Bolsheviki 所抱的主义",而"他们的主义,就是革命的社会主义"①。这对于中国的社会变革有极大的借鉴意义,即中国的"社会改造"必须"以俄为师",不仅必须走"革命"的群众运动的激进道路,而且必须在无产阶级政党的有力领导之下,向着"革命的社会主义"方向前进。其后,谭平山在 1920 年也发表《中国政党问题及今后组织政党的方针》文章,要求"今后的政党当以一定的主义做结合中心",并且"今后的政党当破除阶级的制度",不仅需要"与国内平民为友",而且也必须"与世界平民为友"②。陈独秀是中国共产党的主要创建者之一,他在五四时期就非常重视政党在社会改造中的地位。他认为,"人是政治的动物",对现行社会中的"政治"可以"改造变形",不能说"绝对不要政治",而现代社会中"既然有政治便不能无政党";在现代社会中,因为"共产党底基础建筑在无产阶级上面","自然要好过基础建筑在有产阶级上面用金力造成的政党"③。早期马克思主义关于政党与"社会改造"关系的探索,为在中国创建无产阶级政党来改造中国社会,提供了理论上和舆论上的准备。

李大钊基于社团组织的探讨而进至政党组织的路径,这在五四时期思想界是很有特色的。在"五四"以后,李大钊看到了学生的进步社团的兴起及其在社会变革中所起的重大作用,并认为"五四运动以后,学生团体发生,俨然革新运动中之惟一团体",但他同时也看到这种学生组织的团体"训练不大充足,其中缺憾正多"等问题。在李大钊看来,青年在五四运动中所组织的社团有必要向政党的方向发展,青年不能因为"厌弃"民国以来的政党而放弃组织

---

① 《Bolshevism 的胜利》(1918 年 12 月),《李大钊全集》第 2 卷,人民出版社 2013 年版,第 363—364 页。

② 谭平山:《中国政党问题及今后组织政党的方针》,《政衡》第 1 卷第 2 号,1920 年 3 月。

③ 《随感录(政治改造与政党改造)》(1921 年 6 月),《陈独秀著作选》第 2 卷,上海人民出版社 1993 年版,第 289 页。

政党的目标,并表示"我们虽然厌弃政党,究竟也要另有种团体以为替代,否则不能实行改革事业"①。他鉴于"俄罗斯共产党,党员六十万人,以六十万人之大活跃,而建设了一个赤色国家"的光荣历史,期望中国的共产主义者能够"以俄为师",并为改变"我们团体的训练不充足,不能表现民众的势力"的问题,从而组建"强固精密的组织",这样的组织乃是"平民的劳动家的政党,即是社会主义团体"②。这是李大钊向中国的共产主义者发出的建党号召。

　　进步社团及其领导人在"五四"以后"社会改造"的实践中,也鲜明地提出了创建无产阶级政党的问题。其中,新民学会关于建党问题的讨论,在当时的中国思想界有很大的影响。1920 年远在欧洲各国勤工俭学的新民学会会员,于六七月间汇聚到法国的蒙达尼,并自 7 月 6 日至 7 月 10 日召开会议,重点在"改造中国与世界"主题下,就"中国与世界之改造方法"予以讨论,形成了以蔡和森、萧子升(旭东)分别为代表的两种对立主张:"和森主张组织共产党,使无产阶级专政,其主旨与方法多倾向于现在之俄。子昇谓:世界进化是无穷期的,革命也是无穷期的,我们不认可以一部分的牺牲换多数人的福利,主张温和的革命——以教育为工具的革命,为人民谋全体福利的革命——以工会、合社为实行改革之方法。其意颇不认俄式——马克斯式——革命为正当,而倾向于无政府——无强权——蒲鲁东式之新式革命,比较和而缓,虽缓然和。和森复详述现今世界大势,以阐发其急烈革命之必要。"③蔡和森关于"社会改造"的激进主张,在当时的知识界和思想界具有代表性。蔡和森留学法国之后,基于对"世界大势"的考察,在思想上"主张马克斯主义及俄式革命,而注重于组织共产党"④。那么,中国的"社会改造"为什么要走向"社会

---

　　① 《团体的训练与革新事业》(1921 年 3 月),《李大钊全集》第 3 卷,人民出版社 2013 年版,第 349 页。

　　② 《团体的训练与革新事业》(1921 年 3 月),《李大钊全集》第 3 卷,人民出版社 2013 年版,第 350 页。

　　③ 《萧旭东的信》(1920 年 8 月初),《五四时期的社团》(一),生活·读书·新知三联书店1979 年版,第 41 页。

　　④ 《蔡和森的信》(1920 年 9 月 16 日),《五四时期的社团》(一),生活·读书·新知三联书店 1979 年版,第 31 页。

革命"的途径？蔡和森的回答是："凡社会上发生了种种问题,而现社会现制度不能解决他,那末革命是一定不能免的了。你看中国今日所发生的问题,那一种能在现社会现制度之下解决？所以中国的社会革命,一定不能免的。……所以我认党的组织是很重要的。……公布一种有力的出版物,然后明白张胆正式成立一个中国共产党。"①关于在中国创建共产党的设想,蔡和森在 1920 年 8 月 13 日致毛泽东的信中说："我意中国于二年内须成立一主义明确,方法得当和俄一致的党,这事关系不小,望你注意。"②又说："我以为先要组织党——共产党。……以中国现在的情形看来,须先组织他,然后工团、合作社,才能发生有力的组织。革命运动、劳动运动,才有神经中枢。但是宜急宜缓呢？我以为现在就要准备。……我愿你准备做俄国的十月革命。这种预言,我自信有九分对。因此你在国内不可不早有所准备。"③在蔡和森此时的视域之中,革命乃是政党领导下的革命,而共产党乃是"无产阶级革命运动之四种利器"之一,它是"发动者、领袖者、先锋队、作战部,为无产阶级运动的神经中枢"④,故而他极力强调在中国首要的工作,就是创建中国共产党组织。在 1920 年 9 月 16 日致毛泽东的信中,蔡和森又进一步说："中国民众运动幼稚如此,将怎样呢？我以为非组织与俄一致的(原理、方法都一致)共产党,则民众运动、劳动运动、改造运动皆不会有力,不会彻底。"⑤在蔡和森看来,基于"世界革命运动"的趋势及俄国十月革命的经验,中国的"社会改造"必须是在共产党领导下的"社会革命",这样不仅要在组织上创建共产党,而且要在行动上坚持俄国的"无产阶级专政"的办法来获得"政权",并进而以掌握的"政权"来"改造社会"。他指出："我以世界革命运动自俄革命成功以来已经转了一个大方向,这方向就是'无产阶级获得政权来改造社会'。不懂的人以为无

① 《蔡和森的信》(1920 年 9 月 16 日),《五四时期的社团》(一),生活·读书·新知三联书店 1979 年版,第 38—39 页。

② 《蔡林彬给毛泽东》(1920 年 8 月 13 日),《蔡和森文集》,人民出版社 1980 年版,第 52 页。

③ 《蔡林彬给毛泽东》(1920 年 8 月 13 日),《蔡和森文集》,人民出版社 1980 年版,第 51 页。

④ 《蔡林彬给毛泽东》(1920 年 8 月 13 日),《蔡和森文集》,人民出版社 1980 年版,第 49—50 页。

⑤ 《蔡和森的信》(1920 年 9 月 16 日),《五四时期的社团》(一),生活·读书·新知三联书店 1979 年版,第 37 页。

产阶级专政是以暴易暴的,不知列宁及万国共产党已再三宣言,专政是由资本主义变到共产主义过渡时代一个必不可少的办法;等到共产主义的社会组织、世界组织完成了,阶级没有了,于是政权与国家一律取消。……我以为一定要经俄国现在所用的方法,无产阶级专政乃是一个唯一无二的方法,舍此无方法。试问政权不在手,怎样去改造社会?"①蔡和森的论述,在于表达这样一种社会改造方案:首先在中国创建共产党,继而在共产党领导下进行社会革命,同时以社会革命来获得政权,并进而以政权来进行社会改造事业。这就指明了社会变革的激进化道路。

　　少年中国学会会员恽代英,提出的建党主张在五四时期思想界亦有较大的代表性。恽代英在少年中国学会初期的思想,比较倾向于调和,属于学会中的调和派,尤其是在南京年会上的表现。恽代英在1921年少年中国学会的南京年会上,于7月3日临时提出了"学会前途的危险,应讨论如何决裂"一案②,力主维护少年中国学会的团结。但恽代英对社会改造问题经过一段时间的思考,认识到少年中国学会"有树立一定明确旗帜的必要,实无调和的余地",于是鲜明地提出了建党的主张,并"很望学会为波歇维式【布尔塞维式】的团体",这是恽代英在南京年会后"思想的大改变"③。少年中国学会是有着很大影响的进步社团,规模很大,成员复杂,其分化也是必然的。而恽代英思想的重大转变及关于建党的主张,不仅反映了年轻一代在"社会改造"语境中思想日益激进化的事实,而且也表征了在中国建立马克思主义指导的无产阶级政党,业已成为早期马克思主义者的基本共识。

　　中国共产主义青年团旅游支部出版的《少年》,极力主张在中国创建共产党组织,并使之成为中国社会改造和实现共产主义的"前驱"或"前卫",指出:"我们主张即刻要有的只是一个共产党,公开的共产党,强有力的共产党,极有训练的共产党,万众一心的共产党。……共产党是劳动阶级的代表,是劳动阶级的先驱,是要使人人都得其所的,是不许一人逾其分的。共产党主张的,

---

　　① 《蔡和森的信》(1920年9月16日),《五四时期的社团》(一),生活·读书·新知三联书店1979年版,第39页。
　　② 《五四时期的社团》(一),生活·读书·新知三联书店1979年版,第363页。
　　③ 《致杨钟健》,《恽代英文集》上卷,人民出版社1984年版,第321—322页。

因此绝不是少数人的利害。共产党的人必须是劳动阶级或同化于劳动阶级的。必须有死也不改的信仰。必须了然于同阶级人彼此利害的共同,且认除此共同的利害,别无利害。必须对于现世的恶,誓死不相容。这样的人,中国是有的。必须由这样的人,当仁不让,造成强固的共产党,中国事乃有可为。"①这段引文,不仅将建立共产党作为"中国事乃有可为"的根本性前提,突出了组织共产党对于改造中国的极端重要性,而且还具体地说明这是"强有力的"、"极有训练的"、"强固的"、"万众一心"的共产党,代表着社会上大多数人的利益并成为"劳动阶级的代表",具有"死也不改的信仰"。

陈独秀在领导和创建中国共产党之后,认为共产党的创建乃是使无产阶级具有"强大的组织力和战斗力"的根本保证,并进一步说明了共产党对于中国社会改造中"实行无产阶级革命与专政"的重大责任,指出:"实行无产阶级革命与专政,无产阶级非有强大的组织力和战斗力不可,要造成这样强大的组织力和战斗力,都非有一个强大的共产党做无产阶级底先锋队与指导者不可。"②陈独秀要求,共产党在社会改造之中必须"担负指导劳动运动的责任",并且"比他党更要首先挺身出来为劳动阶级的利益而奋斗而牺牲",而对于党员中有"利用劳动运动而做官而发财的行为"或党员在"劳动运动危急时畏缩不前"的,"共产党便应该立刻驱逐这种的败类的党员出党而毫不顾恤","必如此才算是真的共产党,不然便是假共产党"③。陈独秀将指导劳动运动视为共产党本然的任务,提出了共产党员在劳动运动所应有的态度,将是否支持和领导劳动运动视为真假共产党的标准,这亦可见共产党对于"社会改造"所担负的领导责任。

以上,只是就五四时期的组织意识衍化及其政党思想的形成作出简要的梳理,借以明示马克思主义的政党观在中国有着内在的逻辑进路及演进的态势。就五四时期马克思主义者的话语来看,通过建立共产党而领导中国的社

---

① R:《胡适等之政治主张与我们》,《少年》第 2 号,1922 年 9 月 1 日。

② 《答黄凌霜(无产阶级专政)》(1922 年 7 月),《陈独秀著作选》第 2 卷,上海人民出版社 1993 年版,第 372 页。

③ 《共产党在目前劳动运动中应取的态度》(1922 年 5 月),《陈独秀著作选》第 2 卷,上海人民出版社 1993 年版,第 366—367 页。

会改造，积极指导中国的劳动运动，这是五四时期马克思主义者的基本共识。这同时也说明，五四时期社会改造思潮激进化乃是根本性的趋势，思想界中所内含着的组织意识由此也得以增长与发展，最终衍化为政党意识和建党实践，集中地体现出中国社会"思想→行动"的逻辑进路，为塑造中国现代思想的"主义—革命—政党—道路"体系作出了贡献。这既有着十月革命和马克思主义传播的重大影响，但从根本上说，乃是有着五四时期中国社会变迁的主因。五四时期思想衍化与社会变迁的互动共进关系，在此可见一斑。

第七章 五四时期马克思主义"革命话语"的构建及其主导地位的确立

【**本章提要**】五四时期"革命话语"就思想史意义上说,是在社会改造思潮中衍化而来的,而十月革命对革命意识的输入和马克思主义对于社会改造思潮的影响乃是其中的关键性因素。"革命话语"基于"社会改造"的"根本改造"认知,在五四时期思想激进化形成其话语系统,并为广大的先进知识分子和进步社团所奉行;而作为"革命话语"中基本范畴的"社会革命",亦在中国的条件下成功地实现了向"国民革命"的话语转换,从而在中国思想界最终确立马克思主义"革命话语"的主导地位。

"革命话语"在五四时期中国思想界的成功构建,自然是马克思主义革命理论与五四时期中国思想界状况相结合的产物,有着马克思主义传入中国所营造的变革社会的思想氛围及马克思主义所发挥的理论指导作用,但同时也有着五四时期中国思想界演进的内在逻辑。具体而言,五四时期"主义时代"的到来及马克思主义在"新思潮"中脱颖而出,十月革命中"社会革命"方式的持久性影响,"劳工神圣"所形成的重视民众的思想语境,以及五四运动政治实践推动下群众本位观念的确立,等等,这些因素的综合作用促进了以"社会革命"为主要标识的"革命话语"在中国思想界的形成。

一、十月革命与革命意识在五四思想界的输入

考察五四时期"革命话语"的构建,不能不注意十月革命对中国思想界的

重大影响,尤其是要考察十月革命向中国思想界所传输的社会革命意识。十月革命输入中国的乃是崭新的革命思想话语,对中国社会的影响是巨大的、深刻的、持久性的,对于现代中国思想体系的构建乃是具有革命性的指导作用。十月革命爆发后,中国先进知识分子不仅积极地关注十月革命,而且从十月革命中获得"社会改造"的革命思想元素。可以说,马克思主义的革命思想在中国的成功输入,乃是十月革命影响中国思想界最重要的成果之一,中国思想界也正是在对十月革命的解读中了解并掌握马克思主义革命思想的真谛。在中国近代思想体系中,尽管有关"革命"的思想和意识乃是既存的思想资源,尤其是辛亥革命对于革命思想的启蒙有着重要的贡献。但是,马克思主义的革命思想乃是全新的无产阶级革命的思想系统,一开始主要还是通过十月革命这个载体传入中国的。又因为马克思主义经过了十月革命的成功实践,使俄国在社会革命中由"后进"变为"先进",故而对于先进的中国人来说,马克思主义和十月革命这两者皆有着十分强烈的吸引力。由此中国借鉴十月革命经验、接受马克思主义,走"以俄为师"的道路,也就成为五四时期中国思想界的必然选择。

1. 十月革命与革命意识在五四思想界的输入

十月革命是俄国布尔什维克领导下变革社会制度的"社会革命",其在马克思主义指导下所表现出的革命意识,是通过中国的先进知识分子的有力宣传而得以在中国输入的,而李大钊乃是其中最为杰出的代表。由此,考察十月革命所传输到中国的革命意识,也就需要就李大钊宣传十月革命这一重大历史事实给予解读。李大钊真诚地拥护并积极地宣传十月革命,努力从十月革命中汲取社会改造方面有关"社会革命"的启示,这就奠定了李大钊在中国马克思主义传播史上的先驱者地位。李大钊从"社会革命"的角度诠释十月革命,并在"革命话语"中定位十月革命这一世界性的重大历史事件,其核心的观点是:

(1)"革命"的十月革命。在李大钊宣传十月革命的文本中,十月革命首先是具有革命的性质,是无产阶级领导的社会主义革命。对十月革命作出"革命"的解读,这是以在思想意识的深处认同"革命"为基本前提的。李大钊从十月革命中,认识到十月革命的指导理论是马克思主义的社会革命论,十月革命的领导者是布尔什维克,而俄国的布尔什维克是"奉德国社会主义经济学家马客士(Marx)为宗主的;他们的目的,在把现在为社会主义的障碍的国家界限打破,把资本家独占利益的生产制度打破"①。为了揭示十月革命的"革命"乃是历史上新式的革命,李大钊从世界历史"革命史"视角而将十月革命与法国大革命进行比较,认为"俄罗斯之革命是二十世纪初期之革命,是立于社会主义上之革命,是社会的革命而并著世界的革命之采色者也"②。这里是说,十月革命完全不同于以往的法国大革命的,而是具有"社会主义革命"的性质,并且在本质上是反对"资本主义"的革命。因此,从比较的角度来看,"一七八九年的法国革命,是十九世纪中各国革命的先声",而"一九一七年的俄国革命,是二十世纪中世界革命的先声"③。李大钊不仅申明十月革命的社会主义革命性质,而且就十月革命对世界所发生的"革命"的影响予以充分地肯定。李大钊对十月革命的解读,使得"革命"的十月革命的形象展示在中国思想界。

(2)"庶民"的十月革命。李大钊出生于中国社会的底层,是在近代中国社会变革中通过接受新式教育而走到思想界前沿的,故而李大钊对社会中的广大民众素抱理解、同情和支持的态度,民众本位也成为李大钊思想体系中的基本理念。在李大钊看来,十月革命是广大庶民参与的群众运动,并且是为实现庶民的利益而斗争的,因而十月革命也就是庶民的胜利。李大钊从历史变动的具体事实研究中认识到,十月革命是广大群众积极参与社会变革的壮举,最突出的表现是通过"群众的运动"形式为实现阶级的利益而奋斗,由此,"二十世纪的世界"也将会"为这种群众的运动所风靡"④,而演化为全世界性的群众运动。李大钊还从理论上来说明十月革命是庶民胜利这个道理:一方面,十月革命是民主主义是胜利,而"民主主义战胜,就是庶民的胜利";另一方面,十月革命是"资本主义失败,劳工主义战胜",而"这劳工的能力,是人人都

① 《Bolshevism 的胜利》,《李大钊全集》第 2 卷,人民出版社 2013 年版,第 364 页。
② 《法俄革命之比较观》,《李大钊全集》第 2 卷,人民出版社 2013 年版,第 330 页。
③ 《庶民的胜利》,《李大钊全集》第 2 卷,人民出版社 2013 年版,第 359 页。
④ 《Bolshevism 的胜利》,《李大钊全集》第 2 卷,人民出版社 2013 年版,第 365 页。

有的,劳工的事情,是人人都可以作的,所以劳工主义的战胜,也是庶民的胜利"①。以"庶民"、"群众运动"等范畴来解读十月革命,使十月革命反映出人民革命的底色,这就是进一步赋予了作为"革命"的十月革命所具有的革命价值的内在意蕴。可以说,李大钊将十月革命与"庶民"紧密联系起来,揭示十月革命的"群众运动"性质,这实际上是初步地申明了马克思主义关于人民群众创造历史的观点。这是李大钊早期"民彝"思想在十月革命影响下的重大突破,反映了李大钊既有的民众本位思想发生了历史性的飞跃。

(3)"自由"的十月革命。李大钊解读十月革命是以自己既有的思想及知识体系为基础的,同时也带有对当时思想界的不实言论给予"正本清源"的目的。在李大钊早期思想体系中,对自由的追求和笃信乃是一个根本的理念。李大钊以"自由"信念解读十月革命,其重要的结论就是:十月革命彰显自由的精神,具有人道主义思想内容,是人类一次新的解放运动。在李大钊看来,自由、人道的精神贯穿在十月革命的过程中,人道主义精神表现为尤为显著。他指出:"俄人今日,又何尝无俄罗斯人道的精神,内足以唤起其全国之自觉,外足以适应世界之潮流,倘无是者,则赤旗飘飘举国一致之革命不起。且其人道主义之精神,入人之深,世无伦比。"②李大钊又说,十月革命"创造一自由乡土",体现了人类自由的理念,在新生的俄罗斯国家,"没有康格雷,没有巴力门,没有大总统,没有总理,没有内阁,没有立法部,没有统治者,但有劳工联合的会议,什么事都归他们决定"③。由此,李大钊以自由、人道的内在信念来表明自己对十月革命的态度:"吾人对于俄罗斯今日之事变,惟有翘首以迎其世界的新文明之曙光,倾耳以迎其建于自由、人道上之新俄罗斯之消息,而求所以适应此世界的新潮流"④。就当时的中国社会来说,在俄国十月革命消息传到中国时,中国的统治阶级曾以所谓的"过激"来认知十月革命,在思想言说上将布尔什维克称为"过激党",将马克思主义的革命思想称为"过激主义",思想界对苏俄亦有惧怕的情绪。在此情形下,李大钊以"自由"来解读十月革

① 《庶民的胜利》,《李大钊全集》第 2 卷,人民出版社 2013 年版,第 358 页。
② 《法俄革命之比较观》,《李大钊全集》第 2 卷,人民出版社 2013 年版,第 330—331 页。
③ 《Bolshevism 的胜利》,《李大钊全集》第 2 卷,人民出版社 2013 年版,第 364—365 页。
④ 《法俄革命之比较观》,《李大钊全集》第 2 卷,人民出版社 2013 年版,第 332 页。

命,揭示十月革命所具有的"自由"意蕴,这应该说也是带有"以正视听"的目的。

(4)"文化"的十月革命。李大钊在新文化运动中是新文明、新文化的追寻者,成为先进中国人学习西方文明的杰出代表。故而,李大钊能够将新文明、新文化与十月革命有机地联系起来,并以文化变动的理念来观察和体悟十月革命的文化意义。正是通过对十月革命的文化意义的解读,李大钊看到了十月革命具有世界文化转型的意义,认识到十月革命所具有的文化内涵与原来既有的东西文化有着显著的不同,进而确认俄国在经过"革命"洗礼而产生的新文明乃是世界新文明的代表。他认为,俄罗斯具有媒介中西文化的特点,能够在未来的文化建设中发挥作用。如他说,"由今言之,东洋文明既衰颓于静止之中,而西洋文明又疲命于物质之下,为救世界之危机,非有第三新文明之崛起,不足以渡此危崖。俄罗斯之文明,诚足以当媒介东西之任"①。由此,李大钊认为十月革命具有文化上的崭新意义,是"二十世纪全世界人类普遍心理变动的显兆","所以 Bolshevism 的胜利,就是二十世纪世界人类人人心中共同觉悟的新精神的胜利"②。总之,十月革命是"影响于未来世纪文明之绝大变动","二十世纪初叶以后之文明,必将起绝大之变动,其萌芽即苗发于今日俄国革命血潮之中"③。十月革命在李大钊的解读下,不仅具有文化的新形态、新内涵、新意义,而且成为 20 世纪世界文明史的重大标识。这样具有文化意蕴的十月革命,对于积极追寻新文化、新文化的进步知识分子,应该说也就有着巨大的吸引力。

(5)"新纪元"的十月革命。就范畴上来看,"纪元"本是指历史上纪年的起算年代,而"新"与"纪元"组合的"新纪元"范畴,也就有了除旧布新、开启新局、创新新统的意思。李大钊以"新纪元"这个重要范畴来研究和宣传十月革命,这就从世界历史转换的角度创造性地诠释了十月革命的意义所在。基于十月革命是社会主义革命的认识,李大钊从历史演进的意义上来估价其地位,并在与法国大革命的比较中来论证其"新纪元"所具有的"新生活、新文

---

① 《东西文明根本之异点》,《李大钊全集》第 2 卷,人民出版社 2013 年版,第 311 页。
② 《Bolshevism 的胜利》,《李大钊全集》第 2 卷,人民出版社 2013 年版,第 368 页。
③ 《法俄革命之比较观》,《李大钊全集》第 2 卷,人民出版社 2013 年版,第 329 页。

明、新世界"含义。李大钊说,十月革命使得历史上遗留的"偶像"如那皇帝、军阀、贵族、资本主义、军国主义等,"像枯叶经了秋风一样,飞落在地",因而是"世界革命的新纪元",是"人类觉醒的新纪元"①。由此"这新纪元的世界改造,就是这样开始"②。故而,在李大钊宣传十月革命的文本中,十月革命不仅是创造新文明的新纪元,而且也是开辟了人类历史的新纪元,因而十月革命也就具有世界历史转折性的重大意义。

"五四"前后的中国知识界对于新思潮采取积极迎受的态度,对于十月革命所内含的革命意识的传播亦有所贡献。试举两例:

譬如,无政府主义者吴稚晖于1918年3月创办的《劳动》月刊,主要是研究社会上"劳动"问题的,但也表示拥护十月革命的积极态度,认为"法兰西一革命,乃孕育十九世纪之文明,俄罗斯一革命,将转移二十世纪之世局。故其震动寰球,有不容不细心研究者"③。这也是将俄国革命与法国大革命进行比较的,并在比较中认定十月革命有着"转移二十世纪之世局"的意义。该杂志也指出了十月革命的"社会革命"性质,并对"社会革命"表示出极为赞赏的态度:"现在我们中国的比邻俄国,已经光明正大的做起贫富一班齐的社会革命来了。社会革命四个字,人人以为可怕,其实不过是世界的自然趋势。现在社会不善的原因,以后处处皆要发现的,毫不稀奇。但有一层,象这样大的事,俄国又当前门有狼、后门有虎的时候,竟能敢作敢为,绝不顾忌,是则俄人魄力,实在可骇。"④该杂志还就俄国十月革命的影响给予分析,认为俄国革命与社会上普通的革命有着很大的不同,"不区区以政治自划,国界自划,将由政治而及于经济,由内国而及于全球",故而"对于外国,亦欲普及其革命之思想,而助之实行"⑤。该杂志的显著特点是,将十月革命与世界性的"劳动"问题紧密联系起来,认为十月革命尽管受到富人、官僚的极力反对,但却受到全世界劳动者的热烈欢迎,指出:"世界惊人的欧战已打了好几年,俄罗斯惊人的

① 《新纪元》,《李大钊全集》第2卷,人民出版社2013年版,第377页。
② 《庶民的胜利》,《李大钊全集》第2卷,人民出版社2013年版,第358页。
③ 劳人:《李宁之解剖》,《劳动》第3号,1918年5月20日。
④ 持平:《俄罗斯社会革命之先锋李宁事略》,《劳动》第2号,1918年4月20日。
⑤ 一纯:《俄国过激派施行之政略》,《劳动》第2号,1918年4月20日。

革命也闹得轰天震地。世界人士,莫不瞩目关心,打听他的消息,研究他的结果。做官做宦的,恐怕他们乱子闹大了,把自己的利禄势位,也保不住;大地主大富翁,又恐怕他们乱子闹大了,共产世界,一旦实行,把自己欺诈剥夺所得的私产,化为乌有;所以都是栗栗危惧,然又大势所趋,莫可如何。只有那些不幸的劳动家,天天盼望他们的革命,早早成功,早早普及,好大众共享平等的幸福,同过自由的日子。所以俄罗斯的电报,是格外得人注意,过激党传的消息,格外得人欢迎。"①《劳动》上发表的《欧战与劳动者》文章,一方面说明俄国十月革命有着历史的必然性,另一方面也认为十月革命的成功与劳动界所作出的重大贡献是分不开的。在该文看来,在俄国正是因为工资和粮食问题已经到了"无可解决"的地步,"遂成就了俄罗斯之面包革命,首先推倒世界唯一之专制政府,更进而径行社会革命";并且也正是在这个"社会革命"之中,俄国的"劳动界实为之中坚,军人助之,遂如反掌。旧政府既倒,一切国务遂悉操诸兵工协会之手。兵工协会者,革命之军人与劳动者集合之大团体也。此外尚有俄罗斯农民大会,其势力亦足以左右新俄罗斯,盖至是而俄国已为农工世界,无复有官僚绅士富人教士之立足地。"②吴稚晖创办的《劳动》杂志,尽管着力于研究和解决具有世界性的劳动问题,但在十月革命与劳动者关系的视域之中看待十月革命的"革命"意义,在当时应该说也是有助于马克思主义的"革命意识"在中国的传播。

又譬如,《晨报副刊》在 1919 年 4 月 10 日至 26 日发表长达 2 万字的《劳农政府治下之俄国:实行社会共产主义之俄国真象》文章,不仅表现出拥护和赞扬十月革命的态度,而且还在不少地方对中国反动政府予以批评和指责,寄希望中国的社会变革能够从俄国十月革命中汲取有益的经验,如该文指出:"诸君,我们中国人有骂劳农政府的资格吗?我们民国成立了七年,究竟做了甚么东西出来?到如今南北还在那儿争地盘,争不了还要打起仗来,你说我们惭愧不惭愧呢!"又指出:"你看人家都骂劳农政府是一个很凶暴的政府,然而我们看他这一种建设的怀抱是很不凡的、是很有手腕的。所以我们不宜学欧

---

① 一纯:《俄国过激派施行之政略》,《劳动》第 2 号,1918 年 4 月 20 日。
② 劳人:《欧战与劳动者》,《劳动》第 1 号,1918 年 3 月 20 日。

美资本家的口吻去谩骂他们,也不宜学官僚军阀的脑筋去仇视他们。他们的主张、他们的行动我们是要细心去考究的"。①

上面列举的《劳动》与《晨报副刊》这两个报刊,虽然主张不一、思想各异,但对于十月革命的革命意识的传入还是有所贡献的,尽管这种贡献有大小之分、轻重之别。由《劳动》、《晨报副刊》的例证来看,中国进步的知识界、思想界对于十月革命采取的是赞赏、欢迎的态度。

十月革命所内含的革命意识在中国的输入,乃是一个不断行进的、适合中国需要的历史性过程,并表征着深刻的思想意蕴。在近代中国,先进的中国人在学习西方的征途中,主要是学习以欧美为代表的"传统西方",借以使中国由世界的边缘走向世界的中心,"尊西崇新"也就成为思想界的重要特色。"一战"极大地改变了世界的政治格局,而通过十月革命产生的苏俄成为"新式的西方",故而十月革命所内含的革命意识在中国的传播,正是在中国思想界展示这个"新式的西方"的形象。这就使得近代以来中国学习西方的历史运动发生历史性的转折,即由原来学习的"传统的西方"到学习"新式的西方"的转变。概而言之,十月革命所内含的革命意识在中国的输入,既表征着近代以来中国社会变革的需求,同时也展示了历史发展的必然趋势,其重要的成果就是使中国现代思想在衍化过程中获得了新的"学习榜样"("苏俄"),尤其是获得了俄国在经济文化相对落后的状态下进行社会革命而取得成功的重要启示,并在事实上赋予了中国现代思想体系的"主义"、"政党"、"革命"、"民众"、"道路"等诸多元素,这一方面极大地改变了中国现代思想体系的基本结构,另一方面又提供了中国现代思想"以俄为师"的前进方向。于是,以"五四"为节点的社会改造思潮,亦在十月革命的影响下向着激进化、革命化、民众化的方向发展。

2. 十月革命"革命意识"影响的主要层面

五四思想界对十月革命所内含的革命含义的解读,不仅融入了近代以来中国社会变迁的需要,而且也表达了先进知识分子急于变革中国社会现状的

---

① 转引自《五四时期期刊介绍》第一集(上册),生活·读书·新知三联书店1978年版,第132—133页。

思想诉求,因而也就必然影响着中国现代思想的走向。十月革命的革命意识对中国思想界的影响是广泛的,而就现有的思想史资料来看,尤以对青年群体和工人阶级的影响为最。

十月革命的革命意识在中国发生重要影响的,最初乃是集中在追求进步、期望变革中国社会的青年群体。青年历来是社会变革的先锋和重要力量,而经过新文化运动洗礼成长的青年,更具有变革现行社会的强烈愿望。谭平山在上海创办的《政衡》是政治类刊物,在政治上"主根本的革新",虽然该刊此时还没有"以俄为师"的专门话语,但亦表露出对新生苏俄高度赞赏、虚心学习并积极借鉴的态度。该刊发表谭植棠的《关于我国承认新俄罗斯的商榷》文章,认为苏俄"抱行的政策是恪守国际的和平,是尊重别国的人格",并且"不主张侵略,不主张凌弱,是合于国际间人道主义的大原则",因而中国必须首先在外交上承认新生的俄罗斯,并与俄国发展友好的外交关系,而不能跟着协约国后面采取所谓的"一致行动"。该文指出:"我国与俄国的关系,实在是与别国不同,既有特别的关系,当然有特别的感情,更当有特别的表示,然后乃可以保存两国间的友谊。"①《政衡》在政治主张上的一个重要方面,是希望中国能够与新俄结交而建立外交关系,这是思想上积极拥护苏俄的明确表示,同时亦表明了其欢迎十月革命与接近苏俄的态度。当然,中国当时的舆论界也有以布尔什维克是"专制"为由采取排拒态度的,甚至还有人把十月革命看成是我们的"大敌"。就此,施存统在《民国日报》副刊《觉悟》上发表《我们底大敌,究竟是谁呢?》文章,公开站在拥护十月革命的立场上,为布尔什维克和劳农专政辩护,阐明劳农专政的合理性及其必然性,认为社会上说布尔什维克"专制的确有专制;但要问:他底专制,还是绅士阶级底专制呢? 还是劳动阶级底专制呢? 在这革命进行之中,除了劳农专制之外,还可以和绅士妥协么?"②施存统反对社会上那种把布尔什维克、马克思主义等说成是我们"大敌"的言论,而认为资本主义才是我们中国真实的"大敌",这对五四时期新知识界关于社会改造道路的择抉是有积极影响的。毛泽东团结一批进步青年创

---

① 谭植棠:《关于我国承认新俄罗斯的商榷》,《政衡》第 1 卷第 2 号,1920 年 4 月 1 日。
② 存统:《我们底大敌,究竟是谁呢?》,《民国日报》副刊《觉悟》1920 年 9 月 28 日。

办《湘江评论》这个著名刊物,正是基于对俄国十月革命经验的分析和汲取,力图通过革命办法来从事"社会改造"。毛泽东在《湘江评论》上发表的《民众的大联合》文章,认为十月革命所指明的革命道路对于欧洲和亚洲皆有重要的意义,由此"英、法、意、美既演了多少的大罢工,印度朝鲜,又起了若干的大革命",而在中国则"发生了'五四'运动。旌旗南向,过黄河而到长江,黄埔汉皋,屡演活剧,洞庭闽水,更起高潮,天地为之昭苏,奸邪为之辟易"①。这里,毛泽东不仅看到十月革命的世界性意义,而且鲜明地阐发十月革命与中国的五四运动的内在关联,并积极主张中国的"社会改造"必须采取苏俄式的革命手段,走"以俄为师"的革命道路。应该说,毛泽东在五四时期提出的"改造中国与世界"的主张,突出了社会改造的极端重要性,既立足中国又面向世界,很显然也是汲取了苏俄革命的成功经验,因为他的这一主张乃是在十月革命的影响下形成的。在1921年1月的新民学会长沙会员大会上的发言中,毛泽东认为在中国的社会改造问题上"改良是补缀办法,应主张大规模改造",并且应该明确这个"大规模改造"必须是取"改造中国与世界"的目标。他指出,"改造中国与世界"的目标必须有其方法,而俄国式道路乃是在各种道路"走不通"情况下"新发明"的道路②。五四时期进步青年向往十月革命,大多汲取了十月革命的"社会革命"理念,并将这种"社会革命"理念与中国的"社会改造"的思潮有机地结合起来,将"社会改造"的目标聚焦中国社会的现实,这就推动了后"五四"时期中国现代思想向着激进化方向前进。

自然,五四时期的青年作为一个群体,其中的思想状态也不是整齐划一的。在"五四"思想界的青年群体中,在普遍地向往十月革命的语境之中,亦有对十月革命的"社会革命"形式并不完全赞同,甚至对十月革命还有所怀疑,但在"五四"思想界普遍赞同十月革命的语境之中,也被时代的大潮卷入到欢迎十月革命的行列。1918年还在北大求学的傅斯年,在创办《新潮》的过程中亦对十月革命给予高度的关注,曾表示自己"对于俄国的现状绝不抱悲观"。在他看来,德国的宗教改革和法国的"政治革命"为"文明史上"两度改

① 泽东:《民众的大联合(三)》,《湘江评论》第4号,1919年8月4日。
② 《毛泽东文集》第1卷,人民出版社1993年版,第1页。

革之"试验",此后"更待改革者"乃是"社会",故而"俄国既为此第三度改革之试验,自不能不有绝大牺牲。……将来经数十年之试验得一美满结果,人类进化更进一层矣。"而就十月革命在现实中发生的影响来看,由于"俄国的革命到了德意志了",故"从此法国式的革命——政治革命大半成了过往的事;俄国式的革命——社会革命——要到处散布了。"①傅斯年这里对十月革命确实是持拥护与欢迎的态度,不仅揭示了十月革命的"社会革命"性质,而且阐明了十月革命超越"法国式革命"的意义,尽管他后来并未沿着十月革命所指引的社会革命的方向前进。自然,在欢迎十月革命的潮流中,亦有不少投机者,存在着"口是心非"的问题。创刊于1919年年底的《闽星》半周刊,其主办者是盘踞闽南的陈炯明,但刊物上也发表了不少介绍十月革命和苏俄的文章,如《现代俄罗斯研究》及《俄罗斯宪法研究》在该刊连载十期。该刊还有文章认为,俄国革命因为是代表着"世界的现代思潮",有着不可战胜的力量,故而不是欧美各国的资本家政府所能扑灭的,指出:"欧美各国的政府和少数的资产者……以为多数党是制造危险思想的工厂,要把一个俄党完全扑灭,世界就再没有什么解放,便可以照旧保全他们的政治权力操纵这世界的运命了。不知这极端解放的无制限的社会主义是现时和将来的人类共同的思想,假如你能扑灭一个多数党,断不能扑灭世界的现代思潮"②。该刊发表的《现代俄罗斯的研究》文章,对于社会上将布尔什维克称为"过激党"给予批驳,指出"波尔雪维克决非'过激党',也非'暴民党',又非'无政府党'",因为"波尔雪维克是承认国家的,并不是否认国家的",而且"波尔雪维克的学说是由马克司学说传来的……波尔雪维克已经不是'无政府主义',在主义上看来当然不能说是过激"。那么,为什么社会上还将布尔什维克称为"过激党"呢?那是因为"赤潮澎湃流入各国,资本主义的国家最为忌恨,最为恐慌。对于波尔雪维克主义Bolshevism不惜加以'过激'的名辞,希企一般人民见了便发生一种恐惧心、排斥心"。因此,那些"不知道波尔雪维克的来源贸然排斥,这种人固是可怜的;知道了波尔雪维克的来源,但对于波尔雪维克的政体误认为'暴民

---

① 《傅斯年全集》第1卷,湖南教育出版社2003年版,第109—110页。
② 金云:《强权的斗争终局阶级的斗争开始了》,《闽星》第1卷第5号,1919年12月15日。

主义'或'无政府主义',这种人又属可笑的。"①当时的张君劢也算是在追求"新潮"的人,表示对于十月革命采取激进的社会改造办法不能赞同,如他说自己"所不敢苟同"的正是"其政府之组织限于一阶级,而私有财产之废也,皆出于强力,致不免同种相残"②,但在思想界欢呼十月革命的情形下,他也不得不表示俄国革命亦有其值得敬佩的地方,"一曰劳动为人人共有之义务,二曰排斥欧洲列强之侵略政策。行第一主义,可以去游谈坐食之辈。号为读书君子,稍知劳力之苦,庶不至以小民生命为儿戏;行第二主义,可以知政治上之兼并,终必陷于杀人流血,此世界大战是为殷鉴。此二端者真人类平等之理想,而斯世大同之涂辙也。"③这里,固然不好妄加猜测张君劢欢迎十月革命的用意,是否真正地本于良知、出于真心,但他在思想深处存有对十月革命的保留态度,则是不争的事实。从思想与言论的关系及言论呈现方式而言,张君劢在思想深处预存不能赞同十月革命的认知,却能公开地表示对十月革命的欢迎态度,并加入宣传十月革命的行列之中,这足见十月革命在当时中国社会上尤其是在中国思想界中,所产生的重要影响及其在思想界所占有的"话语权势"的地位。

十月革命有力地促进了中国工人阶级的阶级意识增长,并推进了革命意识与工人阶级的结合进程,这对于五四时期社会改造思潮的革命化转向和五四运动后中国现代思想的发展有着根本性的意义。当然,十月革命对工人阶级所产生的这种巨大影响,是经过先进知识分子这个中介的积极宣传而实现的。正是因为先进知识分子主动地欢迎十月革命,并引领社会上其他进步青年加入宣传十月革命的热潮中,从而也就扩大了十月革命在中国社会中影响的层面,尤其是使中国的工人阶级看到本阶级的力量及工人运动在社会改造中不可替代的作用,并将工人阶级与未来的"新中国"蓝图直接地联系起来,期待"工人的中国"的诞生。一个叫李中的工人,在给《劳动界》的信中指出:"工人的运动,就是比黄河水还利害还迅速的一种潮流。将来的社会,要使他

---

① 谢婴白:《现代俄罗斯研究》(十),《闽星》第 2 卷第 8 号,1920 年 1 月 26 日。
② 君劢:《中国之前途德国乎俄国乎?》,《解放与改造》第 2 卷第 14 期,1920 年。
③ 君劢译:《俄罗斯苏维埃共和国宪法全文(附录)》,《解放与改造》第 1 卷第 6 期,1919 年 12 月 15 日。

变个工人的社会;将来的中国,要使他变个工人的中国;将来的世界,要使他变个工人的世界。……俄国已经是工人的俄国,……这个潮流,快到中国来了。我们工人就是这个潮流的主人翁,这个潮流的主人翁,就要产生工人的中国。"①李中本是海军造船厂的一名工人,他接受了十月革命的影响,不仅认识到工人运动乃是"比黄河水还利害还迅速的一种潮流",而且也看到了十月革命造就"工人的俄国"的事实,故而认为中国要"以俄为师"而进行苏俄式的"工人运动",中国的工人也就将成为"这个潮流的主人翁",并将会"产生工人的中国"。这则史料充分说明,十月革命尽管一开始是在先进知识分子层面产生影响的,但在经过先进知识分子的大力传播以后,而对中国工人阶级的阶级意识提升有着极为重大的影响。也许正是由于中国工人阶级的阶级意识的增长,故而中国工人阶级也就强烈地表现出反对"阶级调和"、反对"劳资调和"的主张,指出:"人家住的是高楼大厦,美华辉煌,你们住的是破屋一间,不蔽风雨,人家吃的是膏粱文绣,食前方丈,你们吃的是粗饭菜羹,不能一饱,人家穿的是绫罗丝锦,巧艳夺目,你们穿的是破衣败絮,仅可蔽体,这是公道的事吗? 你们要变更这种不公道的环境,资本家答应吗? 劳资可以调和吗?"②阶级对立的严峻现实在事实上说明,不可能实现所谓的阶级调和,资本家也根本不可能"高抬贵手,施点仁惠"的,故而根本的办法只能是"由平民振起,由农民劳动者的组合,把一切政治机关推翻,把一切金钱组织推倒,实行共产主义去!"③十月革命促进中国社会中工人阶级阶级意识的增长乃是一个不争的事实,这为中国运用"革命"的"社会改造"激进方式开辟了道路。

需要说明的是,在研究十月革命的革命意识影响时,将研究的重点聚焦于中国的先进知识分子和工人阶级,并不是社会中的其他阶级或阶层不重要,事实上中国社会中的其他阶级或阶层亦程度不等地受到十月革命的革命意识的熏陶,但就"五四"以后中国现代思想的演进和社会变革的主潮来看,仍然离不开先进知识分子和工人阶级的重大作用。事实上,十月革命所传输的革命意识乃是一种崭新的思想元素,其对中国的先进知识分子和工人阶级的重大

---

① 李中:《一个工人的宣言》,《劳动界》第 7 册,1920 年 9 月 26 日。
② 无闷:《劳资调和的疑问》,《劳动者》第 7 号,1920 年 12 月 12 日。
③ 记者:《共产党的粤人治粤主张》,《劳动者》第 2 号,1920 年 10 月 10 日。

影响,不仅直接地影响着现代中国的思想界和学术界,亦在社会结构层面深刻地影响并导引中国社会的变革,其原因就在于中国工人阶级乃是先进生产力的代表者,其阶级意识和革命意识的增长,也就使中国工人阶级现实地担负着现代中国社会变革的领导者地位。就五四时期的社会改造思潮衍化而言,十月革命所传输的革命意识不仅使"社会改造"的方式趋于革命化的办法,而且使"社会改造"的依靠力量落实在"劳工"身上,并使"社会改造"的目标向社会主义方向转移。

3. 十月革命的"革命意识"影响的力度

十月革命的影响是世界性的,如李大钊在十月革命不久后发表的《Bolshevism 的胜利》所说那样:"匈、奥革命,德国革命,勃牙利革命,最近荷兰、瑞典、西班牙也有革命社会党奋起的风谣。革命的情形,和俄国大抵相同。赤色旗到处翻飞,劳工会纷纷成立,可以说完全是俄罗斯式的革命,可以说是二十世纪式的革命。"[1]十月革命所内含的革命意识对于中国思想和学术的影响也是不言而喻的事实,从学术研究的角度就要具体地考察这种影响力度的大小及其具体表现。

俄国十月革命的革命意识极大地激发了先进的中国人从事社会变革的积极性、主动性和创造性,并有力地提升了人们对于思想与行动之间互动关系的认知。李大钊在宣传十月革命的文章中说,十月革命乃是"二十世纪中世界革命的先声",同时也是世界革命的"新纪元"[2]。对于十月革命的"社会革命",李大钊拥护的态度很坚决,并将这种俄国式的"社会革命"与"世界革命"、中国的"社会改造"事业直接地联系起来:"这个新纪元是世界革命的新纪元,是人类觉醒的新纪元。我们在这黑暗的中国,死寂的北京,也仿佛分得那曙光的一线,好比在沉沉深夜中得一个小小的明星,照见新人生的道路。我们应该趁着这一线的光明,努力前去为人类活动,作出一点有益人类的工作。这点工作,就是贺新纪元的纪念。"[3]这就是说,中国的社会变革也必须鉴戒十

---

[1]　《Bolshevism 的胜利》,《李大钊全集》第 2 卷,人民出版社 2013 年版,第 367 页。

[2]　《庶民的胜利》(1918 年 11 月),《李大钊全集》第 2 卷,人民出版社 2013 年版,第 358—359 页。

[3]　《新纪元》(1919 年元旦),《李大钊全集》第 2 卷,人民出版社 2013 年版,第 377 页。

月革命的成功经验,走俄国式的革命道路来改变"黑暗的中国",沿着十月革命的"曙光"开启"新人生的道路",并努力进行"有益人类的工作"。中国思想界在十月革命影响下,不仅进行"社会革命"的意识空前增长,而且要求以俄国为"榜样"而不懈"努力"的呼声也很高,借以在中国建立俄国式的"农工劳动"、"穷人作主"的新社会。《劳动界》上有篇题为《打破现状才有进步!》的文章,明确说十月革命对于发挥人的主观能动性及从事于改造社会方面的行动,所具有的榜样的力量及其示范性作用:"常言道,'天下无难事,只怕有心人'。大家如果肯去想,能够想出一个比现在好的世界来,更奋力以创造之,他没有不发现的。……你们没听说么? 现在世界已经有了真正纯粹由农工劳动,由穷人作主的地方了(便是北边的俄罗斯)。既然有了这样的好榜样,你们为什么还不努力? 几个人的力量如果小,你们为什么不联合? 你们不要畏难! 你们不要说人家程度够、你们程度不够。通通是人,只看去想不去想,只看去作不去作,那里有什么程度的问题。"①进步思想界"以俄为师"道路确定之后,中国的马克思主义者也就把走俄国革命道路作为坚定不移的前进方向,认为"如果中国革命的步调倾向于俄国,这革命总快要成功",并坚信"中国大革命的爆发,也同俄国一样"②。大致说来,希望十月革命对中国的社会变革产生积极的导向性影响,业已成为五四时期大多数进步社团及先进知识分子的迫切愿望。从中国革命道路的形成和发展进程来看,这种迫切愿望为现代中国的"以俄为师"道路的开辟奠定了心理基础。

　　十月革命对于五四时期"社会改造"话语的影响是巨大的,思想界持续地援引十月革命事例来批评现行政府,并将斗争的锋芒直接指向现行政府,乃是当时思想界一个突出的现象。以《南开日刊》为例,五四运动后发表的不少文章就曾以十月革命事例警告政府,说政府如不改弦更张的话就将被推翻,人民革命的洪流是不可阻挡的。如该刊有文章说:"今天看一看美国的阶级革命(指美国工人罢工),想一想俄国革命时军官贵族的情形,再看一看中国,我实在替政府诸位担忧。又可怜,又可怕"③;现在"政府天天怕过激党传到中国,

---

① 张赤:《打破现状才有进步!》,《劳动界》第6册,1920年9月19日。
② 《成立大会演说撮录》,《青年周刊》第4号,1922年3月22日。
③ 皋:《可怜可破》,《南开日刊》第39号,1919年7月18日。

不教(叫)留俄华工入境。可是所作的事,尽是引起过激思想的事,难道过激党除了俄国出不了么?"①湖南学生驱张代表团在上海创办的《天问》杂志,其中有篇《异哉北京政府之防遏过激主义》文章,援引十月革命的事例来痛斥北京政府防止过激主义的行为,认为中国产生所谓的"过激派"、发生所谓的"过激主义"有着某种必然性,并非皆是受十月革命的影响,指出:"今试问过激派果以何原因而发生乎? 则岂不曰政府之专横,社会阶级之压迫,有以致之乎。夫俄既以是发生过激派矣,则以因果律推之,凡类此之国家,其不能幸免,可断言也。而况今之中国,法纪陵夷,廉耻道丧,武人官僚政客交相为厉,举外交内政,以供若辈争权攘利之私,而人民呻吟于暴力之下,惨已甚于亡国,较诸俄民疾苦,盖什百倍焉。夫人莫不有自卫之本能,郁痛极则横水以求宣,此固心理所同然,而事势所必至,何待外界思潮,为之侵淫鼓荡哉。"②这里的"过激派"用语,本是五四时期反动势力对于革命派所加诸的蔑称,其用意在于使民众对革命有着惧怕的心理,但此文的作者对"过激派"却表以同情的态度,并声讨政府治下出现"人民呻吟于暴力之下,惨已甚于亡国"的现象,此可见作者显然是站在"过激派"这边而与政府处于严重对立的立场上。谢觉哉曾在《湖南通俗报》上发表《到底谁是过激派》的文章,不仅抨击军阀和政府,而且旗帜鲜明地公开为"过激派"辩护,指出:"今人称'过激派'是指俄国的劳农政府。他的办法,是要人人做工,才有饭吃;不准那个多占些,不准那个吃闲饭;算是最和平的政策,偏偏要喊他做'过激'! 中国的军阀,天天持刀杀人,却天天在那里怕过激派。好多不懂世事的乡先生,并不知道'过激派'是什么一回事,也随声附和的怕起来! 我看过激派并不过激;只是怕过激派的太过激了一点咧!"③河南开封第二中学"青年学会"创办的《青年》半月刊上,有篇《胡思乱想》的文章说:"我若是一个土匪,我树起一杆'德谟克拉西'的大旗,号召些绿林健儿,编些 Bolshevism 的教科书,实行 Bolshevism 的教育。叫他们与那贵族官僚奋斗! 破除不平等的阶级! 作公产社会先锋队! 为二十世纪的世界史上

---

① 人:《过激党》,《南开日刊》第 44 号,1919 年 7 月 23 日。

② 《异哉北京政府之防遏过激主义》,《天问》第 4 号第 5 号合刊,1920 年 2 月 29 日。

③ 觉斋:《到底谁是过激派?》,《湖南通俗报》第 3030 号,1920 年 11 月 11 日。

开个实行公产的新纪元！"①作者以"土匪"和"绿林健儿"的身份来发泄对现行的军阀专横社会的不满，这固然有些不妥，但亦表征其"以俄为师"的信念及以武力推翻反动政权的决心。五四时期的思想界通过发布舆论来抨击政府，自然是反映思想界对现行政府的严重不信任；而抨击政府通过援引十月革命的事例，则显然是十月革命业已成为中国"五四"思想界重要的思想资源，这尽管不能说此时思想界就是希望中国立即出现俄国十月革命的场景，但亦在很大程度上反映舆论激进化的走向。

十月革命对于五四时期"社会改造"话语的影响不只是一时的，而且是持久的、长期的，并随着中国思想界的激进化而不断提升其水平的，这突出地反映了"以俄为师"理念在中国进步思想界中的延续与升华。自"五四"以来，苏俄在中国思想界乃是社会革命的光辉典范，中国亦从十月革命中获得进行社会革命的启示，并在思想和行动上树立了"以俄为师"的旗帜。可以说，"以俄为师"不仅体现在五四时期的思想体系之中，而且亦渗透到民众的社会心理之中，这在后"五四"时期所留下的思想史资料中有突出的反映。在五四运动的推动下，中国知识界欢迎十月革命的呼声不断高涨，拥戴新生苏俄的热情丝毫不减。1920年《钱江评论》发表了《浙江学生联合会答俄国劳农政府书》，指出："我们接到你们的通告以后，发生无限的欢声，无限的同情；我们觉得用不着空言的感谢，来表示我们对于通告的情感；我们只有痛自勉励，誓努力为人道正义奋斗，誓努力为人道正义牺牲。……你们此次通告的精神，是用了无数的心血所换得来的。你们……在将来革命史上开一新纪元；……我们相信世界上的土地，应该归世界的劳动者所公有，不必再有领土的名称。……至于主权，债权，法律，都是为便利资本家的掠夺而构成，当一律废除的。俄国人民呵！我们当速联合全世界的被掠夺者，为全世界为全人类而战，为正义人道而战，为自由平等互助而战。日本英法美和其他诸国的资本家政阀军阀，都是我们的大敌，我们当芟除之。"②这封信对于苏俄废除帝俄时代签订的不平等条约表示衷心的感谢，反映了十月革命对于学生群体的深刻影响及学生群体对

①　潘保安：《胡思乱想》，《青年》第4期，1920年3月1日。
②　《浙江学生联合会答俄国劳农政府书》，《钱江评论》第9号，1920年5月2日。

于新生苏俄政府衷心拥护的态度。《新青年》在 1920 年 5 月的第 7 卷第 6 号上，发表了中华民国学生联合会总会的声明，认为十月革命"这一次的大举动，足为世界革命史开一新纪元"，并向"我们亲爱的俄罗斯国民，及其新创造的共和政府"表示："我们自当尽我们所有的能力，在国内一致主张与贵国正式恢复邦交；并敢以热烈的情绪，希望今后中俄两国人民在自由、平等、互助的正义方面，以美满的友谊勠力于芟除国际的压迫，以及国家的种族的阶级的差别，俾造成一个真正平等、自由、博爱的新局面。"①到 1921 年，不少刊物仍然以十月革命来看待中国的"社会改造"事业，这说明"以俄为师"的理念仍在承继与发展之中。如《五七》杂志中的一篇通信说："中国不经过一次绝大的牺牲，绝对没有好现象。拿别国来说：俄国没有波尔失委克的破坏，怎能够打破资产的阶级呢？ 有破坏才有改造和建设；有血战才可以永久的成功；我不信中国这样的敷衍下去就可以有真正的民治。要有真民治，非铲除了军阀、财阀不行。"②这之后，中国思想界就"恢复中俄邦交"问题形成强烈的呼声，要求北京政府无条件承认苏俄政府。1922 年 9 月，蔡和森在《向导》上发表《中国国际地位与承认苏维埃俄罗斯》文章，要求北京政府"即日承认苏维埃俄罗斯"，并在"长春会议同时开一中俄会议，以解决中俄一切问题"③。1922 年 11 月，李大钊在《晨报》发表文章，表示在"对俄外交问题"上要秉持这样的原则："要即日无条件的承认劳农政府！ 要即日无条件的开始中俄会议！ 不许一味仰承资本主义国家外交团的意旨来办理对俄外交！ 不许沿用媚强欺弱的帝国主义式的无耻的外交手段来办理对俄外交！ 我们要严重的监视外交当局的对俄外交！"④1924 年，中国思想界围绕与苏俄建交问题展开激烈的讨论，进步知识界和思想界的言论在"国民革命"的话语中，集中地表现出维护苏俄革命的典范地位。1924 年 2 月 16 日北京大学 47 名教授联合署名在《晨报》上发表《致顾少川、王儒唐言宜即宣布恢复中俄国交书》，认为俄国革命后"主体已定"，

---

① 《各国体答复文》，《新青年》第 7 卷第 6 号，1920 年 5 月。
② 《顾峻霄君来信（致瑞麟）》，《五七》第 3 期，1921 年 1 月 20 日。
③ 《中国国际地位与承认苏维埃俄罗斯》（1922 年 9 月），《蔡和森文集》，人民出版社 1980 年版，第 111 页。
④ 李大钊：《十月革命与中国人民》，《晨报》1922 年 11 月 7 日。

中国即应"续两国之交"①。北方进步知识界,为推动中俄邦交恢复作出了重大的努力。当时,思想界有反动舆论不断地诬蔑苏俄是帝国主义,并极端地反对中国采取"亲俄"的态度,其目的既在于使中国的"社会改造"失去榜样及信念上的寄托,又在于使社会变革的"革命"方法失去思想上的资源。以《湖南学生联合会周刊》为例,该刊在"与苏俄建交"的问题上的表现,在当时的中国思想界非常显目。该"周刊"的文章对于指责亲俄的言论给予严厉驳斥,指出:"近有以亲俄派加诸主张承认苏俄者身上,意以为亲俄与亲日亲英同一被国人痛恨,如此宣传,便可混乱国人听闻……我现告诉大家,世界现在是两个营垒:一是英美日法帝国主义者;一是苏俄与殖民地民族(中国、印度、朝鲜……)及被压迫阶级之联合。我们如其甘心亡国,便应当亲法亲美亲英亲日;不然,亲俄便是我们应有的态度,犹之俄国 1919、1920 年宣言之亲华一样。但是有人说俄国是社会主义的帝国主义(见《上海新闻报》),这真是'亘古未有'的大笑话。"②在 1924 年 5 月 31 日北京政府与苏俄政府签订了《中俄解决悬案大纲协定》而恢复邦交之后,该"周刊"一方面表示积极的欢迎态度,另一方面则藉此宣传俄国"援助弱小民族"的政策和对中国的友好态度,以及俄国革命对于中国革命的示范作用。有文章说:"帝国主义的英美法日,专以压迫世界弱小民族为目的,发展他的威势为政策;而苏俄呢? 是专援助弱小民族,反对帝国主义者,俄国之革命,就是指挥被压迫者向压迫者宣战之一表征。"又说,俄国对中国的援助态度与帝国主义对华侵略政策是完全不同的,"外国帝国主义者天天的向中国发展殖民政策,天天的以武力压迫中国;而俄国则不然,他是以援助弱小民族为原则,对于这处于帝国主义势力之下的中国,他想与之以助,使中国脱离外国帝国主义之压迫。"③也有文章,更直接地表示"中俄邦交恢复"的政治意义及其在中国的"社会改造"中的价值,认为"在此中俄邦交恢复之日,中俄两国人民更须努力奋斗,打倒帝国主义,打倒军阀,打倒世界上一切强权阶级,战胜今后列强一切阴谋,战胜今后列强极力谋害我们的一

---

① 蒋梦麟等:《致顾少川、王儒唐言宜即宣布恢复中俄国交书》,《晨报》1924 年 2 月 16 日。
② 莫泊:《亲俄派》,《湖南学生联合会周刊》(《湘报》副刊)第 2 期,1924 年 4 月 16 日。
③ 彭秀纶:《外交团为甚要抗交俄使馆》,《湖南学生联合会周刊》(《湘报》副刊)第 16 期,1924 年 7 月 30 日。

切纠葛,领导人类向光明的路上奋勇前进!"①中俄邦交的恢复有着重大的政治意义,这是没有任何疑义的,而此时舆论将这种政治意义落实在"打倒帝国主义,打倒军阀"上,并直接地聚焦到"社会改造"的激进化革命方式上,这亦可见中国思想界"以俄为师"理念在全新的"国民革命"语境之中的有力提升。总体来看,在 1924 年关于与苏俄建交问题的讨论中,尽管有关十月革命话题的阐发不是很多,但对于现实中苏俄国家性质的认定和苏俄国际地位的认知,以及在讨论中提出的中俄邦交恢复之后应该确认"与俄国联合起来,以反抗英美法日的压迫"的努力方向②,就在于继续维护并不断地强化苏俄在世界历史上的革命典范地位,借以使"五四"以来形成的"以俄为师"理念在现实的政治斗争中不断深化,这在本身也就是"五四"以来中国思想界解读"十月革命"这个文本的延续和提升。这说明,俄国十月革命对于中国的"社会改造"话语的建构和演进,在"五四"以后的中国社会上仍然有着持续性的影响,并且这种影响乃是深刻的、巨大的、深远的。

以上,不难看出十月革命所内含的革命意识对于中国思想界和中国社会有着巨大的影响,并且这种影响是深刻而又持久的。归根到底,这种巨大影响就是在思想上确立"以俄为师"的理念,使中国沿着"社会革命"的方向不断行进。这对于现代中国思想的演进及思想面貌的呈现有着规制性的影响。

二、马克思主义对中国"社会改造"影响的与日俱增

马克思主义对于现代中国思想的演进有着巨大的影响,其突出的表现乃是促进"革命话语"的构建,这当然也是与十月革命的影响联系在一起。关于马克思主义传播与十月革命的关系,毛泽东在《论人民民主专政》文章中说:"中国人找到马克思主义,是经过俄国人介绍的。……十月革命一声炮响,给

---

① 记者:《中俄邦交已恢复》,《湖南学生联合会周刊》(《湘报》副刊)第 9 期,1924 年 6 月 11 日。

② 《谁是友? 谁是敌?》,《湖南学生联合会周刊》(《湘报》副刊)第 11 期,1924 年 6 月 25 日。

我们送来了马克思列宁主义。十月革命帮助了全世界的也帮助了中国的先进分子,用无产阶级的宇宙观作为观察国家命运的工具,重新考虑自己的问题。走俄国人的路——这就是结论。"①应该说,五四时期"革命话语"的构建及发展,是在十月革命的影响之下,并且始终是在社会改造思潮的框架之中,同时又是在马克思主义影响之下得以成功地实现的,故而也就需要就马克思主义对中国"社会改造"的影响作出具体研究,如此才可能更加细致地描述"革命话语"的行进历程,并符合实际地展示其基本面貌。

1. 马克思主义在思想界影响力的提升

研究五四时期所建立起来的"革命话语",就需要考察其历史观和方法论。因为任何话语皆是以历史观和方法论为其基本内核的,离开了历史观和方法论也就不成为话语体系。关于历史观和方法论在话语体系中的地位,笔者在《话语体系初论》中曾这样说:"任何话语体系皆有其价值性之所在,其中最为核心的乃是历史观和方法论起主导作用,故而不得不高度重视历史观和方法论在话语体系中的独特性地位。"②五四时期的"革命话语"就是在马克思主义引领之下构建起来的,马克思主义的历史观和方法论在"革命话语"起着核心的导向作用。

中国思想界在俄国十月革命发生之时,除李大钊等少数先进知识分子之外,大多数人对于马克思主义的认知还是极为初步的,对"布尔什维主义"也存在着不少错误的认识,甚至还有人要避免"布尔什维主义"在中国的流行。但"五四"以后,马克思主义在全国的影响与日俱增,这与"五四"之前的情形相比,不可同日而语。1919 年 9 月至 11 月,李大钊发表了《我的马克思主义观》著名文章,对于唯物史观、阶级斗争学说和科学社会主义理论进行了比较全面的解说,开启了马克思主义在中国系统传播的道路。至少在 1920 年初至1921 年初,随着大批进步社团的创建、新刊物雨后春笋般兴起,马克思主义对中国思想界的影响出现了一个历史性的飞跃。蔡和森作为年轻一代先进知识分子的代表,在 1921 年 2 月致信陈独秀表达自己的态度,申明自己是"极端马

---

① 《毛泽东选集》第 4 卷,人民出版社 1991 年版,第 1470—1471 页。
② 吴汉全:《话语体系初论》,人民出版社 2020 年版,第 43 页。

克思派",极端主张"唯物史观"、"阶级战争"和"无产阶级专政",表示自己"对于初期的社会主义,乌托邦的共产主义,不识时务穿着理想的绣花衣裳的无政府主义,专主经济行动的工团主义,调和劳资以延长资本政治的吉尔特社会主义,以及修正派的社会主义,一律排斥批评,不留余地"。蔡和森坚决拥护马克思主义,并对马克思主义给予了这样的阐发:"窃以为马克思主义的骨髓在综合革命说与进化说。专恃革命说则必流为感情的革命主义,专恃进化说则必流为经济的或地域的投机派主义。马克思主义所以立于不败之地者,全在综合此两点耳。马克思的学理由三点出发:在历史上发明他的唯物史观;在经济上发明他的资本论;在政治上发明他的阶级战争说。三者一以贯之,遂成为革命的马克思主义。"①陈独秀在回信中,赞同蔡和森提出的"综合革命说与进化说"看法,但又基于学术界将唯物史观简单地理解为"一种自然进化说",提出自己关于唯物史观的理解:"鄙意以为唯物史观是研究过去历史之经济的说明,主张革命是我们创造将来历史之最努力最有效的方法,二者似乎有点不同。……唯物史观底要义是告诉我们:历史上一切制度底变化是随着经济制度底变化而变化的。我们因为这个要义底指示,在创造将来的历史上,得了三个教训:(一)一种经济制度要崩坏时,其他制度也必然要跟着崩坏,是不能用人力来保守的;(二)我们对于改造社会底主张,不可蔑视现社会经济的事实;(三)我们改造社会应当首先从改造经济制度入手。在第(一)(二)教训里面,我们固然不能忘了自然进化的法则,然同时我们也不能忘了人类确有利用自然法则来征服自然的事实,所以我们在第(三)教训内可以学得创造历史之最有效最根本的方法,即经济制度的革命。照我这样解释,马克思主义并没有什么矛盾。"②陈独秀的解释,在于说明马克思主义的"社会革命"主张,与唯物史观所阐发的社会"进化"之间没有所谓的"矛盾"问题,这关键就是如何正确理解和认知唯物史观的基本含义。年长的陈独秀是新文化运动的著名领袖,此时正在进行中国共产党的筹备工作,他在百忙之中与年轻的蔡和森之间进行学理上的切磋和思想上的互动,此可见马克思主义在中国的传播

---

①　《马克思学说与中国无产阶级》(1921年2月11日),《蔡和森文集》,人民出版社1980年版,第74页。

②　《陈独秀著作选》第2卷,上海人民出版社1993年版,第315—316页。

业已达到新的高度。

关于马克思主义在1921年及以后在中国思想界的影响问题,以下试以福州、山东和北京的代表性刊物,再作进一步的分析。福州的《自治》半月刊在1920年也是受到马克思主义学说的影响,但该刊当时的主体思想还是资产阶级改良主义。但到1921年,山东新近创办的《新山东》尽管还受到无政府主义的影响,但马克思主义确实是该刊物的根本性方面。该刊主张政治组织上的"苏维埃",如有篇文章这样说:"现在建设的初步,就是大家起来一部分一部分的去组织'苏维埃'。按苏维埃就是会议的意思。一城里有'城苏维埃',一村里有'村苏维埃'。无论士农工商及一切职业联合之中都举出委员来,去到苏维埃出席,到那时就把这一些什么县长,道尹,省长,督军等长官去掉了。"①仅此一点,就可以看出马克思主义对于《新山东》这个刊物的重要影响。1922年2月在北京创刊的《今日》杂志,负责人是胡鄂公,尽管该刊对于马克思主义还有不少误解,但该刊差不多每期皆有关于马克思学说研究的文章,其他文章也差不多是根据马克思的学说写成的。值得注意的是,《今日》杂志上于1922年5月5日举行了马克思诞辰104周年纪念讲演大会,同时还组织了"马克思主义研究会",并将《今日》第1卷第4号定为"马克斯特号",专门刊载介绍马克思主义唯物史观、剩余价值学说的文章,并刊载马克思著作的相关译文,为介绍和传播马克思主义作出了贡献,并产生了熊得山(1891—1919)、邝摩汉(1885—1932)、林可彝(1893—1928)等著名的马克思主义者。据胡鄂公撰写的《纪念熊得山先生》文章所说:"民十社会主义思想,已随着苏联革命影响传播到中国。我和熊先生、邝摩汉等即悉心从事,一方研究劳农政府的实际设施,一方探讨马克思主义的真谛。那时我们就组织了一个马克思主义研究会。熊先生早年所学的社会科学和日文,早已久置就荒,在那时才又刻苦努力起来。他晚年在学术上的贡献,主要是那时候打下的基础。他和邝摩汉等八九人曾一度加入最初发起组织的社会主义青年团。十一年一月,我和熊先生、邝摩汉等组织共产主义同志会,出版各种刊物。熊先生所译的《哥达纲领批评》和《国际劳动同盟的历史》,都是有关劳动运动的重要文献,而恩

---

① 滕耀宗:《新山东和旧山东》,《新山东》第1号,1921年7月。

格斯的《家族私有财产及国家之起源》那一权威著作,也是由他首先介绍到中国来。十一年秋天,瞿秋白从苏联回国。经他和刘子通斡旋介绍,我们都加入CP,把共产主义同志会解散,但不久我们又和CP的组织关系断绝了。"①总体来看,《今日》是专门研究马克思主义的刊物,尽管该刊对于马克思主义的理解和认识还有很大的不足,但为马克思主义的宣传和研究作出了重要贡献。随着马克思主义在中国的传播,以马克思主义为指导进行"社会改造"成为年轻一代的共识。1923年1月创刊的《明日》,尽管认为他们"对于马克思的研究,确是很幼稚",但公开地表示该刊坚定地信仰马克思主义,申明"我们相信马克思主义实在是改造社会底良剂,所以我们打算本着马克思底精神来解决社会问题"②。上述例证足以说明,马克思主义自"五四"在中国传播以后,其在社会上的影响力可谓与日俱增。

自然,说马克思主义在五四时期的影响与日俱增,并不是说马克思主义在中国的传播过程没有遇到什么阻力,是一帆风顺的。相反,这种阻力有时还很大。《平民教育》本是研究教育改造的刊物,居然在1924年也有人发表文章来攻击马克思的经济学理论,说"社会主义者 Karl Marx……等,他们全主张土地应和空气与水一律看待,应当任人取用,不应加以限制,所以极力反对私有财产制度,攻击个人主义经济学者不遗余力,但他们所主张的也正是他们所感困难的,就是分配与人口的问题,所以他们把人口问题抛开不提,结果还是失败,遗社会以无限的纷扰。"③马克思主义在传播中遇到巨大的阻力,正说明马克思主义在中国传播中业已形成了某种话语权势,故而也就引起了某些人的特别"关注"。就思想传播史来看,新思想被反对者所"关注",有时并不是一件坏事。五四时期的实际情况是,马克思主义在中国的传播过程中,以其科学性、实践性而不断冲破阻力,在斗争中获得了越来越多的信仰者和践行者,充分彰显出马克思主义的无比威力。

2.马克思主义对于非马克思主义思想的影响

马克思主义在中国传播过程中,既有思想上、行动上的真正拥护者,也有

---

① 胡鄂公:《纪念熊得山先生》,《申报》1941年2月10日。
② 《五四时期期刊介绍》第三集(下册),生活·读书·新知三联书店1959年版,第460页。
③ 震东:《乡村农业教育实施》,《平民教育》第72号73号合刊,1924年7月。

积极的反对者,同时也有一些态度不明者。由此,考察马克思主义在五四时期中国思想界的影响力,固然首先要考察马克思主义者自身的认识水平,但同时也要考察非马克思主义者的思想状况。这样,才有可能比较全面地反映马克思主义在五四时期思想界的地位。

就五四时期思想界的状况来看,马克思主义阶级的观点在五四时期被不少知识分子所认识,故而在言说中自觉不自觉地表露出阶级的观念,尽管这些言说者中并不全然赞同马克思主义的阶级斗争理论,甚至还是站在反对马克思主义的立场上。这就是说,马克思主义在中国五四时期思想界影响的扩大,还反映在一些非马克思主义者及其刊物,也不自觉地受到马克思主义的某些影响。譬如,五四时期的王光祈不是马克思主义者,但同时亦受到马克思主义的阶级观念的影响。王光祈曾说:"现代学者把世界上人类分作三种阶级:(1)智识阶级;(2)劳动阶级;(3)资产阶级。我们理想的社会是无阶级的,智识阶级同时便是劳动阶级,劳动阶级同时便是资产阶级。但是在现代社会制度之下,这三种阶级还是有的,我们学会的主张既不是一个幻想的'乌托邦',当然要从现代社会下手改造。我们以为应该要从这三种阶级里寻出有觉悟的人,使他们三个阶级的人互相接近,以实现我们的理想社会。"①这段论述,表现出王光祈在社会改造中理想性的一面,但可以看出王光祈也是承认"现代社会"中阶级存在的客观事实,并以阶级的观点来划分社会中的各个分子,故而也就有了"智识阶级"、"劳动阶级"、"资产阶级"的提法,尽管他此时提出的"从这三个阶级里寻出有觉悟的人"主张,具有极大的空想性。值得注意的是,五四时期的刊物受到马克思主义的阶级观念的影响,可以说是常态而不是例外。在广州,于1919年下半年创办的《民风》周刊,虽然主要负责人是无政府主义者梁玄冰(曾在《民风》上以"两极"的笔名发表文章)、区声白等,但该刊发表的不少文章尽管是宣传无政府主义的,却也很显然地受到阶级观点的很大影响,尽管这些文章的作者不一定就主张"阶级斗争"。如该刊上1919年8月发表的《"长衫"应届末日》文章,以"阶级"的观点考察社会生活,认为

---

① 王光祈:《少年中国学会之精神及其进行计划》,《五四时期的社团》(一),生活·读书·新知三联书店1979年版,第314页。

"长衫"乃是统治阶级的标识,于是提出了"弃长衫用短衫"的主张,指出:"长衫最大的罪恶,深藏在骨子里头,不知不觉中,造成社会阶级的观念。穿起来便是绅士、是读书人、是大人老爷少爷、是'劳心者治人'的好宝贝、是'坐不垂堂'的好物儿、是东方的 Gentleman。"①当时的《北京大学学生周刊》,曾不遗余力地宣传"工读主义",但这里所宣扬的"工读主义",其实也在相当大的程度上受到阶级观点的某些影响。譬如,该刊发表的《我的工学主义观》文章,认为资本主义制度下的分工也就产生了两个阶级:生产的阶级"专用体力,消费很少,做得不好,因为他的脑子停着不动";而消费的阶级"不能生产,他有代生产者思想的权利,想得不好,因为他同手工分离"。而倡导"工学主义"的目的,正是为了消灭这两个阶级的区别,"把智力同体力沟通,做工的可以求学,求学的也许做工,管机器的能自己造机器,做农务的也许操工业上的操作,——如此,轮流变换,不守故常,使个人的能力,在各方面尽量发展出来,于社会较分工更为有利——这便是'全工'。"②一般说来,当时主张改良社会的人,大多不触及社会制度的根本性变革,只是试图在既有的制度架构中实现点点滴滴的改良,但也不尽然。浙江永嘉学会出版的《新学报》所发表的《破除社会的阶级》文章,认为阶级是社会的万恶之源,因而是必须加以"破除"的,而中国社会中的阶级亦可以分为"官僚阶级"、"绅士阶级"、"文人阶级"、"有产阶级"、"男子阶级"等"阶级"的序列③。这种对于阶级的划分,固然是不符合中国半殖民地半封建社会的阶级状况,并且也是对于马克思主义的阶级观点有着很大的误解,但在思想的深处很显然也是受到阶级观念的某些影响。五四时期,思想界中那些主张和平地"改造社会"的人,总体上说来是企图在既有的制度架构中进行某些改良,但也有认识到制度变革的极端重要性,试图在制度的改进上有所进步。譬如,福建省立第二师范创办的《自治》半月刊,一方面主张通过人人自治的办法来改造社会,另一方面也在很大程度上认识到社会制度改造具有根本性,甚至还以"治者阶级"与"被治者阶级"的范畴来解剖当时的社会,并主张打破"阶级制度"。如该刊发表的"宣言"说:"世界上

---

① 香浒:《"长衫"应届末日》,《民风》第 13 号,1919 年 8 月 17 日。
② 黄天俊:《我的工学主义观》,《北京大学学生周刊》第 2 号,1920 年 1 月 11 日。
③ 张强:《破除社会的阶级》,《新学报》第 1 号,1920 年 1 月。

所以有不平等不自由底事情,无非是为着有治者和被治者底阶级。世界上为什么会产生这治者和被治者底阶级? 无非是因于一部分人放弃他自治底责任,其他一部分底人就从而代庖了。……我们要打破这阶级制度,达到自由平等底地位,不能不把自觉心从自治方面做起,不然凭你底自觉心怎样大,天天自由平等大声高呼去,也是不济事的。"①这里,尽管是把"自治"作为"社会改造"的主要手段,在思想认识上隶属于思想界的缓进派阵营,但对于社会改造对象的认识上,显然也受到阶级理论的某些影响,故而在话语系统上也就出现了"阶级制度"、"治者阶级"、"被治者阶级"等范畴。事实上,《自治》的一些作者也确实受到马克思主义的影响,如该刊发表《我的觉悟》文章的作者,不仅依据马克思的剩余价值理论来分析工人与资本家的对立,而且也认识到进行"经济革命"的极端重要性,指出:"因为经济不平等,所以有贫富的分别。资本家的子呵、孙呵一代代都是资本家,那工人的子呵、孙呵一代代都做工人。但是资本家这种资本从那里来呢? 不外剥取工人的'剩余价值'得来的。因此资本家一天富了一天,工人一天做了一天只能够维持生活而已,终是没有宽裕的日子。他的子和孙怎么不再去做穷苦的工人呢? 所以社会上经济自然跑到资本家的手里去。……要是要除了这种弊害,非是工人困苦到极了倡起经济革命不能成功。"②《自治》虽远在南方的福州,但就现有的资料来看,至少在 1920 年或许在这之前,福州的青年学生即已经接触到马克思主义学说,并深受其中不少观点的影响。可以作出判断的是,尽管五四时期有些社团或杂志并没有接受马克思主义,但这些社团和杂志或多或少地受到阶级观点的影响,也是客观存在的事实。这大致能够说明,马克思主义的阶级及阶级斗争理论在五四时期有着很强的影响力与渗透力,对思想界的非马克思主义有着思想上的引领作用。

　　马克思主义对于"社会改造"的影响在五四时期与日俱增,是五四时期思想演进的总体性态势。但在这种趋势之中,当时社会上确实也存在着惧怕"社会革命"的心理,并且这种惧怕革命的心理亦成为五四时期中国社会中的

---

① 　赖汝:《宣言》,《自治》第 1 期,1920 年 6 月 1 日。
② 　林廷辉:《我的觉悟》,《自治》第 4 期,1920 年 11 月 1 日。

潜流。《解放与改造》杂志的主要撰稿人张君劢,尽管在有些场合表现出"趋新"的态度,但实际上也是害怕以革命手段来改造社会的。在他看来,俄国革命之所以能够采用革命手段,是因为有列宁这样的天才,而这种天才人物"此可一而不可再,可偶而不可常","可谓数百载而后一遇",惟其俄国"有蓝宁之天才,有蓝宁之自信力,而后能致此震天撼地之业";而就中国而言,"若夫天才不如蓝宁,自信力不如蓝宁,而欲尤而效之,未有不画虎类狗者也"①。张君劢这里的言论,在表面上好像是赞颂列宁的天才,但实际上是说,中国既然没有列宁这样的天才及其自信力,故而也就不可仿效列宁领导的俄国革命,亦即中国不能以"革命"方式进行"社会改造"。五四时期"社会革命"话语占据重要位置,即使是惧怕革命的人、不主张革命的刊物,为了"迎合"革命的社会心理,同时也是为寻得思想言说的平台,有时也不得不举起"革命"的旗帜打掩护。《责任》在当时算是比较激进的刊物,发表过不少宣传劳动价值、阐发劳动意义的文章,并且也曾倡导"社会革命"的必然性,但该刊也存在着惧怕社会革命的心理。如《责任》上的《怎样解决社会经济问题》这篇文章,一方面认为由于"社会经济问题的发生和高唱",社会革命的发生乃是不可免的,绝不是"少数好事者底煽惑的结果";但另一方面又不主张通过革命手段来消灭私有制度,甚至还希望那些"怕社会革命的人们,快快乘这社会经济没有十分复杂、资本没有十分发达的时候,……实行——民生主义",故而也就企图用"平均地权"、"资本公有"等办法来预防社会革命的发生②。五四时期那些一贯主张社会改良的刊物,却在"革命"的名义下宣传其改良主张,这可见马克思主义对于社会改造思潮的影响力以及在思想界业已建立其话语权势。

3. 工人阶级阶级意识的增长与马克思主义指导地位的确立

任何在社会思想体系中占据重要位置的思想,皆是社会中某个阶级或阶层的反映,尽管这种反映有时是直接的、有时是间接的,但在事实上都表征着这样的阶级或阶层的思想诉求及其对于社会衍化的期待。换言之,在阶级社会中,引起人们相当重视的某种思想在社会上得以广泛传播,都是以社会中阶

---

① 君劢:《中国之前途德国乎俄国乎》,《解放与改造》第 2 卷第 4 期,1920 年。
② 公宪:《怎样解决社会经济问题》,《责任》第 3 期,1922 年 12 月 11 日。

级的存在及其所具有的力量为基础的。论及马克思主义在五四时期的影响力
问题,最终还是要落实到工人阶级的阶级意识增长及马克思主义的指导地位
上,这是因为马克思主义不仅表征工人阶级的思想意识形态,而且也是工人阶
级变革社会的思想武器,亦即马克思主义与工人阶级具有不可分割的关系。
具体到中国来说,中国工人阶级乃是马克思主义在中国传播和发展的阶级基
础,如果中国工人阶级的阶级意识没有显著的增长并达到一定的水平,马克思
主义在中国也就不可能形成很大的社会影响力。而就五四时期思想界而言,
马克思主义的这种社会影响是否存在以及其力度的大小,既反映在中国工人
阶级的阶级意识增长的方面,又反映马克思主义在"社会改造"话语中指导地
位的确立上。因此,中国工人阶级的阶级意识增长问题和马克思主义指导地
位的确立问题,就成为考量马克思主义在中国社会中影响力的关键。

马克思主义对五四时期中国思想界的影响,最突出的表现是有力地促进
了中国工人阶级的阶级意识的显著增长。在五四时期,正是在十月革命和马
克思主义在中国传播的影响下,中国工人阶级在五四运动中登上历史舞台,积
极担负民族独立、人民解放的历史责任,并在政治运动中进一步明白了本阶级
的社会地位与历史使命,思想认识和阶级觉悟都有了很大的提升。这是中国
工人阶级的阶级意识显著增长的突出表征。从历史的进程来看,中国工人阶
级的阶级意识显著地增长以"五四"为节点,划分为相互联系的前后两个阶
段,并呈现出历史性的变化。"'五四'以前,中国虽然有工人,但还没有形成
为一阶级,广东、香港虽然有工会,但还没有阶级的自觉,自有中国共产党产
生,才有阶级觉悟的工会之组织,才有阶级觉悟罢工之发展,中国工人才开始
成为一个独立的社会阶级。"[1]五四运动之后,广东各工会联盟在 1921 年明确
表示:"否认资本主义,否认私产制度,尽力于生产的劳动,劳动者直接支配生
产机关,及直接享用生产物,互相尊重其自由,人类平等。"[2]香港海员大罢工
之后,京汉、陇海、京奉、京绥等铁路的工人组成了统一的"北方香港海员罢工
后援会",并发表宣言表示要"充分地与香港罢工海员表示同情,竭诚尽力地

---

① 蔡和森:《机会主义》,《顺直通讯》第 2 期,1927 年 9 月。
② 《工会消息:广东的工会》,《劳动周刊》第 16 号,1921 年 12 月 3 日。

援助他们达到目的——在此项目的未达到以前,我们愿随同他们向外国的资本家宣战"①。唐山工会亦表示,坚决支持香港海员罢工:"彼此都是一样的人们,彼此都是站在生产和便利的地位,彼此都是努力尽人类生存的义务,彼此都是被掠夺的人们,他们的痛苦即是我们的痛苦,他们的愉快即是我们的愉快。更进一层说,这些就是全体劳工的事,我们甚愿大家把各种痛苦一齐铲除,把各种愉快一齐产生出来。……这些援助可说并不是当作援助海员工友们,实是援助我们全体劳工的,也即是援助我们自己的。"②1922年底创刊的《劳动周报》(武汉),对于工人与资本家的对立及工人阶级团结起来进行阶级斗争的必要性,有清晰而又深刻的说明:"我们工人,均是处在被掠夺的地位,所受的痛苦和压迫,均是一样,不但无省界,连国界都没有,因为我们都是穷苦的人,换句话说,都是一阶级的人,无产阶级的人。有产阶级——资本家与无产阶级——工人农人,处在对垒的形势,厉害是冲突的,有产阶级一分利益,却是无产阶级的一分痛苦。无产阶级减少一分痛苦,有产阶级少得一分利益。我们减轻痛苦就全持我们团结的精神。以阶级斗争的方法,向资本家奋斗夺取生产机关。那末我们的痛苦才能真正减轻,应有的权利才能真正享受!"③1923年广东工会联合会发出传单,将提高阶级觉悟与开展民主革命统一起来,要求"吾等工人,一面帮助民主派革命,一面仍要有阶级的觉悟,谋工人阶级的团结"④。自然,马克思主义对中国工人阶级产生重大影响并使其阶级意识得以显著增长,这是与五四时期中国先进知识分子的理论宣传密不可分的。这同时也是马克思主义与中国工人阶级状况相结合的过程,并且也是马克思主义与中国开展民族民主革命的实际需要相结合的过程,为进一步推进马克思主义在中国的传播和发展,在新的历史语境下继续进行民族民主革命,找到了可靠的领导力量并奠定了坚实的社会基础。

从社会结构上说,在社会的阶层与阶级的关系中,作为阶层的先进知识分子,与作为阶级的先进阶级力量,这两者不仅具有同质性,而且也在内在联系

---

①　《香港海员罢工的现状及各地援助的踊跃》,《工人周刊》第29号,1922年2月12日。

②　《唐山工会致长辛店工人俱乐部的信》,《工人周刊》第29号,1922年2月12日。

③　隆:《省帮与阶级》,《劳动周报》(武汉)第3期,1923年1月6日。

④　《省署卫队打伤工友》,《劳动周报》(广州)第6期,1923年5月19日。

中表现出两者的依存关系及其不可分割性的特征。具体到中国的五四时期，在中国进行"社会改造"的过程中，社会上马克思主义的阶级意识的增长，乃是源自中国工人阶级本身的觉醒，但也是离不开先进知识分子所进行的理论宣传工作，故而也就需要考察先进知识分子在其中所发挥的重要作用。陈独秀是中国早期的马克思主义者，他在五四时期是在学理上而将"劳动"、"劳动者"等范畴直接地与"阶级"范畴联系起来的重要代表，并且特别重视劳动者阶级觉悟的普遍提高。在陈独秀看来，劳动者的痛苦皆是源于自己是一个被雇用的劳动者的身份，"没有土地机器房屋等工具，所以不得不把力气卖给资本家做他的雇工"；而"资本家给雇工的工钱仅够糊口度命，其余大部分利益都归到资本家的荷包，因此资本家一天富似一天，劳动者一天穷似一天"。因此，劳动者必须有一种"阶级的觉悟"，应该使"各行业各地方之劳动者都觉悟到：各行业的雇主资本家是一个阶级，各行业被雇的劳动是一个阶级，这两个阶级的利害是永不相同的。"[1]这里，陈独秀要求劳动者有阶级的基本觉悟，这觉悟就是"劳动者"与"资本家"业已形成了阶级对立的阵营，尤其重要的是，"被雇的劳动者"本身是属于同一的"阶级"（即"劳动阶级"），其阶级身份并不因为所属不同行业而改变。关于劳动者所应有的"阶级的觉悟"问题，陈独秀在当时重点强调的乃是阶级的自觉、阶级的组织、阶级的斗争、生产资料公有等方面，故而他说："非把各地各行业的劳动组织成一个阶级，决没有反抗组织强大的资本阶级的力量。没有反抗资本阶级的力量，决不能将资本家私有的生产工具夺归劳动界公有。生产工具不归劳动界公有，劳动的困苦决不能免除，这就叫作阶级的觉悟。"[2]1920年，一个叫费哲民的人给陈独秀写信，探讨妇女问题、青年问题及劳动问题。陈独秀在回信中，提示要用马克思主义的阶级观点和阶级斗争理论来给予研究，否则就不能找到社会问题的症结之所在，更不可能达到"改革社会制度"的目的。陈独秀指出："我以为解决先生所说的三个问题（其实不止这三个问题），非用阶级战争的手段来改革社会制度不可。因为照现在的经济制度，妇人底地位，一面脱离了家庭的奴隶，一面

---

① 《告劳动》(1921年6月)，《陈独秀著作选》第2卷，上海人民出版社1993年版，第285页。
② 《告劳动》(1921年6月)，《陈独秀著作选》第2卷，上海人民出版社1993年版，第286页。

便得去做定东家的奴隶;即于自由恋爱一层,在财产制度压迫和诱惑之下那里会有纯粹的自由! 在国内外两重资本主义压迫之下,青年向何处去寻新生活和世外桃源? 即于劳动问题,更可以说除阶级战争外都是枝枝节节的问题。"①1920 年 10 月湖南劳工会创办的《劳动周刊》宣称站在"劳工们"的立场上,致力于提升工人阶级的"阶级觉悟",其"目的是促进劳工们'阶级斗争'的觉悟;鼓吹'劳动组合'——劳动组合大同盟",因而该刊"完全是为着被掠夺而过非人生活的劳工们说话,绝对的反抗资本阶级的压迫;完全是图谋劳工们精神上的团结,绝对的防止'地域''帮口'的谬说在流传"②。浙江印刷公司工作互助会出版的《曲江工潮》刊物,亦十分注重向工人阶级进行阶级意识的宣传,该刊发表的《仇敌和恩人》文章就认为,工人只有团结起来才能对资本家进行斗争,工人不能把资本家当作自己的"救命之神",因为"资本家不是你们的恩人,而是你们最大的仇人"③。《伙友》杂志尽管既有宣传阶级调和又有宣传阶级斗争的"两面性",但早期马克思主义者还是注重利用这个刊物来宣传马克思主义的阶级和阶级斗争的观点,如该刊有文章说:无产阶级与资产阶级处于对立的地位,"有产阶级"是"专靠用金钱作武器掠夺生产者的剩余的",而作为无产者的伙友如果不愿意再作奴隶,"就得和一般被压掠夺阶级联合起来,改造如今这个阶级制度"④。中国早期的马克思主义者在《劳动与妇女》杂志发表文章,对于广东政府废除北洋军阀的《治安警察法》表示出高度赞赏的态度,但同时也对工人进行这样的阶级意识宣传:"如今《治安警察法》已经明令废止了不用说,工会法草案列举的暂行刑律几个条项和违警罚法几个条项,可是还没有废止或宣告不适用于工会呢,广东劳动界如果不愿意组合工会则已——要是打算组织工会,试问在这几个现行法条项支配下面,劳动界前途的命运,还是鸡笼里的鸡。……工人呵,农夫呵! 你们的幸福前途,是要你们亲手开辟的才靠得住。如果别人能够给你们的,换一个人或换一个

---

① 《答费哲民(妇女、青年、劳动三个问题)》(1920 年 9 月),《陈独秀著作选》第 2 卷,上海人民出版社 1993 年版,第 170 页。
② 《劳动周刊发刊词》(1920 年 10 月 22 日),《五四时期期刊介绍》第二集(下册),生活·读书·新知三联书店 1959 年版,第 544—545 页。
③ 慎予:《仇敌和恩人》,《曲江工潮》第 3 号,1921 年 1 月 20 日。
④ 玄庐:《强盗的奴隶》,《伙友》第 4 册,1920 年 10 月 31 日。

时期,仍旧要夺回去的。而且别人给的幸福,自己是无从识别的。"①这里是说,对于废除《治安警察法》和公布《工会法草案》,劳动阶级自然应该表示积极的欢迎态度,但同时也要有阶级的自觉和主人翁的态度,明白谋求自身的解放必须依靠本阶级的力量,并努力将阶级的"幸福前途"建立在本阶级现实的努力上。这是中国先进知识分子利用刊物对社会大众(主要是工人阶级)进行阶级主体性意识教育的重要例证。五四时期先进知识分子处于急剧的变动中,不少人相继接受马克思主义,成为具有初步共产主义觉悟的先进知识分子,他们的努力对于提升劳动阶级的阶级意识有着极为重要的意义。

正是因为五四时期马克思主义在中国的影响与日俱增,故而马克思主义成为中国社会改造的指导思想也是有其必然性的。在十月革命的影响下,马克思主义在五四时期传入中国,一开始只是"新思潮"中一支重要力量,但随着五四运动的有力推动、早期马克思主义者队伍的形成及马克思主义在思想界主导地位的确立,马克思主义顺理成章地成为中国社会变革的指导思想。这固然得益于早期中国马克思主义者的积极宣传,然而非马克思主义者可能也有所"贡献"的地方,尽管这种"贡献"在历史的行程中并不是主要的,但从研究的角度似乎也不应该作为"细节"而完全忽略不计。五四时期顾兆熊在思想倾向上"大致是与修正派相同的",对马克思主义主要是持批评的态度,甚至还说马克思主义之中"包含许多的错误",但他在研习马克思主义理论之后,也不得不承认"马克思的学说"有着独特性的地位:"他在历史上的大意义,却是终古不能磨灭的。他的功效,就是对于现代经济制度的批评。自经他的批评,然后现代社会制度的弊病才暴露出来。社会科学与社会运动受了他的教训,然后才考量现代社会制度的调剂方法。社会科学自马氏著作出现,得了许多新的探讨途径,社会里有许多重要的事实和关系为前人所未注意的,经马氏的著作才发现无遗。"②实在地说,马克思主义有着科学性、革命性的思想内涵并且是社会变革的思想武器,故而中国早期马克思主义者出于复兴中华民族的需要,不仅在思想上信仰马克思主义,而且尤为强调马克思主义在中国

① 玄庐:《工会法和劳动前途》,《劳动与妇女》第6期,1921年3月20日。
② 顾兆熊:《马克思学说》,《新青年》第6卷第5号,1919年5月。

"社会改造"中的指导地位。李大钊对于马克思主义有着坚定不移的思想信仰,公开声明自己是喜欢谈布尔什维主义的,认为马克思主义既然是"世界改造原动的学说",并且事实上"自俄国革命以来,'马克思主义'几有风靡世界的势子,德、奥、匈诸国的社会革命相继而起,也都是奉'马克思主义'为正宗"的①,那么"我们惟有一面认定我们的主义,用他作材料、作工具,以为实际的运动;一面宣传我们的主义,使社会上多数人都能用他作材料、作工具,以解决具体的社会问题"②。陈独秀也说,马克思主义是社会变革的理论武器,因而要"把马克思学说当做社会革命的原动力,不要把马克思学说当做老先生、大少爷、太太、小姐的消遣品"③。中国共产党成立后,加强了马克思主义理论的宣传,并开始了对中国国情的研究和把握,从而进一步强化了马克思主义在中国社会改造的指导思想地位。《先驱》上的文章指出,"马克思主义是无产阶级革命的唯一的指导原理","是推翻资本主义解放无产阶级的唯一的武器",中国尽管是半殖民地半封建社会,但亦有着"应用马克思主义的原理来改造中国社会的需要,与其他资本主义成熟的国家有同样的急迫"④。五四时期年轻一代的马克思主义者在李大钊、陈独秀等的引领下,不仅在学理上研究唯物史观,而且也以马克思主义为指导来研究中国的"社会改造"问题,有力地发挥了马克思主义在中国社会改造中的指导作用。如施存统在 1921 年就说:"我们知道要救中国,要使中国人个个都能够得到'人的生活',只有赶快实行社会主义之一法。但唯物史观教训我们:要实行社会主义,必须先具备了实行社会主义的'物质的条件'。实行社会主义的'物质的条件'是什么? 就是'一切生产社会化',工业也要社会化,农业也要社会化。我们深信唯物史观底真理,我们深信违背了唯物史观底法则,社会主义决不会成功;所以我们如果真

---

① 《我的马克思主义观》(1919 年 9 月、11 月),《李大钊全集》第 2 卷,人民出版社 2013 年版,第 1—2 页。

② 《再论问题与主义》(1919 年 8 月),《李大钊全集》第 3 卷,人民出版社 2013 年版,第 54 页。

③ 《马克思的两大精神》(1922 年 5 月),《陈独秀著作选》第 2 卷,上海人民出版社 1993 年版,第 365 页。

④ 《马克思诞生百零五周年纪念日敬告中国青年》,《先驱》第 17 期,1923 年 5 月 10 日。

心要实现社会主义的社会,必须先造成社会主义的'物质的条件'。"①马克思主义是科学的理论武器,在中国的"社会改造"中处于思想理论上的指导地位,这是五四时期中国马克思主义者的基本共识,并在中国共产党成立之后成为中国共产党人领导新民主主义革命的基本理念。

以上,就马克思主义在五四时期"社会改造"中影响力问题作初步研究,不仅考察了1921—1922年相关刊物思想进步的倾向及其所具有的马克思主义话语,而且也分析了非马克思主义刊物接受马克思主义影响的情形,同时也简要地说明了中国工人阶级自身的阶级意识发展及马克思主义成为"社会改造"指导思想的必然性。不难看出,五四时期的"革命话语"是在社会改造思潮中形成的,而马克思主义则是五四时期"革命话语"的灵魂,并使五四时期的"社会改造"赋予了革命性的内涵。这里的根本原因是,此时的中国社会急需新的"主义"进行"社会改造"②。在此意义上说,尽管有五四时期"社会改造"的语境,但如果没有中国社会的迫切需要及马克思主义的引领和导向,也就不会形成以马克思主义为指导的"革命话语"体系。

三、"社会改造"中"革命话语"体系的构建

五四时期的马克思主义"革命话语"是在"社会改造"语境中形成和发展起来的,并且成为五四时期思想演进的重要表征,进而又成为现代中国思想体系中的主流话语。故而,研究五四时期社会改造思潮,不得不关注在其基础上衍化而生成的"革命话语",并进而探讨其形成的轨迹、体系的架构及其内在的理路。而从五四时期思想衍化的内在逻辑进路来看,社会改造思潮何以顺利地进至"革命话语"阶段而构建马克思主义的"革命话语"系统,从而表征出社会改造思潮演进中的必然性思想内涵及衍化态势,也就成为思想史研究的

---

① 光亮:《唯物史观在中国底运用》,《民国日报》副刊《觉悟》,1921年9月8日。

② 王中平、吴汉全:《五四时期的"主义"语境与马克思主义在中国的传播》,《中国高校社会科学》2021年第6期。

重要内容。

1."根本解决"思想的演进

五四时期思想界的马克思主义"革命话语"体系乃是建立在五四运动过程形成的"根本解决"(或"根本改造")思想的基础上,并在与中国社会变革的需要结合中,沿着其内在的逻辑进路而得到发展与提升的结果,说到底就是要通过人民革命的方法推进"社会制度"的根本性变革。换言之,五四时期的"社会改造"在激进化态势之中,在业已形成"根本解决"方法的基础上,最终在马克思主义指导下,走向以变革现行社会经济制度为目标的"根本改造"道路。这里,五四时期思想界在"社会改造"问题上所主张的"根本解决",就其手段和目标而言,就是取政治革命的手段来进行社会经济制度的根本性变革,也就是早期中国马克思主义者所说的"物质变动"(亦即生产关系的变革)。

五四时期的"根本解决"主张,在"社会改造"的意义上就是"根本改造"。换言之,"根本解决"与"社会改造"这两者,尽管在使用时的具体语境中有所差异,但在内容上皆是指"社会改造"上基于整体的、全局的视域,谋求社会制度的"根本"的解决,这就与"社会革命"所赋予的基本意蕴直接联系在一起。譬如,毛泽东在五四时期的言说话语中,其所说的"根本改造"就是指"根本解决"。在 1919 年至 1920 年间,毛泽东不仅将湖南的五四运动引向"驱张运动",而且又在驱张运动后转入"自治运动",并从社会的"根本改造"来总结驱张运动和自治运动的现实意义及进一步发展的方向,指出:"驱张运动只是简单的反抗张敬尧这个太令人过意不下去的强权者。自治运动只是简单的希望在湖南能够特别定出一个办法(湖南宪法),将湖南造成一个较好的环境,我们好于这种环境之内,实现我们具体的准备工夫。"又说:"这两种运动,都只是应付目前环境的一种权宜之计,……是达到根本改造的一种手段。"[①]在这里,毛泽东所说的"根本改造"是从"大处着眼",而驱张运动和自治运动乃是"具体的准备工夫"则是强调从"小处着手",此可见"根本改造"就是"社会改造"中"根本解决"的意思。进而言之,五四时期的"根本改造"在内容上基本等同于"社会革命"的含义,就是主张从根本上改造现行社会,亦即变革社会

---

① 《五四时期期刊介绍》第一集(上册),生活·读书·新知三联书店 1978 年版,第 156 页。

的经济制度(生产关系),其目标是建立崭新的社会制度,因而也就反对那种在既有社会架构下,只是满足于枝枝节节、点点滴滴的社会改良的做法。从五四时期思想分野情况来看,马克思主义者认为"社会改造"就在于通过"根本改造"的办法来变革现行的社会制度,而各种改良主义者则主张在既有制度不变的框架之内进行社会问题的逐步解决。

"根本解决"思想乃是在五四时期社会改造思潮中出现的重要主张,同时亦是中国早期马克思主义者在"社会改造"问题上所倡导的根本性思想。中国马克思主义先驱者李大钊在1919年的文章中,指出:"马克思一派唯物史观的要旨,就是说:人类社会一切精神的构造都是表层构造,只有物质的经济的构造是这些表层构造的基础构造。……物质既常有变动,精神的构造也就随着变动。所以思想、主义、哲学、宗教、道德、法制等等不能限制经济变化、物质变化,而物质和经济可以决定思想、主义、哲学、宗教、道德、法制等等。"[1]陈独秀也认为,"社会改造"必须聚焦于"社会制度"的根本改造,即使是谋求社会上一般的"社会问题"的解决,也需要重点地将制度问题考虑其中,并从改造"社会制度"方面下手。即如社会上"贫民"问题,这自然是"应该设法救济的",但"救济的方法,不能够像限制人口那样简单","第一要问贫民是怎么会贫的,是不是社会制度底罪恶? 第二要问贫民底子女何以没有公共教育底机关,是不是社会制度底缺点?"如果忽视"社会制度"而"丢开这两个问题,专门限制贫民人口",那就是"劫贫济富的方法",根本没有什么"生存权和人道主义"之可言[2]。因此,对于"'游惰神圣'的社会制度,若不改造,就照现在的人口减去一半,恐怕仍然免不掉贫困的现象。若依马尔塞斯底主张专门限制下层阶级,不承认贫民有生存权;那么,中国式的上流阶级——即富贵游惰分子——渐渐增加,贫苦的劳动的生产分子渐渐减少,不知道将来要变成一种什么社会?"[3]值得注意的是,陈独秀特别强调"社会改造"之中的"制度变革"是

---

① 《物质变动与道德变动》(1919年12月),《李大钊全集》第3卷,人民出版社2013年版,第134页。

② 《马尔塞斯人口论与中国人口问题》(1920年3月),《陈独秀著作选》第2卷,上海人民出版社1993年版,第114页。

③ 《马尔塞斯人口论与中国人口问题》(1920年3月),《陈独秀著作选》第2卷,上海人民出版社1993年版,第115页。

一个很长的、艰巨的历史进程,要认识到制度变革是需要付诸人们变革社会的巨大努力,因而也就不能期望社会制度的变革一蹴而就。故而,离开了人的努力(亦即变革社会的实践活动),则不会有任何的社会制度的变革,更不可能建立崭新的社会制度。他指出:"改造社会自然应该从大处着想,自然应该在改革制度上努力,如此我们的努力才是经济的,但是不可妄想制度改革了,样样事便立刻自然好起来。只可说制度不改,我们的努力恐怕有许多是白费了,却不可说制度改了,我们便不须努力。无论在何种制度之下,人类底幸福,社会底文明,都是一点一滴地努力创造出来的,不是像魔术师画符一般把制度改了,那文明和幸福就会从天上落下来。"①陈独秀把"制度"看作是社会之所以为社会的根本性要素,要求人们进行社会改造要"从大处着想",故而主张"社会改造"最重要也是最关键的乃是"制度变革",所以他进一步揭示"制度"改造的极端必要性:"要想改革社会,非从社会一般制度上着想不可,增加一两个善的分子,不能够使社会变为善良;除去一两个恶的分子,也不能够使社会变为不恶。反之,在善良社会里面,天资中等的人都能勉力为善;在恶社会里面,天资很高的人也往往习于作恶。"②这可见,在马克思主义者的视域之中,"社会制度"的根本改造乃是后"五四"时期中国"社会改造"的目标所在,同时也是在"社会改造"问题上进行"根本解决"的重点。从社会史和历史逻辑衍化的角度来看,五四时期关于"社会改造"的"根本解决"方法的形成,乃是源自中国社会所存在的不是点点滴滴的具体问题,而是涉及全局的具有根本性的社会制度问题,故而中国早期马克思主义者提出"根本解决"主张本源于社会变革的需要,这自然也是在马克思主义指导下才得以形成的。

李大钊、陈独秀等中国早期马克思主义者关于社会改造的"根本解决"的主张,对于新生代知识分子起着引领性的作用,并表征五四时期思想演进中的"承继中发展"的特色。这在毛泽东、蔡和森等新生代知识分子思想中,应该说是有着最为显著的体现。五四时期孕育生成的新生代知识分子中,其思想上的激进者基于对中国社会状况的认知,而坚决主张中国走"根本改造"的路

---

① 《懒惰的心理》(1920年1月),《陈独秀文章选编》中册,生活·读书·新知三联书店1984年版,第26页。

② 《新教育是什么?》,《陈独秀著作选》第2卷,上海人民出版社1993年版,第233页。

子,这在当时广大的进步青年中也是有思想共识的。以毛泽东、蔡和森等为代表的新生代知识分子认为,中国的"社会改造"自然需要解决一些具体问题,但如果仅仅满足于一个又一个的具体问题的逐步地解决,则又是无法在根本上解决具体问题的,因为所要解决的具体问题不仅是越来越多而且也是越来越复杂,其结果是没有终了之时和最终解决之期。毛泽东在1919年9月创办"问题研究会"时,即致力于社会改造问题的探索,一开始也是试图从研究问题和解决问题入手来从事社会事业的改造,并开列了一个需要解决问题的清单,上面有教育问题、女子问题、国语问题、孔子问题、东西文明会合问题、婚姻制度改良问题、家族制度改良问题、宗教问题、劳动问题等七十几个大问题,结果发现这决不是根本解决之道,故而又提出"问题之研究,须以学理为根据",且"在各种问题研究之先,须为各种主义之研究"①。毛泽东也正是在"主义"优于"问题"的思考中,在一个又一个具体问题无法解决的情况下,最终走上了以"主义"为引领,进行社会改造的"根本解决"之路。恽代英在1920年下半年即注意到,"我们打开眼睛一望,便知道中国要做的事,实在太多了。现在一般热心的人,他看了一件要做的事,便去做一件;这件事没有完成,又看见别一件要做的事,便又去做别一件;所以弄到疲精竭力,仍然眼巴巴望着许多要做的事,实在再无力量做了;亦眼巴巴望着手里已经揽着的事,实在再无力量比现在做好些了。每每甲便竭全力做了许多事,然而没有一点功效;又劳乙用同样的力再做;又劳丙用同样的力再做;这样的人,我们自然只好佩服,但是不能不可惜他于社会毫无效益,否则亦是只发生了不应那样小的一点效益。"②这可见,基于当时社会现状来分析,现实社会中的问题太多而又无法获得根本解决,中国面临的是总体性的社会制度问题、而不是一个又一个具体问题,这是导致五四时期的"社会改造"不得不采取"根本解决"方法的基本原因。

"根本解决"思想在后五四时代业已在知识界演进和发展,社会舆论对此的认同度在不断提升。揆诸历史,五四时期的知识分子对于社会改造是有一个探索过程的,并不是一开始就认定社会改造必须通过"根本解决"的方法。

---

① 参见《毛泽东早期文稿》,湖南人民出版社1995年版,第396—402页。
② 《怎样创造少年中国?》,《恽代英文集》上卷,人民出版社1984年版,第165页。

譬如,在当时影响很大的工读互助团,就曾聚集了不少新思想的青年知识分子,其组织遍布全国各地,活动可谓有声有色、轰轰烈烈,社会影响确实也很大。工读互助团都在既有的社会架构中从事社会改造的活动,力图用改良的方法践行其理想,然而其结果无一例外都破产了。实践中的破产必然引起思想上的进一步探索,行动中的失败也必然促进思想上不断反思和总结,于是不少年轻人也就在探索和反思中,实现了思想上由改良向革命的方向转变。《民国日报》副刊《觉悟》在 1920 年 4 月的一篇文章说:"我们要改造社会,必须要知道社会底实况,要知道社会的实况,必须要钻到社会里去。我从此觉悟:要拿工读互助团为改造社会的手段,是不可能的;要想于社会未改造以前试验新生活,是不可能的;要想用和平的渐进的方法去改造社会的一部分,也是一样地不可能的。那末要怎么样呢? 就是:改造社会,要用急进的激烈的方法,钻进社会里去。从根本上谋全体的改造。"①由此可见,至少在年轻一代的思想中,社会改造的心理业已发生了历史性的变化。正是基于社会心理的急剧变动及革命化的趋势,中国共产党人在汲取当时思想界关于"社会改造"思想的基础上,为适应社会改造的迫切需要而在"根本解决"话语中相机地嵌入"国情"的理念及"中国中心"的意识,进一步推进"根本解决"思想的发展。《先驱》于 1922 年 1 月创刊,强调社会改造必须求得适宜的方法,必须以研究中国的基本情形为依据,认为在社会改造的问题上,尽管有着"反抗的和创造的精神",但是"若不知道中国客观的实际情形",其最终"还是无用的"。该刊的发刊词指出,"在一个时候,改造社会的方法是只有一种的",必须求得"一种最合于环境的要求的改造方法",如果"不谙实际的传播一种高调的主张,便是使一般人入于歧途,分散对敌人的力量,而我们的理想社会也终于不能达到了",所以《先驱》的"第一任务是努力研究中国的客观的实际情形,而求得一最合宜的实际的解决中国问题的方案"②。《先驱》代表年轻的中国共产党的政治主张,强调基于国情来进行社会改造方案及社会改造方法的探索,并把

---

① 哲民、存统:《投向资本家底下的生产机关中去》,《民国日报》副刊《觉悟》1920 年 4 月 11 日。

② 《先驱发刊词》(1922 年 1 月 15 日),《五四时期期刊介绍》第二辑(下册),生活·读书·新知三联书店 1959 年版,第 529 页。

对"中国客观的实际情形"的把握置于"社会改造"活动的优先地位,这是对社会改造问题认识的深化。

以上,基于时序并按照历史叙述的办法,简要地就"根本解决"思想在后"五四"演进及其含义作出初步的梳理,借以说明"根本解决"主张在近代中国社会大背景中有着自身的思想逻辑,具有思想衍化中的必然性内涵,这也使得"根本解决"方法最终引领"社会改造"走向革命化的道路。进而言之,"根本解决"与"根本改造"这两者在思想意蕴上具有同质性,不仅都是在五四时期社会改造思潮中产生的,而且也是此时思想界所引进的马克思主义社会革命思想与中国思想界状态相结合的产物,故而有着自身的形成路径并表征其独特性的面貌;同时,由"根本解决"思想到"根本改造"思想的进路,也是五四时期中国社会变革的历史逻辑在思想界关于"社会改造"问题上的反映,集中地体现了社会变革的历史逻辑与思想演进逻辑的内在关联及其互动关系,因而也就提示着社会改造思潮的革命化行进方向,并最终成就思想史上具有重要地位的"革命话语"体系。

2. "革命话语"的形成与流行

就中国五四时期思想界而言,十月革命促进了马克思主义的阶级观念和革命意识在中国的发展,而随之兴起的伟大的五四运动又开启了政治实践层面及思想史上的"社会改造"时代,这就引发了国人对于革命的热切渴望以及"革命"与"社会改造"关系的思考。而在社会思想普遍地激进化的态势之中,五四时期的思想界也就逐步地形成了关于社会变革的"革命话语"。由此,也就需要探讨"革命话语"的形成与流行状况,借以说明"革命话语"衍化的逻辑进路及其演进态势。

"革命话语"在五四时期思想界的形成,自然也是离不开早期马克思主义者的积极宣传和有力倡导。任何思想的传播皆是以思想者的存在为载体,并以思想者发挥作用为条件,马克思主义"革命话语"在中国的形成和发展也不例外。李大钊以唯物史观为指导来诠释革命的历史必然性,在生产力与生产关系、经济基础与上层建筑的矛盾运动中说明"社会革命"发生的原因,指出:"生产力一有变动,社会组织必须随着他变动。社会组织即社会关系,也是与布帛菽粟一样,是人类依生产力产出的产物。手臼产出封建诸侯的社会,蒸汽制粉机产出产业的资本家的社会。生产力在那里发展的社会组织,当初虽然助长生产力的发展,后来发展的力量到那社会组织不能适应的程度,那社会组织不但不能助他,反倒束缚他、妨碍他了。而这生产力虽在那束缚他、妨碍他的社会组织中,仍是向前发展不已。发展的力量愈大,与那不能适应他的社会组织间的冲突愈迫,结局这旧社会组织非至崩坏不可。这就是社会革命。"①在中国早期马克思主义者的话语中,社会革命自然是以生产力与生产关系、经济基础与上层建筑的矛盾运动为基础,但也是与人们对于新社会的理想追求及其实践活动紧密联系在一起的,并且革命的目的在于推翻既有的"旧社会"而建设"新社会",故而李达基于唯物史观从新旧社会更替的角度来解读"社会革命"。李达说:"社会革命底目的,在推倒有阶级有特权的旧社会,组织无阶级无特权的新社会。旧社会中有拥着生产机关的资本阶级,有特权阶级,有缺乏衣食住的资料而为他资本阶级所利用的劳动阶级。新社会中,没有资本阶级也没有劳动阶级,也没有特权阶级,生产机关为真正的生活机关,为社会全体的所共有,个人和全体都能够自由发达。我们要达到这个目的,概括的说起来,就是厉行非妥协的阶级斗争。"②陈独秀认为,在革命意识增长的情形下,就需要对"革命"与"反革命"这两者有明确的分辨,明白"革命,这是社会组织进化的战争",而"反革命,这是社会组织退化的战争",故而"革命既是社会组织进化过程中之顿变的现象,则革命必以不违反进化社会组织为条件,反革命必以违反进化为条件"。陈独秀基于这个判断,以马克思主义社会历史理论为指导,对于"革命"在历史进化中的地位与作用作出了明确的说明:"人类社会之历史,乃经过无数进化阶段及多次革命战争,乃至有今日之组织及现象;其组织进化之最大而最显著者,乃是由部落酋长进化到封建诸侯王,由封建诸侯王进化到资产阶级,由资产阶级进化到无产阶级。在这些最大而最显著的社会组织进化之中,又各有几多比较小的比较不甚显著的进化阶段;在每个进化阶段新旧顿变时,都免不了革命战争。革命之所以称为神圣事业,所以和内乱及反革命不同,乃因为他是表示人类社会组织进化之最显著的现象,他

---

① 《我的马克思主义观》(1919年9月、11月),《李大钊全集》第3卷,人民出版社2013年版,第14—15页。

② 《社会革命的商榷》(1920年),《李达文集》第1卷,人民出版社1980年版,第52页。

是推进人类社会组织进化之最有力的方法。"①李大钊、陈独秀等早期马克思主义者在马克思主义唯物史观视域中阐发"革命"的言论,在五四时期"革命话语"演进过程中有着引领性的作用。

"革命话语"形成于五四时期的社会改造思潮之中,自然也有着五四时期中国社会的特殊需要,与当时的社会心理的激进化走向亦有着密切的联系。理论上说,五四时期的"革命话语"以业已形成的"革命"意识为前提,并且是在"革命"意识具备的条件下,通过社会心理的有力支撑作用而形成的言说系统。问题是,"革命"意识因何而来?早期马克思主义者认为是出于对社会现状的严重不满,特别是出于对帝国主义侵略和反动军阀统治的强烈憎恨,其情形正是"政治愈反动愈混乱的结果,必然要激起全国国民的革命观念,国民的组织能力也会要一天进步一天",而社会中的革命分子也必然是"一天一天增加,组织一天一天强固"②。经过五四运动的洗礼,社会上的广大民众对于现行政府的态度发生显著的变化,即由督促政府的态度转变为对政府不信任的态度,再由不信任的态度进至"推翻"的态度。以《南开日刊》为例,南开学生经过五四运动有了这样的认识:"我国民既有见政府之不足恃而反为累矣,则宜乘此最良之时机,鼓其勇迈无前之气,壮我不挠之志,以组织一实行监督政府之民意机关,以收回我主人资格之权利。举一切腐朽黠诈、卖国害民之新旧官僚扫而空之,另起炉灶,以建树将来民国不拔之基。"③就是说,国民此时对政府采取不信任的态度,"政府的话一点也不能信,只好我们团结起来,用十分力量去监督政府,有一点不满意的地方,立刻就攻击,教(叫)他不能用他的手段,这是我所希望的"④。这之后,南开学生对政府不满情绪进一步增长,倡导全体国民的"自决",认为"国家是全体国民的,政府军阀不合民意,就可以不要,这叫国民自决"⑤;同时主张将群众动员起来,对待政府的办法是"群众

---

① 《革命与反革命》(1923 年 1 月),《陈独秀著作选》第 2 卷,上海人民出版社 1993 年版,第 402—403 页。

② 毛泽东:《外力、军阀与革命》,《新时代》第 1 号,1923 年 4 月 10 日。

③ 梁越蕴:《今后国民的责任》,《南开日刊》第 37 号,1919 年 7 月 14 日。

④ 于鹤年:《警告国民》,《南开日刊》第 46 号,1919 年 7 月 25 日。

⑤ 于鹤年:《起来》,《南开日刊》第 58 号,1919 年 8 月 9 日。

运动——演说——示威——罢工——罢市——革命"①,而"所取的手段,不能
和平解决,只有激烈的一个法子,就是革命"②。"革命"意识必然表现为"革
命"手段的采用,其最高境界则是"暴烈革命"的行动;这"暴烈革命"也就是打
破私有制、建立公有制的革命,就是"把资本家推倒,拿社会上所有的产业、轮
船、田地、生产的工具改归劳动者大家公有,从新改革社会上的制度和经济的
组织,使劳工专政实现"③。值得注意的是,"革命"在五四时期不仅仅是改造
社会的激进手段,而且也是与社会的"制度"变革紧密联系在一起的,说到底
"革命"乃是"新旧制度交替底一种手段"。诚如陈独秀所说:"我们为什么要
革命? 是因为现在社会底制度和分子不良,用和平的方法改革不了才取革命
的手段。革命不过是手段不是目的,除旧布新才是目的。"④又说:"社会底进
步不单是空发高论可以收效的,必须有一部分人真能指出现社会制度底弊病,
用力量把旧制度推翻,同时用力量把新制度建设起来,社会才有进步。力量用
得最剧烈的就是革命。革命不是别的,只是新旧制度交替底一种手段,倘革命
后而没有新的制度出现,那只算是捣乱、争权利、土匪内乱,不配冒用革命这个
神圣的名称。"⑤其实,不仅马克思主义者认识到"革命"所具有的制度变革内
涵,非马克思主义者对此亦有所认识。如非马克思主义者的朱执信就说:"革
命的目标是推倒不良制度,另外拿一个良制度来替他,并不是复仇。"⑥又说:
"凡有一个革命,都有破坏一种不合用的制度。如果不是破坏制度,另行筑
设,就不是革命,也不是改造。"⑦尽管马克思主义者与非马克思主义者所说的
"革命"在内容上不同,但都认识到"革命"所要获得的乃是新的"制度"的目
标。其实,正是因为五四时期人们对社会现状的严重不满,同时更由于马克思

①　于鹤年:《铲除秘密外交》,《南开日刊》第 56 号,1919 年 8 月 7 日。
②　《法律范围是什么,怎样改良?》,《南开日刊》第 54 号,1919 年 8 月 5 日。
③　苏新甫:《告劳工朋友们》,《青年周刊》第 2 号,1922 年 3 月 7 日。
④　《革命与作乱》(1920 年 12 月),《陈独秀著作选》第 2 卷,上海人民出版社 1993 年版,第
218 页。
⑤　《随感录(革命与制度)》(1921 年 7 月),《陈独秀著作选》第 2 卷,上海人民出版社 1993
年版,第 288 页。
⑥　《杀人不是革命的要素》(1920 年),《朱执信集》下集,中华书局 1979 年版,第 769 页。
⑦　《恢复秩序与创造秩序》(1920 年),《朱执信集》下集,中华书局 1979 年版,第 861—
862 页。

主义革命思想的输入,"革命"业已成为五四时期话语系统中的关键词,并进而在社会的思想言说中不断提升其思想意义与价值意蕴,尽管"革命"在落实到某一具体的个人,其理解和认知会有所不同,甚至还有相当大的差异。1919年10月沈玄庐在《民国日报》副刊《觉悟》上发表文章,认为社会改造的责任在国民,其主要的任务就是"革命",而这"革命"也需要具体地落实到社会的政治、经济、法律、宗教、伦理、道德、文学、艺术等社会生活的各个方面,指出:"国民自己挺身出来担当这些责任,从那里做起呢? 第一,革命。第二,革命。第三,革命。革命的解释,不是什么'汤武革命',不是什么'鼎革'。政治有革命,法律有革命,经济有革命。一直到宗教、伦理、道德、文学、艺术,也莫不有革命。大之世界,小之个人;长的计纪计年,短的计日计时。凡有血气,莫不应当革命。革命的意义,是除旧布新,是进化,是兴起,是做'人'的责任,是人所不可逃避的责任。"①总体看来,五四时期社会心理的激进化态势,为"革命话语"的形成提供了不可或缺的条件。

五四时期"社会改造"中"革命话语"的形成是一个历史性的过程,大致可以上海共产主义小组创办《共产党》月刊为显著标识。《共产党》月刊创办后,一个重要的使命是宣传马克思主义革命的思想,认为"社会改造"就是推翻旧有的社会制度,就是进行社会革命,必须发动以工人为主力的武装起义和城市暴动,这就是"直接行动"和"无产阶级突发的群众运动",其目的就是通过革命来推翻剥削阶级政权,从而"使无产阶级跑上支配阶级的地位",然后无产阶级再借助于"政治的优越权"来改变旧有的社会经济组织②。《向导》创刊后亦以宣传革命、阐发革命的必然性为主要任务,强调马克思主义的革命理论对于社会变革的指导意义及无产阶级政党领导革命的极端重要性,如高君宇在该刊发表的文章说:"革命的造因全在于客观的环境;有了一个阶级受压迫或是几个阶级并受压迫的事实,这种环境就决定要发生革命;反之,若没有阶级压迫的事实,便不会有发生革命的事实。革命是压迫环境的必然结果,是阶级对阶级的群众行动。没有客观的革命造因,想以主观的方式来造成革命,是

---

① 玄庐:《来年今日》,《民国日报》副刊《觉悟》1919 年 10 月 10 日。
② 江春:《社会革命底商榷》,《共产党》第 2 号,1920 年 12 月 7 日。

不可能;但既有客观的革命造因存在,想以方法来消灭革命的动力,也是不可能。不论他实现的进程是怎样,一种压迫多数的环境就是形成革命的本身,且决定革命是定要实现了。在另一方面,革命是需要有革命的组织;他是需要有领导群众实际势力的先锋军。"①中国共产党成立后有力地促进了"革命话语"的发展,此时的"革命话语"在社会上影响的层面更为广泛,青年学生更认识到中国政治问题及其乱源,"一为北洋军阀之存在,一为外国帝国主义之压迫与播弄",因而主张解决中国问题的根本方法"唯有国民革命之一途",这就需要联合"被两重压迫的民众势力"②。换言之,"革命"业已成为中国社会变革的主旋律,中国的"民众势力"是革命的基本动力,而本国军阀和外国帝国主义则是"国民革命"的对象,其原因就在于"本国军阀要肆专横,非借助外国资本家不可,外国资本家要达其政治经济侵略之目的,非助我国军阀扰乱我们政治经济不可。因此之故,英美人之助吴佩孚曹锟陈炯明,日本人之助张作霖,就是一些好例子。所以我们要想打倒军阀,就牵及国际帝国主义;我们要打倒国际帝国主义,就牵及本国军阀。"③"国民革命"主张的提出及其在思想界的广泛流传,深刻地反映了思想界在革命动力、革命对象这些关键问题上取得了思想上的共识,这是五四时期"革命话语"在后五四阶段发展的突出表征,说明"革命话语"此时成为中国社会中普遍性的话语。"国民革命"业已达成全民族的政治共识,因而也就标志着马克思主义"革命"观念与中国的社会变革的结合进至一个崭新的高度。

在"革命话语"初步形成的过程中,无政府主义者尽管不是科学的革命论者,甚至在大多数情况下还成为马克思主义在中国传播的障碍,但对于五四时期"革命话语"的形成亦曾不自觉地起着某种作用。如前所述,五四时期"革命话语"得以形成,主要贡献者为中国早期的马克思主义者,这是不可否认的基本事实。如果无视历史的本真而否认这个客观事实,就不能说明"革命话语"的主要载体及推进"革命话语"形成与发展的基本力量,当然也就不能正确呈现五四时期"革命话语"的行进轨迹及"革命话语"的基本面貌。然而,无

---

①　高君宇:《介绍一篇国民革命的纲领》,《向导》第 4 期,1922 年 10 月。
②　《全国学生对于现时政治的态度》,《湖南学生联合会周刊》第 32 期,1923 年 4 月 29 日。
③　龚飞:《外交与内政》,《湖南学生联合会周刊》("五七特刊"),1923 年 5 月 7 日。

政府主义者因为反对现行政府,表现出对社会现状的严重不满,强调破坏现行社会秩序的重要性,因而无政府主义者在一个较短的时期曾与中国早期马克思主义者处于某种联盟式的关系,以至早期的上海共产主义小组和北京共产主义小组亦存在着无政府主义者活动的身影。在此情形下,无政府主义者反对专制独裁、反对私有制的一些观点,也在很大程度上对"革命话语"的形成有着较大的作用。中国的无政府主义者是一个很特殊的群体,在五四时期思想界也特别活跃,而"革命"与无政府主义者接上某种关系,也是五四时期思想界的一个很重要的现象。《北京大学学生周刊》上有篇《无政府革命的意义》文章,表示要"以劳工为革命的原动力,由他直接行动,把一切生产要件如田地、矿山、工厂、机器等等都收归社会公有,因而废除私有财产制度",并主张"在我们的传播时期当中,激烈的手段是不能免的,而且不必免的,因为我们要鼓动风潮,或者简直是要威胁政府,所以我们不问手段,只管尽力做那传播的工夫"[1]。陈独秀也说,区声白"虽相信无政府主义,却也极力赞成阶级战争和革命的行动",并认为"劳农俄国现行制度"是"革命时代过渡时代之自然现象,并不加以非难"[2]。需要指出的是,无政府主义者尽管在"革命话语"形成过程中起着某些作用,但这种作用实际上也是比较有限的。而且,随着五四时期"革命话语"的进一步发展,无政府主义者也就成为"革命话语"的对立物,其所主张绝对的"自由"、反对国家等主张,直接有害于马克思主义在中国的传播,因而无政府主义也就成为马克思主义革命论者集中批判的对象。这也是五四时期马克思主义者与无政府主义者发生论战的原因。其后,无政府主义者也从共产主义小组中相继退出。此种情形表明,马克思主义"革命话语"是在大浪淘沙中发展的。

马克思主义"革命话语"在五四时期的形成,突出地反映在"社会改造"大语境中思想不断地趋于激进化态势。在社会思想激进化的背景中,那些原来并不主张革命的知识分子也会被卷入其中,并在"革命话语"中接受熏陶而发生思想上的重大变化,继而成为后五四时代继续推进"革命话语"发展的基本

---

① 朱谦之:《无政府革命的意义》,《北京大学学生周刊》第 17 号,1920 年 5 月 23 日。

② 《讨论无政府主义》(1921 年 8 月),《陈独秀著作选》第 2 卷,上海人民出版社 1993 年版,第 312—313 页。

力量。恽代英曾说自己是"一个胆怯的人,亦十分不愿意看见流血的事"①,又说自己"其实并非十分热心于革命",故而"为革命的事,与仁静在北京争论经月",其结果是刘仁静"笃信流血,我总想避免他"。或许是经过刘仁静的反复宣传,恽代英在思想上有了很大的变化,终于确信自己"并非决不参加流血事业",但也认为"革命"只是"最后手段",并且是"利害参半的手段"②。正是因为对"革命"的高度认同,恽代英说"中国现在究竟需要革命","我相信这几年中,究竟逃不了有一次革命。我这种相信,或者有些人要觉得是没有理由。但是国民生活的不安定,群众心理不可忍耐的不满足,加以军阀、资本家的逼迫酝酿,结果定然没有好事。"③马克思主义"革命话语"在中国的形成过程中,中国的马克思主义者依据俄国十月革命看待中国革命,进而又将中国革命与俄国进行比较,这应该说是五四时期"革命话语"形成中在思想认识上的重大特点。刘仁静关于"中国革命"的认识有着"中国革命"与"俄国革命"比较的视域,如他"说大规模发展实业,要盼望社会革命;又说中国的革命,定然比俄国好;Kautsky(考茨基)所说阶级的妥协,非中国所做得到。所以我们的任务,在寻求一个适合国情,而又合于共产主义的方针来。"恽代英又进而循着刘仁静的观点,将中国革命与俄国革命进行进一步的比较,提出这样的问题:"不过我要问的:我们的社会革命,便令有一天发生了,真个会比俄国好么?从前你定争俄国是民众的革命,不是英雄的革命。不知你现在可仍是这样意思。就我的意见,俄国革命,分明不是起于劳动阶级的自觉,分明是起于列宁等利用革命去贯彻他波歇维克的主张。所以俄国究不能说不多仗列宁等人。中国真有这些人没有呢?我以为很明显的一件事:便是中国如有社会革命,必须有非劳动阶级的人为之指导。"④恽代英说中国革命有赖于"非劳动阶级的人为之指导",这"非劳动阶级的人"大体上是指接受了马克思主义的先进知识分子,而这些先进知识分子也许是因为没有直接地参加体力劳动,故而也就不能被视为"劳动阶级的人"。这反映五四时期话语中,所谓"劳动阶级"主要还是

---

① 《革命的价值》,《恽代英文集》上卷,人民出版社 1984 年版,第 224 页。
② 《致胡业裕》,《恽代英文集》上卷,人民出版社 1984 年版,第 247 页。
③ 《革命的价值》,《恽代英文集》上卷,人民出版社 1984 年版,第 224 页。
④ 《致刘仁静》,《恽代英文集》上卷,人民出版社 1984 年版,第 258 页。

限定在体力劳动者方面。这里,恽代英对于中国革命的认识特别是所提出的"非劳动阶级的人指导革命"主张,是否正确是一回事,但很显然的是在与俄国革命比较的视域中而予以探讨的,并在讨论中显示出对中国革命需要具有独特性的高度关注。"社会改造"大语境中思想不断地趋于激进化态势,根本上乃是由近代中国社会变迁中诸多矛盾日益集聚的结果,年轻知识分子从缓进走向激进并投入革命的阵营,乃是合乎社会演进逻辑与思想变动逻辑的发展。在此情形下,五四时期新生代知识分子"革命"意识的增长,以及在此基础上产生的中国革命与俄国革命的比较意识,也就形成后五四时期"革命话语"的思想基础。

需要说明的是,在"革命话语"业已占据五四时期思想界主流位置的状况之下,不仅在那些并不太激进的言说者中比较频繁地使用"革命"词汇,而且在同属于革命派阵营的言说者中也是高频率使用"革命"词汇,但不同人对"革命"的体认与解读有时亦有较大的差异。"工读主义"思潮在五四时期的思想界很有影响,但它在事实上并不主张科学的革命论,然而其言说系统中亦大量地使用了"革命"词汇,甚至还形成"经济革命"、"教育革命"等具体范畴,并认为只有"工学主义"才能真正地实现经济革命、教育革命。在他们看来,这种"科学上的革命"极端紧要,其重要的程度甚至"比那单是变换了现在的政治制度的革命,要紧万分"[1]。这就把"工学主义"说成比"政治革命"还更加重要的"革命"。尽管工读主义者的"革命"情节犹在,但实际上已经不是真正的革命论了,而是典型的改良主义论调。在当时的广义的革命者阵营中,尽管皆大体上遵循着"革命话语"系统,但对于"革命"的解读有时亦有很大的分歧,而这种分歧甚至突破了革命的底线。广州共产主义小组创办的《劳动者》周刊,总体上是坚决主张社会革命的理念,但该刊亦有文章以"经济革命"和"政治革命"的二分法来对"革命"作出不同的诠释。这固然可以看作是对"革命"含义的进一步探索,但在思想言说中又有可能损坏了进步群体对于"革命"真义的科学理解。在《劳动者》杂志之中,有一种比较大的思想倾向,就是将"政治革命"与"经济革命"这两者绝对地分离开来,不能理解"政治革

---

[1] 黄天俊:《我的工学主义观》,《北京大学学生周刊》第 2 号,1920 年 1 月 11 日。

命"与"经济革命"的相互联系、有机统一的关系,最突出的是把"社会革命"中的"经济革命"和"政治革命"划分为两个阶段,认为"在劳动运动里面,可以划做两种过程","第一是改进生活景状的运动","第二是改革生产制度的运动";鉴于"现在第一层运动的影儿还未有"的情况,加之此时"工人生活的问题,又是火烧眉毛的紧急问题",因而"必要有了第一层的运动,减除了目前的痛苦,方才有第二层运动的能力"①。该刊有篇《只要你自己想想》的文章,一方面宣传工人只有通过"革命"途径,才能改变其奴隶地位,并获得应有的一切权利,但另一方面却认为,社会改造只能走"经济革命"的道路②,这实际上就有着贬低政治斗争的意义,将"政治革命"与"经济革命"看成是对立的两厥。该刊还有文章直接地否认政治斗争的意义,甚至认为"政治运动,是和劳工没什么关系的,政治上的要求终究不是我们所希望的"③,这就从根本上否认了政治斗争的必要性。此种情形大致可以说明这样一个问题,即在革命派阵营之中,尽管不能容纳非议"革命"的议论,但还是允许对"革命"有着不同层面的认知,并且无政府主义者的话语还有很大的影响,这也反映此时的"革命话语"乃是处于形成过程之中,关于"革命"的解读尚未完成"理论形塑"的步骤。

3."革命话语"为进步社团所奉行

考察"革命话语"的形成及其演进态势,自然需要高度重视李大钊、陈独秀等早期马克思主义者的思想状态,因为李大钊、陈独秀等在当时乃是"革命话语"的旗帜并引领思想界的前进方向,但也要将研究的视域扩大到五四时期的广大社团之中。其原因就在于,这些数量众多的社团尽管思想比较复杂,但却是五四时期社会改造思潮的重要载体,并最大可能地表征着更为年轻一代的思想状况。五四时期的社团在"社会改造"的话语之中,群体思想的激进化有时比预想的还要突出一些,最显著的表征是:马克思主义的革命意识及其所明示的革命手段,逐渐被社团中的进步成员所接受,并因此而形成"社会改造"中的"革命话语",同时也对五四时期思想界的前进有着推进作用。

---

① 我亦工人:《劳动者呵!》,《劳动者》第 1 号,1920 年 10 月 3 日。
② 冰:《只要你自己想想》,《劳动者》第 7 号,1920 年 12 月 12 日。
③ 初:《罢工的意义》,《劳动者》第 6 号,1920 年 12 月 5 日。

试举几例：

——新民学会的"革命话语"。新民学会的主要领导者是毛泽东等人。毛泽东是个意志坚定、胸怀天下的人，有着独特的个人魅力和极强的团体组织能力，故而能够统一新民学会中各成员的思想并使之处于"革命话语"体系之下，从而使得新民学会成为当时全国众多社团的典范。新民学会在1921年1月的会议上，就"社会改造"问题进行讨论。何叔衡在发言中表示自己"主张过激主义"，认为"一次的扰乱，抵得上二十年的教育"。接着，毛泽东发言说："我的意见与何君大体相同。社会政策，是补苴罅漏的政策，不成办法。社会民主主义，借议会为改造工具，但事实上议会的立法总是保护有产阶级的。无政府主义否认权力，但这种主义，恐怕永世都做不到。温和方法的共产主义，如罗素所主张极端的自由，放任资本家，亦是永世做不到的。急烈方法的共产主义，即所谓劳农主义，用阶级专政的方法，是可以预计效果的。故最宜采用。"[1]继之，新民学会的其他会员亦相继发言，普遍地"赞成俄国办法"，强调"社会要改造，故非革命不可"，特别是"主张波尔塞维克主义"，"第一步激烈革命，第二步劳农专政"。最后，与会会员就"社会改造"的方法进行表决，其最终表决结果是："赞成波尔失委克主义者十二人，……赞成德谟克拉西者二人，……赞成温和方法的共产主义者一人，……未决定者三人"[2]。这可见，新民学会绝大多数成员主张"劳农主义"和"阶级专政"，采用"革命的手段"，走俄国革命的道路。远在法国勤工俭学的蔡和森，此时亦以信件往返的形式与毛泽东等进行"社会改造"问题的探讨，重点对于唯物史观、无产阶级专政、创建共产党等提出自己的主张，认为中国必须走俄国式的革命道路。蔡和森在1921年2月致信陈独秀，认为由于"中国受国际资本帝国主义的经济压迫"，以至于"现在中国四万万人有三万万五千万不能生活了"，故而中国"免不了社会革命的命运"，"到了这个时候，革命之爆发乃是必然的趋势，也如自然力的雷电之爆发一样，行所必然，什么成败利钝都不会顾"；此时"群众一旦觉

---

① 《新民学会会务报告（第二号）》，《五四时期的社团》（一），生活·读书·新知三联书店1979年版，第592页。

② 《新民学会会务报告（第二号）》，《五四时期的社团》（一），生活·读书·新知三联书店1979年版，第594页。

悟,与其为盗贼、土匪、流氓、痞子而饿死、乱死、争夺扰攘而死,死得不值",
"毋宁为革命而战死而饿死,死得荣誉"①。显然,新民学会关于"社会改造"
的办法达成共识,已经走上了"革命"的道路。

——利群书社的"革命话语"。1920年成立的利群书社提倡"自助助人"
的理念,一方面是在社内实行半工半读的"独立自给的共同生活",这也就是
在"城市中组织一部分财产公有的新生活";另一方面则是提倡劳动的观念,
这主要是创办"运售各种新书报的商店",并自己动手做售货、送报、做饭等杂
务,以此作为以后走向社会进行"一切社会事业的根基"②。这种和平的、改良
的、注重自身修养的活动,尽管在社团内部获得认同,但因为有着很大的空想
性,故而也就引起社会上部分读者的严重不满。有个叫业裕的读者致信恽代
英,明确表示不能同意利群书社的这种缓进式的改造社会方式,而是主张通过
"大群众运动"这种"激烈革命"的"手段",来进行社会的"彻底的改造",并叙
述了自己认识态度的重大转变:"以前我对于改造社会之态度,只顾目的,不
管手段。大群众运动可,小组织的运动也可;总解决可,零碎解决也可;一步一
步的改造也可,彻底的改造也可;激烈的革命也可,和平的引导也可;李宁我既
不反对,武者小路亦我所赞成。现在我很觉着手段的要紧,我们应该要研究,
不可忽略过去。徒有一种目的,不设法达到,有甚么好处。……所以我的态度
稍有变动。以为从事于小组织的运动,不若从事于大群众的运动。与其一滴
一滴的解决,不若总合的解决。与其一步一步的改造,不若就我们的理想彻底
的改造。和平的引导,实在不如激烈革命。"③如果对这位读者的来信稍作分
析,大致能看出这样几个显著的方面:其一,在社会改造问题上,既要顾及目
的,但更要重视"手段",并主张"激烈革命"的手段;其二,在社会改造的目标
上,主张"彻底的改造"、"总合的解决",而不是"一滴一滴的解决";其三,在
社会改造的形式上,不主张"小组织的运动",也就是一般的社团组织活动,而

---

① 《马克思学说与中国无产阶级》(1921年2月11日),《蔡和森文集》,人民出版社1980
年版,第75—76页。
② 《共同生活的社会服务》,《五四时期的社团》(一),生活·读书·新知三联书店1979年
版,第133页。
③ 《业裕致代英》,《五四时期的社团》(一),生活·读书·新知三联书店1979年版,第
167页。

是主张"大群众运动"。这大致能够说明,在后五四时代的"社会改造"话语下,读者思想的激进程度有时比社团的激进化更为显著、更为突出,"社会革命"及"以俄为师"的呼声越来越高。以后,随着领导人恽代英思想的转变,利群书社的不少成员亦在社会上革命思想的影响下形成了"革命话语"。

——改造社的"革命话语"。江西的改造社在袁玉冰的领导下,急速地向革命的方向发展,"革命"意识在社团内不断增长。当时,有人在给袁玉冰的来信中,以文化程度低为由,反对青年人谈"主义",尤其是马克思主义。袁玉冰在回信中指出:"我觉得那班谈马克司主义的青年,虽然没有深刻的研究,我们也应该原谅他们。只问他谈得对不对,如果谈的是真正的马克司主义,不但《资本论》,连他的《共产党宣言》没有读过,也不要紧。"①当时也有一种观点,即认为中国当时只是处于"主义"的研究阶段,而不是"主义"的实行阶段,故而也就不需要提出"主义"的问题。对此,袁玉冰的看法是:中国的社会情形已经到了非常危急的状态,如果要"从从容容地考察社会的事实,然后再定出改造的方程来,是缓不济急的",而且"恐怕到了那个时候,我们早已被军阀和外国资本阀把皮剥完了,血吸尽了",在此"如果没有主义的信仰是再危险不过的"②。改造社内部的社员也经常进行关于"社会改造"问题的讨论,相互间的书信往来不断,尤其是关于革命方式的讨论乃是最多的方面之一。譬如,张石樵曾致信苏芬,主张由知识分子来领导平民,采取"从这种以外干涉政治"的办法,信中说:"目前既不能使政治消灭,则从事政治的亦自不可无人;但希望由改造政府做出动人的事业,是很难有希望的。若大多数平民有参政的实力,则政治或有希望;果然如此,便可根本改造,无需乎现在所谓政治了。目今还是极力从锻炼民力入手。我是赞成智识阶级去领导平民从政治以外干涉政治的;若有人要加入政治机关以内,我也不反对。"③对此,苏芬复信张石樵指出:"我以为中国不缺乏文弱书生,只缺乏黄花岗七十二烈士(不管

---

① 《袁玉冰复黄在璇》,《五四时期的社团》(三),生活・读书・新知三联书店 1979 年版,第 272 页。

② 《袁玉冰复黄在璇》,《五四时期的社团》(三),生活・读书・新知三联书店 1979 年版,第 272 页。

③ 《张石樵致苏芬、兰湘》,《五四时期的社团》(三),生活・读书・新知三联书店 1979 年版,第 273 页。

他们的目的怎样,他们的精神是很可佩服的)。纸上谈兵,能够打破一切的阶级和威权吗? 武人吃平民的脂膏,资本家吃劳动者的汗血,目今智识阶级岂奈彼辈何? 我以为我们生长在二十世纪的黑暗中国,所作的事情,必须有一部分人按到时代情形而作才行!(理想不妨高远。)二十世纪的中国,能够实现无政府主义吗? 与其不能实现,我们又何妨促醒多数青年,了解多得政权并不是作一种无政见的政客!"①这里,苏芬在复信中不仅强调了武装斗争、暴力革命的极端重要性,而且也提出了夺取政权的主张,"革命话语"的色彩尤其突出。创造社在袁玉冰等领导下,有人在发表的文章中公开表示:"缓进派所谓教育救国、文化救国、实业救国以至基督教徒所谓人格救国,都是空话,都不足以救目前的中国";"中国现在已经到了千钧一发、存亡危急的时候了","要想为救急起见,势力越集中越好,精神越固结越好,行动越一致越好",故而"改造中国"在目前只有"一条大路——革命"②。改造社正是在袁玉冰等领导下,坚持以革命方法来"改造社会"的宗旨,确认"劳工神圣是我们良心的主张"③,暴力革命的思想、夺取政权的意识在改造社中得到发展,这就使改造社在当时成为地方中宣传马克思主义革命思想的重要社团之一。

　　——《曙光》的"革命话语"。1919 年 11 月创刊的《曙光》,一开始在"社会改造"的问题上充满着改良主义的气息,"教育改造"、"科学救国"、"家庭改造"等改良主张比较兴盛,但在 1920 年以后则逐步地改变为"革命话语",强调"经济变革"的极端重要性,并初步地认识到经济基础与上层建筑的关系。1920 年《曙光》上有文章指出,"经济的环境之变化,实为一切环境变化之根源。使经济的环境既变,则宗教、法律、政治、伦理,自然随着发生变化",所以"从事文化运动,当改变文化环境;想变文化环境,还要先变经济环境"④。《曙光》上也有文章将"社会改造"落实在"社会革命"上,强调以革命手段推进社会改造事业的极端重要性,指出:"以特殊的方式而从事社会改造,近似

---

　　① 《苏芬复张石樵》,《五四时期的社团》(三),生活・读书・新知三联书店 1979 年版,第274 页。

　　② 天真:《改造中国的一条大路——革命》,《五四时期的社团》(三),生活・读书・新知三联书店 1979 年版,第 287 页。

　　③ 《本刊宣言》,《五四时期的社团》(三),生活・读书・新知三联书店 1979 年版,第 254 页。

　　④ 宋介:《完成与文明》,《曙光》1 卷 4 号,1920 年 2 月。

时人所说零碎解决,是从直接的、特殊的问题下手……以革命的方式而从事社会改造,近似时人所说总解决。我们对于头痛医头、脚痛治脚的特殊方式,认为不彻底。且社会之各种组织,都是互相关联的,是不能单独的、部分的行改革的。所以现代社会改革,总是适用革命的方式……我们能以擒贼擒王的手段,对大的社会罪恶下总攻击,大的既然铲除,小的亦可随之俱倒。即举一端言之,如资本主义的经济制度打破,社会罪恶差不多可去十之八九。若把社会现象研究一下,定然不以这话为谬。"①在这里,注重于社会经济制度的根本变革,而反对一点一滴地"零碎解决",主张采用革命手段进行"根本解决",这说明《曙光》业已形成了社会改造的"革命话语"。

——《新海丰》的"革命话语"。《新海丰》是广东海丰县学生联合会创办刊物,1921年9月创刊。《新海丰》强调其"新",力图使这个杂志成为"新运动和新组织的一个表现",而"所谓新者是积极进步的,抛弃不适用的,创造美的、善的,来应付新时代需要的";《新海丰》同时又重视"奋斗"和"创造",要求成员"奋斗自身遗传的恶习和社会的恶环境,创造自己的人格和社会的文化",因而表达了他们"无时不刻不奋斗"、"无时不刻不创造"的鲜明态度②。彭湃在《新海丰》上发表的《告同胞》文章,是表征《新海丰》"革命话语"的代表作。该文认为,社会贫富分化就在于有着私有制度,以至"贫者耕不得食,织不得衣,造成屋宇而不得住,富者则反闲游无事,毫无生产,而衣食住自足","此无他,资本主义的经济组织——私有财产制度有以致其然也"。因此,"私有财产制度之破坏,更加迫切异常了"③。该文还联系中国的状况,号召广大人民加强联合,在中国进行社会革命运动,改造旧社会、建设新社会。他指出:"我们既承认现社会之种种罪恶,种种缺陷,有不得不实行社会革命之决心,我们就应当赶快觉悟,互相研究,互相团结,互相联络,互相扶助而为之。盖社会者,社会人之社会也,社会革命——社会运动,合社会人而运动,而革命之谓也,非个人或少数人所能成就者,即使之成就,必不是真正之社会运

---

① 宋介:《社会现象之研究与社会改造》,《曙光》2卷1号,1920年。
② 《新海丰发刊词二》,《五四时期期刊介绍》第三集(下册),生活·读书·新知三联书店1959年版,第443—445页。
③ 彭湃:《告同胞》,《新海丰》第1号,1921年9月1日。

动,社会革命也。我们赶快觉悟,我们赶快结合,我们赶快进行,我们赶快将新社会现在我们的眼前!"①彭湃的文章,站在人民的立场上,坚持了马克思主义的革命学说,不仅在理论上阐明了社会革命的原因,而且强调了中国进行社会革命的迫切性,对于《新海丰》革命意识的发展有着强烈的引领意义。

　　——《珠江评论》的"革命话语"。创刊于1922年的《珠江评论》,发表了早期马克思主义者杨匏安、罗绮园等的文章,不仅主张在中国开展阶级斗争,而且要求中国社会的改造采取"武力革命"的形式。该刊发表的文章,主张马克思主义对中国社会变革具有指导性地位,认为"除了马克思科学社会主义外,找不出第二种更彻底更易实行的主义了",因而必须在马克思主义指导下,通过"社会革命"来"推倒现在资本主义的社会,而建设一个比现在更适合的新社会组织"②。该刊发表的一篇题为《武力》的文章,表明其主张"武力革命"的态度,指出:"我们不反对武力,不独不反对,而且主张。我们相信只有武力才可以毁灭武力,军队只有受别的军队强迫然后降服。俄国革命军倘若没有比俄皇再大的武力,恐怕现在还是尼古拉第二的世界。"③该刊发表的文章,明确表示不仅反对军阀自相残杀的战争,而且也反对帝国主义的兼并战争,但对于为人民利益的"民主的战争",则采取拥护和支持的态度。"至于为人民争自由争幸福的战争,我们不独不反对,而且讴歌。虽然大家心理都想和平,但是和平不是白白得来的。自由的代价是泪和血,和平的代价只是血,用不着泪。……和平之神现在正似百万军中的阿斗,如果你们真正求和平,除非自己发奋做个赵子龙,与大小军阀官僚恶势力一齐宣战不可。故此把人民从痛苦中解放出来的战争,减少军阀自相残杀之效率的战争,总之,民主的战争是到和平之路的第一步"④。《珠江评论》尽管创刊的时间相对较迟一些,但其所持有的激进色彩及提出的"武力革命"等主张,在当时新创办的刊物中则是非常突出的。

　　上述例证,主要是从五四时期进步社团的角度呈现"社会改造"话语的

---

① 彭湃:《告同胞》,《新海丰》第1号,1921年9月1日。
② 绮园:《敬告总工会诸君》,《珠江评论》第4期,1922年10月25日。
③ 绮园:《武力》,《珠江评论》第3期,1922年10月15日。
④ 绮园:《战争》,《珠江评论》第3期,1922年10月15日。

革命化走向,借以反映"革命话语"在五四时期社会改造思潮行进中的一个具体面相。五四时期进步社团的话语之所以可以称之为"革命话语",不仅因为这些重要而又进步的社团在当时的思想界中有着重要的地位,而且还因为这些社团在"社会改造"语境之中形成了以"革命"为核心范畴的言说系统,并且这种言说系统有其显著的特色:一是不少进步社团坚持马克思主义的历史观与方法论,凸显马克思主义理论对于中国的"社会改造"的指导地位;二是不少进步社团集中地关注几个极为重要的问题,如中国必须走政治革命的道路、必须坚持群众运动的方式、必须坚持以马克思主义的革命理论为指导、必须向社会主义方向前进等;三是不少进步社团在言说系统中有着基本的范畴,如阶级斗争、无产阶级专政等。就现代中国思想演进的进程及其内在逻辑来看,五四时期进步社团所奉行"革命话语"及其所体现的特色,在很大程度上体现了马克思主义关于社会革命的原则立场,开启了现代中国思想体系发展的革命化道路,并成为现代中国思想体系中不可缺少的基本元素。

概而言之,五四时期的"革命话语"固然形成于社会改造思潮之中,但亦是五四运动中"根本解决"思想合乎逻辑发展的必然结果,集中地体现了近代中国社会变革的革命化要求,同时又为"五四"后广大的进步社团所奉行和发展,从而使马克思主义"革命"的意识在思想界得以广泛流行,这不仅集中地体现了"革命话语"的逻辑进路,而且亦表征着"革命话语"业已成为五四时期思想界的主流话语。

四、马克思主义"革命话语"主导地位的确立

研究五四时期马克思主义"革命话语"体系的构建,需要重点考察其中的"社会革命"这个核心范畴在内涵上的变化和意义上呈现。"社会革命"乃是五四时期"革命话语"体系的核心范畴,亦是成就五四时期"革命话语"的基本单元,但其内涵在思想演进中乃是有所变化的,并在探索中国国情的过程与中国民主革命实际相结合,呈现出从"社会主义革命"到"国民革命"的话语转

换,从而更多地赋予其中国的特色和中国的风格,因而在本质上说也是马克思主义中国化的重要表征。

1."社会革命"范畴成功地植入中国思想界

后五四思想界对于"社会革命"的认知,一开始就是在马克思主义指导之下的,承继着马克思主义的科学社会主义理论的基本要求,重点突出了实现"无产阶级专政"对于"社会革命"的极端重要性。中国早期的马克思主义者在五四时期业已认识到阶级的"专政"对于"社会改造"的极端重要性,并且强调这种"专政"就是"无产阶级专政"。陈独秀在创建中国共产党的过程中,将"无产阶级专政"与中国共产党开展社会改造的任务紧密联系起来,指出:"现在共产党所争持的所努力的乃是怎样使我们由强制而习惯的作工,使人人真能各尽所能;乃是怎样通力合作,怎样使生产事业集中成为社会化,怎样使生产力大增、生产品充裕,使人人真能各取所需。想努力实行这些理想,都非经过无产阶级专政不可。"①李大钊在后五四时期曾重点地研究如何由"平民政治"进至"工人政治"的问题,力图使无产阶级专政更多地符合中国开展民族民主革命的需要。在李大钊看来,德谟克拉西表现在政治上、经济上、社会上就是"平民政治",而"后德谟克拉西者,为伊尔革图克拉西(Ergatocracy)",亦即"工人政治",这在俄国劳农政府中有着最为突出的体现。他指出:"Ergates在希腊语为'工人'(Work)之意,故伊尔革图克拉西可译为'工人政治',亦可以说是一种新的德谟克拉西。在俄国劳农政府成立以后,制度与理想全为新创,而却无新字以表章之,故政治学者创 Ergatocracy 一语以为表章此新理想、新制度之用。然俄国的政治现状尚在无产阶级专政时期,他们要由这无产阶级统治别的阶级,所以他们去用'伊尔革图克拉西',似尚带用着统治(Rule)之意。大权皆集于中央,而由一种阶级(无产阶级)操纵之,现在似还不能说是纯正的 Ergatocracy,不过是无产阶级专政的制度而已。……将来到了基础确立的时候,除去少数幼稚、老休、残疾者外,其余皆是作事的工人,各尽所能以做工,各取所需以营生,阶级全然消灭,真正的伊尔革图克拉西,乃得实

---

① 《答黄凌霜(无产阶级专政)》(1922 年 7 月),《陈独秀著作选》第 2 卷,上海人民出版社1993 年版,第 371 页。

现。这种政治完全属之工人,为工人而设,由工人管理一切事务,没有治人的意义,这才是真正的工人政治。"①可以看出,李大钊在思想上是高度重视"无产阶级专政"的意义与价值,故而他在坚持无产阶级专政的基础上,一方面强调"工人政治"在思想上起源于德谟克拉西,亦即其有着平民主义的精神内涵;而在另一方面,又强调"工人政治"为俄国的"劳农政府"所成功实践,尽管俄国目前仍然是"无产阶级专政",而不是"纯正的""工人政治",但这乃是十分必要的,并且唯此才能实现由"平民政治"向真正的"工人政治"的"过渡",因而政治行进的方向仍然是"工人政治"目标。陈独秀、李大钊等皆为中国早期马克思主义者的杰出代表,其关于"无产阶级专政"的思想源之于马克思主义的国家学说,同时又参照俄国十月革命的历史经验,这对于年轻一代马克思主义者对"无产阶级专政"的认知有着引领性的作用。

在当时接受马克思主义的进步青年中,留学法国的蔡和森是坚决主张无产阶级专政的重要代表之一。他在 1920 年 8 月致毛泽东的信中,不仅在马克思主义"革命话语"之中揭示"社会改造"的"社会主义"方向,而且又在"革命话语"中阐明无产阶级专政的极端必要性,指出:"社会主义必要之方法:阶级战争——无产阶级专政。我认为现世革命唯一制胜的方法。我现认清社会主义为资本主义的反映。其重要使命在打破资本经济制度。其方法在无产阶级专政,以政权来改建社会经济制度。故阶级战争质言之就是政治战争、就是把中产阶级那架机器打破(国会政府)。而建设无产阶级那架机器——苏维埃。工厂的苏维埃、地方的苏维埃、邦的以至全国的苏维埃,只有工人能参与,不容已下野的阶级参与其中,这就叫做阶级专政。无产阶级革命后不得不专政的理由有二:无政权不能集产,不能使产业社会有。换言之,即是不能改造经济制度。无政权不能保护革命,不能防止反革命,打倒的阶级倒而复起,革命将等于零。"②1921 年 2 月,蔡和森又致信正忙于建党工作的陈独秀,不仅进一步阐发自己坚持无产阶级专政的主张,而且就"无产阶级专政"与"中产阶级专

---

① 李大钊:《由平民政治到工人政治》(1921 年 12 月 15—17 日),《李大钊全集》第 4 卷,人民出版社 2013 年版,第 4—5 页。

② 《蔡林彬给毛泽东》(1920 年 8 月 13 日),《蔡和森文集》,人民出版社 1980 年版,第 50—51 页。

政"作出分别:"独秀先生! 我是极端主张无产阶级专政的。我的主张不是主观的,乃是客观的,必然的。因为阶级战争是阶级社会必然的结果;阶级专政又是阶级战争必然的结果;不过无产阶级专政与中产阶级专政有大不同的两点:(一)中产阶级专政是永久的目的;无产阶级专政是暂时必然的手段。其目的在取消阶级。无产阶级不专政,则不能使中产阶级夷而与无产阶级为伍,同为一个权利义务平等的阶级,即不能取消阶级;不能取消阶级,世界永不能和平大同。(二)中产阶级专政假名为'德莫克拉西';而无产阶级专政公然叫做'狄克推多',因此便惹起一般残人的误会和反对。其实这是事有必至理有固然的,任你如何反抗,历史的过程定要如此经过的。"①这可见,在年轻一代的马克思主义者中,"无产阶级专政"的思想是十分坚定的。

实现"无产阶级专政"对于中国的"社会改造"有着极为重要的意义,这是五四时期"革命话语"中业已确立的理念。学理上说,"专政"是一个独特的政治学范畴,即使在一般的国家学说中也有着极为重要的地位。而在马克思主义政治学说中,"革命"与"专政"是相互联系而又缺一不可的,革命是为了建立政权,形成自己的国家,这自然需要专政手段;革命既然是为了夺取政权,而就其过程而言也有一个过渡期,这期间为了镇压敌对阶级的反抗,也就必须加强专政。因此,"无产阶级专政"是马克思主义国家学说中的核心要义,主张通过无产阶级革命来建立无产阶级专政,向社会主义方向发展,这乃是马克思主义政治学说中基本的、一贯的思想。在此,无论是研究马克思主义的"革命话语",还是研究社会主义问题,皆绕不开"无产阶级专政"这个关键点。就"社会改造"的"社会主义"行进方向来说,《共产党》月刊在创建时就强调:"有无产阶级底专政,然后才有社会主义;没有无产阶级底专政,就一定没有实现社会主义的希望了。"②就"社会改造"的革命手段来说,无产阶级"必须用革命的手段打倒资本阶级",而"要把有产阶级势力连根铲尽,非一时的暴动所能成功的,至少非有比较长期的压制不可,而要实行比较长期的压制,非

---

① 《马克思学说与中国无产阶级》(1921 年 2 月 11 日),《蔡和森文集》,人民出版社 1980 年版,第 79 页。

② 无懈:《俄国共产党成立三周年纪念》,《共产党》第 1 号,1920 年 11 月 7 日。

把政权夺到无产阶级的手上来不可"①。即使是"社会革命成功了,政权拿在劳动阶级手里,阶级斗争仍是要继续进行……在此时期内若有人主张把政权及自由给资本阶级,便是杀害劳动阶级;若是劳动阶级肯把政权及自由给资本阶级,便是劳动阶级自杀。"②正是如此,年轻一代的马克思主义者施存统说:"我们共产主义者,主张推翻有产阶级的国家之后,一定要建设无产阶级的国家;否则,革命就不能完成,共产主义就不能实现。……我们的最终目的,也是没有国家的。不过我们在阶级没有消灭以前,却极力主张要国家,而且是主张要强有力的无产阶级专政的国家的。阶级一天一天趋于消灭,国家也就一天一天失其效用。我们的目的并不是要拿国家建树无产阶级的特权,是要拿国家撤废一切阶级的。"③施存统这篇文章固然在于阐发马克思主义的国家理论,但就其语境而言,又是在于回答和批驳无政府主义者否定国家、摒弃权力的意见,申明"我们共产主义者与无政府主义者现在所争论的问题,并不是无政府主义者所主倡的几种根本原理——自由组织,自由联合,各尽所能,各取所需——到底能否实现的问题,乃是推翻有产阶级的国家之后要否建设无产阶级的国家问题"④。进而言之,中国的马克思主义者运用马克思主义国家理论在于说明,"我们共产党要实现改造社会,唯一的工具就是劳工专政即无产阶级专政,……我们真正有心实现社会主义,定要得平民劳动者有了权力——政权的赞助,才是有效。……社会主义实现以后,一定要得平民劳动者有了政权的维持,方能稳固!"⑤可见,就马克思主义者而言,无论是就"社会改造"的社会主义目标,还是就"社会改造"的革命手段来说,都必须始终如一地坚持无产阶级专政。中国的马克思主义者又进一步对"无产阶级专政"与"资产阶级专政"进行比较研究,指出:"无产阶级专政也和资产阶级专政一样,同是历史上必然不可免的历程,不过无产阶级以专政为取消阶级的手段,资产阶级以

---

① 无懈:《夺取政权》,《共产党》第 5 号,1921 年 6 月 7 日。
② 《短言》,《共产党》第 3 号,1921 年 4 月 7 日。
③ C.T.(施存统):《我们要怎么样干社会革命?》,《共产党》第 5 号,1921 年 6 月 7 日。
④ C.T.(施存统):《我们要怎么样干社会革命?》,《共产党》第 5 号,1921 年 6 月 7 日。
⑤ 瘦真:《解释治樵君对于共产党的主张的怀疑》,《青年周刊》第 5 号,1922 年 3 月 26 日。

专政为保持特权的目的,前者公然标出为专政,后者假装为德莫克拉西罢了。"①这说明,在五四时期的社会改造话语体系中,先进分子特别是业已转变为马克思主义者的知识分子,不仅将社会主义与无产阶级专政联系起来,同时又对无产阶级专政与资产阶级专政进行学理的比较,这反映五四时期的中国思想界对社会改造问题认识的深化。

值得注意的是,中国的马克思主义者不仅在先进知识分子层面研究和宣传无产阶级专政理论,而且还积极地将无产阶级专政思想传播到工人大众之中去。《工人周刊》上有篇《无产阶级的战术》文章,向工人宣传了无产阶级专政的必要性,认为资产阶级拥有国家机器,"政府是资本家的政府,军队也是资本家的军队,警察也是资本家的警察,他们都是资本家的财物看守者",因而无产阶级为夺取政权也就必然地要进行阶级斗争,这阶级斗争的计划是:"第一步,把国家变成无产阶级的国家,定出无产阶级的法律。剥夺有产阶级的所有权,工厂中一切的管理归工人自己去管理,工人自己是主人翁了。第二步,防备有产阶级的反攻。……'无产阶级专政',把有产阶级的政权剥夺。待到所有无产者觉悟了,有产阶级加入劳动,也没有抵抗力了。那个时会,我们'一视同仁',全社会的人都过平等的生活,都在一种共产的社会内,没有阶级,没有国家,也没有种族之分。"②应该说,经过京汉铁路工人大罢工,中国工人阶级对于取得政权的极端重要性有了深切的体认,《工人周刊》对此明确指出:工人阶级"想要自己解放自己,就要自己得着支配的权力。人类自从有史以来皆是阶级斗争的历史,是一阶级征服一阶级。现到无产阶级要消灭经济政治上的压迫,惟一的方法,就是自己用勇敢的精神,自己跑到权力路上去,掌握政权,毫不容讲客气就算举起铁腕权力,屈服一班被支配阶级,到那时无产阶级方可仰首扬眉吐气了"③。又指出,"二七"惨案使我们更加明白,"压迫阶级是占有权力的地位,所以他才敢横行无忌。我们劳动阶级要想得到自由,只有解除压迫阶级占有的权力地位,我们劳动阶级握到政权!"④"无产阶级专

---

① 励冰:《共产党宣言后序》,《先驱》第3期,1922年2月15日。
② 江囚:《无产阶级的战术》,《工人周刊》第30号,1922年2月19日。
③ 先瑞:《去年"五一"到今年"五一"的回顾谈》,《工人周刊》第63号,1923年5月1日。
④ 文虎:《本号发刊的话》,《工人周刊》第64号,1923年5月23日。

政"乃是"革命话语"中的最突出的要义,故而是否具有"无产阶级专政"的理念,也就成为"革命话语"是否走向成熟的重要标准。五四时期"革命话语"中的"无产阶级专政"理念,经历了"理论输入——思想竞争"的过程,不仅在先进知识分子层面引起强烈的共鸣并形成基本的共识,而且也是对无政府主义国家观的有力反击,同时又因为经过马克思主义者的积极宣传而进入到工人大众的生活之中,这应该说是马克思主义"革命话语"在中国形成中的一个重要特色。

2. 从"社会革命"到"国民革命"的话语转换

"社会革命"作为一个基本范畴在五四时期的思想演化进程中,逐渐地与中国民主革命的实际结合起来,其内在含义有一个经由"社会主义革命"到"国民革命"的重大转换,这反映出接受马克思主义的先进知识分子对于"革命"认知的突出变化,同时也反映出"社会改造"激进方式在衍化中更多地体现中国的特色,因而是早期马克思主义者对于在中国进行革命的新探索。

一般地说,"社会革命"在五四时期是作为"社会根本解决的方法"而提示出来的,亦即"社会改造"必须走马克思主义所明示的社会革命的道路,其办法就是打破既有的经济制度,完成社会制度的根本变革。如《闽星》上有文章说"方今经济社会(资本主义社会)的罪恶已经彰明较著,社会革命的活动又复继长增高,且已逼入于实行",于此就要"赶早研究社会根本解决的方法,培植劳动家自决的本能方才有用"①。又如《劳动与妇女》杂志就主张"打破阶级和改造经济制度",并认为这种社会革命是必须"妇人和农夫,工人当一致努力"②;而该刊上有篇《根本解决》的文章,直接地揭示"社会改造"的"根本解决"方法,认为"根本解决办法有二:(一)把各种产业完全收归公有。(二)把国家政权由工人收回执掌。"③应该说明的是,在五四时期"社会改造"的话语中,所谓"社会革命"在其内涵上尽管有不同的认知,但一开始还是落实在"社会主义革命"上。1921年底在广州创刊的《光明》月报亦

---

① 芝山:《劳资会议是什么东西?》,《闽星》第2卷第2号,1920年1月5日。
② 黄璧魄:《我们对于劳动者的希望》,《劳动与妇女》第1期,1921年2月13日。
③ 曲公:《根本解决》,《劳动与妇女》第2期,1921年2月20日。

倡导社会主义思想,认为"以今日进化趋向及科学真理断定之,则舍'社会主义'外真没有第二个较他为好"①。在他们看来,社会主义之所以是最好的办法,就在于其不仅主张"社会革命",而且以"社会革命的运动"方法打破私有制度,来实现其社会主义理想。他们指出:"社会革命的运动,是谋人类的共同幸福,是要打破私有制度之下的一切组织,使无产阶级的同胞由奴隶的地位一跃还他的主人的地位;换句话说,就是使生产者——即劳动者亦即无产阶级的人们——得支配经济和掌管一切政权特权。"②在五四时期,"社会主义"乃是早期马克思主义者的基本理念,"社会革命"指向社会主义目标也是理所当然的。

进行"社会革命"必须立足中国、以中国的社会状况为基础,乃是后"五四"时期"革命话语"认识上的重大进步。中国共产党成立后尤其是中共二大前后,中国共产党人对于民主革命的认识产生了重大的飞跃,这就引领思想界对"社会革命"的认识进入新的阶段。1922 年的《中国共产党对于时局的主张》中,将"社会革命"解读为在中国开展"民主革命",申明中国的"无产阶级未能获得政权以前,依中国政治经济的现状,依历史进化的过程,无产阶级在目前最切要的工作,还应该联络民主派共同对封建式的军阀革命,以达到军阀覆灭能够建设民主政治为止";为此,"中国共产党的方法,是要邀请国民党等革命民主派及革命的社会主义各团体开一个联席会议",在民主原则上"共同建立一个民主主义的联合战线,向封建式的军阀继续战争",这是"解放我们中国人受列强和军阀两重压迫的战争",并且是"中国目前必要的不可免的战争"③。中国社会主义青年团亦发表宣言予以积极的回应,表达了"对于中国共产党关于时局问题的主张是完全赞成的"态度,并鉴于"封建式的军阀不铲除干净,中国是绝对没有政治改革可言的"现实,表示"努力起来援助小资产阶级民主主义的革命以根本推翻武人政治"④。在马克思主义指导下,将"社

---

① 耘公:《光明运动的前途》,《光明》第 1 卷第 1 号,1921 年 12 月 1 日。

② 惠僧:《社会革命与韩国独立》,《光明》第 1 卷第 1 号,1921 年 12 月 1 日。

③ 《中国共产党对于时局的主张》(1922 年 6 月 15 日),《先驱》第 9 号,1922 年 6 月 20 日。

④ 《中国社会主义青年团对于政变宣言并答复中国共产党的主张》(1922 年 6 月 20 日),《先驱》第 9 号,1922 年 6 月 20 日。

会革命"斗争目标聚焦于外国帝国主义和国内军阀这两大敌人,使"社会革命"在内容上具体化为中国的民主革命,这是中国共产党人依据中国半殖民地半封建社会现状所作出的英明决策。

随后,中国共产党的领导人陈独秀提出了"国民革命"的概念,指出:"人类经济政治大改造的革命有二种:一是宗法封建社会崩坏时,资产阶级的民主革命;一是资产阶级崩坏时,无产阶级的社会革命。此外又有一种特殊形式的革命,乃是殖民地或半殖民地的国民革命。国民革命含有对内的民主革命和对外的民族革命两个意义。"[1]在陈独秀看来,中国的革命之所以是"国民革命",就在于中国处于"殖民地半殖民地"的地位,因为"殖民地的经济权政治权都完全操在宗主国之手,全民族之各阶级都在宗主国压迫之下,全民族各阶级共同起来谋政治经济之独立,这是殖民地国民革命的特有性质。半殖民地的经济权大部分操诸外人之手,政治权形式上大部分尚操诸本国贵族军阀之手,全国资产阶级无产阶级都在外国帝国主义者及本国贵族军阀压迫之下,有产无产两阶级共同起来,对外谋经济的独立,对内谋政治的自由,这是半殖民地国民革命的特有性质。"[2]正是在"国民革命"这个范畴中,陈独秀对于中国的革命作出了全新的解释。陈独秀说,他研究二十余年的国民运动所得到的"总教训"是:"社会各阶级中,只有人类最后一个阶级——无产阶级,是最不妥协的革命阶级,而且是国际资本帝国主义之天然对敌者;不但在资本帝国主义国家的社会革命他是主力军,即在被资本帝国主义压迫的国家之国民革命,也须他做一个督战者,督促一切带有妥协性的友军——农民、手工业者、革命的知识阶级、游民无产者(兵与会匪)及小商人,不妥协的向外国帝国主义者及其走狗——国内的军阀、官僚、官商、劣绅、大地主、反革命的知识阶级进攻,才能够达到国民革命之真正目的——民族解放。"[3]又说,在民族民主革命的历史进程中,"我们眼前的事实

---

① 《中国国民革命与社会各阶级》(1923年12月),《陈独秀著作选》第2卷,上海人民出版社1993年版,第557页。

② 《中国国民革命与社会各阶级》(1923年12月),《陈独秀著作选》第2卷,上海人民出版社1993年版,第557页。

③ 《二十七年以来国民运动中所得教训》(1924年12月),《陈独秀著作选》第2卷,上海人民出版社1993年版,第820页。

是:压迫中国人民阻碍中国人民发展的帝国主义者与军阀,非革命是不能使他们屈服的;资产阶级当中,有些是帮助帝国主义及军阀的反革命者,有些是非革命的中立分子,有些是偶然倾向革命而易于妥协者;不妥协的革命者只有工人阶级;中国国民革命运动中,若没有工人阶级有力的参加奋斗,决没有得到胜利的可能"①。陈独秀基于中国半殖民地半封建性质的考量而对"国民革命"所进行的研究,鲜明地提出了"国民革命"这个带有中国特色的新范畴,在于进一步指导中国共产党人认识当时中国革命的形势、革命的对象、革命的动力、革命的任务、革命的性质等一系列有关中国"革命"的问题,从而使马克思主义的"社会革命"理论与中国的社会现状相结合,这是对中国的新民主主义革命的重要探索。

　　"国民革命"的范畴一经提出并在思想界流行,也就推动了年轻一代马克思主义者对于如何在中国开展"国民革命"的问题进行理论上的研究,尤其是在中国的情况下如何开展阶级斗争的实践问题。张太雷对"国民革命"的要义作出概括性的说明:"中国的国民革命就是中国民众对于外国帝国主义之经济的和政治的剥削之反抗运动,其目的在推翻帝国主义在华的一切势力和其走狗——本国的军阀,而建设一个合于民众利益的独立政府。中国的国民革命已不是如十八九世纪中欧洲各国的国民革命,是本国资产阶级对于本国封建阶级之一种革命,而是中国的一般被压迫的民众反对外国帝国主义的运动。"②这里,张太雷强调中国式的"国民革命"所具有的独特个性,这就是中国式的"国民革命"是中国民众所开展的反对帝国主义的"反抗运动",而"不是如十八九世纪中欧洲各国的国民革命",其目标既要推翻"帝国主义在华的一切势力",又要推翻帝国主义在中国的走狗"本国的军阀",这就突出了中国的"国民革命"的反帝反封建性质及中国的被压迫民众在其中的主体性地位。其后,邓中夏更进一步申明中国的"国民革命"就是"民族革命",并阐明中国无产阶级必须"以自己阶级的目的而参加"国民革命,而"不是附属什么资产

---

　　①　《中国革命运动中的工人的力量》(1925年2月),《陈独秀著作选》第2卷,上海人民出版社1993年版,第838页。
　　②　张太雷:《辛亥革命在中国国民革命上之意义》(1924年),《张太雷文集》,人民出版社1981年版,第77页。

阶级而参加",因而中国无产阶级要在国民革命中担负起领导的使命和责任。邓中夏说:"无产阶级参加国民革命,却是为了要推翻一切民族中资产阶级的资本帝国主义及其工具——封建军阀之压迫。故国民革命是无产阶级解放运动之必要的初步。因为资产阶级固然是我们的仇敌,而帝国主义和封建军阀尤其是我们目前最厉害的两个仇敌。我们必得参加国民革命先打倒这两个最厉害的仇敌,得到初步的解放,再进而实行社会革命,打倒资产阶级,以得到全部的解放。总而言之,无产阶级参加国民革命,不是附属什么资产阶级而参加,乃是以自己阶级的目的而参加;所以我们在国民革命中应以自己阶级利益为前提的。"[1]瞿秋白则以"最现实的"及"唯一道路"等话语来解说和评价"国民革命"的思想意蕴,一方面阐明"无产阶级的斗争"在其中的主导性地位,借以说明其对于中国"社会改造"的重大价值;另一方面又从世界改造的角度来提升其世界性意义,指出:"这种中国国民革命的斗争,以无产阶级的斗争领导中国一切被压迫民众的解放运动,是最合于中国社会所需要的,同时也是合于世界社会所需要的革命政纲,就是行向共产主义的第一步。这是最现实的改造中国及世界社会的主义,这是解放中国的唯一的道路,也就是消灭世界的资本主义,消灭阶级及其斗争的唯一的道路。"[2]不难看出,在中国早期共产党人的革命话语之中,"国民革命"尽管在思想渊源上承继马克思主义的"社会革命"理论,但却是最符合中国现状所要进行的民族革命和民主革命,其原因就在于"我们共产主义者,是主张'阶级革命'的,是认定国民革命后,还有无产阶级向有产阶级的'阶级革命'的事实存在。但我们现在做的国民革命,却是三民主义革命,是无产阶级和有产阶级合作,以推倒当权的封建阶级的'阶级革命'。"[3]

实质上说,中国共产党人提出的"国民革命",乃是马克思主义的阶级斗争理论在中国半殖民地半封建社会中的具体运用,仍然贯穿着阶级斗争这条

---

[1] 《劳动运动复兴期中的几个重要问题》(1925年),《邓中夏文集》,人民出版社1983年版,第128页。

[2] 瞿秋白:《中国国民革命与戴季陶主义》(1925年),《中国现代思想史资料简编》第2卷,浙江人民出版社1982年版,第423页。

[3] 恩来:《再论中国共产主义者之加入国民党问题》,《赤光》第9期,1924年6月。

线索,并且在反帝和反封建的同时也极大地有助于"工农阶级"的成长,故而在"国民革命运动中,不但不能消灭阶级斗争,并且国民革命本身就是一个阶级斗争,只有工农阶级的斗争力量增大起来,才能促进国民革命的早速成功"①。当然,由于"国民革命"本身也是阶级斗争,并且"国民革命是各阶级联合的革命",故而在中国的"国民革命"过程中,"阶级斗争愈剧烈,则国民革命愈易成功。但其间有些限制,就是在国民革命进程中,农工阶级还不好提出'打倒资本家'的口号来,虽然是阶级斗争,一方面仍要不妨害各阶级的联合战线,这样国民革命才能成功。"②因此,中国共产党人及中国的马克思主义者,从"社会革命"中原有的"社会主义革命",而到具有中国民主革命特色的"国民革命"话语的转换之中,并没有放弃共产党人既有的"社会主义革命"的理念,而是更具体地联系到中国革命当下所亟须进行的反帝反封建斗争的现实,故而"国民革命"所要求的乃是首先开展并完成反帝反封建的民主革命,打倒外国的帝国主义及国内的封建军阀的统治,并借此改变中国的半殖民地半封建社会状态,从而为未来所要进行的社会主义革命创造条件。这实际上业已触及了"新民主主义革命"的基本问题,因而早期中国共产党人提出的"国民革命"理论可以视为中国的新民主主义革命理论的最早探索。

3."国民革命"范畴的社会意蕴

"国民革命"范畴的提出及其在内涵上得以进一步的丰富,乃是以对中国社会性质有着"半殖民地"地位的认知为前提的。1922 年 7 月的中共二大宣言还没有正式使用"半殖民地"概念,而是认为"帝国主义列强在这八十年侵略中国时期内,中国已是事实上变成他们共同的殖民地了"③。但中共二大的《关于议会行动的决议》中也有这样的论述:"经济落后如中国,一面成为国际帝国主义的掠夺场和半殖民地,一面成为国际资本帝国主义所扶植的武人势

---

① 施存统:《评戴季陶先生的中国革命观》(1925 年),《中国现代思想史资料简编》第 2 卷,浙江人民出版社 1982 年版,第 684 页。

② 《国民革命与阶级斗争》(1926 年 8 月),《恽代英文集》下卷,人民出版社 1984 年版,第 838 页。

③ 中央档案馆编:《中国共产党第二次至第六次全国代表大会文件汇编》,人民出版社 1981 年版,第 36 页。

力的宰割物和糜烂区域。"①中共二大对近代中国社会性质的两种不同的表述,说明此时中共党内对中国近代社会的"半殖民地"性质问题正在探讨之中,可能还没有形成一致的表达②。

陈独秀、李大钊对于近代中国社会性质的探讨有着突出的贡献,为"国民革命"问题的研究开辟了道路。1923年4月,陈独秀在研究辛亥革命的历史时,为了批驳用满汉民族冲突来解释辛亥革命的原因,有这样一段论述:"当时革命与立宪两派的方法虽然不同,而两派之目的同是革新自强,换句话说,就同是'革旧制'、'兴实业'、'抗强邻'这三个口号,明明白白是半殖民地之资产阶级民主运动的口号,那能说是满、汉民族之争。"③这里,陈独秀明确地认为中国处于"半殖民地"的地位。1923年6月陈独秀在广东高师的演讲中,又进一步明确认为近代中国社会的"半殖民地"性质。陈独秀说:"中国表面上虽说是一个独立的国家,其实是个半殖民地。何以呢?你看中国政治经济的实权都操在外国人手里,只因有北京政府的名义存在,还不算是完全殖民地。若一旦撤销北京政府之承认,实行国际公管,那就完全是殖民地了。"④陈独秀所说中国近代社会是"半殖民地"性质,就是说中国在名义上仍然是一个独立的国家,而"在实质上,比南洋马来群岛酋长割据的英、荷殖民地高明不多",并不是一个真正独立的国家,因为中国"在经济方面:国家重要的权利大部分抵押给外国了,外国货充满了全国,全中国人都是外国生产国家的消费者,全国金融大权都直接或间接操诸外人之手。在政治方面:大小酋长分据了

① 中央档案馆编:《中国共产党第二次至第六次全国代表大会文件汇编》,人民出版社1981年版,第14页。着重号为引者所加。

② 此时的"半殖民地"这一概念在中共高层领导中是一个正在提出的概念,尚不普及。蔡和森在《统一,借债,与国民党》(1922年9月)中说:"中国在国际地位上早已处于半殖民地地位"。陈独秀在《资产阶级的革命与革命的资产阶级》(1923年4月)提出过"半殖民地的中国"这一概念。恽代英在《中国革命运动与国际之关系》(1923年5月)还认为中国是"殖民地"的"一个例",他只是在《中国革命与世界革命》(1924年6月)中才明确指出"中国是半殖民地的国家"。

③ 《资产阶级的革命与革命的资产阶级》,《陈独秀著作选》第2卷,上海人民出版社1993年版,第447—448页。着重号为引者所加。

④ 《关于社会主义问题》,《陈独秀著作选》第2卷,上海人民出版社1993年版,第474—475页。着重号为引者所加。

中央及地方,这班大小酋长之发号施令又惟公使团之意旨是从。"①所以,陈独秀认为近代中国社会是一个"半殖民地"社会。李大钊也说他"数年研究之结果,深知中国今日扰乱之本原,全由于欧洲现代工业勃兴,形成帝国主义,而以其经济势力压迫吾产业落后之国家,用种种不平等条约束制吾法权、税权之独立与自主。而吾之国民经济,遂以江河日下之势而趋于破产"②。这就阐明了近代中国社会与传统社会不同的一个新特点,即近代中国是在西方列强压迫下而开始其特殊的历史的。所以,李大钊说近代以来的中国是"列强的半殖民地的中国"③。李大钊在国民党第一次代表大会上的发言中,有两处说到近代中国社会是"半殖民地"。可见"半殖民地"这一概念并不是偶然提及,而是李大钊思想中业已成形的主张。"半殖民地的中国"这一概念是对中国近代社会性质的一个重要概括,为"国民革命"范畴的提出奠定了思想基础,故而亦可以看成是后来近代史研究中提出"半殖民地半封建社会"概念的先导。

后五四时代的中国思想界在中国社会性质的认识上,尚未能明确提出"半封建"范畴,但中共的主要领导人业已提出中国社会的"军阀"统治性质,并进而提出在反对帝国主义的同时,要进行反对军阀的斗争。这对于"国民革命"范畴的提出,也是有着理论上的支撑作用。陈独秀根据中国近代社会是"半殖民地"性质的分析,认为中国民主革命的任务是反对帝国主义的侵略和本国军阀的统治,具体途径是开展反帝反军阀的国民运动。陈独秀说:"中国是半殖民地国家,故劳工运动首先便反对外国帝国主义;同时在国内的政治奋斗,也不得不反对军阀阶级,合这两种运动——反对外国帝国主义、反对军阀阶级——便是国民运动。"④陈独秀批评那些不明白同时要进行反帝反军阀任务的人,认为他们所开展的运动只是一种"半国民运动",这是"不彻底的国民运动",而不是真正的"纯粹的国民运动"。在陈独秀看来,所谓"半国民运

---

① 《造国论》,《陈独秀著作选》第2卷,上海人民出版社1993年版,第388页。
② 《狱中自述》(1927年4月),《李大钊全集》第5卷,人民出版社2013年版,第297—298页。
③ 《在中国国民党第一次代表大会上的发言》(1924年1月28日),《李大钊全集》第4卷,人民出版社2013年版,第505页。
④ 《关于社会主义问题》,《陈独秀著作选》第2卷,上海人民出版社1993年版,第478页。

动"或"不彻底的国民运动",有几种情况:一是只反对国内的军阀,而不反对帝国主义,如幻想请求外国公使团的帮忙,来反对国内的军阀;二是只反对某一或某几个帝国主义国家,而与其他帝国主义亲善,如反对帝国主义的英国或美国,却与日本亲善,或反对帝国主义的日本,却与英、美亲善;三是不全部地反对国内军阀,只是反对国内某一军阀,甚至还依靠某一军阀去反对另一军阀,如依靠吴佩孚的兵力去打倒张作霖,或依靠张作霖的兵力去打倒吴佩孚军阀。陈独秀认为,真正的国民运动应该是将反帝国主义与反军阀作为斗争的目标,只有"团结民众的势力,满具革命的精神,绝不与任何帝国主义者、任何军阀妥协,这就叫做纯粹的国民运动。"①李大钊也认为,军阀是近代中国社会的一种特有现象,军阀业已成为中国社会发展的阻力。他指出:近代以来,"中国人民一方面遭受国际帝国主义者的压迫,另一方面又遭受中国军阀的压迫。外国帝国主义者在中国的权力决定了中国军阀的存在,因为后者是帝国主义列强的走狗"②。就是说,中国的内部纷争表现为军阀之间的战争,这是帝国主义对中国侵略的结果。故而,推进中国社会变革,就必须"为最后推翻军阀斗争到底的"③。此时尽管还没有形成"半封建"概念,但"推倒军阀"正是"国民革命"中"打倒军阀"、"打倒列强"的要求,反映了当时反军阀政治斗争所具有的时代特征④。正是如此,李大钊从进一步推进"国民革命运动"的角度,指出:"想脱除列强的帝国主义及那媚事列强的军阀的二重压迫,非依全国国民即全民族的力量去做国民革命运动不可。"⑤

"国民革命"范畴在后五四时代的提出及其演进,有着极为重要的思想意

---

① 《关于社会主义问题》,《陈独秀著作选》第 2 卷,上海人民出版社 1993 年版,第 479 页。

② 《在共产国际第五次代表大会第二十二次会议上的报告》(1924 年 7 月 1 日),《李大钊全集》第 5 卷,人民出版社 2013 年版,第 1 页。

③ 《就中国现状答记者问》(1923 年 10 月 20 日),《李大钊全集》第 4 卷,人民出版社 2013 年版,第 447 页。

④ 毛泽东把民主革命的任务界定为"反帝反封建",但他在抗战时期对"反封建"的解释是有所侧重的。1939 年他说:"革命的对象是什么呢? 大家知道,一个是帝国主义,一个是封建主义。现在的革命对象是什么? 一个是日本帝国主义,再一个是汉奸。要革命一定要打倒日本帝国主义,一定要打倒汉奸。"(《毛泽东选集》第二卷,人民出版社 1991 年版,第 562 页。)毛泽东提出"打倒汉奸",李大钊提出"打倒军阀",对"反封建"的解释均与他们所处的革命斗争形势有关。

⑤ 《在中国国民党第一次代表大会上的发言》(1924 年 1 月 28 日),《李大钊全集》第 4 卷,人民出版社 2013 年版,第 505 页。

义和理论价值。"国民革命"范畴的提出就在于统合"民族革命"与"民主革命"的双重内容,不仅矛头直指帝国主义和封建主义,而且在理论和实践上实现了"反帝"与"反封建"的有机结合,这是思想演进和理论探讨上的重大进步。"国民革命"之中的"国民"在内涵上亦更为丰富,举凡一切反帝反封建的阶级和阶层皆包括其中,这就在中国扩大了民主革命的阵线,有力地推进了新民主主义革命理论的发展。因此,从"社会主义革命"到"国民革命"的话语转换,使中国思想界的"社会革命"范畴更多地从现实的角度赋予中国革命的思想内涵,标志着五四时期开启的"革命话语"在中国思想界主流地位得以最终确立。

研究五四时期"革命话语"问题,不能不将"革命"作为最为重要的关键词,并使之置于五四时期的社会改造思潮之中。由此,也就需要就"十月革命"和"马克思主义"这两个问题,回归到五四时期的"社会改造"语境之中。这不仅因为这两者("十月革命"和"马克思主义")之中皆内含着"革命"的内容,而且还因为这两者皆对"革命话语"的构建有着根本性的意义:前者促进了革命意识在中国思想界的输入,而后者则直接地使中国的社会改造思潮向着革命化方向发展,并作为指导思想推进了"革命话语"的形成。然而,尽管范畴乃是思想史研究的关键点,但思想史的研究不能停留在范畴的释读层面,还需要将范畴意义的演变乃至话语的转换回归到既有的思想历程之中,寻求思想逻辑与社会变动的历史逻辑的关系。故而,研究五四时期"革命话语"问题,还得进一步触及思想演进中具有体系性的问题和具有根本性的关键环节。于是,进而研究社会改造思潮中"革命话语"如何构建其体系,"革命话语"又是如何在思想界最终确立其主流地位,"革命话语"与近代中国社会变迁的关系等等,也就更为合情合理了,并且也是必不可少的研究步骤。

概而言之,马克思主义"革命话语"在五四时期的构建,有着十月革命对中国的影响和五四运动政治实践的推动作用所形成的社会改造思潮的总背景,并进而在"五四"后思想界居于主导地位,乃是近代以来中国社会变迁的必然结果,并且是五四时期思想演进逻辑与中国早期马克思主义者、早期中国共产党人变革中国社会实践活动交互影响的产物。这对现代中国思想体系的发展有着革命性引领作用。

后　记

这部《马克思主义"革命话语"在中国的建立——基于五四时期社会改造思潮的研究》，是 2019 年 2 月开始写的。现在算起来，也有三年多了。书写完了，总得交代一下成书的情况，顺便说点自己的想法。

我长期研究五四时期的历史，重点研究李大钊、陈独秀、高一涵、张慰慈等五四时期的历史人物，也探讨五四时期的学术史、政治史、社会史、思想史，故而，对于这段历史并不陌生，但选择《马克思主义"革命话语"在中国的建立——基于五四时期社会改造思潮的研究》这个题目，还是有点难度的。如何研究这个问题呢？我的做法是读书、做笔记，在读书笔记基础上完成书稿。

我读书的方法与别人略有不同，主张围绕所研究的问题来读相关的著作，将所要研究的问题置于整体的语境之中，力图读出书中别人注意不够或不能发现的内容。譬如，前面"序"中说到读五四时期社团的材料，我不是按照通常办法，一个社团一个社团去研究，而是整体地看，将各个社团中的"戒约"、"会议"、"日记"等抽出来，努力寻找其中新的信息。这样做，就能发现五四时期社团中的成员，不仅有着较为自觉的组织意识，而且有着压缩自己私人空间的愿望，并致力于谋求社会的公共领域的扩大，这实际上与早期新文化运动所要求的"个性解放"有很大的不同，反映了青年人在十月革命和五四运动影响下，在思想上由"个人"进至"社会"的诉求。如果更进一步思考，这种高度强调组织的意识和服务于公共领域的目标，正是后来中国共产党得以创建的重要条件。事实上，早期中国共产党组织中的成员，不少就是来自五四时期的社团中。故而，有的书（特别是距离现在有较长时段的书），因为时代的语境发生了很大的变化，研究者就需要反复地研读，需要根据既有的历史知识加以理解,进而从不同的视角思考其中的历史含义。

　　我写读书笔记也有自己的目的,这就是使读书笔记在以后的写作中能用上。一般人写读书笔记,主要是资料摘抄,大体上属于资料的搜集和梳理。我不是资料摘抄,而是对资料加以自己的理解,以问题或关键词分类并立"目",写成半成品的东西。随着读书范围的扩大,不断充实"目"中的内容,并使各"目"之间成逻辑的系统。譬如,我读五四时期的期刊,在关于"主义"的各"目"中,分出更为具体的细目,如"主义"崛起、"主义"与"社会改造"话语的流行、"主义"成为五四时代常用语词、"主义"是阶级意志的结晶、"主义"不能走到"极端"、"主义"有广义与狭义之分、"主义"对社团的重要性、社团中"主义"之争、社团在"主义"之争中分化、信奉"主义"的前提条件、"主义"在时间的延续中被逐步认同、"主义"与"革命"的关系、"主义"之间有"通则"之存在、"主义"论争中的"本土化"趋势、"主义本土化"中的"马克思主义中国化"等等。这样写出的读书笔记,因为是半成品性质,有着自己的思考融入其中,故而在以后撰写有关"主义"文章时,就可以直接用上了(自然,作为半成品的"读书笔记"用到具体的文章中,不仅需要根据研究需要和逻辑关系加以选择,而且也需要作些文字上的适当调整)。要注意的是,写这种半成品性质的读书笔记:一是要根据阅读的资料,将问题或关键词分成几个具体的方面,分别地加以思考,以便使研究深入下去;二是要将问题或关键词与相关的方面联系起来,在相互联系中把握所关注的对象。譬如,关于"社会改造"问题,就要考虑到诸如"劳工神圣"语境、"个人改造"进至"社会改造"的内在逻辑、作为"社会改造"时代的"五四"、"社会改造"命题的意义性内涵、思想的自觉与"社会改造"话语体系建构、十月革命对中国"社会改造"话语形成的重要影响、"一战"对中国"社会改造"思想的显著影响、"文化运动"向"社会改造"方向的转型、社会改造在"反思民国"中形成、"社会改造"的世界视域、"社会改造"中的"农村改造"、"社会改造"中"政治改造"的期待、"社会改造"中的妇女解放运动、"社会改造"的两种类型("物质改造"与"精神改造")、"社会改造"的步骤("破坏"与"建设")、"社会改造"的目标(建设"新社会")、"社会改造"的依靠力量(民众)、"社会改造"下的"团体联合"、"社会改造"中的思想分化、"社会改造"中的思想激进化、"社会改造"中的"革命话语"、"社会改造"中"惧怕革命"的社会心理、社会改造的激进方式(革命手段与组建政党)、缓进者诠释"社会改造"的努力等等方面。上面,所列出的这些"细目",不是研究者的主观想象,而是基于资料的阅读与分析,进而提炼出来的。这是研究者的思维与资料的交互作用过程的显现成果,既发挥研究者的主观能动性,又挖掘出资料中的相关信息。我以为,这样做出的读书笔记,不仅有助于解读出资料中的思想意蕴,而且充分地发挥了研究者的主动性,并且也比较实用。事实上,我正是基于这样的半成品,发表了《五四时期"社会改造"话语与"主义"的崛起》《五四时期"社会改造"话语中平民化理念》《五四时期公共意识的兴起与私人空间的压缩:基于五四时期社团中戒约、会议、日记等的考察》等文章,并最终写出《马克思主义"革命话语"在中国的建立——基于五四时期社会改造思潮的研究》这部著作。

在我过去的学术生涯和本书的写作过程中,得到学术界诸位同仁的支持。中国社会科学院杨海蛟教授、李放教授、李红岩教授,北京大学的欧阳哲生教授、程美东教授、周良书教授,北京师范大学王炳林教授、孙秀民教授,清华大学肖贵清教授,中国人民大学杨凤城教授、杨德山教授,中央党校的张太原教授、李海青教授,浙江大学的刘同舫教授,南京大学的李良玉教授,武汉大学的丁俊萍教授,福建省委党校的郭若平教授,华南师范大学的陈金龙教授,华东师范大学的齐卫平教授、丁晓强教授,湖北大学的卢国琪教授等,给予我很多的帮助。在此一并表示衷心的谢意!

本书是教育部规划项目"五四时期社会改造思潮与马克思主义'革命话语'在中国的建立研究"(21YJA710042)的最终成果,得到教育部规划基金的资助。本书的出版得到杭州师范大学"浙江省习近平新时代中国特色社会主义思想研究中心首批研究基地"、杭师大"习近平新时代中国特色社会主义思想与杭州实践研究中心"的资助,在此表示感谢!

吴汉全

2022 年 5 月 2 日

责任编辑：马长虹

封面设计：徐　晖

图书在版编目（CIP）数据

马克思主义"革命话语"在中国的建立:基于五四时期社会改造思潮的研究/
　吴汉全 著. —北京:人民出版社,2023.5
ISBN 978－7－01－025661－0

Ⅰ.①马…　Ⅱ.①吴…　Ⅲ.①社会思潮-研究-中国-现代　Ⅳ.①D092.7

中国国家版本馆 CIP 数据核字(2023)第 079250 号

马克思主义"革命话语"在中国的建立

MAKESI ZHUYI GEMING HUAYU ZAI ZHONGGUO DE JIANLI
——基于五四时期社会改造思潮的研究

吴汉全　著

人民出版社 出版发行
(100706　北京市东城区隆福寺街 99 号)

北京中科印刷有限公司印刷　新华书店经销

2023 年 5 月第 1 版　2023 年 5 月北京第 1 次印刷
开本:710 毫米×1000 毫米 1/16　印张:21.75
字数:370 千字　印数:0,001-3,000 册

ISBN 978－7－01－025661－0　定价:68.00 元

邮购地址 100706　北京市东城区隆福寺街 99 号
人民东方图书销售中心　电话 (010)65250042　65289539